Die private Cyberversicherung

Europäische Hochschulschriften Recht

European University Studies in Law

Publications Universitaires Européennes de Droit

Band/Volume 6779

Benjamin Effler

Die private Cyberversicherung

PETER LANG

Berlin - Lausanne - Bruxelles - Chennai - New York - Oxford

Bibliografische Information der Deutschen Nationalbibliothek
Die Deutsche Nationalbibliothek verzeichnet diese Publikation in der Deutschen Nationalbibliografie; detaillierte bibliografische Daten sind im Internet über http://dnb.d-nb.de abrufbar.

Zugl.: Bayreuth, Univ., Diss., 2024

D 703
ISSN 0531-7312
ISBN 978-3-631-91470-0
EBOOK 978-3-631-91472-4
E-PUB 978-3-631-91473-1
DOI 10.3726/b21557

Verlegt durch: Peter Lang GmbH, Berlin, Deutschland

info@peterlang.com http://www.peterlang.com/

Diese Publikation wurde begutachtet.

Meiner Familie

Vorwort

Die vorliegende Arbeit wurde im Sommersemester 2023 von der rechts- und wirtschaftswissenschaftlichen Fakultät der Universität Bayreuth als Dissertation angenommen. Die Arbeit befindet sich auf dem Stand Oktober 2023.

Meiner Doktormutter, Frau Prof. Dr. Ruth Janal, LL.M, danke ich sehr herzlich für die Freiheit, die sie mir bei der Wahl und Ausarbeitung des Themas gewährt hat und für die freundliche Unterstützung, die ich während und nach meiner Tätigkeit an ihrem Lehrstuhl erfahren habe. Mit Freude denke ich an unsere fachlichen sowie außerfachlichen Gespräche zurück, in denen ich viele wertvolle Ratschläge und konstruktive Anregungen sowie moralische Unterstützung erhalten habe. Herrn Prof. Dr. Michael Grünberger, LL.M. danke ich für die Übernahme und zügige Erstellung des Zweitgutachtens.

Bedanken möchte ich mich auch bei der Friedrich-Ebert-Stiftung, die mir einen wertvollen Austausch mit anderen Stipendiatinnen und Stipendiaten verschiedener Fachrichtungen ermöglicht hat und deren finanzielle Förderung einen wesentlichen Beitrag zur Entstehung dieser Arbeit geleistet hat. Erheblich profitiert hat die Arbeit zudem von der Teilnahme an dem universitätsübergreifenden Graduiertenkolleg „Recht der Informationsgesellschaft“.

Von ganzem Herzen danken möchte ich meiner Familie, insbesondere meinen Eltern, die mich während meiner gesamten Ausbildungszeit finanziell und mit Liebe unterstützt und dabei immer an mich geglaubt haben. Ein ganz besonderer Dank gebührt schließlich Pauline Quaas für ihre fortwährend liebevolle Unterstützung, ihr Verständnis und ihre unermüdliche moralische Aufbauarbeit, die mir den notwendigen Rückhalt zur Durchführung dieser Arbeit gegeben hat. Euch ist diese Arbeit gewidmet.

Berlin, im Oktober 2023
Benjamin Effler

Inhaltsverzeichnis

Abkürzungsverzeichnis

a. A.	anderer Ansicht
a. F.	alter Fassung
Abs.	Absatz
AG	Aktiengesellschaft
AGB	Allgemeine Geschäftsbedingungen
AHB	Allgemeine Versicherungsbedingungen für die Haftpflichtversicherung
ARB	Allgemeine Versicherungsbedingungen für die Rechtsschutzversicherung
Art.	Artikel
Aufl.	Auflage
AVB	Allgemeine Versicherungsbedingungen
AVB BHV	Allgemeine Versicherungsbedingungen für die Betriebs- und Berufshaftpflichtversicherung
AVB Cyber	Allgemeine Versicherungsbedingungen für die Cyberrisiko-Versicherung
AVB D&O	Allgemeine Versicherungsbedingungen für die Vermögensschaden-Haftpflichtversicherung von Aufsichtsräten, Vorständen und Geschäftsführern
AVB PHV	Allgemeine Versicherungsbedingungen für die Privathaftpflichtversicherung
BaFin	Bundesanstalt für Finanzdienstleistungsaufsicht
BAG	Bundesarbeitsgericht
BAGE	Entscheidungen des Bundesarbeitsgerichts
BAV	Bundesaufsichtsamt für das Versicherungswesen
BB	Betriebs-Berater (Zeitschrift)
Bd.	Band
BdV	Bund der Versicherten
BeckOGK	Beck'sche Online-Großkommentar
BeckRS	Beck-Rechtsprechung
Begr.	Begründerin/Begründer
Beschl.	Beschluss
BGB	Bürgerliches Gesetzbuch

BGBl	Bundesgesetzblatt
BGH	Bundesgerichtshof
BGHZ	Entscheidungen des Bundesgerichtshofs in Zivilsachen
BGV	Badischer Gemeinde Versicherungsverband
BIGS	Brandenburgische Institut für Gesellschaft und Sicherheit
BK-VVG	Berliner Kommentar zum Versicherungsvertragsgesetz
BKA	Bundeskriminalamt
BMI	Bundesministerium des Innern und für Heimat
BMJV	Bundesministerium der Justiz und für Verbraucherschutz
BRAK	Bundesrechtsanwaltskammer
BRAK-Mitt.	Bundesrechtsanwaltskammer Mitteilungen (Zeitschrift)
BSI	Bundesamt für Sicherheit in der Informationstechnologie
BSIG	Gesetz über das Bundesamt für Sicherheit in der Informationstechnik
bspw.	beispielsweise
BTDrucks.	Bundestagsdrucksachen
BVerfG	Bundesverfassungsgericht
BVerwG	Bundesverwaltungsgericht
bzw.	beziehungsweise
ca.	circa
CCZ	Corporate Compliance Zeitschrift
CR	Computer und Recht (Zeitschrift)
d. h.	das heißt
D&O	Directors and Officers
DAV	Deutsche Aktuar Vereinigung
DDos	Distributed Denial of Service
dass./ders./dies.	Dasselbe/derselbe/dieselbe(n)
Diss.	Dissertation
DoS	Denial of Service
DS-GVO	Datenschutzgrundverordnung
DStR	Deutsches Steuerrecht (Zeitschrift)
et al.	Et alii / et aliae / et alia
EU	Europäische Union
eventl.	eventuell
f., ff.	(fort)folgende
Fn.	Fußnote

GDV	Gesamtverband der Deutschen Versicherungswirtschaft e. V.
gem.	gemäß
GG	Grundgesetz
ggf.	gegebenenfalls
GKV	Gesetzliche Krankenversicherung
GRUR	Gewerblicher Rechtsschutz und Urheberrecht (Zeitschrift)
h. M.	herrschende Meinung
Habil.	Habilitation
Hdb.	Handbuch
HK	Handkommentar
Hrsg.	Herausgeber(innen)
i.d.R.	in der Regel
i.S.v.	im Sinne von
i.V.m.	in Verbindung mit
IoT	Internet of Things
IT	Informationstechnik
IT-SiG	IT-Sicherheitsgesetz
jM	juris – Die Monatszeitschrift
K&R	Kommunikation und Recht (Zeitschrift)
Kap.	Kapitel
Kfz	Kraftfahrzeug
krit.	kritisch
lit.	Buchstabe
MMR	Zeitschrift für IT-Recht und Recht der Digitalisierung
mpfs	Medienpädagogischer Forschungsverbund Südwest
MünchKomm	Münchner Kommentar
NJOZ	Neue Juristische Online-Zeitschrift
NJW	Neue Juristische Wochenschrift
NJW-RR	NJW-Rechtsprechungs-Report (Zeitschrift)
Nr.	Nummer
NRW	Nordrhein-Westfalen
NVersZ	Neue Zeitschrift für Versicherung und Recht
NZA	Neue Zeitschrift für Arbeitsrecht
NZWiSt	Neue Zeitschrift für Wirtschafts-, Steuer- und Unternehmensstrafrecht
OLG	Oberlandesgericht

PHi	Produkthaftpflicht international (Zeitschrift)
PKS	Polizeiliche Kriminalitätsstatistik
PKV	Private Krankenversicherung
RG	Reichsgericht
RGZ	Entscheidungen des Reichsgerichts in Zivilsachen
r + s	recht und schaden (Zeitschrift)
Rn.	Randnummer
s.	siehe
S.	Seite
s. o.	siehe oben
SpV	Spektrum für Versicherungsrecht (Zeitschrift)
st. Rspr.	ständige Rechtsprechung
StGB	Strafgesetzbuch
u. a.	unter anderem
Urt.	Urteil
usw.	und so weiter
v.	vom
v. a.	vor allem
VAG	Versicherungsaufsichtsgesetz
VersR	Versicherungsrecht (Zeitschrift)
vgl.	vergleiche
VHB	Allgemeine Hausrat-Versicherungsbedingungen
Vor	Vorbemerkungen
VP	VersicherungsPraxis (Zeitschrift)
VuR	Verbraucher und Recht (Zeitschrift)
VVG	Versicherungsvertragsgesetz
VW	Versicherungswirtschaft (Zeitschrift)
W-LAN	Wireless Local Area Network
WWW	World Wide Web
z. B.	zum Beispiel
ZfV	Zeitschrift für Versicherungswesen
Ziff.	Ziffer
ZIP	Zeitschrift für Wirtschaftsrecht
ZPO	Zivilprozessordnung
ZRP	Zeitschrift für Rechtspolitik
zugl.	zugleich
ZUM	Zeitschrift für Urheber- und Medienrecht

zust.	zustimmend
Zvers	Zeitschrift für Versicherungsrecht
ZversWiss	Zeitschrift für die gesamte Versicherungswissenschaft

Für weitere Abkürzungen wird verwiesen auf:

Kirchner, Hildebert (Begr.), Abkürzungsverzeichnis der Rechtssprache, 10. Aufl., Berlin 2021

Einleitung

A. Problemstellung

In allen Lebensbereichen werden immer mehr Aktivitäten von der physischen in die digitale Welt verlagert. Neben den enormen Vorteilen gehen mit dieser Entwicklung erhebliche Gefahren einher, da auch Kriminelle ihre Handlungen zunehmend in den digitalen Raum verlagern.[1] Angriffsziel von Cyberkriminellen sind neben staatlichen Einrichtungen und Unternehmen dabei immer häufiger auch Privatpersonen, da diese in der Regel über die geringsten Schutzvorkehrungen verfügen. Wie hoch die Gefahrenlage für Privatpersonen gegenwärtig schon ist, zeigt sich daran, dass bereits jede vierte Privatperson angibt, schon einmal Opfer von Cyberkriminalität geworden zu sein.[2] Die Dunkelziffer dürfte allerdings noch deutlich höher liegen.

Zu einer Verschärfung der Gefahrenlage haben zuletzt die Folgen der Corona-Pandemie geführt, da hierdurch nicht nur die Digitalisierung, sondern auch die Cyberkriminalität weiter angetrieben wurde. So fanden Cyberkriminelle schnell einen Weg, die mit der Ausbreitung des Virus einhergehenden Sorgen und Unsicherheiten in der Bevölkerung sowie die vermehrte Nutzung von digitalen Angeboten für ihre Zwecke zu missbrauchen.[3] Das BSI als Cyber-Sicherheitsbehörde des Bundes stufte die IT-Sicherheitslage für das Jahr 2021 in Deutschland daher erstmals nicht mehr nur noch als angespannt, sondern sogar als kritisch ein.[4] Im Jahr 2022 hat sich die Gefahrenlage durch den russischen Angriffskrieg auf die Ukraine und den damit verbundenen verschiedenen Bedrohungen weiter verschärft und ist nach dem BSI damit so hoch wie nie.[5] Da Cyberkriminalität als Geschäftsmodell immer lukrativer wird und Cyberkriminelle hochprofessionell, global vernetzt und arbeitsteilig vorgehen, ist für die kommenden Jahre nicht damit zu rechnen, dass sich diese Bedrohungslage verbessern wird.

---

1 Nach einer Pressemitteilung des Bundeskriminalamtes vom 16.08.2023 liegen die Straftaten im Bereich Cybercrime weiter auf einem sehr hohen Niveau. Für das Jahr 2022 registrierte die Polizei 136.865 Fälle von Cybercrime, siehe BKA, Pressemitteilung vom 16.08.2023.

2 BSI, Digitalbarometer 2022, S. 8.

3 Vgl. BKA, Cybercrime in Zeiten der Corona-Pandemie 2020, S. 1 ff.

4 BSI, Die Lage der IT-Sicherheit in Deutschland 2021, S. 9; vgl. dazu noch der Bericht von 2020, S. 9.

5 BSI, Die Lage der IT-Sicherheit in Deutschland 2022, S. 11.

Um so mehr rückt für viele Verbraucherinnen und Verbraucher die Frage in den Vordergrund, wie sie sich gegen Cyberrisiken schützen können. Den besten Schutz bietet dabei die Befolgung einfacher Sicherheitsmaßnahmen, wie die Installation eines Virenscanners sowie insgesamt ein sorgsamer Umgang mit den eigenen Daten. Aber auch mit Hilfe dieser Maßnahmen lassen sich Cyberangriffe nicht gänzlich verhindern, da sich die Täter flexibel an technische und gesellschaftliche Entwicklungen anpassen und Schutzprogramme wie Virenscanner häufig an ihre Grenzen kommen, da diese in der Regel nur bereits bekannte Schadprogramme identifizieren und blockieren können. Deshalb besteht gegen neue und bisher unbekannte Viren regelmäßig kein ausreichender Schutz.[6]

Eine immer größer werdende Bedeutung erlangt daher die Frage, ob und wie sich Privatpersonen mit einer Versicherung gegen Cyberrisiken schützen können. Dies zeigt sich nicht nur an der Vielzahl der zu diesem Thema erschienenen, medialen Berichterstattungen,[7] sondern auch an den Diskussionen auf politischer Ebene über die Rolle von Versicherungen zum Schutz gegen Cyberrisiken.[8] Die vorliegende Untersuchung will hieran anknüpfen und nimmt sich zum Ziel, einerseits zu prüfen, welche Cyberrisiken für Privatpersonen im Einzelnen bestehen und ob diese versicherbar sind. Andererseits soll untersucht werden, welche Versicherungsprodukte für Privatpersonen gegenwärtig existieren und ob diese einen angemessenen Schutz bieten.

Ein Blick auf den Versicherungsmarkt zeigt, dass die Versicherungswirtschaft relativ früh auf die neue Gefahrenlage durch Cyberrisiken reagiert hat. So wurden in Deutschland neben Erweiterungen in den konventionellen Versicherungen erstmals 2011/2012 eigenständige Produkte zur Absicherung von Cyberrisiken auf den Markt gebracht (sog. Cyberversicherungen).[9] Diese werden bis heute sowohl für Industrie und Gewerbe als auch für Privatpersonen angeboten. Im

6 *F. Koch*, CR 2009, 485; *Maihold*, in: Schimansky/Bunte/Lwowski, Bankrechts-Hdb, § 55 Rn. 134; *Raue*, NJW 2017, 1841 (1842).

7 Etwa Süddeutsche Zeitung, So versichern Sie sich gegen kriminelle Hacker vom 30.05.2017; Handelsblatt, Welche Versicherungspolicen bei Cyberattacken Schutz bieten vom 04.06.2020; BR24, Private Versicherung gegen Hackerangriffe – lohnt sich das? vom 04.08.2021; Merkur, Welchen Schutz bietet eine private Cyberpolice? aktualisiert am 21.01.2022; Verbraucherzentrale NRW, Cyberversicherung – Ist sie sinnvoll? vom 20.04.2022.

8 Am 18.03.2019 fand bspw. eine Veranstaltung im BMJV zum Thema: „Cyberrisiken erkennen – Verbraucher versichern!“ statt, siehe Pressemitteilung des BMJV vom 18.03.2019.

9 Vgl. *Pache/Graß*, PHi 4/2017, 122 (123).

Gegensatz zur Cyberversicherung für Unternehmen hat die private Cyberversicherung seit ihrem Marktgang jedoch deutlich geringere Beachtung gefunden. Laut einer Umfrage der BaFin aus dem Jahr 2021 spielt für die Versicherer das Geschäft mit Privatkunden nach wie vor nur eine untergeordnete Rolle.[10] Dies überrascht, da auch im privaten Bereich Cyberrisiken eine zunehmend große Bedeutung eingenommen haben. Das Schattendasein, das die private Cyberversicherung dennoch führt, spiegelt sich auch in den bisher zur Cyberversicherung erschienenen wissenschaftlichen Beiträgen wieder. So befassen sich die meisten versicherungsrechtlichen Veröffentlichungen nur mit der Cyberversicherung für Unternehmen und klammern das Privatkundengeschäft aus.[11] Neben der höheren Bedeutung, die der Cyberversicherung für Unternehmen in der Praxis zukommt, ist dies sicher auch dem Umstand geschuldet, dass der Gesamtverband der Versicherer (GDV) bisher nur für die Cyberversicherung für kleinere und mittlere Unternehmen Musterbedingungen veröffentlicht hat, nicht aber für die private Cyberversicherung.[12]

Eine Ausnahme hierzu stellt die im Jahr 2022 erschiene Arbeit von *Fortmann* zur „Verbraucher-Cyberversicherung" dar.[13] Diese befasst sich nicht nur mit Cyber-Zusatzversicherungsbedingungen in den konventionellen Verbraucherversicherungen (Hausrat-, Privathaftpflicht- und Rechtsschutzversicherung), sondern auch mit eigenständigen Cyberversicherungen für Privatkunden.[14] Der Schwerpunkt dieser Arbeit liegt allerdings auf der Darstellung und Besprechung aktueller Versicherungsbedingungen, weshalb viele rechtliche Fragen, die im Zusammenhang mit der privaten Cyberversicherung stehen, weiterhin unbeantwortet sind. Hierzu zählt neben der weiterhin fehlenden versicherungsrechtlichen und aufsichtsrechtlichen Einordnung dieser Versicherung insbesondere auch eine detaillierte rechtliche Prüfung vieler Klauseln, wie etwa zum

10 BaFin, Journal 9/2021, S. 5 f.

11 Siehe etwa *Achenbach*, VersR 2017, 1493 ff.; *Armbrüster*, Privatversicherungsrecht, Rn. 2103 ff.; *Erichsen*, CCZ 2015, 247 ff.; *Gebert/Klapper*, in: Veith/Gräfe/Gebert, Versicherungsprozess, § 24 Rn. 1 ff.; *Fortmann*, r+s 2019, 429 ff. Überwiegend auch *Lesser*, Cyber-Risiken, S. 183 ff.

12 Die unverbindlichen Musterbedingungen des Gesamtverbands der Deutschen Versicherungswirtschaft (GDV) sind auf deren Internetseite frei verfügbar.

13 *Fortmann*, Verbraucher-CyberVers.

14 Neben *Fortmann*, Verbraucher-CyberVers, § 3 wird der Privatkundenbereich ausschnittsweise auch bei *Buchner*, Die IT-Versicherung, S. 190 ff.; *Heidemann/Flagmeier*, Versicherungshandbuch Cyber-Versicherungen, S. 91 ff. und *Schubert/Gatzert*, A Comparison of Cyber Insurance Products for Private Clients, S. 4 ff. besprochen.

Eintritt des Versicherungsfalls und den Obliegenheiten. Da folglich weder die Bedrohungslage durch Cyberrisiken noch die mögliche Absicherung durch eine private Cyberversicherung bisher ausreichend und umfassend untersucht wurde – hieran jedoch ein hohes praktisches Bedürfnis besteht – nimmt sich diese Arbeit zum Ziel, die bestehende Forschungslücke zu schließen.

B. Gegenstand und Gang der Untersuchung

Die Untersuchung gliedert sich in drei Teile.

Im ersten Teil dieser Arbeit werden grundlegende Fragen behandelt, die im Zusammenhang mit der privaten Cyberversicherung stehen. Hierzu zählt zunächst eine Erläuterung wichtiger Begrifflichkeiten, die für die Arbeit von Bedeutung sind (Erster Teil, A.). Danach wird überblicksartig dargestellt, welche Bedrohungen aktuell von Cyberrisiken ausgehen und wie die Gefährdungslage für Verbraucherinnen und Verbraucher einzuschätzen ist. Neben den wichtigsten und gängigsten Angriffsmethoden wird in diesem Zusammenhang insbesondere ausgeführt, welche Schäden durch Cyberkriminalität verursacht werden können und welche Schutz- und Abwehrmöglichkeiten Privatpersonen gegen Cyberrisiken zur Verfügung stehen (Erster Teil, B.). Im Anschluss daran widmet sich die Untersuchung der Frage, welche Rolle einer Versicherung zum Schutz von Verbraucherinnen und Verbrauchern gegen Cyberrisiken allgemein zukommen kann. Hierfür wird zunächst geprüft, ob die zuvor dargestellten Cyberrisiken sowohl nach wirtschaftlichen als auch rechtlichen Kriterien überhaupt versicherbar sind. Daran anknüpfend ist zu klären, ob bei Privatpersonen ein Versicherungsbedarf gegen Cyberrisiken feststellbar ist (Erster Teil, C.). Abschließend wird zusammengefasst, welche Versicherungskonzepte gegen Cyberrisiken existieren und der Untersuchungsgegenstand auf eigenständige Cyberversicherungen eingegrenzt (Erster Teil, D.).

Der zweite Teil dieser Arbeit widmet sich dann einer umfassenden Untersuchung der privaten Cyberversicherung. Grundlegend hierfür ist zunächst eine ausführliche Darstellung der gegenwärtigen Versicherungsbedingungen. Zu diesem Zweck wird eine Marktanalyse durchgeführt, bei der die aktuell verfügbaren Versicherungsbedingungen von insgesamt neun Versicherungsprodukten miteinander verglichen werden. Auf dieser Grundlage kann abgebildet werden, wie der Eintritt des Versicherungsfalls, die Versicherungsleistungen, die Ausschlüsse und die vertraglichen Obliegenheiten durchschnittlich ausgestaltet sind. Die Ermittlung und Darstellung des mittleren Marktstandards bildet die Grundlage für die weitere Untersuchung dieses Versicherungsprodukts. Sie ist notwendig, da der GDV bislang noch keine Musterbedingungen für die private Cyberversicherung veröffentlicht hat und sich die am Markt verwendeten Versicherungsbedingungen noch deutlich voneinander unterscheiden (Zweiter Teil, B.).

Im Anschluss an diese Darstellung kann untersucht werden, wie sich die private Cyberversicherung sowohl versicherungsrechtlich als auch aufsichtsrechtlich einordnen lässt. Die versicherungsrechtliche Einordnung ist für den weiteren Verlauf der Untersuchung wichtig, da sich hieraus ergibt, welche Vorschriften des VVG auf diese Versicherung Anwendung finden und folglich auch bei einer Kontrolle der Versicherungsbedingungen berücksichtigt werden müssen. Die aufsichtsrechtliche Einordung ist vor allem für die Versicherungsunternehmen bedeutsam, da daraus folgt, ob für den Vertrieb einer privaten Cyberversicherung bereits eine Zulassung zum Geschäftsbetrieb vorliegt oder gegebenenfalls noch erworben werden muss (Zweiter Teil, C.).

Der Schwerpunkt des zweiten Teils liegt auf einer umfassenden rechtlichen Prüfung und Bewertung der gegenwärtigen Versicherungsbedingungen. Der Fokus der Untersuchung liegt dabei auf der Frage, ob Privatpersonen durch die aktuellen Produkte ausreichend gegen die zuvor dargestellten Cyberrisiken abgesichert werden. Neben der formellen Gestaltung der Bedingungswerke wird hierfür insbesondere geprüft, welche Anforderungen die Versicherungsbedingungen an den Nachweis des Versicherungsfalls stellen, welche Obliegenheiten die Versicherten zu erfüllen haben und wie sich die private Cyberversicherung von anderen Versicherungen abgrenzt (Zweiter Teil, D.).

In einer abschließenden Stellungnahme werden dann sowohl die Vorteile als auch Defizite der aktuellen Produkte zusammengetragen. Dabei wird auch auf die aus Sicht der Versicherten wichtige Frage eingegangen, ob der Abschluss einer gegenwärtig auf dem Markt angebotenen privaten Cyberversicherung sinnvoll erscheint (Zweiter Teil, D.).

Der dritte Teil dieser Arbeit befasst sich mit der Frage, wie die gegenwärtig verwendeten Versicherungsbedingungen verbessert werden können, um Verbraucherinnen und Verbraucher besser gegen Cyberrisiken zu schützen. Zu diesem Zweck werden für insgesamt drei Regelungsbereiche der privaten Cyberversicherung verschiedene Gestaltungsmöglichkeiten diskutiert. Als erster Bereich werden die Regelungen zum Eintritt des Versicherungsfalls näher betrachtet. In diesem Zusammenhang wird insbesondere geprüft, welche Versicherungsfalldefinition für die private Cyberversicherung am geeignetsten erscheint und wie eine Serienschadenklausel zukünftig ausgestaltet sein sollte. Ebenfalls zu klären ist, wie künftig eine versicherungsnehmerfreundlichere Abgrenzung von versicherten privaten Cyberrisiken zu vom Versicherungsschutz ausgeschlossenen beruflichen Cyberrisiken erreicht werden kann (Dritter Teil, B.).

Im Anschluss daran wird der Frage nachgegangen, wie die für die private Cyberversicherung wichtigen Assistanceleistungen verbessert werden können. In diesem Zusammenhang wird auch darauf eingegangen, auf welche Art und Weise Assistanceleistungen durchgeführt werden können und welche Vertragsgestaltung für die private Cyberversicherung am geeignetsten erscheint. Hieran anschließend ist auch noch zu beantworten, wer für eine fehlerhaft erbrachte Assistanceleistung haftet (Dritter Teil, C.).

Abschließend wird untersucht, wie eine bedarfsgerechte Abgrenzung der privaten Cyberversicherung zu anderen Versicherungen erzielt werden kann. Neben rechtlichen Fragen, die im Zusammenhang mit den aktuell verwendeten Subsidiaritätsklauseln stehen, wird hier vor allem auch der Frage nachgegangen, ob zukünftig Vorrangigkeitsklauseln verwendet werden sollten und welche Rechtsfolgen im Zusammenhang mit diesen Klauseln eintreten (Dritter Teil, D.).

Die Arbeit schließt mit einer Zusammenfassung der wichtigsten Ergebnisse und einem Ausblick für die private Cyberversicherung.

Erster Teil: Cyberrisiken und Versicherung

A. Grundlegende Begriffe

Bei der privaten Cyberversicherung handelt es sich um ein vergleichsweise junges Versicherungsprodukt.[15] Es ist daher wenig überraschend, dass viele Begriffe und Formulierungen zu den versicherten Risiken und Ereignissen sowohl in den Bedingungswerken selbst als auch in der bisher erschienen versicherungsrechtlichen Literatur noch relativ uneinheitlich verwendet und definiert werden.[16] Neben der häufig fehlenden Erfahrung vieler Versicherer bei der Gestaltung der Versicherungsbedingungen ist dies auch dem Umstand geschuldet, dass zu vielen Begriffen ein klar umgrenztes Verständnis fehlt. Veröffentlichte Rechtsprechung, die die verschiedenen Terminologien einer näheren Auslegung unterzieht, fehlt bislang ebenfalls.[17] Erschwerend kommt hinzu, dass wie bereits eingangs beschrieben, der GDV bisher nur für den gewerblichen Bereich und nicht für die private Cyberversicherung Musterbedingungen veröffentlicht hat, auf die an dieser Stelle hätte zurückgegriffen werden können. Nachstehend sollen daher einige wichtige Begriffe kurz erläutert werden, die für die Untersuchung der privaten Cyberversicherung grundlegend sind. Da eine Erläuterung sämtlicher relevanter Begriffe den Rahmen dieses Kapitels sprengen würde, sei an dieser Stelle noch auf andere Erklärungswerke verwiesen.[18]

I. Cyber

Cyber ist ein Wortbildungselement, das sich von dem englischen Begriff cybernetics ableitet, womit die Wissenschaft der Steuerungs- und Regelungsvorgänge

---

15 Mit einem länderübergreifenden Überblick zu den Cyberversicherungsprodukten für Privatkunden (Stand: September 2019) *Schubert/Gatzert*, A Comparison of Cyber Insurance Products for Private Clients, S. 4 ff.

16 Vgl. *Gebert/Klapper*, in: Veith/Gräfe/Gebert, Versicherungsprozess, § 24 Rn. 2 (zur Cyberversicherung für Gewerbe und Unternehmen).

17 Mit dem Urteil des LG Tübingen vom 26.05.2023 (Az. 4 O 193/21) liegt nunmehr das erste Urteil zur Cyberversicherung vor. Allerdings beschäftigt sich die Entscheidung allein mit der Cyberversicherung für Unternehmen. Für die private Cyberversicherung liegen weiterhin keine gerichtlichen Entscheidungen vor.

18 Siehe etwa die Begriffserklärungen von *Schmidl*, IT-Recht sowie das Glossar von *Kochheim*, Cybercrime und Strafrecht, S. 809 ff.

beschrieben wird.[19] Der Duden definiert Cyber als ein Wortbildungselement mit der Bedeutung „die von Computern erzeugte virtuelle Scheinwelt betreffend".[20] Durch die Vorsilbe Cyber werden in der Regel bestimmte Vorgänge und Ereignisse beschrieben, die im Zusammenhang mit der Nutzung des Internets oder anderen Informationstechnologien stehen.[21] Im Rahmen dieser Arbeit wird die Vorsilbe Cyber dazu verwendet, um die Besonderheiten des virtuellen Raumes für einen bestimmten Bereich zu beschreiben. Zu diesen Bereichen zählen insbesondere Cyberkriminalität, Cyberrisiko, Cybersicherheit und Cyberversicherung, auf die im Folgenden weiter eingegangen wird.

II. Cyberkriminalität

Mit Cyberkriminalität (auch Computerkriminalität)[22] werden Straftaten bezeichnet, bei denen Computer oder andere technische Systeme als Tatmittel oder als Gegenstand der deliktischen Handlung eingesetzt werden.[23] Cyberkriminalität lässt sich dabei in die Bereiche Cyberkriminalität im engeren Sinne und Cyberkriminalität im weiteren Sinne unterteilen.[24] Unter Cyberkriminalität im engeren Sinne werden alle Straftaten erfasst, die sich gegen das Internet, weitere Datennetze, informationstechnische Systeme oder deren Daten richten. Darunter zu fassen sind insbesondere die Straftatbestände des Computerbetrugs (§ 263a StGB), des Ausspähens und Abfangens von Daten (§§ 202a ff. StGB), die Fälschung beweiserheblicher Daten (§§ 269 f. StGB) und die Datenveränderung/Computersabotage (§§ 303a, 303b StGB).[25] Cyberkriminalität im weiteren Sinne erfasst alle Straftaten, bei denen Informations- und Kommunikationstechnik zur Planung, Vorbereitung oder Ausführung genutzt werden, die aber auch in der analogen Welt begangen werden können.[26] Cyberkriminalität wird häufig auch

19 *Gebert/Klapper*, in: Veith/Gräfe/Gebert, Versicherungsprozess, § 24 Rn. 3.

20 https://www.duden.de/rechtschreibung/cyber_.

21 *Haase*, Computerkriminalität, S. 67; *Lesser*, Cyber-Risiken, S. 8; *Doerbeck*, Cybermobbing, S. 36.

22 Ausführlich zum Begriff Computerkriminalität und einer Abgrenzung zu verwandten Begriffen *Haase*, Computerkriminalität, S. 61 ff.

23 Vgl. *Schmidl*, IT-Recht, S. 57 f.

24 Näher hierzu BKA, Bundeslagebild Cybercrime 2018, S. 3, wonach die Unterscheidung seit 2000 international und insbesondere auf polizeilicher und juristischer Ebene genutzt wird. Siehe auch *Gercke*, ZUM 2021, 921.

25 BKA, Bundeslagebild Cybercrime 2018, S. 3. Näher zu den einzelnen Delikten *Marbeth-Kubicki*, Computer- und Internetstrafrecht, S. 27 ff.

26 BKA, Bundeslagebild Cybercrime 2018, S. 3 f.

nach den Organisationsformen unterschieden, die von organisierter Cyberkriminalität und Cyberterrorismus bis hin zu Einzeltätern im Bereich der einfachen Kriminalität reichen können.[27]

III. Cyberrisiko

Eine besondere Bedeutung kommt nicht nur für diese Untersuchung dem Begriff Cyberrisiko zu. Zu dem Begriff Cyberrisiko existieren bereits eine Vielzahl von insbesondere betriebswirtschaftlichen Definitionen, die sich in der Fülle kaum noch überblicken lassen.[28] Die verschiedenen Definitionsversuche zeigen, wie komplex Cyberrisiken sind und wie schwierig es ist, sie zu definieren und zu anderen Risiken abzugrenzen. In der versicherungsrechtlichen Literatur haben sich vor allem zwei Begriffsverständnisse durchgesetzt. Beiden Ansichten liegt dabei das allgemeine Verständnis zugrunde, dass unter einem Risiko die Gefahr eines Schadenseintritts verstanden wird.[29]

Zum einen wird mit dem Begriff Cyberrisiko häufig die Gefahr beschrieben, Opfer eines Cyberangriffs zu werden.[30] Unter Cyberangriffen werden wiederum Angriffe verstanden, die sich zum einen gegen das Internet, Datennetze, informationstechnische Systeme oder deren Daten richten oder zum anderen mittels dieser Informationstechnik begangen werden.[31] Andere wiederum legen den Cyberrisikobegriff weiter aus und fassen unter diesen sämtliche Risiken, die aus der Nutzung moderner Informations- und Kommunikationstechnologien resultieren.[32] Dies entspricht dem Begriffsverständnis zum IT-Risiko,[33] der

---

27 BKA, Bundeslagebild Cybercrime 2020, S. 49.

28 Eine Übersicht zu einzelnen Definitionsvorschlägen findet sich bei *Adam*, Cyber-Versicherung, S. 5 ff.; *Biener/Eling/Matt/Wirfs*, Cyber Risk, S. 4 ff.; *Eling*, ZfV 2015, 552 (552 f.); *Eling/Wirfs*, Cyber Risk, S. 5 ff.; *Haas*, Management von Cyber-Risiken, S. 19 ff.; *Hoppe*, Cyber Risks and Insurance Demand, S. 72; *Wrede/Freers/Graf v. d. Schulenburg*, ZVersWiss 2018, 405 (408 ff.).

29 Vgl. *Buchner*, Die IT-Versicherung, S. 37; *R. Koch*, Versicherbarkeit von IT-Risiken, S. 69; *Lesser*, Cyber-Risiken, S. 8; *Wandt*, Versicherungsrecht, Rn. 804.

30 *Achenbach*, VersR 2017, 1493 (1494); *Bräutigam/Klindt*, NJW 2015, 1137 (1140); *Erichsen*, CCZ 2015, 247; *Lesser*, Cyber-Risiken, S. 8.

31 Dies entspricht insoweit der Definition zur Cyberkriminalität, siehe *Lesser*, Cyber-Risiken, S. 8.

32 *Armbrüster*, Privatversicherungsrecht, Rn. 2111; *Klimke*, in: Prölss/Martin, VVG, Vorb. A1-1 AVB Cyber Rn. 1. Im Ergebnis auch *Wirth*, BB 2018, 200 (201).

33 *Lesser*, Cyber-Risiken, S. 9.

in der juristischen Literatur ebenfalls häufig verwendet wird.[34] Beim IT-Risiko wird zum Teil wiederum zwischen IT-Risiken im engeren und im weiteren Sinne unterschieden,[35] wobei im Ergebnis hiervon auch sämtliche Risiken erfasst werden, die im Zusammenhang mit dem Einsatz von Informations- und Kommunikationstechnologien stehen.[36] Vereinzelt wird anstelle des Begriffs Cyberrisiko auch der Begriff Internetrisiko[37] oder Datenrisiko[38] verwendet. Dieser kurze Überblick zeigt, dass es für den Begriff Cyberrisiko im Schrifttum keine einheitliche Definition gibt und auch eine Abgrenzung zu verwandten Begrifflichkeiten kaum herzustellen ist. Sofern Versicherer diesen Begriff in ihren Versicherungsbedingungen verwenden, um etwa das versicherte Risiko oder den Versicherungsgegenstand ihrer Versicherung zu beschreiben,[39] muss der Begriff daher stets näher erläutert werden. Im Rahmen dieser Arbeit werden mit Cyberrisiken sämtliche Risiken beschrieben, die für Verbraucherinnen und Verbraucher im Zusammenhang mit der Nutzung des Internets entstehen.[40]

IV. IT-Sicherheit, Informationssicherheit und Cybersicherheit

Ebenfalls nur schwer voneinander abgrenzbar sind die häufig auch synonym verwendeten Begriffe IT-Sicherheit, Informationssicherheit und Cybersicherheit.[41] Der Begriff der IT-Sicherheit ist in § 2 Abs. 2 S. 4 BSI-Gesetz (BSIG) legaldefiniert. IT-Sicherheit bedeutet demnach die Einhaltung bestimmter

---

34 Etwa *Buchner*, Die IT-Versicherung; *ders.*, in: Hoeren/Sieber/Holznagel, MultimediaR-Hdb, Teil 18.4 Rn. 4 ff.; *R. Koch*, in: Karlsruher Forum 2010, S. 116 ff.; *v. Manstein*, PHi 4/2002, 122 ff.

35 Näher *R. Koch*, in: Karlsruher Forum 2010, S. 114, wonach zu den IT-Risiken i. e. S. Beeinträchtigungen der Verfügbarkeit, Integrität oder Vertraulichkeit von Daten zählen und IT-Risiken i. w. S. die Haftung für fehlerhafte Herstellung und Nutzung von Daten sowie Dienstleistungen darstellen.

36 *Wrede/Freers/Graf v. d. Schulenburg*, ZVersWiss 2018, 405 (410); *Lesser*, Cyber-Risiken, S. 9.

37 Etwa *Grzebiela*, Internet-Risiken.

38 *Fortmann*, Verbraucher-CyberVers, § 2 Rn. 4; *ders.*, r+s 2019, 688 (689).

39 Vgl. *Armbrüster*, Privatversicherungsrecht, Rn. 2108 (zur Beschreibung des versicherten Risikos in der Cyberversicherung für Gewerbe und Unternehmen).

40 So auch die BaFin auf ihrer Internetseite zur Frage, was eine private Cyberversicherung leistet, https://www.bafin.de/DE/Verbraucher/Versicherung/Produkte/Cyber/cyberversicherung_node.html, geändert am 06.05.2022.

41 Näher zur Abgrenzung der drei Begriffe *Kipker*, in: Kipker, Cybersecurity, Kap. 1 Rn. 4; *Gebert/Klapper*, in: Veith/Gräfe/Gebert, Versicherungsprozess, § 24 Rn. 5.

Sicherheitsstandards, die die Verfügbarkeit, Unversehrtheit oder Vertraulichkeit von Informationen betreffen, durch Sicherheitsvorkehrungen in informationstechnischen Systemen, Komponenten oder Prozessen oder bei der Anwendung von informationstechnischen Systemen, Komponenten oder Prozessen.[42] Im Gegensatz hierzu wird der Begriff Informationssicherheit zumeist negativ definiert.[43] Eine Verletzung der Informationssicherheit (Informationssicherheitsverletzung) liegt in der Regel vor, wenn die Verfügbarkeit, Vertraulichkeit oder Integrität von Daten beziehungsweise Informationen beeinträchtigt ist.[44] Für eine Informationssicherheitsverletzung ist dabei ausreichend, dass nur eines der drei genannten IT-Schutzziele beeinträchtigt ist.[45] Eine Beeinträchtigung der Verfügbarkeit von Daten oder Informationen liegt grundsätzlich vor, wenn auf Informationen dauerhaft oder vorübergehend nicht oder nur eingeschränkt zugegriffen werden kann oder wenn ein informationsverarbeitendes System ausfällt.[46] Die Vertraulichkeit ist demgegenüber verletzt, wenn Informationen ungewollt offengelegt werden.[47] Das Schutzgut der Integrität zielt wiederum auf die Korrektheit und Unversehrtheit von Informationen ab und ist beeinträchtigt, wenn Informationen unerlaubt verändert oder verfälscht werden.[48]

Cybersicherheit schließlich als letzter der drei Begriffe ist inhaltlich am weitesten gefasst. Begrifflich umfasst dieser den gesamten Cyberraum, weshalb sämtliche Aspekte der Sicherheit in der Informations- und Kommunikationstechnik hierunter zu verstehen sind.[49] Als Cyberraum wird der virtuelle Raum aller weltweit auf Datenebene vernetzten beziehungsweise vernetzbaren IT-Systeme bezeichnet.[50]

In der versicherungsrechtlichen Literatur zur Cyberversicherung hat sich bisher der Begriff Informationssicherheitsverletzung durchgesetzt. Der Begriff

---

42 Näher hierzu auch *Heckmann*, MMR 2006, 280 (281); *v. Holleben/Menz*, CR 2010, 63 (64); *Rockstroh/Kunkel*, MMR 2017, 77 (78); *Trappehl/Schmidl*, NZA 2009, 985.

43 So auch die AVB Cyber, Ziff. A1.2.1.

44 Vgl. BSI, IT-Grundschutz-Kompendium 2021, S. 1.

45 *Klimke*, in: Prölss/Martin, VVG, A1-2 AVB Cyber Rn. 15.

46 *Klimke*, in: Prölss/Martin, VVG, A1-2 AVB Cyber Rn. 13; *Malek/Schilbach*, VersR 2019, 1321 (1322); *Pawig-Sander*, in: Rüffer/Halbach/Schimikowski, HK-VVG, A1-2 AVB Cyber Rn. 3.

47 BSI, IT-Grundschutz-Kompendium 2021, S. 1; *Schmidl*, IT-Recht, S. 279.

48 *R. Koch*, Versicherbarkeit von IT-Risiken, Rn. 113; *Schmidl*, IT-Recht, S. 138.

49 *Kipker*, in: Kipker, Cybersecurity, Kap. 1 Rn. 4; *Gebert/Klapper*, in: Veith/Gräfe/Gebert, Versicherungsprozess, § 24 Rn. 5.

50 *Schmidl*, IT-Recht, S. 64.

wird in Ziff. A1-1 der AVB Cyber verwendet, um den Gegenstand der Versicherung für die Unternehmens-Cyberversicherung zu definieren. In Ziff. A1-1 der AVB Cyber heißt es, dass im Umfang der nachfolgenden Bestimmungen Vermögensschäden erstattet werden, die durch eine Informationssicherheitsverletzung verursacht wurden. Der Begriff bildet somit das Kernelement der AVB Cyber.[51] Im Vergleich zum Begriff IT-Sicherheit wird die Informationssicherheit begrifflich als umfassender und besser geeignet eingestuft, da insbesondere auch Papierdaten begrifflich erfasst würden.[52] In den gegenwärtigen Versicherungsbedingungen der privaten Cyberversicherung findet sich der Begriff Informationssicherheitsverletzung dagegen bislang nicht oder nur sehr selten. Ob sich der Begriff zukünftig im Privatkundenbereich durchsetzen wird, bleibt abzuwarten. Dies dürfte jedoch bezweifelt werden, da der Begriff nur schwer verständlich ist. So wird ein Durchschnittsverbraucher mit dem Begriff Informationssicherheitsverletzung in der Regel weniger anfangen können als mit dem auch durch die mediale Berichterstattung deutlich bekannteren Begriff der IT-Sicherheit. Zudem wird auch außerhalb der versicherungsrechtlichen Literatur zur gewerblichen Cyberversicherung häufiger der Begriff IT-Sicherheit verwendet, was vor allem darauf zurückzuführen ist, dass der Begriff in § 2 Abs. 2 S. 4 BSIG legaldefiniert wird.[53] Aus diesen Gründen wird auch im Rahmen dieser Untersuchung der Begriff IT-Sicherheit verwendet. IT-Sicherheit beschreibt dabei einen Idealzustand, der durch Cyberrisiken gefährdet wird.

Festzuhalten bleibt, dass sich die Begriffe IT-Sicherheit, Informationssicherheit und Cybersicherheit kaum voneinander unterscheiden. Mit § 2 Abs. 2 S. 4 BSIG steht aber zumindest für den Begriff der IT-Sicherheit eine Legaldefinition zur Verfügung, weshalb nachstehend dieser Begriff verwendet wird, wenn etwa ausgeführt wird, welches Schutzgut durch Cyberrisiken betroffen ist. Wegen der nur geringen inhaltlichen Unterschiede dürfte es aber praktisch kaum eine Rolle spielen, welcher dieser Begriffe in Versicherungsbedingungen verwendet wird.

V. Private Cyberversicherung

Untersuchungsgegenstand und mithin auch zentraler Begriff der vorliegenden Untersuchung ist die private Cyberversicherung. Die Bezeichnung Cyberversicherung hat sich dabei sowohl am Markt als auch in der versicherungsrechtlichen

51 *Pawig-Sander*, in: Rüffer/Halbach/Schimikowski, HK-VVG, A1-2 AVB Cyber Rn. 1.

52 *Kipker*, in: Kipker, Cybersecurity, Kap. 1 Rn. 4; *Gebert/Klapper*, in: Veith/Gräfe/Gebert, Versicherungsprozess, § 24 Rn. 5.

53 Vgl. *Gebert/Klapper*, in: Veith/Gräfe/Gebert, Versicherungsprozess, § 24 Rn. 5.

Literatur gegenüber anderen Bezeichnungen wie etwa Cybercrimeversicherung, Internetversicherung, IT-Versicherung, Online-Schutz-Versicherung oder Cyber-Space-Versicherung durchgesetzt.[54]

Wichtigstes Kriterium einer Cyberversicherung ist dabei, dass es sich um ein eigenständiges Versicherungsprodukt handelt.[55] Eigenständige Cyberversicherungen sind daher stets von Cyber-Zusatzversicherungsbedingungen in den konventionellen Versicherungen (insbesondere Haftpflicht-, Rechtsschutz- oder Hausratversicherung) abzugrenzen.[56] Ebenfalls zu unterscheiden ist stets zwischen der Cyberversicherung für Privatkunden und der Cyberversicherung für Unternehmen. Diese begriffliche Unterscheidung findet sich im Schrifttum bisher noch zu selten.[57] Vielmehr wird häufig nur von der Cyberversicherung gesprochen, womit dann stets die Cyberversicherung für Unternehmen gemeint ist.[58] Beide Versicherungen haben dabei zwar die Absicherung von Cyberrisiken zum Gegenstand, jedoch unterscheiden sich die für Unternehmen ausgehenden Cyberrisiken deutlich von denen für Privatpersonen,[59] da insbesondere Betriebsunterbrechungsschäden infolge eines Cyberangriffs nur bei Unternehmen entstehen können.[60] Um eine Verwechselung der Versicherungen zu vermeiden, sollte zukünftig daher bereits auf begrifflicher Ebene zwischen den Versicherungsbereichen unterschieden werden. Im Rahmen dieser Untersuchung wird die Cyberversicherung für Privatkunden abgekürzt als „private Cyberversicherung" bezeichnet.[61]

---

54 Vgl. *Choudhry*, Der Cyber-Versicherungsmarkt in Deutschland, S. 5; *Gebert/Klapper*, in: Veith/Gräfe/Gebert, Versicherungsprozess, § 24 Rn. 2.

55 Näher zum Ursprung und der Verbreitung der Cyberversicherung *Lesser*, Cyber-Risiken, S. 183 f.

56 Zur Abgrenzung auch *Fortmann*, Verbraucher-CyberVers, § 1 Rn. 4.

57 Anders *Fortmann*, Verbraucher-CyberVers, § 3 Rn. 1 ff.; *Pache/Graß*, PHi 4/2017, 122 (123).

58 Etwa *Erichsen*, CCZ 2015, 247 ff.; *Fortmann*, r+s 2019, 429 ff.; *Staudinger/Aslan*, r+s 2021, 489 ff.

59 Zu den Cyberrisiken für Privatpersonen sogleich.

60 Vgl. *Armbrüster*, Privatversicherungsrecht, Rn. 2121 (zu den Cyberrisken für Unternehmen).

61 Diese Bezeichnung verwendend auch *Biallas*, Versicherungsdossier 2017, S. 24. Neuerdings wird zum Teil auch von Verbraucher-Cyberversicherungen gesprochen, siehe *Fortmann*, Verbraucher-CyberVers.

B. Aktuelle Gefährdungslage durch Cyberkriminalität

Cyberkriminalität gewinnt immer weiter an Bedeutung. Nahezu täglich wird über schwerwiegende Cyberangriffe auf staatliche Einrichtungen, Unternehmen, Krankenhäuser oder auch Universitäten berichtet.[62] Dies liegt neben der zunehmenden Digitalisierung auch daran, dass sich die angewandten Angriffsmethoden in allen technischen Bereichen stetig weiterentwickeln und immer wieder neue Sicherheitsrisiken offenbaren. Von Cyberrisiken betroffen sind dabei nicht nur staatliche Einrichtungen und Unternehmen, sondern zunehmend auch Privatpersonen. Nachfolgend soll dargestellt werden, von welchen Risiken Privatpersonen konkret bedroht sind und welche Schäden hierdurch verursacht werden können. Abschließend ist darauf einzugehen, welche technischen Möglichkeiten Verbraucherinnen und Verbrauchern zur Verfügung stehen, um sich vor derartigen Angriffen zu schützen.

I. Gefahren für Verbraucherinnen und Verbraucher

Wie gefährdet Privatpersonen durch Cyberkriminalität sind, zeigt eine aktuelle Bürgerbefragung des BSI, die jährlich zum Thema Cybersicherheit durchgeführt wird.[63] Demnach ist über ein Viertel der Befragten (29 Prozent) bereits Opfer von Cyberkriminalität geworden – 39 Prozent der Betroffenen dabei mindestens einmal in den vergangenen zwölf Monaten.[64] Ähnliche Ergebnisse zeigen auch andere Umfragen.[65] Die wachsende Bedrohung durch Cyberkriminalität spiegeln auch die durch das BKA registrierten Straftaten im Bereich Cybercrime wieder. So wurden nach der Kriminalstatistik für das Jahr 2021 146.363 Straftaten festgestellt, die dem Bereich Cyberkriminalität zugeordnet werden konnten,

---

62 Nach einer Studie des Branchenverbands Bitkom e. V. entsteht der deutschen Wirtschaft durch Cyberkriminalität im Jahr 2023 ein Gesamtschaden in Höhe von etwa 206 Milliarden Euro. Zum Bericht, siehe Bitkom, Wirtschaftsschutz 2023, S. 4. Darüber berichtend auch Tagesschau, 206 Milliarden Euro Schaden durch Cyberkriminalität vom 01.09.2023.

63 Das Digitalbarometer untersucht die Betroffenheit und den aktuellen Kenntnisstand der Bevölkerung zum Thema IT-Sicherheit und Cyberkriminalität und basiert auf einer repräsentativen Online-Befragung der Polizeilichen Kriminalprävention der Länder und des Bundes (ProPK) sowie des BSI.

64 BSI, Digitalbarometer 2022, S. 8.

65 Etwa GDV/YouGov, Cyber-Studie vom 09.04.2020, wonach in Deutschland rund 40 Prozent der privaten Internetnutzerinnen und Nutzer schon einmal Opfer eines Cyberangriffs geworden sind.

was eine Zunahme um plus 12,1 Prozent zum Vorjahr bedeutet.[66] Die Innenministerkonferenz setzte sich daher schwerpunktmäßig zum Ziel, Cyberkriminalität zu bekämpfen.[67] Für das Jahr 2022 war bei den Cyber-Straftaten erstmals ein Rückgang um 6,5 Prozent festzustellen, was wegen der hohen Dunkelziffer jedoch nicht realitätsgetreu die tatsächliche Entwicklung im Deliktsbereich Cybercrime wiederspiegelt.[68]

Die Gründe für den stetigen Anstieg des Fallaufkommens liegen vor allem in der steigenden Attraktivität von Cyberkriminalität. Anders als in der analogen Welt, können Cyberstraftaten von überall, jederzeit und auf unterschiedliche Ziele gleichzeitig durchgeführt werden. Hinzukommt, dass die Täter durch die Anonymität des Internets geschützt und häufig nicht ausfindig gemacht werden können.[69] Die Zunahme der Straftaten hat ihre Ursachen aber auch in der stark voranschreitenden Digitalisierung, die durch die Auswirkungen der Corona-Pandemie einen zusätzlichen Antrieb erhalten hat.[70]

Gleichzeitig ist festzustellen, dass Cyberkriminelle immer professioneller, arbeitsteiliger und besser vernetzt agieren und auch die eingesetzte Schadsoftware steigende Fähigkeiten bei der Umgehung von Sicherheitsmechanismen aufweist.[71] Ferner hat auch das Phänomen des sog. Cybercrime-as-a-Service dazu geführt, dass die Eintrittsschranken in die Cyberkriminalität deutlich gesunken sind und kaum noch technische Kenntnisse zur Begehung einer Straftat im Bereich Cybercrime erforderlich sind.[72] Mit Cybercrime-as-a-Service wird das Phänomen beschrieben, dass technisch komplexe Tatbeiträge, wie beispielsweise die Entwicklung einer Schadsoftware, bei Dienstleistern im sog. Darknet eingekauft werden kann und folglich durch die Täter nicht mehr selbst entwickelt werden muss, um Straftaten im Internet zu begehen.[73]

---

66 BMI, Pressemitteilung vom 05.04.2022 zur Veröffentlichung der PKS 2021. Siehe zu den Vorjahren auch BKA, Bundeslagebild Cybercrime, S. 9.

67 BMI, Pressemitteilung vom 05.04.2022 zur Veröffentlichung der PKS 2021.

68 BKA, Bundeslagebild Cybercrime 2022, S. 6.

69 Zur Attraktivität von Cyberangriffen auch BSI, Register aktueller Cyber-Gefährdungen und -Angriffsformen, Anhang 1, S. 1.

70 BKA, Bundeslagebild Cybercrime 2020, S. 10. Zu den Auswirkungen der Corona-Pandemie ausführlich auch BKA, Cybercrime in Zeit der Corona-Pandemie 2020.

71 BKA, Bundeslagebild Cybercrime 2020, S. 10.

72 BKA, Bundeslagebild Cybercrime 2020, S. 10.

73 BKA, Bundeslagebild Cybercrime 2020, S. 45 f.

II. Angriffsmethoden und Werkzeuge Cyberkrimineller

Cyberkriminelle bedienen sich einer großen Bandbreite an Werkzeugen und Methoden, die sie zur Tatbegehung einsetzen. Die technisch komplexen Angriffsmethoden werden von Cyberkriminellen stetig weiterentwickelt und treten häufig auch in verschiedenen Kombinationen auf. Die nachfolgenden Ausführungen beschränken sich daher auf eine überblicksartige Zusammenstellung der wesentlichen Angriffsformen und erheben keinen Anspruch auf Vollständigkeit.

1. Identitätsdiebstahl

Zu einer der häufigsten Straftaten im Bereich Cyberkriminalität zählt der Identitätsdiebstahl.[74] Unter einem Identitätsdiebstahl versteht man das rechtswidrige Verschaffen von fremden Identitätsdaten in der Absicht, sich selbst oder einen Dritten zu bereichern oder dem wahren Identitätsinhaber zu schaden.[75] Identitätsmissbrauch, ein Begriff der häufig synonym verwendet wird, bezeichnet den zeitlich nachgelagerten illegalen Gebrauch fremder Identitätsdaten.[76] Die digitale Identität einer Person ergibt sich aus der Summe aller Möglichkeiten und Rechte des einzelnen Nutzers sowie seiner personenbezogenen Daten und Aktivitäten innerhalb der Gesamtstruktur des Internets.[77] Dies beinhaltet alle Arten von Nutzer-Accounts und deren Zugangsdaten.[78] Identitätsdiebstähle können durch unterschiedliche Methoden durchgeführt werden. Wie verbreitet der Identitätsdiebstahl insgesamt ist, zeigt beispielhaft eine Statistik des Hasso-Plattner-Instituts (HPI), wonach täglich etwa 1,5 Millionen Accounts kompromittiert werden.[79] Die besondere Gefahr des Identitätsdiebstahls zeigt sich auch an den Ergebnissen einer vom BSI durchgeführte Bürgerbefragung aus dem Jahr 2021, wonach 56 Prozent der gemeldeten Straftaten Identitätsdiebstähle waren. Bei 31 Prozent der angegebenen Straftaten handelte es sich um Fremdzugriffe auf Online-Accounts und bei 25 Prozent um Fälle des sog. Phishings.[80]

Phishing ist eine Unterkategorie des Social Engineering und setzt sich aus den Wörtern Password und Fishing zusammen und bedeutet so viel wie nach

---

74 Vgl. BSI, Digitalbarometer 2022, S. 8 f.

75 *Bartz*, Identitätsdiebstahl, S. 94; *Gajek/Schwenk/Wegener*, DuD 2005, 639 (640).

76 *Bartz*, Identitätsdiebstahl, S. 86 ff.

77 BKA, Bundeslagebild Cybercrime 2018, S. 12.

78 BSI, Die Lage der IT-Sicherheit in Deutschland 2021, S. 24.

79 https://sec.hpi.de/ilc/?lang=de (zuletzt abgerufen am: 12.10.2023).

80 BSI, Digitalbarometer 2021, S. 6.

Passwörtern zu angeln.[81] Beim Phishing wird versucht, durch vertrauenswürdig wirkende Absender, Betroffene zum Aufsuchen bestimmter Websites, zum Herunterladen von Anhängen oder generell zur Eingabe von vertrauenswürdigen Zugangsdaten zu verleiten.[82] Diese Form der gezielten Beeinflussung, bei der versucht wird, menschliche Eigenschaften wie Hilfsbereitschaft, Vertrauen, Angst oder Respekt vor Autorität auszunutzen, um Betroffene dazu zu verleiten, vertrauliche Informationen preiszugeben, Sicherheitsfunktionen auszuhebeln, Überweisungen zu tätigen oder Schadsoftware zu installieren, bezeichnet man als Social Engineering.[83] Verstärkt aufgetreten ist das Social Engineering wiederum im Zusammenhang mit der Corona-Pandemie, in der vielfach die mit der Ausbreitung des Virus verbundenen Sorgen und Unsicherheiten der Menschen für kriminelle Zwecke ausgenutzt wurden.[84]

Neben Phishing stellt das sog. Pharming eine weitere von Cyberkriminellen häufig genutzte Betrugsform dar.[85] Beim Pharming werden Webseiten mit korrekten Zertifikaten so manipuliert, dass der Betroffene auch dann auf einer gefälschten Webseite landet, wenn er die korrekte Internetadresse eingegeben hat.[86] Diese Methode ähnelt dem sog. Skimming, da auch hier eine bewusste Mitwirkung der Betroffenen an der Datenerlangung nicht mehr erforderlich ist. Als Skimming bezeichnet man das unbemerkte Auslesen von Kredit- oder Bankkarten durch physikalische Manipulation von Geldautomaten oder Zahlungsterminals.[87]

Soweit sich Kriminelle durch Phishing, Pharming, Skimming oder auf anderen Wegen die digitale Identität einer Person angeeignet haben, ist dies häufig der Ausgangspunkt für weitere Straftaten. So werden insbesondere Kontodaten

---

81 *Bartz*, Identitätsdiebstahl, S. 95; *Sohr/Kemmerich*, in: Kipker, Cybersecurity, Kap. 2 Rn. 178.

82 *Borges*, NJW 2005, 3313; *Gajek/Schwenk/Wegener*, DuD 2005, 639 (640); *Kind/Werner*, CR 2006, 353; *Kociok*, in: Auer-Reinsdorff/Conrad, Handbuch IT- und Datenschutzrecht, § 27 Rn. 14; *Popp*, NJW 2004, 3517 (3517 f.).

83 BSI, Die Lage der IT-Sicherheit in Deutschland 2021, S. 24. Auch *Biener/Eling/Matt/Wirfs*, Cyber Risk, S. 14; *Sohr/Kemmerich*, in: Kipker, Cybersecurity, Kap. 2 Rn. 178.

84 BKA, Cybercrime in Zeiten der Corona-Pandemie 2020, S. 1, 5 ff.

85 *Fortmann*, Verbraucher-CyberVers, § 2 Rn. 19 ff.; *Lesser*, Cyber-Risiken, S. 12.

86 BSI, Die Lage der IT-Sicherheit in Deutschland 2019, S. 11; dass., Register aktueller Cyber-Gefährdungen und -Angriffsformen, Anhang 4, S. 3; *Popp*, MMR 2006, 84.

87 BSI, Register aktueller Cyber-Gefährdungen und -Angriffsformen, Anhang 4, S. 4; *Eisele*, CR 2011, 131; *Fortmann*, Verbraucher-CyberVers, § 2 Rn. 11; *Schmidl*, IT-Recht, S. 240.

regelmäßig als Handelsware auf digitalen Schwarzmärkten angeboten oder vom Täter selbst genutzt, um Bankkonten zu eröffnen, Waren unter dem Namen des Betroffenen zu bestellen oder mit dem E-Mailkonto des Betroffenen weitere Spam-Mails zu versenden.[88] Hat sich der Täter den Zugang zu einem fremden Internetanschluss verschafft, kann dieser genutzt werden, um rechtswidrig Filme oder andere digitale Inhalte zu veröffentlichen oder herunterzuladen. Hierdurch können Rechte Dritter verletzt und Schadensersatzforderungen gegen die betroffene Person ausgelöst werden.[89] Gestohlene Identitätsdaten können schließlich auch dazu verwendet werden, um falsche Tatsachen vorzutäuschen oder den Ruf des Betroffenen zu schädigen, was schwere Folgen für die Betroffenen haben kann.[90]

2. *Schadprogramme*

Ein besonders hohes Bedrohungspotential geht auch von Schadprogrammen aus.[91] Bei Schadprogrammen (engl. Malware) handelt es sich nach der Legaldefinition des § 2 Abs. 5 BSIG um Programme oder sonstige informationstechnische Routinen und Verfahren, die dem Zweck dienen, unbefugt Daten zu nutzen oder zu löschen oder unbefugt auf sonstige informationstechnische Abläufe einzuwirken.[92] Zu den wichtigsten Formen von Schadprogrammen, die nach ihrer Funktion zu unterscheiden sind und im Folgenden kurz vorgestellt werden sollen, zählen Viren, Trojaner, Würmer und Ransomware.

Viren stellen die klassische und wohl auch bekannteste Form von Schadprogrammen dar. Bei Viren handelt es sich um eine Schadsoftware, die technisch so konfiguriert ist, dass sie sich selbst vermehren kann und stets in Kombination mit einem Wirt auftaucht (z. B. der infizierte Anhang einer E-Mail).[93] Sobald die infizierte Datei oder das infizierte Programm geöffnet wird, öffnet sich auch

---

88 BKA, Bundeslagebild Cybercrime 2018, S. 12; dass., Bundeslagebild Cybercrime 2020, S. 41.

89 Vgl. BGH, Urt. v. 12.05.2010 – I ZR 121/08, BGHZ 185, 330 ff. = GRUR 2010, 633 (zur Störerhaftung des WLAN-Inhabers). Näher hierzu auch *v. Manstein*, PHi 4/2002, 122 (127, 131).

90 BKA, Bundeslagebild Cybercrime 2018, S. 12; *v. Manstein*, PHi 4/2002, 122 (127).

91 BKA, Bundeslagebild Cybercrime 2020, S. 18.

92 Siehe hierzu auch *Pruß/Sarr*, in: Auer-Reinsdorff/Conrad, Handbuch IT- und Datenschutzrecht, Technisches Glossar: Schadprogramm; *Sohr/Kemmerich*, in: Kipker, Cybersecurity, Kap. 2 Rn. 171.

93 *Eckert*, IT-Sicherheit, S. 55; *Schmidl*, IT-Recht, S. 58 f.

das Virus, das neben dem Ziel der Selbstverbreitung häufig auch Schäden an den infizierten Daten herbeiführen soll.[94] Eine andere verbreitete Form von Schadprogrammen sind Computerwürmer. Anders als Viren können sich Würmer direkt über das Netzwerk verbreiten, ohne dass sie an andere Dateien angebunden und damit an deren Übertragung gebunden sein müssen.[95] Innerhalb von kürzester Zeit können Würmer eine Vielzahl von Systemen und Geräten infizieren, da sie zumeist unerkannt bleiben und sich bei jedem Systemstart neu auszuführen.[96]

Eine hohe Bedrohung geht zudem von sog. trojanischen Pferden (Trojaner) aus. Als Trojaner werden Schadprogramme bezeichnet, die schädliche Operationen unter dem Deckmantel nützlicher Funktionen ausführen.[97] Trojaner können im Hintergrund sowohl Daten ausspähen als auch weitere Schadsoftware verbreiten sowie Tastatureingaben unbemerkt aufzeichnen.[98] Ähnlich wie Viren verbreiten sich Trojaner zumeist nicht selbst, sondern mit Hilfe des Anwenders, der im Glauben, eine nützliche Anwendung zu installieren, den Trojaner installiert.[99]

Von besonderer Bedeutung sind schließlich noch Angriffe mittels sog. Ransomware, deren Bedrohung erheblich zugenommen hat.[100] Bei Ransomware-Angriffen handelt es sich um eine spezielle Erpressungsmethode, bei der Schadprogramme den Zugriff auf Daten und Systeme durch Verschlüsselung einschränken oder verhindern. Für die Entschlüsselung dieser Daten wird die Zahlung eines Lösegelds (engl. ransom) – zumeist in anonymen Zahlungsmitteln wie Bitcoins – gefordert.[101] Bei Ransomware handelt es sich mithin um einen Angriff auf das Sicherheitsziel der Verfügbarkeit und eine Form digitaler

---

94 *Eckert*, IT-Sicherheit, S. 55; *Lesser*, Cyber-Risiken, S. 10; *Spindler*, BSI-Studie, Rn. 58; *ders.*, in: Karlsruher Forum 2010, S. 16 f.

95 *Eckert*, IT-Sicherheit, S. 66; *Schmidl*, IT-Recht, S. 293.

96 BSI, Register aktueller Cyber-Gefährdungen und -Angriffsformen, Anhang 3, S. 2; *Spindler*, BSI-Studie, Rn. 62; *ders.*, in: Karlsruher Forum 2010, S. 17 f.

97 *Schmidl*, IT-Recht, S. 265.

98 *Eckert*, IT-Sicherheit, S. 72; *Lesser*, Cyber-Risiken, S. 11.

99 *Schmidl*, IT-Recht, S. 265; *Spindler*, in: Karlsruher Forum 2010, S. 19.

100 Zur Bedrohungslage durch Ransomware sowie möglichen Präventions- und Reaktionsmaßnahmen hat das BSI ein umfassendes Paper veröffentlicht, siehe BSI, Ransomware 2021, S. 5 ff.

101 *Beukelmann*, NJW-Spezial 2017, 376; *Podebrad/Gabel*, in: Gabel/Heinrich/Kiefner, Rechtshandbuch Cyber-Security, Kap. 1 Rn. 9; *Sohr/Kemmerich*, in: Kipker, Cybersecurity, Kap. 2 Rn. 177.

Erpressung.[102] Häufig suchen sog. Krypto- oder auch Verschlüssellungstrojaner dabei speziell nach für den Nutzer besonders wertvollen Dateien wie etwa Word- und Excel-Dateien oder persönlichen Fotos und Videos.[103] Kommt der Betroffene der Lösegeldforderung nicht nach, werden die Daten zumeist unwiederbringlich gelöscht, wobei auch die Zahlung des Lösegelds nicht immer zur Wiederherstellung der Daten führt.[104] Aus diesem Grund rät das BSI von Zahlungen an die Erpresser eindringlich ab.[105] Dennoch ist zu beobachten, dass gerade wegen des hohen Leidensdrucks, der mit der Verschlüsselung der Daten einhergeht, das Lösegeld in vielen Fällen gezahlt wird, was Ransomware zu einem der lukrativsten Geschäftsmodelle für Cyberkriminelle macht.[106] Verbreitet werden Schadprogramme häufig über sog. Spam-Angriffe.[107] Als Spam werden alle unerwünschten Nachrichten bezeichnet, die massenhaft und ungezielt per E-Mail oder über andere Kommunikationsdienste versendet werden.[108] Ziel der Spam-Angriffe ist es häufig, über zumeist professionelles Social Engineering den Benutzer zum Öffnen infizierter E-Mail-Anhänge zu bewegen.[109] Welche enormen Schäden Schadprogramme bei öffentlichen Einrichtungen, Unternehmen und Privatpersonen verursachen können, haben die weltweit bekannten Fälle *WannaCry* und *NotPetya* eindringlich gezeigt.[110] Die besondere Gefahr von Schadprogrammen zeigt sich aber auch daran, dass täglich mehr als 450.000 neue Schadprogramme und potenziell unerwünschte Anwendungen durch IT-Sicherheitsdienstleister identifiziert werden.[111]

---

102 BSI, Ransomware 2021, S. 5; dass., Die Lage der IT-Sicherheit in Deutschland 2021, S. 12.

103 BSI, Ransomware 2021, S. 5 f.; *Lesser*, Cyber-Risiken, S. 11.

104 *Lesser*, Cyber-Risiken, S. 11 f.; *Salomon*, MMR 2016, 575.

105 BSI, Ransomware 2021, S. 23.

106 Zur Frage der Strafbarkeit das Lösegeldzahlenden *Salomon*, MMR 2016, 575 ff.; *Vogelgesang/Möllers*, jM 2016, 381 (383 ff.).

107 BSI, Ransomware 2021, S. 6.

108 *Schmidl*, IT-Recht, S. 244 f.

109 BSI, Ransomware 2021, S. 6.

110 BKA, Bundeslagebild Cybercrime 2017, S. 12 ff.; *Podebrad/Gabel*, in: Gabel/Heinrich/Kiefner, Rechtshandbuch Cyber-Security, Kap. 1 Rn. 9 f.

111 https://www.av-test.org/de/statistiken/malware/ (zuletzt abgerufen am: 12.10.2023). Dazu auch BKA, Bundeslagebild Cybercrime 2020, S. 19; BSI, Die Lage der IT-Sicherheit in Deutschland 2021, S. 11.

3. *Botnetze und ähnliche Angriffsformen*

Eine weitere Angriffsform, die ebenfalls eine zunehmende Bedrohung darstellt, sind sog. Botnetze. Als Bot bezeichnet man ein Schadprogramm, das einem Angreifer den Fernzugriff auf ein infiziertes System ermöglicht.[112] Den Zusammenschluss mehrerer Bots, die von einer zentralen Stelle ferngesteuert und zumeist für kriminelle Zwecke missbraucht werden, bezeichnet man als Botnetz.[113] Von Botnetzen bedroht sind dabei nicht nur Computersysteme und mobile Anwendungen, sondern sämtliche internetfähige und insbesondere auch smarte Haushaltsgeräte.[114] Als Türöffner zur Steuerung digitaler Haushalte (Smart Home) dient dabei häufig der Breitbandrouter.[115]

Neben der Herbeiführung von Schäden auf dem infizierten System selbst, werden die übernommenen Systeme regelmäßig auch für Angriffe auf Dritte genutzt.[116] Häufig stehen Botnetze auch im Zusammenhang mit sog. DoS-Angriffen, bei denen von einem Computer aus eine Vielzahl an Kontaktanfragen an einen Server gesendet werden, um die Überlastung des Servers herbeizuführen.[117] Die anhaltend hohe Bedrohungslage durch Botnetze zeigen bekanntgewordene Fälle wie der Angriff auf Telekom, bei dem bis zu 900.000 Router, Teil von einem weltweitem Botnetz gewesen sein sollen oder auch ein im Januar 2021 großangelegter Angriff auf Nutzer von Android-Smartphones.[118]

---

112 BSI, Die Lage der IT-Sicherheit in Deutschland 2021, S. 19; *Schmidl*, IT-Recht, S. 43.

113 BSI, Die Lage der IT-Sicherheit in Deutschland 2021, S. 19; *Schmidl*, IT-Recht, S. 44.

114 *Roos/Schumacher*, MMR 2014, 377 (378).

115 BSI, Die Lage der IT-Sicherheit in Deutschland 2019, S. 21, 63 f. Siehe auch *Armbrüster/Kosich*, r+s 2020, 384 ff.; *Rudkowski*, VersR 2017, 1 ff. zu den Gefahren von Smart Home und hiermit verbundenen versicherungsrechtlichen Fragestellungen.

116 BSI, Die Lage der IT-Sicherheit in Deutschland 2021, S. 19 f.

117 DoS-Angriffe steht für Denial-of-Service-Angriffe. Näher zu diesem Phänomen, von dem Privatpersonen kaum betroffen sein sollten BSI, Die Lage der IT-Sicherheit in Deutschland 2021, S. 31 f.; *Lesser*, Cyber-Risiken, S. 13; *Kochheim*, Cybercrime und Strafrecht, Rn. 692 ff.; *Spindler*, BSI-Studie, Rn. 87.

118 Zum Angriff auf Telekom im November 2016 etwa Welt, Telekom-Router sollten Teil von weltweitem Botnetz werden vom 28.11.2016. Dazu auch *Lesser*, Cyber-Risiken, S. 12 f. Zum Angriff auf Android-Smartphones ebenfalls BSI, Die Lage der IT-Sicherheit in Deutschland 2021, S. 20.

4. *Cybermobbing und andere Formen von Rufschädigungen*

Eine sehr hohe Gefahr geht für Privatpersonen auch von Cybermobbing, Cyberstalking und ähnlichen Formen der Rufschädigung aus.[119] Der Bedeutungszuwachs, den diese Formen von Angriffen in den letzten Jahren erlangt haben, ist maßgeblich darauf zurückzuführen, dass die Nutzung von Mediengeräten und sozialen Netzwerken wie Facebook, Instagram oder WhatsApp stark zugenommen hat.[120] Auftrieb haben diese Arten von Persönlichkeitsrechtsverletzungen zudem durch die Corona-Pandemie erlangt. So konnte als Folge der Lockdowns der Schulunterricht und auch die Bürotätigkeit vielfach nur noch digital und von zu Hause aus erfolgen, was digitale Schmähungen, Beleidigungen und andere Formen von über das Internet stattfindenden Angriffen auf die Persönlichkeit deutlich vereinfacht hat.[121] Hiervon betroffen sind nicht nur Kinder und Jugendliche, sondern zunehmend auch Erwachsene.[122] Bei digitalen Angriffen auf die Persönlichkeit sind wiederum verschiedene Arten zu unterscheiden, die nachfolgend kurz vorgestellt werden.

Von Mobbing spricht man, wenn eine Person fortgesetzten Anfeindungen, Schikanen oder Diskriminierungen ausgesetzt ist, die aufeinander aufbauen oder ineinander übergehen und in ihrer Gesamtheit das allgemeine Persönlichkeitsrecht oder andere geschützte Rechte wie die Ehre oder die Gesundheit verletzen.[123] Cybermobbing stellt eine moderne Form des Mobbings dar, bei der die Opfer gezielt über das Internet (z. B. über E-Mail, Messenger, soziale Medien oder in Suchmaschinen) diffamiert, bedrängt oder genötigt werden.[124] Dies

---

119 Näher zu den Gefahren von Cybermobbing *Cornelius*, ZRP 2014, 164 ff.; *Doerbeck*, Cybermobbing, S. 25 ff., 64 ff., 366 f.; *Jülicher*, NJW 2019, 2801 ff.; *Giebel*, NJW 2017, 977 ff.

120 Nach der JIM-Studie 2021 des Medienpädagogischen Forschungsverbunds Südwest sind 88 Prozent der 12-19-Jährigen täglich im Netz unterwegs, wobei nach eigener Einschätzung an einem durchschnittlichen Wochentag die Nutzung 241 Minuten beträgt, siehe mpfs, JIM-Studie 2021, S. 66.

121 Bündnis gegen Cybermobbing, Studie Mobbing und Cybermobbing bei Erwachsenen, S. 6; dass., Studie Cyberlife III, S. 51 ff.

122 Bündnis gegen Cybermobbing, Studie Mobbing und Cybermobbing bei Erwachsenen, S. 6 f.; *Giebel*, NJW 2017, 977; *Bieszk/Sadtler*, NJW 2007, 3382.

123 Vgl. BAG, Urt. v. 16.05.2007 – 8 AZR 709/06, BAGE 122, 304 (317 f.) = NZA 2007, 1154 Rn. 58; LAG Thüringen, Urt. v. 10.04.2001 – 5 Sa 403/2000, NZA-RR 2001, 347 (347 f.); *Cornelius*, ZRP 2014, 164; *Maties*, in: BeckOGK-BGB, § 611a Rn. 924 ff.

124 Bündnis gegen Cybermobbing, Studie Mobbing und Cybermobbing bei Erwachsenen, S. 20: Wissenschaftliche Dienste des Bundestags, Mobbing an Schulen, S. 4; *Kochheim*, Cybercrime und Strafrecht, Glossar, S. 825.

geschieht etwa durch aggressive oder beleidigende Texte oder in Form von kompromittierenden Fotos oder Videos, mit denen das Opfer angegriffen, erpresst oder der Lächerlichkeit ausgesetzt werden soll.

Unter Cyberstalking versteht man das Nachstellen, Verfolgen und auch Überwachen einer Person mit digitalen Hilfsmitteln.[125] Als Cybergrooming werden Kontaktaufnahmen von Erwachsenen zu Kindern bezeichnet, die über das Internet stattfinden und das Ziel verfolgen, sexuelle Handlungen oder Kontakte anzubahnen.[126] Was Cybermobbing und die genannten anderen Angriffsformen so gefährlich macht, ist der Umstand, dass die Attacken nicht nur rund um die Uhr sowie von jedem Ort aus stattfinden können, sondern auch, dass sich die Angriffe über das Internet schnell verbreiten und eine hohe Reichweite erlangen.[127] Erschwerend kommt hinzu, dass die Täter über die Anonymität des Internets geschützt sind, was nicht nur Strafverfolgung erschwert, sondern auch die Hemmschwelle sinken lässt.[128]

Für die Betroffenen haben derartige Angriffe häufig gravierende Folgen. Cybermobbing wirkt sich nicht nur auf die körperliche Gesundheit aus, sondern auch insgesamt auf das private und berufliche Umfeld. So kann Cybermobbing einerseits verschiedene Kosten verursachen, die in Form von Beratungskosten oder den Kosten für die Rechtsverfolgung entstehen können.[129] Im schlimmsten Fall kann Cybermobbing aber auch zu einer existenziellen Notlage bis hin zum Suizid führen.[130] Wie verbreitet die Gefahr von Cybermobbing ist, zeigen dabei aktuelle Studien, aus denen unter anderem hervorgeht, dass bereits jede dritte Person Opfer von Cybermobbing geworden ist.[131]

---

125 BSI, Cyber-Glossar: Cyberstalking; *Bieszk/Stadtler*, NJW 2007, 3382 (3384).

126 BT-Drs. 19/13836, S. 1 (Gesetzentwurf zur Versuchsstrafbarkeit des Cybergroomings vom 09.10.2019). Zum Begriff auch *Baumhöfener*, MMR 2021, 30; *Kochheim*, Cybercrime und Strafrecht, Rn. 1730; *van Endern*, NJW 2020, 1033.

127 *Jülicher*, NJW 2019, 2801.

128 Vgl. *Cornelius*, ZRP 2014, 164 (164 f.); *Jülicher*, NJW 2019, 2801 (2803).

129 *Fortmann*, Verbraucher-CyberVers, § 2 Rn. 56.

130 Bündnis gegen Cybermobbing, Studie Mobbing und Cybermobbing bei Erwachsenen, S. 45; *Cornelius*, ZRP 2014, 164; *Doerbeck*, Cybermobbing, S. 25 ff., 64 ff., 366 f.

131 Nach einer Studie des Bündnisses gegen Cybermobbing waren 35 Prozent der Befragten bereits Opfer von Cybermobbing, Studie Mobbing und Cybermobbing bei Erwachsenen, S. 21. Ähnliche Ergebnisse zeigt auch die mpfs, JIM-Studie 2020, S. 60 wonach 29 Prozent der befragten Jugendlichen angab, dass schon einmal beleidigende oder falsche Informationen über sie im Netz verbreitet wurde.

5. Betrug und andere Vermögensstraftaten über das Internet

Für Verbraucherinnen und Verbraucher besteht auch ein erhebliches Risiko, Opfer eines Betrugs oder einer anderen Form von Vermögensstraftaten zu werden.[132] Neben den bereits genannten Formen des Identitätsdiebstahls durch Phishing und Pharming sowie der digitalen Erpressung durch Ransomware stellt der Betrug (§ 263 StGB) durch sog. Fakeshops eine der größten Bedrohung dar.[133]

Bei Fakeshops handelt es sich um gefälschte oder imitierte Webshops, bei denen zumeist namenhafte Markenprodukte auf durch den Täter eingerichteten Internetseiten zu scheinbar besonders günstigen Konditionen (Ausstattung, Preis, Lieferzeiten etc.) angeboten werden.[134] Nach Abschluss des Bestellvorgangs wird beim Betroffenen dann zwar der Betrag vom Konto abgebucht, die Ware aber entweder gar nicht oder nur in minderwertiger Qualität geliefert. Da Cyberkriminelle zumeist veranlassen, dass der Betrag auf ein ausländisches Konto überwiesen wird und zudem auch die Fakeshops in der Regel im Ausland betrieben werden, ist die Ermittlung und der Nachweis des Sachverhalts mit erheblichen Problemen verbunden.[135] Die bei der Bestellung übermittelten persönlichen Daten werden zudem häufig für weitere Straftaten genutzt, wie etwa für das sog. Carding. Beim Carding werden Handelswaren unter falscher Identität und mit gestohlenen oder ausgespähten Kontodaten auf Rechnung der geschädigten Kontoinhaber bestellt.[136] Neben Fakeshops besteht für Verbraucherinnen und Verbraucher auch das alltägliche Risiko, einen finanziellen Schaden beim Abschluss eines Kaufvertrages über das Internet zu erleiden. Anders als bei einem Ladengeschäft kann der Kaufgegenstand vor Abschluss des Vertrages nicht geprüft werden, weshalb eine höhere Gefahr besteht, dass eine falsche, beschädigte oder minderwertige Sache geliefert wird.[137] Aufgrund der Anonymität des Internets besteht zudem eine höhere Gefahr, dass der Verkäufer über seine Identität täuscht und nach Zahlung des Kaufpreises überhaupt keine Ware

---

132 Ein Überblick zu Straftaten im und über das Internet findet sich bei *Ceffinato*, NZWiSt 2016, 464 ff.; *Kochheim*, Cybercrime und Strafrecht, Rn 1060 ff.; *Ullenboom*, NZWiSt 2018, 26 ff.

133 Vgl. BSI, Digitalbarometer 2021, S. 6; *Zenger*, MMR 2020, 806.

134 BSI, Cyber-Glossar: Fake-Shops; *Zenger*, MMR 2020, 806.

135 *Podszun/Busch/Henning-Bodewig*, GRUR 2018, 1004 (1007).

136 *Ceffinato*, NZWiSt 2016, 464 (467); *Ullenboom*, NZWiSt 2018, 26.

137 Zu den Gefahren beim Online-Shopping auch *Fortmann*, Verbraucher-CyberVers, § 2 Rn. 6 ff.

geliefert wird. Wie verbreitet die Gefahr von Online-Betrug ist, zeigen wiederum aktuelle Studien.[138]

III. Schäden durch Cyberkriminalität

Die vorangegangenen Ausführungen haben deutlich gemacht, wie vielschichtig und hoch die Risiken sind, mit denen Privatpersonen durch Cyberkriminalität konfrontiert werden. Genauso komplex wie das Vorgehen der Cyberkriminellen selbst, sind die Schäden, die durch derartige Angriffe verursacht werden können. Die wichtigsten Schadensarten sollen nachstehend überblicksartig dargestellt werden.

Am häufigsten werden durch Cyberangriffe finanzielle Schäden verursacht, da Cyberkriminalität von den meisten Tätern als Einnahmequelle genutzt wird.[139] Am stärksten verbreitet sind die bereits geschilderten Phänomene des Identitätsdiebstahls und Online-Betrugs. Die Höhe der finanziellen Schäden variiert dabei stark und reicht von kleineren Beträgen bis hin zu Beträgen, die die wirtschaftliche Existenz der Betroffenen gefährden können.[140] Neben monetären Schäden führt Cyberkriminalität bei den Betroffenen immer häufiger auch zu immateriellen Schäden, die vor allem in Form von Datenverlusten oder Rufschädigungen vorliegen können.[141] So kann der Angriff mit einer Ransomware beispielsweise dazu führen, dass wichtige persönliche Daten unwiderruflich gelöscht oder sensible Daten öffentlich zugänglich gemacht werden. In einigen Fällen können solche persönlichen Schäden gesundheitliche Schäden nach sich ziehen, wie die Ausführungen zum Cybermobbing bereits gezeigt haben. Daneben können Cyberangriffe in bestimmten Fällen auch Sachschäden verursachen, etwa, wenn ein elektronisches Gerät durch eine Hackerattacke zerstört oder beschädigt wird.[142]

Die durch Cyberkriminalität verursachten Schäden können sowohl als Eigen- als auch als Drittschäden eintreten.[143] Als Eigenschäden werden diejenigen

---

138 Laut dem BSI, Digitalbarometer 2021, S. 6 waren im Jahr 2019 36 Prozent der Befragten durch Betrug beim Online-Shopping betroffen; 2020 waren es 32 Prozent und 2021 noch 19 Prozent.

139 Vgl. BSI, Digitalbarometer 2020, S. 3.

140 Vgl. BSI, Digitalbarometer 2020, S. 3 (wonach bereits Schadenshöhen von bis zu 50.000 Euro angegeben wurden).

141 BSI, Digitaler Verbraucherschutz 2020, S. 12, 21 ff.; dass., Digitalbarometer 2021, S. 6.

142 Zu den Gefahren der Smart-Home-Technologie und den damit verbundenen versicherungsrechtlichen Fragen *Rudkowski*, VersR 2017, 1 ff.

143 *v. Manstein*, PHi 4/2002, 122.

Schäden bezeichnet, welche dem angegriffenen Opfer unmittelbar selbst durch den Cyberangriff zugefügt werden.[144] Als Drittschäden werden die Schäden bezeichnet, die dem Opfer des Cyberangriffs dadurch entstehen, dass es von einem Dritten auf Schadensersatz in Anspruch genommen wird.[145] Mit Cyberrisiken sind folglich auch erhebliche Haftungsrisiken verbunden,[146] etwa, wenn eine Schadsoftware unbeabsichtigt weitergeleitet wurde und der geschädigte Dritte wegen entstandener finanzieller, immaterieller oder gesundheitlicher Schäden Schadensersatzansprüche geltend macht.[147]

IV. Schutz- und Abwehrmöglichkeiten

Wegen der hohen Gefahr, die von Cyberrisiken für Privatpersonen ausgeht, stellt sich die Frage, mit welchen Maßnahmen sich Privatpersonen gegen Cyberrisiken schützen können. Zu den wohl wichtigsten IT-Schutzmaßnahmen zählen die Nutzung eines Virenschutzprogramms sowie ein ausreichend sicherer Passwortschutz.[148] Weitere Maßnahmen, die ebenfalls zum Basisschutz zählen und wesentlich zur Verbesserung der IT-Sicherheit beitragen, sind die Einstellung der automatischen Installationsfunktion von Updates, das regelmäßige Anlegen von Sicherheitskopien sowie die Nutzung einer Zwei-Faktor-Authentifizierung.[149] Darüber hinaus kann auch die Nutzung getrennter Konten mit beschränkten Administratorenrechten etwa für Kinder und Jugendliche sinnvoll sein.[150] Obwohl weitestgehend unbestritten ist, dass diese Maßnahmen die IT-Sicherheit stärken,[151] geht aus einer Umfrage des BSI aus dem Jahr 2021 hervor,

---

144 *Lesser*, Cyber-Risiken, S. 18.

145 *Lesser*, Cyber-Risiken, S. 19.

146 Ausführlich zu den Haftungsrisiken aus der IT-Nutzung *R. Koch*, Versicherbarkeit von IT-Risiken, Rn. 183 ff.

147 Näher *R. Koch*, NJW 2004, 801 ff.; *Libertus*, MMR 2005, 507 ff.; *Spindler*, BSI-Studie, Rn. 282 ff.; *Stockmeier*, Die Haftpflichtversicherung des Internet-Nutzers, S. 1 ff.

148 BSI, Digitalbarometer 2021, S. 4; *Borges*, NJW 2010, 2624 (2625); *Lesser*, Cyber-Risiken, S. 169; *Spindler*, BSI-Studie, Rn. 290 ff.; *ders.*, in: Karlsruher Forum 2010, S. 17 ff.

149 BSI, Digitalbarometer 2021, S. 5.

150 Dazu auch *Spindler*, in: Karlsruher Forum 2010, S. 18 f.

151 Zur Geeignetheit von Virenscanner etwa LG Köln, Urt. v. 05.12.2007 – 9 S 195/07, MMR 2008, 259 (261); *Borges*, NJW 2010, 2624 (2625); *Lesser*, Cyber-Risiken, S. 172.; *Mankowski*, in: Ernst, Hacker, Cracker & Computerviren, Rn. 516, 856; *Spindler*, BSI-Studie, Rn. 60, 295; a. A. wohl LG Stralsund, Urt. v. 22.02.2006 – 1 S 237/05, MMR 2006, 487 (488 f.); *Kind/Werner*, CR 2006, 353 (355).

dass nur jeder Zehnte Befragte die Maßnahmen vollständig umsetzt.[152] Demgegenüber befolgt ein Drittel der Befragten die Schutzempfehlungen nur zum Teil, wobei jeder Zehnte Befragte sogar keine der genannten IT-Schutzvorkehrungen trifft.[153] Die Ergebnisse des BSI Digitalbarometers 2022 bestätigen diesen Trend.[154]

Neben dem Umstand, dass zu wenige Privatpersonen geeignete Schutzmaßnahmen gegen Cyberrisiken ergreifen, darf bei Betrachtung der Gefahrenlage nicht außer Acht bleiben, dass auch bei Durchführung sämtlicher Schutzvorkehrungen kein vollständiger Schutz gegen Cyberkriminelle erzielt werden kann.[155] Dies ist zum einen darauf zurückzuführen, dass Schutzprogramme wie Virenscanner in der Regel nur bereits bekannte Schadprogramme identifizieren und blockieren können, weshalb gegen neue und bisher unbekannte Viren häufig kein ausreichender Schutz besteht.[156] Zum anderen sind Cyberkriminelle sowohl was die Ressourcen als auch die technischen Fähigkeiten anbelangt, Privatpersonen deutlich überlegen. Das macht es in vielen Fällen unmöglich, einen Cyberangriff erfolgreich abzuwehren.[157] Damit bleibt festzuhalten, dass die genannten Schutzmaßnahmen für eine höhere IT-Sicherheit zwar unerlässlich sind, jedoch keinen vollständigen Schutz gegen Cyberrisiken schaffen können.

C. Versicherung zur Absicherung von Cyberrisiken

Eine der wesentlichen Funktionen von Versicherungen ist es, Zufälle und unvorhergesehene Belastungen beherrschbar und planbar zu machen.[158] Nach

---

152 BSI, Digitalbarometer 2021, S. 4 f.; dass., Bericht zum digitalen Verbraucherschutz 2021, S. 13.

153 BSI, Digitalbarometer 2021, S. 4 f.; dass., Die Lage der IT-Sicherheit in Deutschland 2021, S. 47.

154 Vgl. BSI, Die Lage der IT-Sicherheit in Deutschland 2022, S. 57.

155 Vgl. BIGS, Cyberversicherungen als Beitrag zum IT-Risikomanagement, S. 14; *Lesch*, Risk-Management, S. 159 f., 189.

156 *Maihold*, in: Schimansky/Bunte/Lwowski, Bankrechts-Hdb, § 55 Rn. 134; *Raue*, NJW 2017, 1841 (1842).

157 Ähnlich auch *Lesser*, Cyber-Risiken, S. 168, wonach zur Abwehr von Cyberangriffen oftmals ein umfangreiches Fachwissen erforderlich ist.

158 Näher zu den Funktionen von Versicherung *Armbrüster*, Privatversicherungsrecht, Rn. 218 ff.; *Buchner*, Die IT-Versicherung, S. 60; *Brömmelmeyer*, in: Rüffer/Halbach/Schimikowski, HK-VVG, § 1 Rn. 9; *Looschelders*, VersR 1996, 529. Näher zum Streitstand, worin die Sicherungsfunktion der Versicherung besteht, *Armbrüster*, in: Prölss/

der Maßgabe des § 1 S. 1 VVG verpflichtet sich der Versicherer mit dem Versicherungsvertrag, ein bestimmtes Risiko des Versicherungsnehmers oder eines Dritten durch eine Leistung abzusichern, die er bei Eintritt des vereinbarten Versicherungsfalles zu erbringen hat.[159] Versicherungen können somit zwar den Eintritt des schädigenden Ereignisses nicht verhindern, wohl aber die Nachteile, die mit der Realisierung des Risikos verbundenen sind, im vereinbarten Rahmen ausgleichen,[160] weshalb Versicherungen insgesamt eine wichtige Funktion für den Verbraucherschutz zukommt.[161] Die bisherigen Ausführungen haben gezeigt, dass von Cyberkriminalität als relativ neuer Bedrohungsform eine erhebliche Gefahr für Verbraucherinnen und Verbraucher ausgeht, auch weil die gängigen Schutzmaßnahmen keinen vollständigen Schutz bieten können. Möglicherweise können Versicherungen daher eine wichtige Funktion zum Schutz von Verbraucherinnen und Verbrauchern gegen Cyberrisiken einnehmen.

I. Versicherbarkeit von Cyberrisiken

Bevor die Rolle von Versicherungen anhand der aktuell angebotenen Versicherungsprodukte untersucht werden kann, stellt sich die grundsätzliche Frage, ob Cyberrisiken überhaupt versicherbar sind. Die Frage der Versicherbarkeit von Cyberrisiken, die bisher vor allem für den gewerblichen Bereich untersucht wurde,[162] wirft dabei eine Reihe von Problemen auf. Zu nennen ist etwa, dass Cyberrisiken wegen des hohen Kumulrisikos nur schwer kalkulierbar sind und Versicherer wegen der Neuartigkeit dieser Risiken lediglich auf eine begrenzte Schadenserfahrung zurückgreifen können.[163] Teilweise wird die

---

Martin, VVG, § 1 Rn. 3 ff. Grundlegend zur Definition von Versicherung auch *Dreher*, Die Versicherung als Rechtsprodukt, S. 32 ff.

159 Der Inhalt des Leistungsversprechens des Versicherers beschränkt sich dabei nicht auf Geldleistungen, sondern kann beliebige Inhalte von Leistungen wie etwa Assistanceleistungen beinhalten, dazu *Rixecker*, in: Langheid/Rixecker, VVG, § 1 Rn. 5.

160 *Brömmelmeyer*, in: Rüffer/Halbach/Schimikowski, HK-VVG, § 1 Rn. 9 f.; *Greis*, Auswirkungen der Digitalisierung auf Versicherungsverträge, S. 5 f.; *Looschelders*, VersR 1996, 529.

161 Der Schutz von Verbraucherinnen und Verbrauchern hat auch bei der VVG-Reform von 2008 eine zentrale Rolle eingenommen, siehe Regierungsbegr., BT-Drucks. 16/3945, S. 47 ff.

162 Siehe hierzu insbesondere *Biener/Eling/Matt/Wirfs*, Cyber Risk, S. 60 ff.; *Buchner*, Die IT-Versicherung, S. 60 ff.; *R. Koch*, in: Karlsruher Forum 2010, S. 116 ff.; *Lesser*, Cyber-Risiken, S. 185 ff.; *Lesch*, Risk-Management, S. 162 ff. Zur Versicherbarkeit von Cloud-Computing-Diensten auch *Haas*, Management von Cyber-Risiken, S. 105 ff.

163 *Buchner*, Die IT-Versicherung, S. 60 f.; *Lesser*, Cyber-Risiken, S. 185.

Kalkulierbarkeit, die mit der Zeichnung von Cyberrisiken verbunden ist, daher sogar insgesamt in Frage gestellt.[164] Für den Privatkundenbereich besteht dabei die Besonderheit, dass die durch Cyberkriminalität verursachten Schäden häufig immaterieller Art sind,[165] was sie schwer messbar und damit auch versicherbar macht. Ob die dargestellten Cyberrisiken überhaupt durch eine Versicherung abgesichert werden können, bedarf einer genaueren Prüfung. Zu unterscheiden ist dabei zwischen der wirtschaftlichen und der rechtlichen Versicherbarkeit,[166] auf die nachfolgend jeweils gesondert eingegangen wird.

1. *Wirtschaftliche Versicherbarkeit*

Wirtschaftlich versicherbar ist grundsätzlich jedes Risiko, da die Versicherbarkeit eines Risikos von der privatautonomen Einigung zwischen Versicherer und Versicherungsnehmer über den Risikotransfer und damit von wertenden Entscheidungen der Vertragsparteien abhängt.[167] Mit anderen Worten bestimmt sich die wirtschaftliche Versicherbarkeit eines Risikos maßgeblich danach, ob der Versicherer bereit ist, das jeweilige Risiko zu zeichnen und der Versicherungsnehmer gewillt ist, die entsprechende Prämie zu zahlen.[168] Da Versicherer jedoch gewinnorientiert handeln und daher nur in begrenztem Umfang ein Risiko zeichnen und Versicherungsnehmer nur eine für sie angemessene Prämie akzeptieren werden, wurden in der Literatur genauere Kriterien entwickelt, anhand derer sich die wirtschaftliche Versicherbarkeit eines Risikos bestimmt.[169]

a) Zufälligkeit des Schadensereignisses

Für die Versicherbarkeit eines Risikos ist zunächst erforderlich, dass das den Versicherungsfall auslösende Ereignis zufällig eintritt.[170] Die Zufälligkeit ist

---

164 Vgl. *Schmidt-Versteyl*, NJW 2019, 1637.

165 Zu den Folgen von Cyberkriminalität bereit Erster Teil, B. III.

166 Hiernach ebenfalls unterscheidend *Buchner*, Die IT-Versicherung, S. 60 ff.; *Lesser*, Cyber-Risiken, S. 185 ff.

167 *Armbrüster*, Privatversicherungsrecht, Rn. 448; *Eszler*, ZVersWiss 2000, 285 (297); *Farny*, in: Blankenburg/Farny, S. 9.

168 *Buchner*, Die IT-Versicherung, S. 61 f.; DAV, Versicherbarkeit von Risiken in der Schadenversicherung, S. 8; *Eszler*, ZVersWiss 2000, 285 (297); *Lesser*, Cyber-Risiken, S. 185.

169 Grundlegend *Berliner*, Limits of Insurability of Risks; *Karten*, ZVersWiss 1972, 279 (286 ff.).

170 *Buchner*, Die IT-Versicherung, S. 62; DAV, Versicherbarkeit von Risiken in der Schadenversicherung, S. 17; *Lesser*, Cyber-Risiken, S. 187.

beeinträchtigt, wenn das dem Versicherungsvertrag zugrunde gelegte Ereignis im Moment des Vertragsschlusses für beide Vertragspartner nicht mehr ungewiss und unbeeinflussbar ist.[171]

aa) Ungewissheit

Das Kriterium der Ungewissheit ist im Allgemeinen erfüllt, wenn Versicherungsnehmer und Versicherer hinsichtlich der Entstehung, dem Zeitpunkt sowie dem Ausmaß möglicher Schäden über dieselben Informationen verfügen.[172]

Überträgt man dieses Kriterium auf das Cyberrisiko für Privatpersonen, könnte man zunächst in Frage stellen, ob der Eintritt des Versicherungsfalls für beide Parteien tatsächlich gleichermaßen ungewiss ist. So werden Verbraucherinnen und Verbraucher in der Regel besser einschätzen können, wie hoch die Gefahr für sie ist, Opfer eines Cyberangriffs zu werden. Dies ist dem Umstand geschuldet, dass zwar grundsätzlich nicht voraussehbar ist, wann ein Cyberschaden eintritt, jedoch Versicherte die Risikohaftigkeit ihres Verhaltens und den Zustand der eigenen IT besser bewerten können als der Versicherer.[173] Das daraus folgende Informationsungleichgewicht könnte vorliegend daher gegen eine Versicherbarkeit sprechen. Für eine Versicherbarkeit des Cyberrisikos spricht jedoch, dass ein derartiges Informationsungleichgewicht auch bei anderen Risiken besteht und dem Versicherer verschiedene Instrumente zur Verfügung stehen, auf dasselbe Informationsniveau zu kommen, wie der potenzielle Versicherungsnehmer.[174] So kann der Versicherer sein Informationsdefizit etwa durch eine vorvertragliche Risikoprüfung in Form von Risikofragebögen reduzieren,[175] die der potenzielle Versicherungsnehmer auszufüllen hat.[176] Daneben bestehen verschiedene gesetzliche Vorschriften, die darauf abzielen, dem Versicherer eine Einschätzung zu ermöglichen. So ist der Versicherungsnehmer etwa nach § 19 Abs. 1 VVG verpflichtet, die ihm bekannten Gefahrumstände anzuzeigen, die für den Entschluss des Versicherers, den Vertrag mit dem vereinbarten Inhalt zu schließen, erheblich sind und nach denen der Versicherer in Textform

---

171 *Karten*, ZVersWiss 1972, 279 (287); *Lesch*, Risk-Management, S. 166.

172 *Buchner*, Die IT-Versicherung, S. 62; DAV, Versicherbarkeit von Risiken in der Schadenversicherung, S. 17; *Lesch*, Risk-Management, S. 166.

173 Vgl. auch *Lesser*, Cyber-Risiken, S. 187.

174 *Buchner*, Die IT-Versicherung, S. 63 f.; *Lesch*, Risk-Management, S. 166.

175 Siehe etwa den vom GDV veröffentlichten unverbindlichen Muster-Fragebogen zur Risikoerfassung von kleineren und mittleren Unternehmen im Rahmen einer Cyberversicherung.

176 *Buchner*, Die IT-Versicherung, S. 63; *Lesser*, Cyber-Risiken, S. 187.

gefragt hat.[177] Weiter trifft den Versicherungsnehmer auch eine Anzeigepflicht bei einer Gefahrerhöhung (§ 23 Abs. 1 VVG), die beispielsweise vorliegen kann, wenn Sicherheitsmaßnahmen durch den Versicherungsnehmer nicht mehr ordnungsgemäß durchgeführt werden.[178] Das Kriterium der Ungewissheit ist bei den hier untersuchten Cyberrisiken im Ergebnis daher nicht außerordentlich beeinträchtigt.

bb) Unbeeinflussbarkeit

Für die Versicherbarkeit von Cyberrisiken für Privatpersonen ist weiterhin erforderlich, dass das den Versicherungsfall auslösende Ereignis unabhängig vom Willen oder Verhalten des Versicherungsnehmers eintritt.[179] Mit dem Kriterium der Unbeeinflussbarkeit wird vor allem das subjektive Risiko (Moral Hazard) beschrieben. Darunter versteht man das Risiko, dass sich der Versicherungsnehmer aufgrund des Versicherungsschutzes anders verhält als dies ohne den Schutz der Fall wäre.[180] Beim Cyberrisiko besteht das moralische Risiko insbesondere darin, dass der Versicherungsnehmer nach Erhalt des Versicherungsschutzes der eigenen IT-Sicherheit eine geringere Bedeutung beimessen und folglich schadensverhütende sowie schadensmindernde Aktivitäten in geringerem Umfang ausüben könnte.[181] Im Wissen um den Versicherungsschutz könnten private IT-Anwender sich daher im Internet sorgloser verhalten und auf die beschriebenen Cyberrisiken nicht angemessen reagieren.

Zur Reduzierung des subjektiven Risikos stehen dem Versicherer jedoch wiederum verschiedene vertragliche Instrumente zur Verfügung,[182] die es auch im Rahmen einer Versicherbarkeit von privaten Cyberrisiken zu berücksichtigen gilt. So können Versicherer beispielsweise Wartezeiten oder Selbstbehalte vereinbaren sowie Leistungsausschlüsse und Beschränkungen in den Vertrag aufnehmen, um das subjektive Risiko zu senken.[183] Zudem können auch Obliegenheiten in Form der bereits beschriebenen Sicherheitsmaßnahmen in

177 Zum Normzweck des § 19 VVG *Armbrüster*, in: Prölss/Martin, VVG, § 19 Rn. 1.

178 *Buchner*, Die IT-Versicherung, S. 63 f.; *Lesser*, Cyber-Risiken, S. 269 ff.

179 *Buchner*, Die IT-Versicherung, S. 62; DAV, Versicherbarkeit von Risiken in der Schadenversicherung, S. 17; *Lesch*, Risk-Management, S. 166; *Lesser*, Cyber-Risiken, S. 187.

180 *Armbrüster*, Privatversicherungsrecht, Rn. 459; *Karten*, ZVersWiss 1983, 213 (217).

181 *Lesch*, Risk-Management, S. 167; *Lesser*, Cyber-Risiken, S. 187 f.

182 *Karten*, ZVersWiss 1983, 213 (217).

183 *Buchner*, Die IT-Versicherung, S. 64.

den Versicherungsbedingungen vereinbart werden,[184] die zur Reduzierung des subjektiven Risikos beitragen. Kommt der Versicherte die Obliegenheiten nicht ordnungsgemäß nach, kann der Versicherer unter den Voraussetzungen des § 28 VVG die Leistung kürzen oder ist gegebenenfalls sogar leistungsfrei. Bei der Gestaltung der Obliegenheiten muss allerdings beachtet werden, dass diese stetig an den technischen Fortschritt angepasst und die Versicherungsbedingungen fortlaufend aktualisiert werden müssen.[185] Zur Reduzierung des moralischen Risikos auf ein annehmbares Maß besteht für Versicherer schließlich auch noch die Möglichkeit, die Prämie an das beobachte Verhalten der versicherten Personen anzupassen.[186] Nach alldem ist folglich auch das Kriterium der Unbeeinflussbarkeit nicht als beeinträchtigt anzusehen.

b) Eindeutigkeit des Risikos

Um versicherbar zu sein, müssten die hier betrachteten Cyberrisiken weiterhin auch eindeutig sein.[187] Die Eindeutigkeit eines Risikos ist gegeben, wenn einerseits das Ereignis, welches ursächlich für den Versicherungsfall war sowie andererseits die Art und die Höhe des entstandenen Schadens, objektiv und nachprüfbar bestimmt werden können.[188] Da die genaue Bestimmung und Definition der versicherten Ereignisse und Schäden üblicherweise in den Versicherungsbedingungen selbst erfolgt, spielen für die Bestimmung der Eindeutigkeit auch rechtliche Aspekte eine Rolle.[189]

aa) Versicherbare Ereignisse

Die Bestimmung des Risiko-Objekts und mithin die Frage, welche Personen beziehungsweise welche Sachen vom Versicherungsschutz erfasst sein sollen, wirft vorliegend keine besonderen Probleme auf, da zwischen den Parteien genau festgelegt werden kann, welche Personen beziehungsweise welche

---

184 Zu den Abwehr- und Schutzmöglichkeiten gegen Cyberkriminalität bereits Erster Teil, B. IV.

185 Vgl. *Lesch*, Risk-Management, S. 172 (nicht speziell zu Cyberrisiken für Privatpersonen).

186 *Lesch*, Risk-Management, S. 167, 176.

187 Allg. *Karten*, ZVersWiss 1972, 279 (289).

188 *Buchner*, Die IT-Versicherung, S. 62; vgl. auch DAV, Versicherbarkeit von Risiken in der Schadenversicherung, S. 17; *Lesch*, Risk-Management, S. 176; *Lesser*, Cyber-Risiken, S. 186.

189 *Lesch*, Risk-Management, S. 176.

Geräte versichert sein sollen.[190] Deutlich schwieriger ist vorliegend allerdings die Bestimmung der versicherten Ereignisse.[191] Die Schwierigkeiten liegen darin begründet, dass Cyberangriffe einem ständigen technologischen Fortschritt unterliegen. Auch wird der verursachte Schaden regelmäßig erst dann bemerkt, wenn die Sicherheitsvorkehrungen überwunden und der Schaden bereits eingetreten ist.[192] Im Nachgang aufzuklären, welches konkrete Ereignis zu welchem Zeitpunkt den Schaden herbeigeführt hat, um den Eintritt des Versicherungsfalls bestimmen zu können, kann daher im Einzelfall große Probleme bereiten.[193] Den Urheber eines Cyberangriffs ausfindig zu machen, ist in den allermeisten Fällen ohnehin kaum möglich.[194] Trotz dieser Schwierigkeiten folgt allerdings nicht, dass Cyberrisiken nicht versicherbar wären. Vielmehr verdeutlicht dies nur, dass der Eintritt des Versicherungsfalls in den Versicherungsbedingungen eindeutig definiert werden muss und auch die Anforderungen an den Nachweis des Versicherungsfalls an die Beweisprobleme angepasst werden müssen. Die von Cyberrisiken ausgehenden Beweisprobleme können zudem durch Beweiserleichterungen begrenzt werden.[195]

bb) Versicherbare Schäden

Für die Eindeutigkeit eines Risikos ist weiterhin erforderlich, dass die Schadensart und die Schadenshöhe eindeutig bestimmbar sind.[196] Beim Cyberrisiko lassen sich die zu versichernden Schadensarten relativ eindeutig festlegen, wie die vorangegangenen Ausführungen bereits gezeigt haben. So können Cyberrisiken sowohl Eigen- als auch Drittschäden verursachen.[197] Als Eigenschäden sind die Schäden anzusehen, welche den durch den Cyberangriff betroffenen Privatpersonen selbst entstehen. Die Eigenschäden können in Form von reinen Vermögensschäden, Sachschäden, Gesundheitsschäden sowie immateriellen Schäden

---

190 So auch *Lesser*, Cyber-Risiken, S. 186 vornehmlich für Cyberrisiken für Gewerbe und Unternehmen.

191 Vgl. auch *Buchner*, Die IT-Versicherung, S. 64; *Lesser*, Cyber-Risiken, S. 186.

192 *Lesch*, Risk-Management, S. 176 f.

193 Vgl. *Haas*, Management von Cyber-Risiken, S. 109; *Lesch*, Risk-Management, S. 176 f. Auch *Lesser*, Cyber-Risiken, S. 186, der näher auf den Einsatz von IT-Forensik-Dienstleistern eingeht.

194 *Buchner*, Die IT-Versicherung, S. 64; *Lesser*, Cyber-Risiken, S. 186.

195 Vgl. *Buchner*, Die IT-Versicherung, S. 64 f.; *Lesch*, Risk-Management, S. 177.

196 *Buchner*, Die IT-Versicherung, S. 62; DAV, Versicherbarkeit von Risiken in der Schadenversicherung, S. 17; *Lesser*, Cyber-Risiken, S. 186.

197 So auch *Lesser*, Cyber-Risiken, S. 18, 186.

vorliegen.[198] Die genannten Schadensformen können gleichfalls auch als Drittschäden eintreten.[199] Bei Drittschäden handelt es sich um Schäden, welche dem Opfer des Cyberangriffs dadurch entstehen, dass es aufgrund der gennannten Beeinträchtigungen von einem Dritten auf Schadensersatz in Anspruch genommen wird.[200]

Deutlich schwieriger als die Bestimmung der versicherten Schadensarten kann im Einzelfall allerdings die objektive Bestimmbarkeit der Schadenshöhe und das Erbringen des Kausalitätsnachweises sein.[201] Dies gilt insbesondere für Reputationsschäden, da hier oftmals kaum nachweisbar ist, ob und in welchem Umfang ein Schaden eingetreten ist.[202] Die Versicherbarkeit der Reputation als solche wird im Schrifttum daher teilweise auch verneint.[203]

Zu beachten ist allerdings, dass auch bei Reputationsverlusten zumindest alternative Formen des Versicherungsschutzes insbesondere in Form von sog. Assistanceleistungen bestehen.[204] So können Versicherer bei einem Reputationsschaden beispielsweise spezielle Beratungs- und Krisenleistungen erbringen oder die Kosten für die Vermittlung von externen Dienstleistern übernehmen, um im Krisenfall den Schaden für den Versicherten möglichst gering halten zu können.[205] Hier zeigt sich, dass auch in den Fällen, in denen die Feststellung eines Schadens beziehungsweise deren monetäre Bemessung Probleme bereitet, Versicherungslösungen gefunden werden können.[206] Die Schäden, die durch Cyberrisiken bei Privatpersonen verursacht werden können, können daher im Ergebnis als versicherbar eingestuft werden.

---

198 Siehe bereits Erster Teil, B. III.

199 Zum Begriff bereits *Lesser*, Cyber-Risiken, S. 19.

200 Vgl. etwa BGH, Urt. v. 09.12.2008 – VI ZR 173/07, NJW 2009, 1066 (1068), VersR 2009, 408 (409) (zur Bemessung des Schadens bei der Vernichtung eines Datenbestands auf der Festplatte eines betrieblich genutzten Computers). Dazu auch *R. Koch*, in: Karlsruher Forum 2010, S. 117.

201 *Buchner*, Die IT-Versicherung, S. 64 f.; *Lesch*, Risk-Management, S. 178; *Lesser*, Cyber-Risiken, S. 186 f., 82.

202 Vgl. *Buchner*, Die IT-Versicherung, S. 64 f. (zur IT-Spionage und daraus resultierenden Imageverlusten). Dazu auch *Lesch*, Risk-Management, S. 178; *Lesser*, Cyber-Risiken, S. 186 f., 82.

203 *Hohlbein*, VersR 2021, 682 (684) Fn. 19; *Lesser*, Cyber-Risiken, S. 186.

204 Zu Versicherungsmöglichkeiten bei Reputationsschäden *Armbrüster/Böffel*, ZIP 2019, 1885 (1894 f.); *Hohlbein*, VersR 2021, 682 (684); *Klinkhammer*, VP 3/2016, 3 ff.; *Ulbrich/Frey*, ZUM 2017, 31 (40).

205 *Hohlbein*, VersR 2021, 682 (684).

206 Allg. *Lesch*, Risk-Management, S. 176, 178.

c) *Schätzbarkeit und Kalkulierbarkeit des Risikos*

Ein weiteres Kriterium für die Versicherbarkeit eines Risikos ist deren Schätz- und Kalkulierbarkeit.[207] Um eine risikoadäquate Prämie berechnen zu können, muss der Versicherer die durchschnittliche Schadenshöhe und deren Eintrittswahrscheinlichkeit kennen.[208] Auch für die hier betrachteten Cyberrisiken gilt daher, dass nur bei einer angemessenen Schätz- und Kalkulierbarkeit eine wirksame und effiziente Risikofremdfinanzierung im Kollektiv und über die Zeit geschaffen werden kann.[209]

Die Schätz- und Kalkulierbarkeit der hier betrachteten Cyberrisiken könnte jedoch einige Probleme bereiten. Die Probleme könnten darauf zurückzuführen sein, dass die Versicherer bei Cyberrisiken nur auf relativ geringes statistisches Material zurückgreifen können.[210] Die Berechnung des mittleren Schadensausmaßes und der Schwankungsanfälligkeit setzt jedoch grundsätzlich voraus, dass genügend Datenmenge und Statistiken vorhanden sind.[211] Für das Cyberrisiko kommt neben den fehlenden Erfahrungswerten dabei noch erschwerend hinzu, dass das Risiko wegen des technologischen Fortschritts einem erheblichen Änderungsrisiko unterworfen ist.[212] Dies alles könnte sich auch negativ auf die Berechnung einer angemessenen Prämie auswirken,[213] was die Versicherbarkeit dieser Risiken insgesamt in Frage stellen könnte.

Hier gilt es allerdings zu berücksichtigen, dass alle neuen Risiken gemeinsam haben, dass sie mangels einer ausreichenden Datenlage nicht genau bestimmbar sind.[214] Dass neue Risiken nur beschränkt eingeschätzt werden können, führt daher nicht zwingend dazu, dass sie als nicht versicherbar einzustufen sind. Vielmehr können sich durch das Auftreten neuer Risiken auch neue Geschäftsfelder

---

207 DAV, Versicherbarkeit von Risiken in der Schadenversicherung, S. 18; *Karten*, ZVersWiss 1972, 279 (290); *Lesch*, Risk-Management, S. 180.

208 DAV, Versicherbarkeit von Risiken in der Schadenversicherung, S. 18 f.

209 Allg. DAV, Versicherbarkeit von Risiken in der Schadenversicherung, S. 18.

210 *Biener/Eling/Matt/Wirfs*, Cyber Risk, S. 63; *Buchner*, Die IT-Versicherung, S. 65; *Fromme/Hagen*, Versicherungsdossier 2017, 6 (8); *Lesch*, Risk-Management, S. 176; *Lesser*, Cyber-Risken, S. 188 f.

211 DAV, Versicherbarkeit von Risiken in der Schadenversicherung, S. 19; *Lesser*, Cyber-Risken, S. 188.

212 *Biener/Eling/Matt/Wirfs*, Cyber Risk, S. 63; *Buchner*, Die IT-Versicherung, S. 65; *Lesch*, Risk-Management, S. 176; *Lesser*, Cyber-Risken, S. 188 f.

213 *Fromme/Hagen*, Versicherungsdossier 2017, 6 (8).

214 *Lesser*, Cyber-Risiken, S. 188.

auftun, was gerade ein Treiber privaten wirtschaftlichen Handelns ist.[215] Schließlich kann bei der Versicherung von neuen Risiken auch nicht immer gewartet werden, bis genügend Schadenserfahrungen gesammelt wurden.[216] Die Risiken, die für Versicherer mit der Zeichnung neuer Risiken verbunden sind, können durch eine entsprechende Produktgestaltung ausgeglichen werden.[217] So kann etwa die Deckungssumme begrenzt beziehungsweise die Laufzeit des Versicherungsvertrages beschränkt werden sowie eine maximale Anzahl an Versicherungsfällen pro Jahr vereinbart werden.[218] Aus der Neuheit der Cyberrisiken folgt daher nicht zwingend deren Nichtversicherbarkeit.

d) Unabhängigkeit der Risiken

Von besonderer Bedeutung für die Versicherbarkeit von Risiken ist schließlich das Kriterium der Unabhängigkeit.[219] Dieses besagt, dass durch ein Ereignis nicht eine Vielzahl von versicherten Schäden verursacht werden dürfen, da ansonsten ein Kumul im Versicherungsbestand vorliegt.[220] Zu den Kumulrisiken zählen etwa Produktionsfehler, Sturmfluten oder Pandemien, da bei diesen Risiken durch den Eintritt ein und desselben zufälligen Ereignisses gleichzeitig bei mehreren oder vielen versicherten Einheiten hohe Schadenssummen auf einmal fällig werden.[221] Zu den Kumulrisiken wird auch das Cyberrisiko gezählt.[222] Zwar werden Cyberangriffe häufig auch individuell auf ein ganz bestimmtes Ziel durchgeführt, weshalb von Cyberrisiken nicht immer eine Kumulgefahr ausgehen muss.[223] Allerdings haben gerade Schadprogramme wie *WannaCry* oder

---

215 DAV, Versicherbarkeit von Risiken in der Schadenversicherung, S. 9 f.

216 *Karten*, ZVersWiss 1972, 279 (290).

217 DAV; Versicherbarkeit von Risiken in der Schadenversicherung, S. 10.

218 *Lesser*, Cyber-Risiken, S. 188 f.

219 Allg. DAV, Versicherbarkeit von Risiken in der Schadenversicherung, S. 17; *Karten*, ZVersWiss 1972, 279 (291). Zum Cyberrisiko auch *Lesch*, Risk-Management, S. 181 f.; *Lesser*, Cyber-Risiken, S. 189 f.

220 DAV, Versicherbarkeit von Risiken in der Schadenversicherung, S. 17; *Lesser*, Cyber-Risiken, S. 189.

221 *Armbrüster*, Privatversicherungsrecht, Rn. 458; DAV, Versicherbarkeit von Risiken in der Schadenversicherung, S. 17; *Karten*, ZVersWiss 1972, 279 (291).

222 *Armbrüster*, Privatversicherungsrecht, Rn. 2126; *Buchner*, Die IT-Versicherung, S. 65; DAV, Versicherbarkeit von Risiken in der Schadenversicherung, S. 23; *R. Koch*, in: Karlsruher Forum 2010, S. 118; *Lesch*, Risk-Management, S. 182; *Lesser*, Cyber-Risiken, S. 190.

223 *Lesser*, Cyber-Risiken, S. 190.

Petya gezeigt, wie hoch die Gefahr von Kumulschäden durch Cyberkriminalität ist.[224] Das hohe Kumulrisiko insbesondere von Schadprogrammen beruht unter anderem darauf, dass sich Schadprogramme weltweit in einer sehr hohen Geschwindigkeit weiterverbreiten und in kürzester Zeit eine Vielzahl von IT-Systemen infizieren können.[225] Begünstigt wird dies auch dadurch, dass es weltweit nur eine geringe Anzahl von Anbietern für Betriebssysteme und Hardware gibt.[226] Weitere bedeutende Kumulszenarien stellen zudem auch Cyberangriffe auf Cloud-Dienstleister sowie Infrastruktureinrichtungen dar, da durch ein Schadenereignis eine Vielzahl von Schäden herbeigeführt werden können.[227]

Zu beachten ist vorliegend allerdings, dass von den hier allein betrachteten Cyberrisiken für Privatpersonen ein deutlich geringeres Kumulrisiko ausgeht als dies etwa im Bereich der kritischen Infrastrukturen der Fall ist. So haben zwar weltweit auftretende Schadprogrammen wie WannaCry auch erhebliche Schäden bei Privatpersonen verursacht, jedoch waren diese Schäden um ein Vielfaches geringer als im Industrie- und Wirtschaftsbereich. Gegen ein erhöhtes Kumulrisiko spricht zudem auch, dass Versicherungen gegen Cyberrisiken im Privatkundenbereich bisher nicht so verbreitet sind wie im Gewerbe- und Unternehmensbereich. Zudem stehen den Versicherern auch hier wiederum eine Reihe von Instrumenten sowohl auf vertraglicher Ebene als auch beim Risikomanagement zur Verfügung, um ein mögliches Kumulrisiko zu begrenzen.[228] So kann bei der Produktgestaltung das Kumulrisiko reduziert werden, indem insbesondere Ausschlüsse, Obliegenheiten, Sublimits, Selbstbehalte sowie Selbstbeteiligungen in den Vertrag aufgenommen werden.[229] Als risikopolitische Instrumente stehen den Versicherern neben Selbstauskünften des Versicherungsnehmers auch die Bildung von Schwankungsrückstellungen sowie

224 *Armbrüster*, Privatversicherungsrecht, Rn. 2126. Auch BSI, Die Lage der IT-Sicherheit in Deutschland 2017, S. 24 ff.; *Raue*, NJW 2017, 1841.

225 *Lesser*, Cyber-Risiken, S. 190 f.

226 *Lesch*, Risk-Management, S. 183.

227 *Armbrüster*, Privatversicherungsrecht, Rn. 2126. Näher zu den sog. KRITIS-Betreibern und die sie treffenden IT-Sicherheits- und Meldepflichten *v.d. Bussche/Schelinski*, in: Leupold/Wiebe/Glossner, IT-Recht, Teil 7.1 Rn. 19 ff.

228 Vgl. *Armbrüster*, Privatversicherungsrecht, Rn. 2126; DAV, Versicherbarkeit von Risiken in der Schadenversicherung, S. 17 f, 24; *Lesser*, Cyber-Risiken, S. 191 (nicht zum Privatkundenbereich).

229 *Armbrüster*, Privatversicherungsrecht, Rn. 2126; DAV, Versicherbarkeit von Risiken in der Schadenversicherung, S. 17 f., 24; *Lesser*, Cyber-Risiken, S. 191.

der Abschluss einer Rückversicherung zur Verfügung.[230] Dies führt im Ergebnis dazu, dass sich das Kumulrisiko beherrschen lässt und Cyberrisiken für Privatpersonen insgesamt als wirtschaftlich versicherbar eingestuft werden können.

2. Rechtliche Versicherbarkeit

Nachdem die wirtschaftliche Versicherbarkeit von Cyberrisiken geprüft wurde, gilt es abschließend noch zu klären, ob die hier untersuchten Cyberrisiken auch rechtlich versicherbar sind. Wie bei der wirtschaftlichen Versicherbarkeit gilt auch für die rechtliche Versicherbarkeit, dass grundsätzlich jedes objektiv bewertbare Interesse (rechtlich) versicherbar ist.[231] Rechtliche Grenzen ergeben sich grundsätzlich nur aus den allgemeinen Grundregeln der §§ 134, 138 BGB zur Verbots- und Sittenwidrigkeit sowie aus den aufsichtsrechtlichen Vorgaben der BaFin, welche die Zeichnung bestimmter Risiken einschränken.[232] Im Schrifttum wurde die rechtliche Versicherbarkeit von Cyberrisiken bisher nur im Kontext der Gewerbe- und Unternehmensversicherungen untersucht, wobei insbesondere Lösegeldzahlungen und Geldbußen problematisiert wurden.[233]

a) Versicherbarkeit von Geldbußen

Die Frage, inwieweit Bußgelder, die beispielsweise gegen das Opfer eines Cyberangriffs wegen Datenschutzverstößen (etwa nach Art. 83 Abs. 4, 5 DS-GVO) erhoben werden können, versicherbar sind, wird in der Literatur kontrovers diskutiert.[234] Für die vorliegende Untersuchung kommt dieser Frage jedoch keine entscheidende Bedeutung zu, da die DS-GVO nach Art. 3 Abs. 2 lit. c) keine Anwendung auf die Verarbeitung personenbezogener Daten durch natürliche Personen zur Ausübung ausschließlich persönlicher oder familiärer Tätigkeiten

---

230 Vgl. *Armbrüster*, Privatversicherungsrecht, Rn. 2126; DAV, Versicherbarkeit von Risiken in der Schadenversicherung, S. 17 f., 24; *Lesser*, Cyber-Risiken, S. 191.

231 *Armbrüster*, Privatversicherungsrecht, Rn. 449; *R. Koch*, in: Karlsruher Forum 2010, S. 116.

232 *Armbrüster*, Privatversicherungsrecht, Rn. 449; *R. Koch*, in: Karlsruher Forum 2010, S. 116; *Lesser*, Cyber-Risiken, S. 192 f.; *Wandt*, Versicherungsrecht, Rn. 694. Vgl. auch *Armbrüster/Schilbach*, r+s 2016, 109 ff. (mit einem Überblick zu nichtigen Versicherungsverträgen).

233 Ausführlich *Lesser*, Cyber-Risiken, S. 193 ff.

234 Zur Diskussion *Armbrüster/Schilbach*, r+s 2016, 109 (110 ff.); *Finkel/Seitz*, in: Seitz/Finkel/Klimke, D&O, Ziff. 5 AVB-AVG Rn. 76 ff.; *Gädke*, in: Bruck/Möller, VVG, Ziff. 5 AVB-AVG Rn. 104 ff.; *Lesser*, Cyber-Risiken, S. 193 ff.; *Ruttmann*, Versicherbarkeit von Geldbußen.

findet. Dass ein Bußgeld gegen eine Privatperson wegen eines Verstoßes gegen eine Datenschutzbestimmung im Zuge eines Cyberangriffs erhoben wird, ist daher äußerst unwahrscheinlich.[235]

b) Versicherbarkeit von Lösegeldforderungen

Deutlich schwieriger zu beantworten ist dagegen die Frage, ob die Zahlung von Lösegeldern und die hiermit verbundenen finanziellen Einbußen versicherbar sind. Diese Frage stellt sich für die private Cyberversicherung insbesondere in Hinblick auf Zahlungen von Lösegeldern nach einem Ransomware-Angriff.

aa) Ransomware-Angriffe

Wie die Ausführungen zur Gefährdungslage gezeigt haben, stellt der Einsatz von Ransomware eine große Bedrohung für Privatpersonen dar.[236] Bei Ransomware-Angriffen handelt es sich um eine Form digitaler Erpressung, bei denen zumeist Verschlüsselungstrojaner den Zugriff auf die Daten und Systeme des Opfers einschränken. Für die Entschlüsselung der Daten wird die Zahlung eines Lösegelds gefordert.[237] Obwohl ein relativ hohes Risiko besteht, dass auch bei Zahlung des Lösegelds keine Entschlüsselung der Daten erfolgt,[238] ist zu beobachten, dass auch wegen des hohen Leidensdrucks der Opfer die Anzahl der Fälle, in denen Lösegeld- und Schweigegeld gezahlt wird, weiter ansteigt.[239] Ransomware ist daher zu einem äußerst lukrativen Geschäftsmodell für Cyberkriminelle geworden. Neben möglichen strafrechtlichen Konsequenzen,[240] die mit der Zahlung des Lösegelds einhergehen, stellt sich die praktisch wichtige Frage, ob Lösegeldzahlungen Bestandteil einer Cyberversicherung für Privatperson sein können.

---

235 Ähnlich auch *Fortmann*, Verbraucher-CyberVers, § 2 Rn. 59.

236 Dazu jüngst auch BSI, Bericht zum digitalen Verbraucherschutz 2021, S. 20 ff.

237 *Beukelmann*, NJW-Spezial 2017, 376; *Podebrad/Gabel*, in: Gabel/Heinrich/Kiefner, Rechtshandbuch Cyber-Security, Kap. 1 Rn. 9; *Sohr/Kemmerich*, in: Kipker, Cybersecurity, Kap. 2 Rn. 177.

238 BSI, Ransomware 2021, S. 23; *Lesser*, Cyber-Risiken, S. 11 f.; *Salomon*, MMR 2016, 575.

239 BSI, Die Lage der IT-Sicherheit in Deutschland 2022, S. 11.

240 Dazu *Meyer/Biermann*, MMR 2022, 940 ff.; *Salomon*, MMR 2016, 575 ff.; *Vogelgesang/Möllers*, jM 2016, 381 (383 ff.).

bb) Aufsichtsrechtliche und kriminalpolitische Bedenken

Gegen die Versicherbarkeit von Lösegeldzahlungen sprechen vor allem aufsichtsrechtliche und kriminalpolitische Bedenken.[241] So wird eine Erlaubnis zur Versicherung von Lösegeldzahlungen zum Teil mit der Begründung abgelehnt, dass hierdurch nicht nur die Zahlungsbereitschaft der Opfer, sondern auch der Anreiz für Erpressungsstraftaten gestärkt werden könne.[242] Weiterhin könne durch die Versicherung die polizeiliche Ermittlungsarbeit behindert werden, da die Gefahr bestehe, dass Täter, Opfer und Mitarbeiter des Versicherungsunternehmens kollusiv zusammenwirkten.[243] Die Versicherung von Lösegeldforderungen wurde daher auch durch das Bundesaufsichtsamt für das Versicherungswesen (BAV) als Vorgängerbehörde der BaFin lange Zeit abgelehnt, da hierhin ein Verstoß gegen den ordre public (§ 138 BGB) gesehen wurde.[244] Das über lange Zeit geltende aufsichtsrechtliche Verbot bezog sich sowohl auf Lösegeldzahlungen bei entführten Personen als auch auf Zahlungen von „Schutzgeldern", die etwa zur Vermeidung von Produktvergiftungen gefordert wurden.[245]

cc) Lockerungen des aufsichtsrechtlichen Verbots

Diese generelle Ablehnung hat das BAV durch Veröffentlichung eines Rundschreibens im Jahr 1998 aufgegeben und die Versicherung von Lösegeldzahlungen unter strengen Voraussetzungen für zulässig erklärt.[246] Zu den strengen Einschränkungen, unter denen eine Versicherung von Lösegeldforderungen zulässig wurde, zählte insbesondere, dass keine Werbung für die Versicherung gemacht werden und sie nicht mit anderen Versicherungsverträgen oder Versicherungszweigen kombiniert werden durfte.[247] Diese strengen Voraussetzungen hat die BaFin zuletzt durch ein Rundschreiben vom September 2017 gelockert,[248]

---

241 *Martin*, Sachversicherungsrecht, D XII Rn. 108 ff.; *Wunderlich*, DStR 1996, 2003 (2004).

242 Vgl. *Martin*, Sachversicherungsrecht, D XII Rn. 109; *Wunderlich*, DStR 1996, 2003 (2004).

243 Vgl. BaFin, Journal 9/2017, S. 4; *Martin*, Sachversicherungsrecht, D XII Rn. 110.

244 Siehe hierzu die Hinweise des BAV zum Betrieb von Lösegeldversicherungen (R 3/1998) vom 21.07.1998 zur vormaligen Regelung im GB BAV 1981, S. 31 Nr. 141.

245 BAV, Hinweise zum Betrieb von Lösegeldversicherungen (R 3/1998).

246 BAV, Hinweise zum Betrieb von Lösegeldversicherungen (R 3/1998).

247 BAV, Hinweise zum Betrieb von Lösegeldversicherungen (R 3/1998). Dazu auch *Fortmann*, r+s 2019, 429 (435 f.); *Lesser*, Cyber-Risiken, S. 193 f.

248 Mit einem Überblick zu den Anpassungen BaFin, Journal 9/2017, S. 4; *Lesser*, Cyber-Risiken, S. 194.

worin sie erklärt hat, dass sie zukünftig die Bündelung von Lösegeld- mit Cyberversicherung akzeptieren werde.[249] Zwar erfolgte diese Mitteilung nur durch Rundschreiben und damit grundsätzlich rechtlich unverbindlich.[250] Allerdings ist allgemein anerkannt, dass die Veröffentlichung eines Rundschreibens zugunsten von Versicherungsunternehmen zu einer Selbstbindung der Aufsichtsbehörde führen kann,[251] was vorliegend auch für die Aufhebung des Bündelungsverbots durch das Rundschreiben 09/2017 angenommen wird.[252]

Lösegeldforderungen können heute daher als rechtlich versicherbar angesehen werden. Soweit derartige Deckungsbausteine in Kombination mit einer Cyberversicherung angeboten werden, sind von den Versicherern allerdings die weiterhin geltenden aufsichtsrechtlichen Einschränkungen zu beachten, zu denen insbesondere das Werbeverbot für den Lösegeldbaustein zu zählen ist.[253]

dd) Übertragung auf den Privatkundenbereich

Abschließend gilt es noch zu klären, ob das Rundschreiben der BaFin und die darin enthaltene Erlaubnis zur Kombination der Lösegeldversicherung mit einer Versicherung gegen Cyberrisiken nur auf die Cyberversicherung für Gewerbe und Unternehmen Anwendung findet oder auch die private Cyberversicherung einschließt. In dem Rundschreiben selbst finden sich zu dieser Frage keine konkreten Ausführungen. Vielmehr definiert die BaFin in ihrer Verlautbarung lediglich, was sie allgemein unter einer Cyberversicherung versteht. So heißt es hier, dass es sich bei der Cyberversicherung um eine Versicherung gegen Cyberrisiken handele.[254] Unter Cyberrisiken fasst die BaFin wiederum alle Arten von Informationssicherheitsverletzungen aufgrund unbefugter oder fehlerhafter Nutzung von informationsverarbeitenden Systemen, also der Beeinträchtigung

---

249 BaFin, Journal 9/2017, S. 4.

250 Näher zum Rechtscharakter von Rundschreiben *Sasserath-Alberti*, in: MünchKomm-VVG, Kap. 100 Rn. 104; *Walther*, in: Schimansky/Bunte/Lwowski, Bankrechts-Hdb, § 42 Rn. 57.

251 Allg. *Krämer*, in: Bähr, VAG-Hdb, § 10 Rn. 9; *Sasserath-Alberti*, in: MünchKomm-VVG, Kap. 100 Rn. 104; *Walther*, in: Schimansky/Bunte/Lwowski, Bankrechts-Hdb, § 42 Rn. 57.

252 *Fortmann*, r+s 2019, 429 (435); *Klimke*, in: Prölss/Martin, VVG, A1-17 AVB Cyber Rn. 23; *Lesser*, Cyber-Risiken, S. 194; *Salm*, in: Rüffer/Halbach/Schimikowski, HK-VVG, A1-17 AVB Cyber Rn. 17.

253 BaFin, Journal 9/2017, S. 5; *Fortmann*, r+s 2019, 429 (435); *Lesser*, Cyber-Risiken, S. 194.

254 BaFin, Journal 9/2017, S. 5.

der Verfügbarkeit, der Vertraulichkeit, der Integrität und der Authentizität elektronischer Daten.[255] Die Definition der Cyberversicherung ist durch die BaFin folglich allgemein gehalten, weshalb sich hierunter sowohl die Cyberversicherung für Gewerbe und Unternehmen als auch die Cyberversicherung für Privatkunden subsumieren lassen.[256]

c) Zwischenergebnis

Somit kann festgehalten werden, dass Lösegeldforderungen insbesondere im Kontext von Ransomware-Angriffen, rechtlich versicherbar sind. Dies folgt insbesondere aus dem Rundschreiben der BaFin vom September 2017, worin erklärt wird, dass unter Beachtung der weiterhin geltenden Einschränkungen die Bündelung der Lösegeldversicherung mit der Cyberversicherung akzeptiert wird.[257] Die Erlaubnis gilt nicht nur für die Cyberversicherung für Gewerbe und Unternehmen, sondern auch für die Cyberversicherung für Privatkunden.

3. Abschließende Stellungnahme

Zur wirtschaftlichen und rechtlichen Versicherbarkeit von Cyberrisiken für Privatpersonen lässt sich abschließend zusammenfassen, dass die betrachteten Cyberrisiken trotz einiger Herausforderungen weitgehend als versicherbar einzustufen sind. Wie die obige Darstellung gezeigt hat, sind zwar vor allem das von Cyberrisiken ausgehende hohe Änderungsrisiko, die relativ geringe Schadenserfahrung, das Kumulrisiko sowie die Schwierigkeiten bei der Feststellung und Bemessung der versicherten Schäden und Ereignisse als problematisch anzusehen. Nichtsdestotrotz haben die vorangegangen Ausführungen auch gezeigt, dass die meisten Probleme durch eine entsprechende Gestaltung der Versicherungsbedingungen sowie einem angepassten Risikomanagement angemessen begegnet werden kann. Zu den vertraglichen Gestaltungsmöglichkeiten der Versicherer zählen insbesondere die Vereinbarung von Ausschlüssen, Obliegenheiten, Sublimits, Selbstbehalte sowie Selbstbeteiligungen.[258] Als risikopolitische Instrumente stehen den Versicherern neben Selbstauskünften des Versicherungsnehmers auch die Bildung von Schwankungsrückstellungen

---

255 BaFin, Journal 9/2017, S. 5.

256 Siehe zum Begriff der privaten Cyberversicherung bereits Erster Teil, A. V.

257 Vgl. BaFin, Journal 9/2017, S. 5. Hierzu auch *Fortmann*, r+s 2019, 429 (435); *Lesser*, Cyber-Risiken, S. 194.

258 Vgl. *Armbrüster*, Privatversicherungsrecht, Rn. 2126; DAV, Versicherbarkeit von Risiken in der Schadenversicherung, S. 17 f., 24; *Lesser*, Cyber-Risiken, S. 191.

sowie der Abschluss einer Rückversicherung zur Verfügung.[259] Hinsichtlich der rechtlichen Versicherbarkeit gilt es zu beachten, dass Lösegeldforderungen im Rahmen von Ransomware-Angriffen zwar grundsätzlich versicherbar sind. Bei einer Kopplung der Cyberversicherung mit einer Lösegeldversicherung müssen allerdings gewisse aufsichtsrechtliche Voraussetzungen erfüllt sein, zu denen insbesondere das weiterhin geltende Werbeverbot für den Lösegeldbestandteil zu zählen sind.[260] Konkret folgt daraus, dass zwar die Cyberversicherung als solche beworben werden darf, aber in der Werbung nicht enthalten sein darf, dass auch Lösegeldzahlungen versichert werden.

II. Versicherungsbedarf gegen Cyberrisiken

Weiterhin zu klären ist noch, ob und wenn ja, in welchem Umfang ein Versicherungsbedarf gegen Cyberrisiken im Privatkundenbereich besteht. Diese Frage ist sowohl für Privatpersonen als auch für Versicherer von entscheidender Bedeutung. Für Privatpersonen ist sie bedeutend, um mit dem Abschluss einer Versicherung, im Bedarfsfall eine angemessene Risikovorsorge treffen zu können. Mit einer Versicherung können nämlich grundsätzlich unvorhergesehene Belastungen beherrschbar und planbar gemacht werden,[261] indem die Nachteile, die mit der Realisierung des versicherten Risikos verbundenen sind, im vereinbarten Rahmen ausgeglichen werden.[262] Für Versicherer wiederum ist die Frage, ob ein Bedarf an einer Versicherung gegen Cyberrisiken besteht, wichtig, um ermitteln zu können, ob bestehende Versicherungsprodukte angepasst oder neue Versicherungslösungen konzipiert werden müssen. Nach dem Verhaltenskodex des GDV für den Versicherungsbetrieb, zu deren Einhaltung sich die meisten Versicherer freiwillig verpflichtet haben, müssen Versicherungsprodukte auf die Bedürfnisse

---

259 Vgl. *Armbrüster*, Privatversicherungsrecht, Rn. 2126; DAV, Versicherbarkeit von Risiken in der Schadenversicherung, S. 17 f., 24; *Lesser*, Cyber-Risiken, S. 191.

260 Dazu BaFin, Journal 9/2017, S. 5; *Fortmann*, r+s 2019, 429 (435); *Lesser*, Cyber-Risiken, S. 194.

261 Vgl. *Armbrüster*, Privatversicherungsrecht, Rn 219 ff.; *Buchner*, Die IT-Versicherung, S. 60; *Brömmelmeyer*, in: Rüffer/Halbach/Schimikowski, HK-VVG, § 1 Rn. 9; *Looschelders*, VersR 1996, 529.

262 Allg. *Brömmelmeyer*, in: Rüffer/Halbach/Schimikowski, HK-VVG, § 1 Rn. 9 f.; *Greis*, Auswirkungen der Digitalisierung auf Versicherungsverträge, S. 5 f.; *Looschelders*, VersR 1996, 529.

der Versicherten zugeschnitten sein.[263] Auch sind Versicherungsunternehmen im Rahmen ihrer gesetzlichen Beratungspflicht gemäß § 6 Abs. 1 VVG dazu verpflichtet, den konkreten Bedarf des Versicherungsnehmers zu ermitteln und zu beurteilen, ob der festgestellte Bedarf mit der angebotenen Versicherung übereinstimmt.[264] Diese Pflicht gilt für Cyberrisiken im Besonderen, da es sich hierbei um vergleichsweise neue Risiken handelt.

1. *Allgemeine Bedarfsfaktoren*

Um zu ermitteln, ob ein konkreter Versicherungsbedarf besteht, kommt es auf zahlreiche Faktoren an. Zu unterscheiden ist grundsätzlich zwischen objektiven und subjektiven Bedarfsfaktoren.[265] Zu den objektiven Bedarfsfaktoren zählen insbesondere die individuelle Kaufkraft, die Bemessung der Prämie sowie die Schadenswahrscheinlichkeit, worunter sowohl die Wahrscheinlichkeit der Gefahrrealisierung als auch die zu erwartende Schadenshöhe zu fassen sind.[266] Zu den subjektiven Bedarfsfaktoren sind neben dem individuelle Bedürfnis nach Sicherheit und der Vorstellung vom Nutzen der Versicherung auch das Alter, der Familienstand sowie die individuellen Fähigkeiten und Kenntnisse des potenziell Versicherten zu zählen.[267]

2. *Besonderheiten von Cyberrisiken*

Inwieweit ausgehend von den genannten Faktoren ein Bedarf an einer Versicherung für Privatpersonen zum Schutz gegen Cyberrisiken besteht, wird bislang recht unterschiedlich bewertet.[268] Insbesondere von Verbraucherschutzverbänden

---

263 Siehe hierzu den Verhaltenskodex des GDV für den Vertrieb von Versicherungsprodukten, S. 1. Näher zum Verhaltenskodex auch *Reusch*, VersR 2015, 1197 ff.; *Steiner*, CCZ 2014, 50 ff.

264 Allg. zur Beratung des Versicherungsnehmers *Rudy*, in: Prölss/Martin, VVG, § 6 Rn. 1. Siehe hierzu auch den Verhaltenskodex des GDV für den Vertrieb von Versicherungsprodukten, S. 1 ff. Näher zum Verhaltenskodex *Reusch*, VersR 2015, 1197 ff.; *Steiner*, CCZ 2014, 50 ff.

265 *Höhr*, Der Versicherungsbedarf und die Methoden seiner Untersuchung, S. 22. Ähnlich auch *Röhrer*, Marktforschung und Versicherungsbedarf, S. 24, der zwischen ökonomischen, individuellen und sozialen Bedarfsfaktoren unterscheidet.

266 *Höhr*, Der Versicherungsbedarf und die Methoden seiner Untersuchung, S. 22 ff.

267 Vgl. *Höhr*, Der Versicherungsbedarf und die Methoden seiner Untersuchung, S. 22; *Röhrer*, Marktforschung und Versicherungsbedarf, S. 26.

268 Insoweit unterscheidet sich der Privatkundenbereich vom Unternehmensbereich, da für Unternehmen weitgehend unumstritten ist, dass gegen Cyberrisiken ein

wird der prinzipielle Nutzen einer eigenständigen Versicherung gegen Cyberrisiken angezweifelt oder sogar gänzlich in Frage gestellt.[269] Begründet wird dies vor allem damit, dass die meisten Gefahren bereits durch ein risikoadäquates Verhalten reduziert werden könnten und eine Versicherung grundsätzlich nur dann erforderlich sei, wenn hierdurch existenzbedrohende Risiken abgesichert würden, was bei Cyberrisiken derzeit nicht der Fall sei.[270]

Dieser Einwand verdient zwar insoweit Zustimmung, als durch die bereits beschriebenen Schutzmaßnahmen das Risiko von Cyberangriffen erheblich reduziert werden kann und auch die finanziellen Schäden, die durch Cyberkriminalität verursacht werden, zumeist nicht existenzbedrohend sind. Allerdings wird hierbei außer Acht gelassen, dass ein absoluter Schutz auch mit den Schutzmaßnahmen nicht erzielt werden kann und zudem bereits Fälle bekannt sind, in denen Cyberkriminelle bei Privatpersonen Schäden von bis zu 50.000 Euro verursacht haben,[271] was durchaus existenzbedrohenden Charakter haben kann. Der pauschalen Aussage, für Verbraucherinnen und Verbraucher bestehe kein Versicherungsbedarf gegen Cyberrisiken, kann daher nicht zugestimmt werden. Schließlich haben die vorangegangenen Ausführungen auch gezeigt, dass Cyberrisiken nicht auf finanzielle Schäden begrenzt werden dürfen, sondern häufig auch persönliche und emotionale Schäden verursachen können.[272] In Fällen, in denen etwa Daten wiederhergestellt oder rufschädigende Inhalte gelöscht werden müssen, kann durch eine Versicherung in Form von Assistanceleistungen somit wichtige praktische Unterstützung geleistet werden.[273]

Versicherungen können daher prinzipiell durchaus eine bedeutsame Rolle für den Schutz von Verbraucherinnen und Verbrauchern gegen Cyberrisiken

---

Versicherungsbedarf besteht. Siehe etwa *Achenbach*, VersR 2017, 1493; *Fortmann*, r+s 2019, 429 (430); *Gebert/Klapper*, in: Veith/Gräfe/Gebert, Versicherungsprozess, § 24 Rn. 61; *Heidemann/Flagmeier*, Versicherungshandbuch Cyber-Versicherungen, S. 131 ff.; *Lesser*, Cyber-Risiken, S. 329.

269 BdV, Cyber-Risiken erkennen – Verbraucher versichern, S. 18; Verbraucherzentrale NRW, Cyberversicherung – Ist sie sinnvoll? vom 20.04.2022. Zurückhaltend auch Stiftung Warentest, Finanztest 6/2020, S. 27. Dazu auch *Biallas*, Versicherungsdossier 2017, 24; *Fortmann*, Verbraucher-CyberVers, § 9 Rn. 7.

270 BdV, Cyber-Risiken erkennen – Verbraucher versichern, S. 18.

271 BSI, Digitalbarometer 2020, S. 3.

272 Zu den durch Cyberkriminalität verursachten Schäden bereits Erster Teil B. III.

273 Allg. zur Rolle des Versicherers als Dienstleister und Partner bei der Schadensbewältigung und -vorsorge in Form sog. Assistanceleistungen *Armbrüster*, Privatversicherungsrecht, Rn. 1220.

einnehmen. Dies setzt allerdings voraus, dass die angebotenen Versicherungsprodukte auch tatsächlich einen bedarfsgerechten Versicherungsschutz vermitteln, was im Verlaufe der Untersuchung erst noch zu prüfen ist.

3. *Fazit*

Im Ergebnis bleibt daher festzuhalten, dass wegen der großen Bandbreite von Verbraucherinnen und Verbrauchern, die von sehr kompetent und mündig bis zu unerfahren und vulnerabel reicht, eine allgemeingültige Aussage zum Versicherungsbedarf nur schwer getroffen werden kann.[274] Wie sinnvoll der Abschluss einer privaten Cyberversicherung sein kann, ist daher stets eine Frage des Einzelfalls und hängt neben dem individuellen Nutzungsverhalten auch damit zusammen, wie die Cyberversicherungsbedingungen konkret ausgestaltet sind. In jedem Fall hat sich gezeigt, dass von Cyberrisiken eine vielfältige und hohe Gefahr ausgeht, weshalb der Versicherungsschutz nicht auf einzelne Bereiche beschränkt sein darf.

III. Versicherungskonzepte gegen Cyberrisiken

Bevor im nächsten Teil genauer untersucht wird, ob die derzeit auf dem Markt angebotenen Versicherungsprodukte den an sie gestellten Anforderungen gerecht werden, soll zum besseren Verständnis noch ein kurzer Überblick über den Cyberversicherungsmarkt gegeben werden. Vorwegzustellen ist dabei, dass der Markt für Cyberversicherungen im Privatkundenbereich sehr vielschichtig ist und sich zum Teil nur schwer überblicken lässt.[275] Die derzeit in Deutschland angebotenen Versicherungsprodukte, die zumindest teilweise auch eine Absicherung gegen Cyberrisiken vorsehen, lassen sich dennoch in zwei Gruppen einteilen.[276]

Die erste Möglichkeit für Privatpersonen, sich gegen Cyberrisiken zu versichern, besteht darin, eine konventionelle Verbraucherversicherung abzuschließen und hierzu eine Deckungserweiterung gegen Cyberrisiken zu vereinbaren.[277]

---

274 Allg. zur Ermittlung des Versicherungsbedarfs GDV, Verhaltenskodex für den Vertrieb von Versicherungsprodukten, S. 1; ders, Versicherungsschutz der Deutschen, S. 8.

275 Zu diesem Ergebnis kommend auch *Fortmann*, Verbraucher-CyberVers, § 1 Rn. 4; *Heidemann/Flagmeier*, Versicherungshandbuch Cyber-Versicherungen, S. 91 ff.

276 Vgl. auch *Schubert/Gatzert*, A Comparison of Cyber Insurance Products for Private Clients, S. 21 ff.

277 Diese Verträge werden teilweise auch als Endorsement-Verträge bezeichnet, siehe etwa BaFin, Journal 9/2021, S. 6.

Zu den traditionellen und bei Privatpersonen besonders verbreiteten Versicherungen zählen die Hausrat-, Privathaftpflicht- und Rechtsschutzversicherung. Die Deckungserweiterungen zu diesen traditionellen Versicherungszweigen zeichnen sich dadurch aus, dass für sie eine sehr hohe Angebotsvielfalt besteht und sie nur als Annex und nicht eigenständig abgeschlossen werden können.[278] Als Beispiel sei hier auf die Rechtsschutzversicherung verwiesen, in deren aktueller Fassung (ARB 2021) ein optionaler Cyber-Baustein enthalten ist. Dieser erweitert den Privat-Rechtsschutz um Leistungen, die im Zusammenhang mit der Nutzung von elektronischen Daten und Medien stehen.[279]

Neben der Möglichkeit von Deckungserweiterungen besteht für Privatpersonen auch die Möglichkeit, eine eigenständige Versicherung zum Schutz gegen Cyberrisiken abzuschließen.[280] Die sog. Stand-Alone-Cyberversicherung oder auch private Cyberversicherung zeichnet sich dadurch aus, dass sie nur als selbstständiger Einzeltarif abgeschlossen werden kann sowie speziell und allein gegen die Risiken, die mit der Nutzung des Internets verbunden sind, absichern soll.[281] Das Stand-Alone-Modell, nach dem sowohl die private als auch die Cyberversicherung für Unternehmen konzipiert ist,[282] beschreibt dabei die Besonderheit, dass das Cyberrisiko nicht spartenorientiert, sondern risikokonzentriert und mithin spartenübergreifend versichert wird.[283]

Von den zwei beschriebenen Möglichkeiten, die für Privatpersonen bestehen, um sich gegen Cyberkriminalität zu versichern, konzentriert sich die nachfolgende Untersuchung auf die eigenständigen Cyberversicherungen. Im Verlauf der weiteren Untersuchung wird jedoch immer wieder auch auf die Deckungserweiterungen in den klassischen Versicherungssparten Bezug genommen, insbesondere, wenn es darum geht, die private Cyberversicherung zu den konventionellen Versicherungen abzugrenzen.[284] Viele der im zweiten und dritten

---

278 Mit Produktbeispielen *Heidemann/Flagmeier*, Versicherungshandbuch Cyber-Versicherungen, S. 91 ff. Näher zu den Cyber-Zusatzversicherungsbedingungen nun auch *Fortmann*, Verbraucher-CyberVers, §§ 5-7.

279 Siehe Ziff. 2.1.1 CP ARB 2021.

280 *Fortmann*, Verbraucher-CyberVers, § 1 Rn. 4.

281 Vgl. zur Definition der Cyberversicherung für Verbraucher auch BaFin https://www.bafin.de/ DE/Verbraucher/Versicherung/Produkte/Cyber/cyberversicherung_node.html (Stand: 06.05.2022).

282 Vgl. *Armbrüster*, Privatversicherungsrecht, Rn. 2104 (zur Cyberversicherung für Unternehmen).

283 Vgl. *Armbrüster*, Privatversicherungsrecht, Rn. 2104; *Fortmann*, r+s 2019, 429 (430); *Gebert/Klapper*, in: Veith/Gräfe/Gebert, Versicherungsprozess, § 24 Rn. 24.

284 Dazu ausführlich Zweiter Teil, C. IV. 3.

Teil dieser Arbeit diskutierten Aspekte können zudem auf die Versicherung von Cyberrisiken in den konventionellen Versicherungssparten übertragen werden.

D. Zusammenfassung

Die Ausführungen zum ersten Teil haben gezeigt, dass von Cyberkriminalität eine hohe Gefahr für Verbraucherinnen und Verbraucher ausgeht. Zu den wesentlichen Gefahren, die derzeit für Privatpersonen bestehen, zählt insbesondere die Gefahr, dass Daten durch Schadprogramme (z. B. Viren, Trojaner oder Ransomware) infiziert werden sowie die Gefahr, von einem Identitätsdiebstahl, Online-Betrug oder Cybermobbingangriff betroffen zu sein. Auch können Cyberangriffe zu hohen Haftpflichtschäden führen, wenn beispielsweise eine Schadsoftware unbewusst weitergeleitet wird und hierdurch Schadensersatzforderungen gegen den Versicherten ausgelöst werden. Wie hoch die Gefahr von Cyberkriminalität ist, zeigt sich insbesondere daran, dass bereits jede vierte Privatperson Opfer eines Cyberangriffs geworden ist, wobei aufgrund der stetig fortschreitenden Digitalisierung mit steigenden Zahlen zu rechnen ist.

Cyberrisiken können dabei eine Vielzahl von unterschiedlichen Schäden herbeiführen, die neben finanziellen Verlusten vor allem auch in Form von immateriellen Schäden und gesundheitlichen Beeinträchtigungen vorliegen können. Gängige Schutzmaßnahmen, wie der Einsatz eines Antivirenprogrammes, einer Firewall oder die regelmäßige Durchführung von Updates können hiergegen nicht vollständig schützen, da Cyberkriminelle regelmäßig über deutlich höhere Fähigkeiten und Ressourcen verfügen.

Von grundlegender Bedeutung ist daher die auch im Mittelpunkt dieser Arbeit stehende Frage, welche Bedeutung Versicherung zum Schutz von Verbraucherinnen und Verbraucher gegen Cyberrisiken einnehmen kann. Zur Klärung dieser Frage war es zunächst erforderlich, zu prüfen, ob die dargestellten Cyberrisiken überhaupt versicherbar sind. Hier hat sich gezeigt, dass die Versicherung von Cyberrisiken mit einigen Herausforderungen verbunden ist, die insbesondere auf die Komplexität sowie die Neuheit und die Änderungsdynamik von Cyberrisiken zurückzuführen sind. Bis auf einige Einschränkungen konnte allerdings festgestellt werden, dass die ausgemachten Probleme durch eine entsprechende Produktgestaltung in weiten Teilen gelöst werden können. Bei der anschließend durchzuführenden Prüfung eines Versicherungsbedarfs hat sich gezeigt, dass die Bedarfsermittlung sehr komplex ist und von vielen individuellen Faktoren abhängt. Auch wenn ein pauschaler Versicherungsbedarf nicht festgestellt werden konnte, wurde dennoch deutlich, dass ein Versicherungsschutz gegen Cyberrisiken wegen der hohen Gefahrenlage sinnvoll sein kann, sofern die Versicherungsprodukte bedarfsgerecht konzipiert sind.

Für Verbraucherinnen und Verbraucher stehen dabei grundsätzlich zwei Wege offen, sich gegen Cyberrisiken zu versichern. Zum einen besteht die Möglichkeit, zu einer konventionellen Verbraucherversicherung (Hausrat-, Privathaftpflicht- oder auch Rechtsschutzversicherung) eine optionale Deckungserweiterung zur Absicherung von Cyberrisiken hinzuzufügen. Eine andere Möglichkeit besteht darin, eine eigenständige Versicherung abzuschließen, die Privatpersonen allein gegen die Folgen von Cyberkriminalität absichern soll. Die Arbeit konzentriert sich auf solche eigenständigen Versicherungen, welche als private Cyberversicherung bezeichnet werden. Was die private Cyberversicherung als neues Versicherungsprodukt ausmacht, wie der Versicherungsschutz marktüblicher Deckungen gegenwärtig ausgestaltet ist und wie der Versicherungsschutz insgesamt zu bewerten ist, ist Gegenstand des nachfolgenden Teils.

Zweiter Teil: Marktanalyse der privaten Cyberversicherung

A. Einführung

Eigenständige Cyberversicherungen werden seit einigen Jahren nicht nur für Gewerbe und Unternehmen, sondern auch für Privatkunden angeboten. Anders als die Cyberversicherung für gewerbliche Kunden, hat die private Cyberversicherung sowohl in der Praxis als auch in der versicherungsrechtlichen Literatur jedoch bisher weniger Beachtung gefunden, obwohl sich gezeigt hat, dass Cyberrisiken auch im privaten Bereich eine zunehmende Bedrohung darstellen. Der zweite Teil dieser Arbeit nimmt sich daher zum Ziel, die derzeit auf dem Markt verfügbaren privaten Cyberversicherungen einer genaueren Untersuchung zu unterziehen, um die bisher noch bestehende Forschungslücke zu schließen.

Da für die private Cyberversicherung bislang noch keine Musterbedingungen durch den GDV veröffentlicht wurden, ist es hierfür zunächst erforderlich, darzustellen, wie eine marktübliche private Cyberversicherung in Deutschland derzeit ausgestaltet ist. Für die Darstellung wurden die Bedingungswerke von insgesamt neun Versicherungsprodukten ausgewertet, die frei im Internet verfügbar waren oder auf Anfrage zugesendet wurden. Ausgehend vom dargestellten Status Quo der privaten Cyberversicherung kann dann untersucht werden, wie sich die private Cyberversicherung als noch recht junges Versicherungsprodukt sowohl versicherungsrechtlich als auch aufsichtsrechtlich in das bestehende Versicherungsspartengefüge einordnen lässt. Die rechtliche Einordnung ist bedeutsam, um zu klären, welche gesetzlichen Vorschriften auf die private Cyberversicherung Anwendung finden und infolgedessen bei der Produktgestaltung berücksichtigt werden müssen. Der Schwerpunkt des zweiten Teils ist dann einer detaillierten Analyse und Bewertung der privaten Cyberversicherung gewidmet. Im Vordergrund der Untersuchung steht dabei die Frage, ob Verbraucherinnen und Verbraucher ausreichend gegen die zuvor dargestellten Cyberrisiken abgesichert werden.

B. Darstellung der marktüblichen Versicherungsbedingungen

I. Herausforderungen und Relevanz der Untersuchung

Wie bereits eingangs erwähnt, hat die private Cyberversicherung in der versicherungsrechtlichen Literatur bislang kaum Beachtung gefunden.[285] Fast alle der zur Cyberversicherung erschienen Beiträge konzentrieren sich auf die Cyberversicherung für Unternehmen,[286] was auf verschiedene Faktoren zurückzuführen ist.

1. Keine Musterbedingungen des GDV

So ist zunächst festzustellen, dass der GDV zwar für die Zielgruppe der kleineren und mittleren Unternehmen (KMU) allgemeine Versicherungsbedingungen für die Cyberversicherung in Form der AVB Cyber veröffentlicht hat.[287] Für den Privatkundenbereich fehlen allerdings weiterhin vergleichbare Musterbedingungen. Für den privaten Bereich hat der GDV bislang lediglich unverbindliche Musterbausteine für Cyber-Assistance-Leistungen veröffentlicht,[288] die jedoch kein eigenständiges Bedingungswerk abbilden, sondern nur mit einem bestehenden Spartenprodukt gebündelt werden können.[289] Wie wichtig dagegen die Veröffentlichung von Muster-AVB für die Praxis sind, zeigt sich unter anderem daran, dass die unverbindlichen Verbandsempfehlungen vielfach von den Versicherern für die Gestaltung ihrer Bedingungswerke übernommen werden.[290] Auch für die Literatur sind Musterbedingungen überaus bedeutsam, da diese

---

285 Eine Ausnahme hierzu stellt die jüngst erschiene Arbeit von *Fortmann*, VerbraucherCyberVers dar, die in § 3 eigenständige Cyberversicherungen für Privatkunden behandelt. Zudem hat auch die Stiftung Warentest im Juni 2020 einen Fachbeirat berufen, der die in Deutschland angebotenen „Internetversicherungen" einen Vergleich unterzogen hat, siehe Finanztest 6/2020, S. 26 ff. („Beim Surfen versichert").

286 Siehe etwa *Achenbach*, VersR 2017, 1493 ff.; *Armbrüster*, Privatversicherungsrecht, Rn. 2103 ff.; *Fortmann*, r+s 2019, 429 ff.; *Klimke*, in: Prölss/Martin, VVG, AVB Cyber; *Gebert/Klapper*, in: Veith/Gräfe/Gebert, Versicherungsprozess, § 24 Rn. 1 ff.

287 Die AVB Cyber (Stand: April 2017) sind wie sämtliche anderen Musterbedingungen auf der Internetseite des GDV einsehbar. Die genauen Fundstellen aller in dieser Arbeit behandelten Versicherungsbedingungen findet sich zudem im angehängten Quellenverzeichnis unter Abschnitt B.

288 Siehe GDV, Musterbausteine Cyber-Assistanceleistungen (Stand: Dezember 2019).

289 Vgl. insoweit die Vorbemerkungen zu den unverbindlichen Musterbausteinen.

290 *Armbrüster*, Privatversicherungsrecht, Rn. 134; *Wandt*, Versicherungsrecht, Rn. 217.

zumeist die Grundlage von versicherungsrechtlichen Abhandlungen wie etwa Kommentaren bilden.[291] Die fehlenden Musterbedingungen sind folglich eine mögliche Erklärung dafür, dass zur privaten Cyberversicherung bisher so gut wie keine versicherungsrechtlichen Beiträge erschienen sind.

2. *Große Produkt- und Bedingungsvielfalt*

Das Fehlen von Musterbedingungen für die private Cyberversicherung ist wiederum darauf zurückzuführen, dass sich die gegenwärtig auf dem Versicherungsmarkt erhältlichen Produkte noch deutlich voneinander unterscheiden. Aus diesem Grund hat der GDV von seinem ursprünglichen Vorhaben, auch für die private Cyberversicherung Musterbedingungen zu veröffentlichen, wieder Abstand genommen.[292] In der Tat herrscht am Markt noch eine sehr große Bedingungs- und Angebotsvielfalt,[293] was einen Vergleich der Versicherungsbedingungen deutlich erschwert. Diese Probleme bestehen im Übrigen auch für Verbraucherinnen und Verbraucher, die derzeit in Betracht ziehen, eine Cyberversicherung abzuschließen.[294] In der nachfolgenden Darstellung der Versicherungsbedingungen kann daher nicht auf alle Einzelheiten eingegangen werden. Die Darstellung erhebt keinen Anspruch auf Vollständigkeit, sondern hat lediglich zum Ziel, die für einen bestimmten Bereich jeweils marktüblichen Regelungen abzubilden.

3. *Abgrenzungsprobleme zu anderen Versicherungen*

Ein weiterer Faktor, der die Untersuchung der privaten Cyberversicherung erschwert, ist die bisher fehlende klare Abgrenzung zu anderen Versicherungen.[295] So fehlt bisher nicht nur eine rechtliche Einordung der privaten Cyberversicherung, sondern auch eine einheitliche Definition zu diesem neuen Versicherungsprodukt. An dieser Stelle gilt es daher nochmals zu betonen, dass

---

291 Vgl. *Wandt*, Versicherungsrecht, Rn. 218.

292 Diese Aussage geht zurück auf ein im Jahr 2020 geführtes Telefonat mit einer Mitarbeiterin des GDV.

293 Neben „Cyberversicherung" heißen die Produkte häufig auch Internetschutz(-brief) oder auch Online- oder Digitalschutzversicherung. Zu den unterschiedlichen Bezeichnungen von Cyberversicherungen auch *Choudhry*, Der Cyber-Versicherungsmarkt in Deutschland, S. 5; *Gebert/Klapper*, in: Veith/Gräfe/Gebert, Versicherungsprozess, § 24 Rn. 2.

294 Vgl. Stiftung Warentest, Finanztest 6/2020, S. 27.

295 Vgl. *Lesser*, Cyber-Risiken, S. 384.

als private Cyberversicherung für die Zwecke dieser Arbeit nur selbstständige Einzeltarife zu verstehen sind, die zum Gegenstand haben, Privatpersonen gegen die Folgen von Cyberrisiken abzusichern.[296] Nicht vom Begriff der privaten Cyberversicherung erfasst und somit auch nicht Gegenstand der nachfolgenden Marktanalyse sind daher sämtliche Formen von Deckungserweiterungen (z. B. Zusatzklauseln oder auch Zusatzbausteine),[297] die optional zu einer konventionellen Verbraucherversicherung (z. B. Hausrat-, Privathaftpflicht- oder Rechtsschutzversicherung) abgeschlossen werden können.[298]

4. *Fazit*

Festzuhalten bleibt damit, dass der GDV bislang noch keine allgemeinen Musterbedingungen für die private Cyberversicherung veröffentlicht hat, der Versicherungsmarkt noch sehr heterogen ist und bisher keine Rechtsprechung ergangen und auch kaum versicherungsrechtliche Literatur zur privaten Cyberversicherung erschienen ist. Dies führt vor Augen, wie wichtig es ist, die private Cyberversicherung einer grundlegenden Untersuchung zu unterziehen.

II. Ausgewertete Bedingungswerke

Für die Untersuchung der privaten Cyberversicherung wurden die Bedingungswerke von insgesamt neun Versicherungsprodukten ausgewertet, die derzeit auf dem deutschen Markt für Privatkunden angeboten werden. Die Versicherungsprodukte wurden schwerpunktmäßig danach ausgewählt, ob sie die Versicherung von Cyberrisiken (auch Internet- oder Datenrisiken) zum Gegenstand haben und als Einzeltarif angeboten werden. Bei den für die Darstellung herangezogenen Bedingungswerken handelt es sich namentlich um die Versicherungsprodukte der Berlin Direkt Versicherung (Cyberversicherung),[299] der BGV (Onlineschutz),[300] der Europ Assistance SA (Cyber Versicherung),[301]

---

296 Vgl. auch BaFin, Cyberversicherung (Stand: 06.05.2022), wonach eine private Cyberversicherung gegen die Risiken absichert, „die im Zusammenhang mit der Nutzung des Internets entstehen.".

297 Vgl. insoweit auch die unverbindlichen Musterbausteine des GDV zu Cyber-Assistance-leistungen.

298 Ausführlich zu den Deckungserweiterungen *Fortmann*, Verbraucher-CyberVers, § 5-7.

299 BD24 Berlin Direkt Versicherung AG, Cyberversicherung (Stand: 2019).

300 BGV-Versicherung AG, Onlineschutz (Stand: Januar 2017).

301 Europ Assistance SA, Cyber Versicherung Premium (Stand: 01.12.2020).

der INTER (CyberGuard),[302] der ÖVB (DigitalSchutz-Versicherung)[303] sowie der Provinzial (Internetschutz)[304]. Für die Darstellung berücksichtigt wurden zudem noch die Produkte der Cosmos Direkt (FinanzSchutz),[305] der Ergo (Internet-Schutzbrief)[306] sowie des Mobilfunkanbieters Vodafone (Cyber-Versicherung)[307], deren Leistungen im Vergleich zu den vorgenannten Produkten auf den Schutz des Vermögens beschränkt sind. Die genauen Fundstellen zu den Bedingungswerken, Produktinformationsblättern und Leistungsübersichten, die zum Zeitpunkt der Untersuchung überwiegend im Internet frei verfügbar waren, finden sich im angehängten Quellenverzeichnis.[308]

III. Ausgestaltung der Deckung

Im Folgenden gilt es nun darzustellen, wie der Versicherungsschutz in den oben genannten Bedingungswerken durchschnittlich ausgestaltet ist. Aufgrund der Länge vieler Bedingungswerke und der zum Teil noch erheblichen Unterschiede zwischen den Produkten kann dabei nicht auf alle Formulierungen und Besonderheiten eingegangen werden. Die Darstellung beschränkt sich darauf, den mittleren Marktstandard abzubilden und verzichtet auf die Nennung einzelner Produkte, um Produktwerbung zu vermeiden. Konkret wird dargestellt, welches Risiko nach den marktüblichen AVB versichert wird und wie die Regelungen zum Eintritt des Versicherungsfalls, zu den versicherten Ereignissen und Personen sowie zu den Ausschlüssen, Obliegenheiten und Prämien durchschnittlich ausgestaltet sind.

1. Versichertes Risiko

Zunächst stellt sich ganz allgemein die Frage, welches Risiko durch eine private Cyberversicherung abgedeckt werden soll. Als versichertes Risiko ist die Gesamtheit der versicherten Gefahren anzusehen, durch deren Verwirklichung

---

302 INTER Versicherungsgruppe, CyberGuard (Stand: 01.03.2020).

303 Öffentliche Versicherung Braunschweig, DigitalSchutz-Versicherung (Stand: Dezember 2018).

304 Provinzial Rheinland Versicherung AG, InternetSchutz (Stand: 12.01.2021).

305 Cosmos Versicherung AG, FinanzSchutz-Versicherung (Stand: Juni 2020).

306 Ergo Direkt Versicherung AG, Internet-Schutzbrief nach Tarif ISB (Stand: April 2022).

307 Nähere Informationen zur Cyber-Versicherung des Mobilfunkanbieters Vodafone GmbH finden sich auf deren Internetseite https://www.vodafone.de/privat/service/cyber-versicherung.html.

308 Siehe Anhang, Quellenverzeichnis, Abschnitt B.

ein versicherter Schaden entstehen kann.[309] Die Bestimmung des versicherten Risikos hängt maßgeblich davon ab, welche Gefahren und welcher Schaden durch den Versicherungsvertrag als versichert bezeichnet werden.[310]

In den Bedingungswerken der privaten Cyberversicherung wird das versicherte Risiko nur selten eindeutig bezeichnet, weshalb es in den übrigen Fällen zu deren Bestimmung der Auslegung bedarf.[311] Alle untersuchten Versicherungsprodukte werben dabei damit, Privatpersonen gegen die Gefahren von Cyberkriminalität beziehungsweise gegen die Gefahren des „digitalen Lebens" zu versichern.[312] Eine private Cyberversicherung soll demnach die wesentlichen Gefahren abdecken, die im Zusammenhang mit der privaten Nutzung des Internets stehen.[313] Welche Gefahren und Ereignisse hierunter genau zu fassen sind und versichert werden, ist bedingungsabhängig und von Versicherung zu Versicherung unterschiedlich. Keine der ausgewerteten Bedingungswerke bietet jedoch Versicherungsschutz im Sinne einer Allgefahrendeckung für sämtliche Cyberrisiken an,[314] sondern stets nur für einzelne Ereignisse. Versichertes Risiko ist in der privaten Cyberversicherung somit das Cyberrisiko, wobei Versicherungsschutz nur für bestimmte Cyberrisiken gewährt wird.

2. *Definition des Versicherungsfalls*

Nachdem das versicherte Risiko für die private Cyberversicherung kurz skizziert wurde, ist nachfolgend zu klären, wie der Versicherungsfall in den ausgewerteten Bedingungswerken durchschnittlich definiert wird. Als Versicherungsfall ist das Ereignis anzusehen, durch das die Leistungspflicht des Versicherers ausgelöst wird,[315] sich also das versicherte Risiko

---

309 Vgl. *Lorenz*, VersR 2000, 2 (für die Schadensversicherung).

310 *Lorenz*, VersR 2000, 2.

311 Vgl. *Armbrüster*, Privatversicherungsrecht, Rn. 85, 1364 ff.; *Wandt*, Versicherungsrecht, Rn. 700 ff. (zur Bestimmung des versicherten Interesses eines Versicherungsvertrags).

312 Vgl. auch GDV, Was leistet eine private Cyberversicherung? vom 02.07.2019.

313 So auch BaFin, Cyberversicherung (Stand: 26.05.2022). Ähnlich auch Stiftung Warentest, Finanztest 6/2020, S. 26 ff.

314 Eine Allgefahrendeckung findet sich etwa in der Privathaftpflichtversicherung, wo grundsätzlich alle Gefahren des täglichen Lebens versichert sind, soweit sie nicht ausgeschlossen werden, vgl. BGH, Urt. v. 25.06.1997 – IV ZR 269/96, VersR 1997, 1091; *Lücke*, in: Prölss/Martin, VVG, Ziff. 1 BB PHV Rn. 12.

315 Vgl. Motive zum VVG, S. 70; *Beckmann*, in: Beckmann/Matusche-Beckmann, VersR-Hdb, § 15 Rn. 18; *Schwintowski*, in: BK-VVG, § 1 Rn. 45; *Wandt*, Versicherungsrecht, Rn. 907.

verwirklicht.[316] Im VVG wird der Versicherungsfall nicht legaldefiniert, weshalb es zu dessen Bestimmung auf die zugrundeliegenden Allgemeinen Versicherungsbedingungen (AVB) ankommt.[317]

a) Enumerative Aufzählung

Wie bereits angedeutet, gewährt eine private Cyberversicherung gegenwärtig keine Allgefahrendeckung gegen Cyberrisiken, sondern stets nur für einzelne Ereignisse oder Risiken („named perils")[318]. Hierin ähneln sich die Versicherungsbedingungen der private Cyberversicherung mit den AVB Cyber,[319] da auch nach den AVB Cyber eine Informationssicherheitsverletzung nur versichert ist, wenn sie durch eine der in Ziff. A1-2.4 aufgeführten Ereignisse ausgelöst wurde.[320] Anders als bei den AVB Cyber wird der Versicherungsfall in der privaten Cyberversicherung jedoch nicht an eine Informationssicherheitsverletzung beziehungsweise an deren Feststellung geknüpft (vgl. Ziff. A1-4 AVB Cyber),[321] sondern als das Ereignis definiert, indem sämtliche Voraussetzungen eines versicherten Ereignisses eingetreten sind. Der Versicherungsfall tritt in der privaten Cyberversicherung folglich ein, wenn alle Tatbestandsmerkmale, die der Versicherer für ein bestimmtes Ereignis festgelegt hat, erfüllt sind. Für welche Ereignisse und unter welchen Voraussetzungen Versicherungsschutz dann genau besteht, ist wiederum bedingungsabhängig und muss im Folgenden erst noch geklärt werden.

b) Zeitlicher Anknüpfungspunkt

Bevor die versicherten Ereignisse sogleich im Einzelnen besprochen werden, gilt es noch zu klären, an welchen Zeitpunkt der Eintritt des Versicherungsfalls in der privaten Cyberversicherung überwiegend geknüpft wird. Der Bestimmung des genauen Zeitpunkts des Versicherungsfalls kommt eine hohe Bedeutung zu, da der Versicherer für einen Versicherungsfall nur deckungspflichtig ist, wenn sich jener innerhalb des vereinbarten Zeitraums ereignet hat.[322] Die

316 *Lorenz*, VersR 2000, 2 (3).

317 *Beckmann*, in: Beckmann/Matusche-Beckmann, VersR-Hdb, § 15 Rn. 18.

318 Zum Begriff auch BIGS, Cyberversicherungen als Beitrag zum IT-Risikomanagement, S. 27. Siehe auch *R. Koch*, r+s 2005, 181 (183) zu den BHV-IT.

319 Bei den AVB Cyber handelt es sich um unverbindliche Musterbedingungen des GDV für die Cyberrisiko-Versicherung für kleinere und mittlere Unternehmen.

320 Dazu *Klimke*, in: Prölss/Martin, VVG, A1-2 AVB Cyber Rn. 26.

321 Näher hierzu *Klimke*, in: Prölss/Martin, VVG, A1-4 AVB Cyber Rn. 1.

322 Vgl. *Wandt*, Versicherungsrecht, Rn. 911.

Voraussetzungen eines Versicherungsfalls müssen nach allgemeinen Grundsätzen durch die versicherten Personen bewiesen werden.[323]

Um einen Anspruch aus der privaten Cyberversicherung geltend zu machen, müssen die Versicherten nach der leistungsübergreifenden Versicherungsfalldefinition nachweisen können, dass alle Tatbestandsmerkmale, die zum versicherten Ereignis geführt haben, während der Vertragslaufzeit eingetreten sind. In der Konsequenz folgt daraus, dass der Eintritt des Versicherungsfalls in der privaten Cyberversicherung sehr häufig sowohl an den Zeitpunkt der Schadensverursachung (Tatbestandsmerkmale) als auch an den Zeitpunkt des Schadeneintritts (versichertes Ereignis) geknüpft wird. Sowohl das Vorliegen der Tatbestandsmerkmale als auch der endgültige Eintritt des versicherten Ereignisses müssen folglich in die Vertragslaufzeit fallen, damit dem Versicherten ein Anspruch zusteht. Dies kann die Versicherten vor erhebliche Beweisprobleme stellen, auf die an späterer Stelle noch einzugehen ist.[324] Auf eine Rückwärtsdeckung oder eine Nachhaftung wird in den gegenwärtigen Versicherungsbedingungen verzichtet.[325] Vielmehr wird der Versicherungsvertrag auf Dauer abgeschlossen und durch Kündigung beendet.

3. *Versicherungsleistungen*

Zu den Versicherungsleistungen ist zunächst vorwegzustellen, dass in den gegenwärtigen Versicherungsbedingungen zwar der Eintritt des Versicherungsfalls überwiegend gleich definiert wird, die Versicherungsleistungen allerdings teilweise sehr unterschiedlich ausfallen. Trotz dieser Unterschiede weisen die gegenwärtigen Versicherungsbedingungen viele Gemeinsamkeiten auf. Die nachstehende Darstellung bemüht sich, diese Gemeinsamkeiten und mithin die größtmögliche Schnittmenge aller Bedingungen abzubilden. Zu beachten ist dabei, dass es sich bei der privaten Cyberversicherung um ein noch relativ junges Versicherungsprodukt handelt, weshalb damit zu rechnen ist, dass sich die Versicherungsbedingungen in den nächsten Jahren weiter verändern werden.

---

323 Allg. zur Beweislastverteilung *Armbrüster*, in: Prölss/Martin, VVG, § 1 Rn. 192; *Looschelders*, in MünchKomm-VVG, § 1 Rn. 151; *Pohlmann*, in: Looschelders/Pohlmann, VVG, § 1 Rn. 74; *Römer*, r+s 2001, 45.

324 Siehe hierzu Zweiter Teil, D. III. 3.

325 Siehe hierzu auch *Fortmann*, Verbraucher-CyberVers, § 3 Rn. 324.

Die Versicherungsleistungen einer marktüblichen privaten Cyberversicherung lassen sich gegenwärtig in drei Deckungsbausteine einteilen: Cyber-Vermögensschutz, Cyber-Assistanceleistungen und Cyber-Haftpflichtschutz.[326] Diese gilt es nachfolgend jeweils näher darzustellen.

a) Cyber-Vermögensschutz

Für den Baustein Cyber-Vermögensschutz ist zunächst zu beachten, dass das Vermögen der versicherten Personen nicht insgesamt gegen Cyberkriminalität geschützt wird, sondern in der Regel nur in zwei benannten Fällen. Erstens, wenn der Vermögensschaden beim Online-Shopping entstanden ist oder zweitens, wenn die versicherte Person Opfer eines Identitätsdiebstahls geworden ist. Als Vermögensschäden sind nach der auch in anderen Versicherungssparten verbreiteten Definition nur solche Schäden zu verstehen, die weder Personenschäden (Tötung, Verletzung des Körpers oder Schädigung der Gesundheit von Menschen), noch Sachschäden (Beschädigung, Verderben, Vernichtung oder abhandenkommen von Sachen) sind, oder sich unmittelbar aus solchen Schäden herleiten lassen.[327]

aa) Versicherungsschutz bei Internetkaufverträgen

Versichert sind nach einer marktüblichen privaten Cyberversicherung im Grundsatz Vermögensschäden, die einer versicherten Person bei einem über das Internet abgeschlossenen Kaufvertrag (§§ 433 ff. BGB) als Käuferin oder Verkäuferin entstehen. Versicherungsschutz besteht – unter Beachtung einiger weiterer noch auszuführender Einschränkungen – zumeist für den Fall einer Nicht- oder Falschlieferung sowie für den Fall, dass die Ware beschädigt oder zerstört ankommt oder der Kaufpreis nicht gezahlt wird und der versicherten Person hierdurch ein Vermögensschaden entsteht. Teilweise wird der Versicherungsschutz auch daran geknüpft, dass die versicherte Person Opfer eines Betruges geworden ist und hierdurch einen Vermögensschaden erleidet.[328]

Zu den bereits angedeuteten Einschränkungen zählt unter anderem, dass der Versicherer sich nur zur Leistung verpflichtet, wenn die versicherte Person den

---

326 Bei diesen Begriffen handelt es sich weder um feststehende Rechtsbegriffe, noch werden sie in den marktüblichen Versicherungsbedingungen selbst verwendet.

327 Insoweit wortgleich Ziff. A-1 AVB D&O oder auch Ziff. A1-3 AVB Cyber. Dazu *Klimke*, in: Prölss/Martin, VVG, A1-3 AVB Cyber Rn. 1.

328 Näher zu den einzelnen Varianten auch *Fortmann*, Verbraucher-CyberVers, § 3 Rn. 19 ff., 69 ff.

Kaufvertrag zu privaten Zwecken abgeschlossen hat und eine Rückabwicklung des Kaufvertrages durch den Versicherten nicht erreicht werden konnte. Weiterhin muss der Versicherte, um einen Anspruch geltend machen zu können, in der Regel nachweisen können, dass er die ihm gesetzlich oder auch vertraglich zustehenden Rechte (insbesondere Widerruf und Gewährleistungsrechte) erfolglos ausgeübt hat. Da hier an ein Verhalten des Versicherten angeknüpft wird, ohne jedoch auf § 28 VVG zu verweisen, handelt es sich bei dieser Klausel um eine (verhüllte) Obliegenheit.[329]

Neben den soeben genannten Voraussetzungen, die nach der allgemeinen Definition des Versicherungsfalls allesamt während der Vertragslaufzeit eingetreten sein müssen (s. o.), wird der Versicherungsschutz regelmäßig für bestimmte Kaufgegenstände ausgeschlossen (z. B. Bargeld, Waffen, digitale Dienstleistungen). Zudem ist in den ausgewerteten Bedingungswerken zumeist vorgesehen, dass kein Versicherungsschutz besteht, soweit anderweitig eingebundene Dienstleister, wie insbesondere das Online-Bezahlsystem PayPal, zum Ersatz verpflichtet sind.[330] Bei dieser Klausel handelt es sich der Sache nach um eine sog. einfache Subsidiaritätsklausel, da für den Fall, dass dem Versicherten noch Ansprüche aus anderen Verträgen zustehen, durch die Klausel angeordnet wird, dass letztere vorgehen. Der Versicherer verpflichtet sich mithin nur zur nachrangigen (subsidiären) Haftung.[331]

Neben einigen weiteren Einschränkungen, zu denen häufig ein Mindest- und Maximalbestellwert oder auch eine Beschränkung hinsichtlich bestimmter Zahlungs- und Vertragsarten zählt, wird der Versicherungsschutz zumeist auch noch dadurch erheblich eingeschränkt, dass der Verkäufer oder Käufer seinen Sitz nicht außerhalb des europäischen Wirtschaftsraums haben darf.[332] In den meisten Bedingungswerken wird die Versicherungssumme in der Regel auf etwa 3.000-15.000 Euro und die maximale Anzahl der versicherten Ansprüche pro Jahr auf ein bis drei Fälle beschränkt.

---

329 Auch *Fortmann*, Verbraucher-CyberVers, § 3 Rn. 84.

330 Grundlegend zum Käuferschutz durch PayPal BGH, Urt. v. 22.11.2017 – VIII ZR 83/16, BGHZ 217, 33 ff. = NJW 2018, 537 ff.

331 Zur Wirksamkeit der einfachen Subsidiaritätsklausel BGH, Urt. v. 21.04.2004 – IV ZR 113/03, VersR 2004, 994 ff.; *Armbrüster*, in: Prölss/Martin, VVG, § 78 Rn. 30; *Fajen*, VersR 2013, 973; *Staudinger*, in: Beckmann/Matusche-Beckmann, VersR-Hdb, § 41 Rn. 307 ff.

332 Kritisch hierzu auch *Fortmann*, Verbraucher-CyberVers, § 3 Rn. 63 f.

bb) Versicherungsschutz bei Identitätsdiebstahl

Neben dem Versicherungsschutz für Käufe und Verkäufe im Internet gewährt eine marktübliche private Cyberversicherung zumeist auch Versicherungsschutz für den Fall, dass eine versicherte Person Opfer eines Identitätsdiebstahls geworden ist und hierdurch einen Vermögensschaden erlitten hat. Die Regelungen zum Identitätsdiebstahl unterscheiden sich je nach Versicherungsprodukt jedoch erheblich voneinander.[333] Dem allgemeinen Verständnis eines Identitätsdiebstahls weitestgehend entsprechend,[334] wird in den meisten Versicherungsbedingungen der Eintritt des Versicherungsfalls regelmäßig an das Vorliegen von drei Voraussetzungen geknüpft, die allesamt während der Vertragslaufzeit eingetreten sein müssen.[335] Erstens ist vorgesehen, dass ein Dritter, ohne selbst berechtigt zu sein, persönliche Identitäts- und Berechtigungsdaten der versicherten Person (zumeist im Wege von Pharming, Phishing oder Skimming) abgefangen oder ausgespäht hat. Bei den persönlichen Identitäts- und Berechtigungsdaten, die vom Versicherungsschutz erfasst sind, handelt es sich vor allem um private Zugangs- und Autorisierungsdaten für das Online-Banking, elektronische Bezahlsysteme (z. B. PayPal), Kundenkonten (z.B. Amazon) sowie um Karten- und Prüfnummern von privaten Kredit- und Debitkarten. Als zweite Voraussetzung ist in den Bedingungswerken zumeist geregelt, dass die privaten Identitätsdaten des Versicherten zur Erlangung eines Vermögensvorteils oder zum Zwecke der Bereicherung durch einen Dritten missbräuchlich verwendet wurden. Aufgrund dieser Vorgänge muss der versicherten Person als dritte Voraussetzung dann ein unmittelbarer, kausaler Vermögensschaden entstanden sein. Liegen alle drei Voraussetzungen vor, verpflichtet sich der Versicherer grundsätzlich zum Ausgleich des entstandenen Schadens bis zur vereinbarten Höhe und unterstützt vereinzelt auch bei der Sperrung der betroffenen Konten. Teilweise verpflichtet sich der Versicherer auch zum Ersatz der Kosten für die Wiederbeschaffung von Identitäts- und Zahlungskarten oder zur Übernahme des Selbstbehalts beim Missbrauch von Zahlungskarten.

Zu beachten ist allerdings, dass auch für den Identitätsdiebstahl in den meisten Bedingungswerken zusätzliche Einschränkungen vorgesehen sind, die den Versicherungsschutz erheblich begrenzen. So leistet der Versicherer nach den gängigen Versicherungsbedingungen regelmäßig nur, wenn Banken, Kreditkarteninstitute

---

333 Mit einer Übersicht zu einzelnen Beispielsklauseln *Fortmann*, Verbraucher-CyberVers, § 3 Rn. 106 ff.

334 Zum Begriff und den Gefahren eines Identitätsdiebstahls bereits Erster Teil, B. II. 1.

335 Vgl. insoweit auch die Ziff. 2 der Musterbausteine Cyber-Assistanceleistungen.

oder Zahlungsdienstleister nicht zum Ersatz verpflichtet sind, was jedoch häufig der Fall sein wird. Weiterhin leistet der Versicherer häufig nur, wenn der Versicherte den Identitätsmissbrauch unverzüglich bei der Polizei angezeigt hat. Zudem ist der Versicherungsschutz in der Regel auch ausgeschlossen, wenn die Zahlungskarten oder Zugangsdaten bereits vor Beginn des Versicherungsschutzes in den Besitz eines Dritten gelangt sind. Auch Vermögensschäden, die durch die Zahlung eines Lösegeldes etwa nach einer Ransomware-Attacke entstanden sind, sind häufig vom Versicherungsschutz ausgeschlossen. Doppelt beschränkt wird der Versicherungsschutz ferner dadurch, dass nur ein bis drei Versicherungsfälle pro Jahr geltend gemacht werden können und die Deckungssummen auf etwa 3.000-15.000 Euro beschränkt sind.

b) Cyber-Assistanceleistungen

Der zweite große Baustein, aus denen sich die gegenwärtigen Leistungen einer privaten Cyberversicherung zusammensetzen, sind die sog. Cyber-Assistanceleistungen.[336] Unter Assistanceleistungen (aufsichtsrechtlich auch: Beistandsleistungen)[337] versteht man – in Abgrenzung zu den sonst üblichen monetären Leistungen des Versicherers –[338] Dienstleistungen, die der Versicherer in Form von Beratungs-, Informations-, Organisations- oder Unterstützungsleistungen erbringt.[339] Assistanceleistungen existieren mittlerweile sowohl in den traditionellen Versicherungssparten, wie etwa der Kfz-, der Rechtsschutz-, Gebäude- oder Pflegeversicherung als auch in den neueren Versicherungszweigen wie der sog. Directors and Officers (D&O-Versicherung) und der Cyberversicherung.[340] In der privaten Cyberversicherung können die Assistanceleistungen gegenwärtig in die Bereiche Cyber-Mobbing,

---

336 Assistance (franz.) lässt sich übersetzen mit Beistand, Hilfeleistung und Unterstützung. Näher zur linguistischen, juristischen und versicherungstechnischen Definition dieses Begriffs *Tolle/Greiner*, Assistance-Leistungen, S. 2 ff.; *Esser/Helmberger/Hertel*, Assistance, S. 13 ff.

337 Vgl. Anlage 1 zum VAG (Nr. 18). Näher dazu *Dreher*, VersR 2020, 129 (132).

338 Insoweit anders die Musterbausteine Cyber-Assistanceleistungen, da hier der Baustein Identitätsschutz (Ziff. 2) als Assistanceleistung ausgeschrieben ist, obwohl es sich strenggenommen um eine rein monetäre Leistung des Versicherers handelt.

339 *Armbrüster*, Privatversicherungsrecht, Rn. 486; *Esser/Helmberger/Hertel*, Assistance, S. 14; *Dreher*, VersR 2020, 129; *R. Koch*, VersR 2019, 449 (449 f.); *Kolhagen*, VW 2016, 35.

340 Mit Beispielen *Armbrüster*, Privatversicherungsrecht, Rn. 1218 ff.; *R. Koch*, VersR 2019, 449 ff.

Datenwiederherstellung, Löschung rufschädigender Inhalte sowie die eingeschränkte Rechtsberatung eingeteilt werden. Bevor diese Leistungen gleich im Einzelnen näher erläutert werden, ist noch darauf hinzuweisen, dass sich die Versicherungsbedingungen hinsichtlich der Frage, in welcher Art und Weise die Assistanceleistungen zu erbringen sind, zum Teil deutlich voneinander unterscheiden.[341] So sehen auf der einen Seite manche AVB vor, dass bei Eintritt des Versicherungsfalls der Versicherte den Assistancedienstleister selbst auswählen und beauftragen kann und der Versicherer nur die Kosten bis zur vereinbarten Höhe trägt.[342] In der Mehrzahl der Bedingungswerke ist hingegen geregelt, dass der Versicherer bei Eintritt des Leistungsfalls, die Assistanceleistung organisiert und einen geeigneten Dienstleister an den Versicherten vermittelt.[343]

Die zweite Konstellation hat für den Versicherer den Vorteil, dass er die genauen Konditionen der Leistung mit dem Dienstleister im Vorfeld klären kann und sich die Kosten so besser steuern lassen. Für den Versicherten kann diese Vertragsgestaltung den Vorteil haben, dass er sich nicht selbst um einen Dienstleister bemühen muss und insoweit auf die Expertise des Versicherers vertrauen kann. Da die zweite Konstellation in Form der Vermittlung und Organisation der Assistanceleistung in der privaten Cyberversicherung gegenwärtig vorherrschend ist, wird nachfolgend nur diese dargestellt.

aa) Cybermobbing

Wird eine versicherte Person Opfer von Cybermobbing ist in den meisten Versicherungsbedingungen vorgesehen, dass der Versicherer eine telefonische, psychologische Erstberatung organisiert und hierfür die Kosten bis zur vereinbarten Höhe trägt. Durchgeführt wird die Erstberatung durch eine Psychologin oder einen Psychotherapeuten, die oder der durch den Versicherer vermittelt wurde. Vereinzelt organisiert der Versicherer bei Cybermobbing auch eine Löschung der rufschädigenden Inhalte oder vermittelt eine anwaltliche, telefonische Erstberatung, die sich insbesondere auf die Geltendmachung von Schadensersatz-, Unterlassungs- und Beseitigungsansprüchen gegen den Täter erstreckt.

---

341 Siehe allg. zu den verschiedenen Formen der Erbringung von Assistanceleistungen *Dreher*, VersR 2020, 129 (130 f.); *R. Koch*, VersR 2019, 449 (453 f.)

342 Diese Gestaltungsform liegt grundsätzlich auch den AVB Cyber zugrunde, wobei hier die Beauftragung mit dem Versicherer abzustimmen ist (vgl. Abschnitt 2 AVB Cyber). Dazu *Dreher*, VersR 2020, 129 (131) zur vierten Fallgruppe; auch *Klimke*, in: Prölss/Martin, VVG, A2-1 AVB Cyber Rn. 5 ff.

343 Allg. *Dreher*, VersR 2020, 129 (131) zur dritten Fallgruppe.

Cybermobbing wird in den Bedingungswerken definiert als das Beleidigen, Belästigen, seelische Schikanieren, Quälen und Verletzen einer Person oder die Rufschädigung einer Person im Internet oder bei der Nutzung sonstiger elektronischer Medien, insbesondere in Suchmaschinen, bei der elektronischen Kommunikation oder bei der Nutzung sozialer Netzwerke.[344] Hiervon erfasst ist nach den meisten Versicherungsbedingungen auch der Diebstahl der virtuellen Identität des Versicherten, um in dessen Namen Rufschädigungen durchzuführen.[345] In einigen Bedingungswerken wird für die Geltendmachung eines Versicherungsanspruchs darüber hinaus noch verlangt, dass das Cybermobbing schwerwiegend ist und über einen längeren Zeitraum anhält.[346] Der Versicherungsschutz ist zumeist beschränkt auf ein bis drei Beratungsgespräche beziehungsweise auf eine Versicherungssumme von 300-500 Euro pro Versicherungsjahr. Als Ausschlussgründe sehen die marktüblichen Deckungen regelmäßig vor, dass kein Versicherungsschutz besteht, wenn der Versicherte für das Cybermobbing durch eigene Provokation Anlass gegeben hat oder wenn das Cybermobbing durch die Presse durchgeführt wurde. Ein Anspruch ist nach den gegenwärtigen Bedingungen in der Regel auch dann ausgeschlossen, wenn der Versicherte soziale Netzwerke gewerblich, zur Verfolgung sonstiger beruflicher Zwecke oder über das übliche Maß privater Nutzung hinaus genutzt hat.[347] Eine nähere Definition, wann die Nutzung sozialer Netzwerke über das „übliche Maß" hinausgeht, ist zumindest in den Musterbausteinen des GDV nicht enthalten, was mit Blick auf das Transparenzgebot des § 307 Abs. 1 S. 2 BGB erheblichen Bedenken begegnet.[348]

bb) Datenwiederherstellung nach Datenverlust

Als weitere Assistanceleistung enthält eine private Cyberversicherung gegenwärtig zumeist auch einen Service zur Wiederherstellung von Daten nach einem Datenverlust. Ähnlich wie beim Cybermobbing, organisiert der Versicherer auch in diesem Fall einen Dienstleister, der mit der Durchführung der Datenwiederherstellung beauftragt wird. Um einen Anspruch auf Datenwiederherstellung geltend machen zu können, müssen vom Versicherten einige tatbestandliche

---

344 Zum Cybermobbing bereits Erster Teil, B. II. 4.

345 Vgl. auch *Fortmann*, Verbraucher-CyberVers, § 3 Rn. 222.

346 So z. B. auch Ziff. 1.2 der Musterbausteine des GDV zu den Cyber-Assistanceleistungen.

347 Vgl. insoweit auch Ziff. Nr. 1.4 der Musterbausteine des GDV zu den Cyber-Assistance-leistungen.

348 Näher zur AGB-Kontrolle einzelner Klauseln, Zweiten Teil, D. II.

Voraussetzungen nachgewiesen werden, die den Versicherungsschutz zum Teil erheblich einschränken. So besteht ein Anspruch auf Datenwiederherstellung nach den gegenwärtigen Bedingungen regelmäßig nur, wenn der Datenverlust auf einem im Eigentum des Versicherten stehenden elektronischen Gerät eingetreten ist und das Gerät vom Versicherten privat – teilweise sogar ausschließlich privat[349] – genutzt wurde.[350] Weiterhin ist zur Geltendmachung eines Anspruchs in der Regel erforderlich, dass die Daten durch eine Schadsoftware (Viren, Ransomware, Trojaner etc.)[351] oder durch das Handeln unbefugter Dritter verloren gegangen, beschädigt, verändert, verschlüsselt oder blockiert wurden. Zudem wird in den Bedingungen häufig geregelt, dass Versicherungsschutz nur besteht, wenn der Versicherte ausreichend Schutzvorkehrungen getroffen hat, wie die Installation eines Antivirenprogramms beziehungsweise einer Firewall.[352] Einige Versicherer vermitteln im Rahmen ihrer Policen auch externe Dienstleister, die kostenfrei oder vergünstigt Kapazitäten für Internet-Speicherplätze (sog. Clouds) oder Virenschutzprogramme zur Verfügung stellen. Eine Erfolgsgarantie für die Wiederherstellung der Daten wird in der Regel nicht gegeben und der Service insgesamt auf ein bis drei Wiederherstellungsversuche und eine Versicherungssumme von etwa 1.000-3.000 Euro pro Versuch und 2.000-4.000 Euro pro Versicherungsjahr begrenzt. Darüber hinaus ist in einigen AVB auch eine Wartefrist von einigen Monaten vorgesehen.

Ausgeschlossen ist der Versicherungsschutz regelmäßig für die Wiederherstellung von Daten, die einen strafrechtlichen Inhalt haben, sich auf Spielekonsolen befinden, zu deren Nutzung der Versicherungsnehmer nicht berechtigt war sowie für den Fall, dass mit der Datenwiederherstellung ein erneuter Lizenzerwerb verbunden ist. Zudem finden sich in den Versicherungsbedingungen häufig auch an dieser Stelle Regelungen, wonach vom Versicherungsschutz keine Lösegeldforderungen erfasst sind, die ein Dritter dafür verlangt, dass die Blockade oder Verschlüsselung von Daten rückgängig gemacht wird. Vereinzelt sehen einige Bedingungen vor, dass die Datenwiederherstellung auch dann versichert ist, wenn der Datenverlust auf einem technischen Defekt beruht oder

349 Zu den hiermit verbunden Problem („dual use" etc.) ausführlich Zweiter Teil, IV. 2. c).

350 So auch Ziff. 3.1 der Musterbausteine des GDV zu den Cyber-Assistanceleistungen.

351 Ausführlich zu den Formen und Bedrohungen durch Schadsoftware, Erster Teil, B. II. 2.

352 Beispielhaft Ziff. 3.2 der Musterbausteine Cyber-Assistanceleistungen. Zu der sich daraus ergebenen Problematik der sog. verhüllten Obliegenheiten ausführlich Zweiter Teil, C. IV. 4.

durch eine physische Beschädigung des Datenträgers entstanden ist. Soweit in den Versicherungsbedingungen eine solche Klausel enthalten ist, erstattet der Versicherer in der Regel auch die Kosten für die Reparatur oder Wiederbeschaffung der beschädigten oder unbrauchbar gewordenen Geräte sowie gegebenenfalls auch die Kosten für gemietete Ersatzgeräte, angefallene Telefonkosten sowie die Kosten für einen Energiemehrverbrauch.[353]

cc) Löschung rufschädigender Inhalte

Neben der Datenwiederherstellung enthalten die marktüblichen Policen zumeist auch einen Service für die Löschung und Unterdrückung von rufschädigenden Inhalten, die gegen den Willen des Versicherten veröffentlicht wurden.[354] Auch im Rahmen dieser Assistanceleistung vermittelt der Versicherer in der Regel einen externen Dienstleister und trägt die hierfür anfallenden Kosten bis zur vereinbarten Höhe. Die Löschungsversuche, für die wiederum keine Erfolgsgarantie gegeben wird, sind ähnlich wie bei der Datenwiederherstellung zumeist auf ein bis drei Versuche und eine Höchstentschädigung von 1.000-5.000 Euro pro Versicherungsjahr begrenzt. Auch für diese Versicherungsleistung sind allerdings Beschränkungen zu beachten. So ist in den meisten Versicherungsbedingungen geregelt, dass ein Löschungsservice nur vermittelt wird, wenn persönliche Daten (z. B. Texte oder Fotos), die eine versicherte Person betreffen, gegen deren Willen auf einer fremden Webseite veröffentlicht wurden. Die rufschädigenden Inhalte müssen weiterhin geeignet sein, das persönliche Ansehen des Versicherten herabzusetzen, was ausgehend von der Versicherungsfalldefinition (s. o.) vom Versicherten zu beweisen ist.

Einige Versicherer bieten darüber hinaus auch noch ein sog. Darknet-Screening an. Über diesen zusätzlichen Service kann die versicherte Person das potenzielle Missbrauchsrisiko privater E-Mailadressen und Kreditkartendaten überprüfen lassen. Bei Feststellung eines Missbrauchsrisikos erhält die versicherte Person dann eine Alarmierung mit weiteren Handlungsempfehlungen. Zudem informieren und beraten einige Versicherer auch über alternative Vorgehensweisen zur Datenlöschung.

dd) Eingeschränkte Rechtsberatung

Eine weitere Assistanceleistung, die in den allermeisten aktuell verfügbaren Cyberversicherungen enthalten ist, stellt die Gewährung einer stark

---

353 Hierzu auch *Fortmann*, Verbraucher-CyberVers, § 3 Rn. 152 ff.

354 Beispielhaft auch Ziff. 1.3.2 der Musterbausteine Cyber-Assistanceleistungen.

eingeschränkten Rechtsschutz-Versicherungsdeckung dar. Zumeist wird den versicherten Personen bei rechtlichen Problemen, die im Zusammenhang mit der privaten Nutzung des Internets entstehen eine telefonische, anwaltliche Erstberatung vermittelt. Das Beratungsbedürfnis, das vom Versicherten geltend gemacht werden muss, liegt nach der Definition einiger Versicherungsbedingungen vor, wenn eine versicherte Person Schadensersatz-, Unterlassungs- oder Beseitigungsansprüche wegen einer Rufschädigung geltend machen möchte oder wegen eines potenziellen Urheberrechtsverstoßes eine Abmahnung erhält. Im letztgenannten Fall ist insbesondere die Situation versichert, dass Dritte Schadensersatz-, Unterlassungs- und/oder Beseitigungsansprüche wegen einer behaupteten Urheberrechtsverletzung in Form einer Abmahnung gemäß § 97a UrhG gegen einen Versicherten geltend machen.[355]

Liegt einer dieser Fälle vor, wird nach den meisten Bedingungen eine in Deutschland zugelassene Rechtsanwältin oder ein Rechtsanwalt vermittelt,[356] die oder der die telefonische, anwaltliche Beratung durchführt. Die hierfür anfallenden Kosten werden zumeist nach Maßgabe des § 34 Abs. 1 S. 3 RVG durch den Versicherer erstattet, wobei die Deckung regelmäßig auf ein bis drei Beratungsfälle pro Versicherungsjahr begrenzt wird.

c) Cyber-Haftpflichtbaustein

Der dritte und gleichzeitig letzte Leistungsbaustein, der in einer privaten Cyberversicherung zum Teil enthalten ist, kann als Cyber-Haftpflichtbaustein bezeichnet werden. Dieser Baustein, der nahezu wortgleich einer Klausel in der Privathaftpflichtversicherung entspricht (vgl. Ziff. A1-6.16 AVB PHV),[357] gewährt Versicherungsschutz für den Fall, dass die Versicherungsnehmerin oder eine versicherte Person auf Grund einer elektronischen Datenübermittlung durch einen Dritten haftungsrechtlich in Anspruch genommen wird. Zurückzuführen ist die Regelung auf den Umstand, dass Cyberkriminalität sich nicht auf Eigenschäden begrenzen lässt,[358] sondern auch dazu führen kann, dass das

---

355 Dazu auch *Fortmann*, Verbraucher-CyberVers, § 3 Rn. 256 ff.

356 Zu den Problemen, die durch Vermittlung eines Anwalts in Bezug auf § 127 VVG (freie Anwaltswahl) entstehen können, siehe ausführlich Zweiter Teil, C. III. 2. b).

357 Bei den AVB PHV handelt es sich um die Allgemeinen Versicherungsbedingungen des GDV für die Privathaftpflichtversicherung (Stand: Mai 2020). Die genaue Fundstelle findet sich wie für alle zitierten Versicherungsbedingungen im angehängten Quellenverzeichnis, Abschnitt B.

358 Dazu Erster Teil, B. III.

Opfer eines Cyberangriffs Haftpflichtansprüchen Dritter ausgesetzt ist, wenn etwa Schadprogramme unbewusst weitergeleitet werden.[359]

Nach den gegenwärtigen Bedingungen ist die gesetzliche Haftpflicht des Versicherten allerdings nur versichert, wenn der Austausch, die Übermittlung sowie die Bereitstellung der elektronischen Daten zu privaten Zwecken und während der Vertragslaufzeit erfolgte (z. B. im Internet, per E-Mail oder mittels Datenträger).[360] Liegen diese Voraussetzungen vor, stellt der Versicherer den Versicherten von den Ansprüchen frei, die von einem Dritten geltend gemacht werden und wehrt unbegründete Ansprüche ab (vgl. § 100 VVG).[361] Dies gilt nach den derzeitigen Bedingungen allerdings nur für bestimmte Situationen, die in den AVB enumerativ aufgezählt werden.[362]

So wird der Versicherungsschutz zumeist begrenzt auf Schäden, die aus der Löschung, Unterdrückung, Unbrauchbarmachung oder Veränderung von Daten durch Computerviren oder anderen Schadprogrammen verursacht werden. Hiervon erfasst ist die Situation, dass ein Versicherter ein Schadprogramm unbewusst weiterleitet und dadurch bei dem Empfänger Schäden entstehen.[363] Versicherungsschutz besteht zudem auch für Datenveränderungen aus sonstigen Gründen sowie bei einer Nichterfassung und fehlerhaften Speicherung von Daten. Ersetzt werden hier in der Regel aber nur Personen- und Sachschäden, aber nicht Schäden aufgrund weiterer Datenveränderungen. Versicherungsschutz besteht ferner auch in Bezug auf die gegen den Versicherten geltend gemachten Kosten zur Wiederherstellung der veränderten Daten und zur Erfassung beziehungsweise korrekten Speicherung von nicht oder fehlerhaft erfassten Daten. Schließlich sind nach den meisten Versicherungsbedingungen auch Schäden, die aus der Störung des Zugangs Dritter zum elektronischen Datenaustausch eingetreten sind, mitversichert.[364] Für diese Leistungen wird häufig eine Höchstentschädigung von etwa 2.500-3.000 Euro pro Versicherungsfall vereinbart.

---

359 Vgl. *R. Koch*, NJW 2004, 801 ff.; *Lesser*, Cyber-Risiken, S. 19; *Libertus*, MMR 2005, 507 ff.; *Spindler*, BSI-Studie, Rn. 282 ff.; *Stockmeier*, Die Haftpflichtversicherung des Internet-Nutzers, S. 1 ff.

360 Vgl. insoweit auch Ziff. A1-6.16.1 AVB PHV.

361 Allg. zu den Leistungen des Haftpflichtversicherers *Lücke*, in: Prölss/Martin, VVG, § 100 Rn. 1 ff.

362 Die abgedeckten Schäden entsprechen insoweit Ziff. A1-6.16.1 lit. a-c AVB PHV.

363 *Fortmann*, Verbraucher-CyberVers, § 3 Rn. 270.

364 Wortgleich insoweit Ziff. A1-6.16.1 lit. a-c AVB PHV.

Zu beachten sind die allein für den Drittschadensbaustein geltenden Ausschlussgründe. Hiernach sind vom Versicherungsschutz Ansprüche ausgeschlossen, die insbesondere dadurch entstehen, dass der Versicherte bewusst unbefugt in fremde Datenverarbeitungssysteme oder Datennetze eingreift (z. B. Hacker-Attacken, Denial of Service-Angriffe), Software einsetzt, die geeignet ist, die Datenordnung zu zerstören oder zu verändern (z. B. Software-Viren, Trojanische Pferde). Ebenfalls ausgeschlossen sind Ansprüche, die in engem Zusammenhang mit massenhaft versandten, vom Empfänger ungewollten elektronisch übertragenen Informationen (z. B. Spamming) stehen.

4. *Versicherte Personen und Versicherungsort*

In den ausgewerteten Bedingungswerken heißt es ferner zu der Frage, welche Personen und welcher Ort versichert sind, dass neben dem Versicherten, alle mit ihm in häuslicher Gemeinschaft lebenden Familienangehörigen versichert sind. Familienangehörige werden in den Versicherungsbedingungen überwiegend definiert als die Eltern sowie Schwiegereltern des Versicherungsnehmers, seine ledigen Kinder, sein Ehegatte, Lebenspartner oder Lebensgefährte sowie deren ledige Kinder. Wird der Versicherungsvertrag als Einzelvertrag geschlossen, können nur die Versicherungsnehmerin oder der Versicherungsnehmer Versicherungsschutz beanspruchen.[365] Örtlich ist der Versicherungsschutz zumeist auf den europäischen Wirtschaftsraum (EU-Mitgliedsstaaten sowie Island, Liechtenstein und Norwegen) und die Schweiz beschränkt, was insbesondere für den Vermögensschutz bei Internetkaufverträgen oder bei einem Identitätsdiebstahl zu einer erheblichen Schwächung des Versicherungsschutzes führen kann. So besteht gerade für den Fall, dass ein Verkäufer seinen Sitz außerhalb des Geltungsbereiches der europäischen Verbraucherrechte-Richtlinie (RL 2011/83/EU) hat, ein hohes Schutzbedürfnis, da es für Verbraucherinnen und Verbraucher in der Regel deutlich schwieriger sein wird, ihre Rechte durchzusetzen.[366] Sofern die Cyberversicherung einen Haftpflichtbaustein enthält, was nicht bei allen Produkten der Fall ist, ist hier zumeist noch geregelt, dass nur solche Haftpflichtansprüche abgedeckt sind, die in europäischen Staaten und nach dem Recht europäischer Staaten geltend gemacht werden.

365 *Fortmann*, Verbraucher-CyberVers, § 3 Rn. 322.

366 Ebenso *Fortmann*, Verbraucher-CyberVers, § 3 Rn. 63.

5. *Allgemeine Ausschlüsse*

Auszuführen ist weiterhin noch, welche Ausschlussgründe in den Versicherungsbedingungen einer privaten Cyberversicherung üblicherweise enthalten sind. Die Aufnahme von Risikoausschlüssen, für deren Vorliegen der Versicherer die Beweislast trägt,[367] stellt ein wichtiges Instrument für Versicherer dar, die eigene Leistungspflicht zu begrenzen. Zu unterscheiden gilt es dabei zwischen den Ausschlüssen, die für alle Deckungsbausteine gelten und solchen, die nur für bestimmte Bereiche Anwendung finden.[368] Da die speziellen Ausschlussgründe bereits bei den Versicherungsleistungen besprochen wurden, widmen sich die nachfolgenden Ausführungen den allgemeinen Ausschlussgründen.[369]

a) *Cyberkrieg*

Ein Ausschlussgrund, der sich in nahezu sämtlichen Bedingungswerken findet, ist der Ausschluss für Schäden, die unmittelbar oder mittelbar durch Krieg, kriegsähnliche Ereignisse, Terrorakte, innere Unruhen oder Cyberkrieg entstanden sind. Der Ausschluss von Cyberkrieg beziehungsweise die Klarstellung, dass es zur Erfüllung des Kriegsbegriffs nicht der Anwendung physischer Gewalt bedarf, wurde durch viele Versicherer erst vor einigen Jahren in die Bedingungswerke eingefügt.[370]

Hintergrund hierfür war ein Rechtsstreit,[371] der sich damit befasst hat, ob vom Ausschluss für Kriegsschäden – ohne weitere Klarstellungen – auch Schäden

---

367 St. Rspr.: BGH, Urt. v. 27.09.1995 – IV ZR 283/94, BGHZ 131, 15 ff. = NJW 1995, 3256; Urt. v. 23.06.2004 – IV ZR 130/03, BGHZ 159, 360 (369) = VersR 2004, 1039 (1041); *Armbrüster*, Privatversicherungsrecht, Rn. 1804; *v. Rintelen*, in: Beckmann/Matusche-Beckmann, VersR-Hdb, § 23 Rn. 84; *Römer*, r+s 2001, 45.

368 Vgl. *Lesser*, Cyber-Risiken, S. 285 f. (zu den AVB Cyber).

369 Nicht näher ausgeführt werden Ausschlüsse, die standardmäßig in nahezu allen Versicherungsverträgen enthalten sind. Hierzu zählen etwa die Ausschlüsse für Erdbeben und Kernenergie.

370 Anders noch die AVB Cyber (Ziff. A1-17), wo eine solche Klarstellung bisher fehlt. Vgl. *Günther*, r+s 2019, 188 (189); *Klimke*, in: Prölss/Martin, VVG, A1-17 AVB Cyber Rn. 9.

371 Besondere Aufmerksamkeit hat in diesem Zusammenhang der Rechtsstreit zwischen Mondelez International Inc. und der Zurich American Insurance Company erzeugt, bei dem es im Wesentlichen um die Frage ging, ob das Virus NotPetya, das bei Mondelez erhebliche Schäden herbeigeführt hat, aus staatlicher Hand stammte und damit womöglich als kriegsähnliche Handlung angesehen werden könnte. Näher dazu *Fortmann*, r+s 2019, 429 (433); *Günther*, r+s 2019, 188 ff.; *Lesser*, Cyber-Risiken, S. 287 ff.

durch Cyberkrieg erfasst sind.[372] Krieg im klassischen Sinne und Cyberkrieg unterscheiden sich dabei im Wesentlichen darin, dass unter Krieg grundsätzlich eine mit (echter) Waffengewalt geführte Auseinandersetzung verstanden wird.[373] Cyberkrieg stellt dagegen grundsätzlich eine kriegerische Auseinandersetzung im und um den virtuellen Raum dar, die mit Mitteln vorwiegend aus dem Bereich der IT und mithin ohne den Einsatz physischer Gewalt durchgeführt wird.[374] Ob ausgehend vom (heutigen) durchschnittlichen Verständnis eines Versicherungsnehmers,[375] eine Auslegung des Kriegsbegriffs auch den Cyberkrieg mitumfasst,[376] braucht – wegen der vorliegend eindeutigen Regelungen in den marktüblichen Versicherungsbedingungen – für die private Cyberversicherung an dieser Stelle nicht weiter diskutiert werden.

b) Löse-/Erpressungsgeld

Weiterhin vom Versicherungsschutz ausgeschlossen sind nach den meisten Versicherungsbedingungen auch Ansprüche, die im ursächlichen Zusammenhang mit der Zahlung von Löse- und Erpressungsgeldern oder der Erfüllung von Erpressungsforderungen stehen.[377] Dieser Ausschluss bezieht sich allein auf die Schäden, die durch die Zahlung des Lösegelds selbst entstehen, nicht jedoch die Schäden, die unmittelbar durch die Erpressungshandlung eintreten (z. B. Schäden durch einen Identitätsdiebstahl nach Einschleusung eines Schadprogramms).[378] Zurückzuführen ist die Ausschlussregelung auf das bereits erörterte BaFin-Rundschreiben 03/1998 (VA), durch das die Kombination einer

---

372 Zur Diskussion *Fortmann*, r+s 2019, 429 (433); *Günther*, r+s 2019, 188 ff.; *Lesser*, Cyber-Risiken, S. 287 ff.; *Rudkowski*, VersR 2023, 416 (417 ff.).

373 Vgl. *Fricke*, VersR 1991, 1098 ff.; *ders.*, VersR 2002, 6 ff.; *Klimke*, in: Prölss/Martin, VVG, A1-17 AVB Cyber Rn. 7.

374 *Klimke*, in: Prölss/Martin, VVG, A1-17 AVB Cyber Rn. 7; *Salm*, in: Rüffer/Halbach/Schimikowski, HK-VVG, A1-17 AVB Cyber Rn. 2.

375 Zur Auslegung von AVB ausführlich Zweiter Teil, C. IV. 1. a).

376 Dafür *Günther*, r+s 2019, 188 (190); a. A. *Fortmann*, r+s 2019, 429 (433); *Lüttringhaus*, VersR 2022, 1553 (1558); wohl auch *Klimke*, in: Prölss/Martin, VVG, A1-17 AVB Cyber Rn. 8; *Salm*, in: Rüffer/Halbach/Schimikowski, HK-VVG, A1-17 AVB Cyber Rn. 2. Mit einer Empfehlung zur Erweiterung der Kriegs- und Terrordefinition auch *Lesser*, Cyber-Risiken, S. 290 f.

377 Zur Frage der Versicherbarkeit von Lösegeldern bereits Erster Teil, C. I. 2. b).

378 Vgl. *Klimke*, in: Prölss/Martin, VVG, A1-17 AVB Cyber Rn. 25; *Salm*, in: Rüffer/Halbach/Schimikowski, HK-VVG, A1-17 Rn. 15 (zur wortgleichen Regelung in den AVB Cyber).

Löse- und Erpressungsgeldversicherung mit anderen Versicherungen generell untersagt wurde. Obgleich die BaFin eine solche Kombination für die Cyberversicherung inzwischen ausdrücklich zugelassen hat und der Thematik aufgrund der zunehmenden Bedrohung durch Ransomware-Angriffe eine immer höhere Bedeutung zukommt,[379] ist nicht festzustellen, dass Lösegeldschäden in den gegenwärtigen Versicherungsbedingungen der privaten Cyberversicherung abgedeckt werden. Sollte sich dies in Zukunft ändern, müssten die Versicherer die weiterhin geltenden Einschränkungen beachten, zu denen insbesondere das Werbeverbot im Hinblick auf den Lösegeldbaustein und die Verpflichtung zur Vereinbarung einer Geheimhaltungsobliegenheit zählen.[380]

c) Berufliche oder gewerbliche Tätigkeit

Ein weiterer Ausschluss, der in den Bedingungswerken der privaten Cyberversicherung sehr verbreitet ist, ist der Ausschluss für Ansprüche, die in einem ursächlichen Zusammenhang zu einer geplanten oder ausgeübten beruflichen, gewerblichen, freiberuflichen oder sonstigen selbstständigen Tätigkeit stehen. Diese Ausschlussregelung wirft aus Sicht der Versicherten große Probleme auf, da das Internet und die hierfür verwendeten elektronischen Geräte häufig sowohl privat als auch beruflich genutzt werden.[381] Tritt bei einer solchen gemischten Nutzung ein Versicherungsfall ein, stellt sich die Frage, welche Partei im Zweifelsfall darlegungs- und beweisbelastet ist, dass der Versicherte „privat" betroffen ist.[382] Ist in den Versicherungsbedingungen ein solcher Ausschluss enthalten, ist der Versicherer beweisbelastet, da der Versicherer für das Vorliegen der Voraussetzungen eines Risikoausschlusses darlegungs- und beweisbelastet ist.[383]

Zu beachten ist hierbei allerdings, dass nach der bereits besprochenen Versicherungsfalldefinition der Versicherte für sämtliche Tatbestandsmerkmale, zu denen regelmäßig auch die private oder sogar ausschließlich private Nutzung zählt (s. o.), beweisbelastet ist. Wird in den Bedingungswerken daneben nun noch geregelt, dass der Versicherungsschutz bei einem beruflichen oder

---

379 Zur Kopplung eines Lösegeldbausteins an die Cyberversicherung BaFin, Journal 9/2017, S. 4 f.

380 Zum Werbeverbot *Fortmann*, r+s 2019, 429 (435); *Klimke*, in: Prölss/Martin, VVG, A1-17 AVB Cyber Rn. 23.

381 Vgl. *Spindler*, BSI-Studie, Rn. 263 ff. (zur Doppelrolle von IT-Nutzern).

382 Vgl. *Schneider*, VersR 2020, 667 (673) (zu ähnlichen Abgrenzungsschwierigkeiten im Rahmen der Privathaftpflichtversicherung).

383 Insoweit auch *Fortmann*, Verbraucher-CyberVers, § 3 Rn. 336.

gewerblichen Ursachenzusammenhang ausgeschlossen ist, stellt sich die Frage, wie sich diese beiden Regelungen auf die Beweislastverteilung auswirken.[384]

d) Vorsatz und grobe Fahrlässigkeit

In Anlehnung an § 81 Abs. 1 VVG beziehungsweise § 103 VVG ist in den meisten Versicherungsbedingungen zudem vorgesehen, dass der Versicherungsschutz ausgeschlossen ist, wenn der Versicherte den Schaden vorsätzlich herbeigeführt hat. Bei grob fahrlässiger Verursachung des Schadensfalls sehen viele Bedingungswerke für den Eigenschaden-Baustein vor, dass der Versicherer berechtigt ist, seine Leistung anteilig zu kürzen. Einige Versicherer verzichten zugunsten der Versicherten jedoch auch auf den Einwand der grob fahrlässigen Herbeiführung des Versicherungsfalls, wenn ein bestimmter Betrag nicht überschritten ist oder bestimmte Obliegenheiten eingehalten wurden.[385]

e) Weitere Ausschlussgründe

Neben den soeben ausgeführten Ausschlüssen wird der Versicherungsschutz in einigen Versicherungsbedingungen für weitere Tatbestände ausgeschlossen. Zu den weiteren Ausschlussgründen zählen insbesondere der Ausschluss für Ansprüche oder Schäden, die aufgrund des Ausfalls von Infrastruktur entstanden sind. Ein Ausfall der Infrastruktur liegt nach der insoweit wortgleichen Klausel aus Ziff. A1-17.5 AVB Cyber vor, wenn Gebietskörperschaften oder wesentliche Teile hiervon, Netzstrukturen, die der überregionalen Informationsvermittlung dienen sowie einzeln aufgezählte Einrichtungen der Daseinsvorsorge (Abfallbeseitigung, Trinkwasserversorgung etc.) vom Ausfall betroffen sind.[386] Ein Ausschlussgrund, der schließlich ebenfalls in vielen Policen enthalten ist, ist der Ausschluss von Ansprüchen, die entweder im Zusammenhang mit Kryptowährungen, Glücksspiel, Online-Dating oder Erwachsenenunterhaltung entstanden sind oder im ursächlichen Zusammenhang mit Patentrechtsverletzungen stehen. Teilweise werden darüber hinaus auch Ansprüche ausgeschlossen, die in ursächlichem Zusammenhang mit geistigem Eigentum, Markenrechten, Urheberrechten, Designrechten oder sonstigen gewerblichen Schutzrechten stehen.

384 Hierzu ausführlich Zweiter Teil, C. IV. 2. c.

385 Hierzu auch *Fortmann*, Verbraucher-CyberVers, § 3 Rn. 337.

386 Kritisch mit Bedenken bezüglich der Transparenz dieser Regelung *Klimke*, in: Prölss/Martin, VVG, A1-17 AVB Cyber Rn. 15 ff.; *Fortmann*, r+s 2019, 429 (434).

6. *Obliegenheiten*

Auszuführen ist ferner noch, welche Obliegenheiten den Versicherten nach den marktüblichen Versicherungsbedingungen auferlegt werden. Bei Obliegenheiten handelt es sich nach heute ganz herrschender Meinung nicht um echte, unmittelbar erzwingbare Verbindlichkeiten, sondern um bloße Verhaltensnormen, die Versicherte beachten müssen, wenn sie einen Versicherungsanspruch erhalten wollen (sog. Voraussetzungstheorie).[387] Zu unterscheiden sind dabei gesetzliche und vertragliche Obliegenheiten,[388] wobei sich die nachfolgenden Ausführungen auf die vertraglich vorgesehenen Obliegenheiten konzentrieren. Vorwegzustellen ist, dass sich die untersuchten Regelungen sowohl was ihre inhaltliche Ausgestaltung als auch die konkrete Klauselgestaltung anbelangt, zum Teil deutlich voneinander unterscheiden.[389]

a) *Inhaltliche Ausgestaltung*

In fast allen für diese Untersuchung herangezogenen Bedingungswerken ist zunächst geregelt, dass der Versicherungsnehmer und alle versicherten Personen zur Durchführung bestimmter technischer Sicherheitsmaßnahmen verpflichtet sind, um keinerlei Einschränkungen im Versicherungsschutz ausgesetzt zu sein. Inhaltlich entsprechen diese Pflichten weitestgehend den zuvor bereits erläuterten Schutzmaßnahmen, die Verbraucherinnen und Verbraucher zum Schutz gegen Cyberrisiken durchführen können.[390] Insoweit ist auch in den meisten Versicherungsbedingungen der privaten Cyberversicherung geregelt, dass der Versicherte vor Eintritt des Versicherungsfalls sicherzustellen hat, dass zum Schutz vor Schadsoftware und ähnlichen Risiken sämtliche Daten durch Sicherheitsmaßnahmen geschützt sein müssen.[391]

---

387 RG, Urt. v. 19.06.1931 – VII 393/30, RGZ 133, 117 (122); BGH, Urt. 13.06.1957 – II ZR 35/57, BGHZ 24, 378 (382) = VersR 1957, 458; BGH, Urt. v. 16.09.2009 – IV ZR 246/08, VersR 2009, 1659 (1662) Rn. 27; *Armbrüster*, in: Prölss/Martin, VVG, § 28 Rn. 68; *Felsch*, in: Rüffer/Halbach/Schimikowski, HK-VVG, § 28 Rn. 5; *Marlow*, in: Beckmann/Matusche-Beckmann, VersR-Hdb, § 13 Rn. 4; *Wandt*, Versicherungsrecht, Rn. 566; a. A. *Hähnchen*, Obliegenheiten und Nebenpflichten, S. 233 ff., 312 ff. (wonach viele als „Obliegenheiten" bezeichnete Tatbestände „normale" Nebenpflichten sind).

388 *Marlow*, in: Beckmann/Matusche-Beckmann, VersR-Hdb, § 13 Rn. 5.

389 Mit einer Übersicht zu den Obliegenheiten auch *Fortmann*, Verbraucher-CyberVers, § 3 Rn. 343 ff.

390 Siehe zu den Schutz- und Abwehrmöglichkeiten bereits Erster Teil, B. IV.

391 Wortgleich insoweit auch Ziff. 3.2 der Musterbausteine Cyber-Assistanceleistungen.

Zu den unterschiedlichen Ausführungen in den Bedingungswerken zählen dabei insbesondere, dass der Versicherte eine aktuelle Sicherheitssoftware (auch Antivirenprogramm) sowie eine Firewall installiert haben muss, die entweder dem Stand der Technik entsprechen oder regelmäßig aktualisiert werden muss. Weiterhin sehen die Bedingungen zumeist vor, dass der Versicherte die automatische Update-Funktion aktiviert und Sicherheitsupdates sowie Patches unverzüglich oder zeitnah durchzuführen hat. Ferner ist der Versicherte häufig auch dazu aufgefordert, Passwörter, Zugangscodes und ähnliche vertrauliche Informationen nicht an Dritte weiterzugeben und zudem auf allen Datenträgern regelmäßig eine Datensicherung, entweder auf einen externen Datenträger oder in einer Daten-Cloud, vorzunehmen. Zum Teil finden sich auch Klauseln, wonach die Versicherten alle gesetzlichen, behördlichen sowie vertraglich vereinbarten Sicherheitsvorschriften einzuhalten haben. In einzelnen Bedingungswerken ist darüber hinaus geregelt, dass die gesicherten Geräte ausschließlich über einen Router mit dem Internet verbunden sein dürfen, was in der Konsequenz bedeutet, dass mobile Geräte faktisch vom Versicherungsschutz ausgeschlossen sind.

Nach Eintritt des Versicherungsfalls gelten ferner die Regelungen, die üblicherweise auch in anderen Versicherungsverträgen zur Anwendung kommen. So ist der Versicherte nach Eintritt des Versicherungsfalls etwa zur unverzüglichen Anzeige des Versicherungsfalls verpflichtet (vgl. § 30 VVG) und muss das Schadensbild so lange unverändert lassen, bis der Versicherer eine Veränderung gestattet. Weiterhin hat der Versicherte jede Auskunft zu erteilen und sämtliche Unterlagen zu überlassen, die zur Feststellung des Versicherungsfalls oder des Umfangs der Leistungspflicht erforderlich sind sowie jede Untersuchung über Ursache und Höhe des Schadens und über den Umfang der Entschädigungspflicht zu gestatten (vgl. § 31 VVG). In den Versicherungsbedingungen wird in der Regel auch noch darauf hingewiesen, dass der Versicherte bei Eintritt des Versicherungsfalls nach Möglichkeit für die Abwendung und Minderung des Schadens zu sorgen hat (vgl. § 82 VVG). Verstößt der Versicherte gegen eine der genannten Obliegenheiten, ist standardmäßig auch für die private Cyberversicherung vorgesehen, dass der Versicherer bei einem vorsätzlichen Verstoß von seiner Leistung frei wird und bei einer grob fahrlässigen Verletzung berechtigt ist, seine Leistung in dem Verhältnis zu kürzen, das der Schwere des Verschuldens des Versicherungsnehmers entspricht (vgl. § 28 Abs. 2 VVG).[392] Darüber hinaus sehen einige Versicherungsbedingungen schließlich auch noch vor, dass

392 Näher zu den Rechtsfolgen bei Verletzung einer Obliegenheit *Marlow*, in: Beckmann/Matusche-Beckmann, VersR-Hdb, § 13 Rn. 56 ff.

der Versicherte in bestimmten Fällen unverzüglich Strafanzeige stellen beziehungsweise eine Stehlgutliste einreichen muss.[393]

b) Unterschiedliche Klauselgestaltungen

Wie bereits eingangs erwähnt, unterscheiden sich die Klauseln in Hinblick darauf, welche konkreten Anforderung an die Durchführung von technischen Maßnahmen gestellt werden, noch erheblich voneinander. So wird in einigen Bedingungswerken die Durchführung von technischen Maßnahmen als eine Voraussetzung für den Versicherungsschutz genannt.[394] In anderen Versicherungsbedingungen werden wiederum Generalklauseln oder allgemeine Formulierungen verwendet, zu denen etwa auch die Stand-der-Technik-Klausel zählt. Die letzte Kategorie von Versicherungsbedingungen bilden schließlich Klauseln, in denen konkrete inhaltlich und zeitliche Vorgaben genannt werden, die von den versicherten Personen einzuhalten sind. Viele der derzeit verwendeten Klauseln werfen dabei AGB-rechtliche Bedenken auf, auf die an späterer Stelle gesondert eingegangen wird.[395]

7. Prämienniveau

Als letzten Punkt der Darstellung ist noch auf die durchschnittliche Prämie einzugehen, die von Versicherungsnehmerinnen und Versicherungsnehmern im Rahmen der privaten Cyberversicherung üblicherweise geschuldet ist (vgl. § 1 S. 2 VVG).[396] Die durchschnittliche Prämie einer privaten Cyberversicherung beträgt dabei gegenwärtig etwa 40-120 Euro pro Versicherungsjahr und ist damit ungefähr vergleichbar mit einer marktüblichen Privathaftpflicht- oder Hausratversicherung.[397]

IV. Fazit

Die vorstehende Darstellung hat gezeigt, dass sich die aktuell auf dem Markt verfügbaren Cyberversicherungsprodukte für Privatkunden zwar in Teilen

---

393 Näher hierzu *Fortmann*, Verbraucher-CyberVers, § 3 Rn. 364 ff.

394 Beispielhaft insoweit auch Ziff. 3.2 der Musterbausteine Cyber-Assistanceleistungen.

395 Hierzu sogleich ausführlich in Zweiter Teil, C. IV. 4.

396 Näher zur Prämienzahlungspflicht *Armbrüster*, Privatversicherungsrecht, Rn. 1578 ff.; *Hahn*, in: Beckmann/Matusche-Beckmann, VersR-Hdb, § 12 Rn. 5; *Looschelders*, in: MünchKomm-VVG, § 1 Rn. 151; *Wandt*, Versicherungsrecht, Rn. 508.

397 Zur durchschnittlichen Prämienhöhe auch Stiftung Warentest, Finanztest 6/2020, S. 30 f.; *Fortmann*, Verbraucher-CyberVers, § 1 Rn. 6.

ähneln, sich jedoch in einigen Punkten auch deutlich voneinander unterscheiden. Gerade auch weil der GDV für die private Cyberversicherung bislang keine unverbindlichen Musterbedingungen veröffentlich hat, war es daher um so wichtiger, die gegenwärtig verfügbaren Versicherungsbedingungen einem Vergleich zu unterziehen. Gemeinsam haben dabei alle Versicherungsprodukte, dass sie damit werben, Verbraucherinnen und Verbraucher gegen die Risiken des Internets versichern zu wollen. Versichertes Risiko in der privaten Cyberversicherung ist somit das Cyberrisiko,[398] wobei zu beachten ist, dass sich dieses deutlich von dem Cyberrisiko für Gewerbe und Unternehmen unterscheidet. Cyberrisiken werden bei den aktuellen Produkten dabei nicht im Sinne einer Allgefahrendeckung versichert, sondern stets nur für bestimmte Ereignisse. Der Versicherungsfall tritt in der privaten Cyberversicherung ein, wenn alle Tatbestandsmerkmale, die der Versicherer für ein bestimmtes Ereignis festgelegt hat, erfüllt sind. Die in den gegenwärtigen Versicherungsbedingungen definierten versicherten Ereignisse setzen in der Regel voraus, dass sowohl die Schadensursachen als auch der Schadenseintritt während der Vertragslaufzeit eingetreten sind.

Die marktüblichen Leistungen einer privaten Cyberversicherung lassen sich grob in drei Bausteine einteilen. Den ersten Baustein bildet ein Vermögensschutz bei Schäden im Rahmen des Abschlusses eines Kaufvertrages über das Internet oder Schäden im Rahmen eines Identitätsdiebstahls. Der zweite Baustein setzt sich aus verschiedenen Assistanceleistungen zusammen, die insbesondere bei Cybermobbing, Datenverlusten oder einer Rufschädigung gewährt werden. Der dritte Baustein ist ein eingeschränkter Haftpflichtschutz, der bei Schäden im Rahmen eines Datenaustausches eingreift.

Die konkrete Ausgestaltung und Zusammensetzung der einzelnen Leistungsbausteine fällt in den einzelnen Bedingungswerken allerdings recht unterschiedlich aus, was einen Vergleich der Bedingungswerke auch für die Versicherten erschwert. Neben den einzelnen Voraussetzungen und Einschränkungen, die für ein versichertes Ereignis vorgesehen sind, betrifft dies vor allem die Bemessung der Deckungssummen, die Zahl der versicherten Ereignisse, die Vereinbarung von Obliegenheiten und die Art und Weise, wie Assistance-Leistungen erbracht werden. Nochmals sei daher darauf hingewiesen, dass die obige Darstellung keinen Anspruch auf Vollständigkeit erhebt, sondern hiermit vielmehr eine Grundlage für die nachfolgende Untersuchung geschaffen werden sollte.

398 Zum Cyberrisikobegriff bereits Erster Teil, A. III.

C. Rechtliche Einordnung der privaten Cyberversicherung

Nachdem soeben dargestellt wurde, wie die Versicherungsbedingungen einer marktüblichen privaten Cyberversicherung gegenwärtig ausgestaltet sind, stellt sich daran anschließend die Frage, wie sich dieses neue Versicherungsprodukt in das bestehende Versicherungsspartengefüge rechtlich einordnen lässt. Vorwegzustellen ist dabei, dass die private Cyberversicherung gesetzlich nicht geregelt ist. Anders als für die Cyberversicherung für Gewerbe und Unternehmen hat eine sowohl versicherungsrechtliche als auch aufsichtsrechtliche Einordnung der privaten Cyberversicherung zudem bisher noch nicht stattgefunden.[399]

I. Versicherungsrechtliche Einordnung

Der versicherungsrechtlichen Einordnung der privaten Cyberversicherung kommt für den Verlauf der weiteren Untersuchung eine hohe Bedeutung zu, da hiervon unter anderem abhängt, welche Vorschriften des VVG auf dieses neue Versicherungsprodukt anwendbar sind. Sofern sich für einzelne Bereiche der privaten Cyberversicherung herausstellen sollte, dass bestimmte zwingende oder halbzwingende Vorschriften des VVG einschlägig sind, müssen diese durch die Versicherer bei der Gestaltung der privaten Cyberversicherung berücksichtigt werden. Von zwingenden Vorschriften des VVG dürfen die Versicherer überhaupt nicht und von halbzwingenden Vorschriften nur zu Gunsten der Versicherten abweichen.[400]

1. Abgrenzung von Schadens- und Summenversicherung

Zunächst stellt sich die Frage, ob auf die private Cyberversicherung die Vorschriften zur Schadens- oder zur Summenversicherung anwendbar sind.[401] Die Klärung dieser Frage ist bedeutsam, da zahlreiche Vorschriften (insbesondere §§ 74-99 VVG) nur für die Schadensversicherung anwendbar sind. Der Unterschied zwischen einer Schadens- und einer Summenversicherungen besteht

399 Für die Cyberversicherung für Unternehmen *Armbrüster*, Privatversicherungsrecht, Rn. 2107; *Fortmann*, r+s 2019, 429 (430); *Klimke*, in: Prölss/Martin, VVG, Vor A1-1 AVB Cyber Rn. 5 ff.; *Lesser*, Cyber-Risiken, S. 200 ff. Siehe auch *Dreher*, VersR 2020, 129 (131 ff.); *R. Koch*, VersR 2019, 449 (451) speziell zu Assistanceleistungen.

400 Näher *Armbrüster*, Privatversicherungsrecht, Rn. 576 ff. zu den zwingenden und halbzwingenden Vorschriften des VVG.

401 Allg. zur Abgrenzung *Armbrüster*, in: Prölss/Martin, VVG, § 1 Rn. 138 ff.; *ders.*, Privatversicherungsrecht, Rn. 465 ff.; *Kalis*, in: MünchKomm-VVG, § 194 Rn. 9 ff.

generell darin, dass der Versicherer im Rahmen einer Schadensversicherung dazu verpflichtet ist, den Versicherten den konkret entstandenen Vermögensschaden zu ersetzen (konkrete Bedarfsdeckung).[402] Bei einer Summenversicherung wird den Versicherten bei Eintritt des Versicherungsfalls dagegen eine zuvor vereinbarte Geldsumme ausgezahlt (abstrakte Bedarfsdeckung).[403]

Ob die Vorschriften zur Schadens- oder Summenversicherung anwendbar sind, muss für jeden Deckungsbaustein der privaten Cyberversicherung gesondert geprüft werden, da sich die einzelnen Deckungsbausteine stark voneinander unterscheiden. Wie bereits dargestellt, setzt sich die private Cyberversicherung regelmäßig aus drei Bausteinen zusammen: Vermögensschäden, Assistanceleistungen und einer Haftpflichtkomponente. Sowohl auf die nach den derzeitigen Versicherungsbedingungen abgedeckten Vermögensschäden als auch auf die eingeschränkte Haftpflichtkomponente sind die gesetzlichen Vorschriften zur Schadensversicherung (§§ 74 ff. VVG) anwendbar. Dies folgt daraus, dass den Versicherten im Rahmen dieser Leistungen stets der konkret entstandene Schaden bis zur vereinbarten Höhe ersetzt wird.[404] Nicht so eindeutig ist die Abgrenzung zwischen Schadens- und Summenversicherung allerdings bei den Assistanceleistungen.[405] Für Assistanceleistungen könnte man vom Vorliegen einer Summenversicherung ausgehen, da hier die anfallenden Kosten zumeist vor Eintritt des Versicherungsfalls bereits feststehen werden, was insoweit für eine abstrakte Bedarfsdeckung und der Anwendbarkeit der Vorschriften zur Summenversicherung sprechen könnte. Die meisten Versicherer werden nämlich vor Vermittlung des Dienstleisters mit diesem bereits einen Rahmenvertrag geschlossen haben, der die genauen Konditionen der Assistanceleistungen aufschlüsselt. Allerdings gilt es hier zu beachten, dass auch bei den Assistanceleistungen der Eintritt des Versicherungsfalls regelmäßig voraussetzt, dass dem Versicherten ein konkreter Schaden entstanden ist, was vorliegend für eine Schadens- und gegen eine Summenversicherung spricht. So wird etwa eine Datenwiederherstellung nur vermittelt, wenn der Versicherte auch tatsächlich einen

402 Zu den historischen Hintergründen, vgl. Motive zum VVG, S. 70; *Wandt*, Versicherungsrecht, Rn. 36 Fn. 101.

403 *Armbrüster*, Privatversicherungsrecht, Rn. 468.

404 Zur Cyberversicherung für Unternehmen ebenso *Armbrüster*, Privatversicherungsrecht, Rn. 2107; *Klimke*, in: Prölss/Martin, VVG; Vor A1-1 AVB Cyber Rn. 5 f.; *Gebert/Klapper*, in: Veith/Gräfe/Gebert, Versicherungsprozess, § 24 Rn. 24.

405 Hierzu zählen insbesondere die Datenwiederherstellung, die Datenlöschung rufschädigender Inhalte sowie die Vermittlung einer telefonischen Erstberatung bei rechtlichen oder psychischen Problemen.

Datenverlust erlitten hat. Die ungefähren Kosten einer Datenwiederherstellung werden vor dem Datenverlust zwar häufig bereits feststehen, jedoch können sie im Einzelfall auch stark variieren. Auch wenn bei Assistanceleistungen kein Geld ausgezahlt wird, sondern eine Naturalleistung erbracht wird, handelt es sich folglich trotzdem um eine konkrete Bedarfsdeckung, da durch die Assistanceleistungen bei der Beseitigung des konkreten Schadens unterstützt wird.

Im Ergebnis sind die Vorschriften zur Schadensversicherung (§§ 74 ff. VVG) daher auf alle Deckungsbestandteile der privaten Cyberversicherung anwendbar,[406] was zur Folge hat, dass sie bei der im Anschluss durchzuführenden Kontrolle der marktüblichen Versicherungsbedingungen ausnahmslos berücksichtigt werden müssen.

2. *Sparteneinordnung*

Ferner gilt zu klären, in welche Versicherungssparte die private Cyberversicherung eingeordnet werden kann. Eine Einteilung der versicherbaren Risiken in Sparten erfolgt nach dem zu versichernden Interesse und ist in Anlage 1 zum VAG abgebildet.[407] Versichertes Interesse in der privaten Cyberversicherung ist der Schutz von Verbraucherinnen und Verbrauchern gegen die Risiken, die mit der privaten Nutzung des Internets verbunden sind (Cyberrisiken).[408] Cyberrisiken werden allerdings weder in Anlage 1 zum VAG noch im zweiten Teil des VVG gesondert erwähnt.

Zu beachten gilt es dabei zunächst, dass sich ein Versicherungsvertrag nicht zwingend nur einer Versicherungssparte zuordnen lassen muss. Vielmehr ist die gesetzliche Typenbildung im Versicherungsrecht ebenso wenig abschließend, wie dies im besonderen Teil des Bürgerlichen Gesetzbuches der Fall ist.[409] Dies ist darin begründet, dass es Versicherern freistehen soll, auf neu aufkommende Risiken auch mit neuen Versicherungsprodukten schnell und flexibel zu

---

406 Im Ergebnis auch *Fortmann*, Verbraucher-CyberVers, § 3 Rn. 1. Zur Cyberversicherung für Unternehmen auch *Armbrüster*, Privatversicherungsrecht, Rn. 2107; *Klimke*, in: Prölss/Martin, VVG; Vor A1-1 AVB Cyber Rn. 5 f.; *Gebert/Klapper*, in: Veith/Gräfe/Gebert, Versicherungsprozess, § 24 Rn. 24.

407 Vgl. *Meven*, Die Warranty & Indemnity Versicherung, S. 46. Grundlegend zum Begriff des versicherten Interesses *U. Schweitzer*, Das versicherte Interesse, S. 1 ff.

408 Zum versicherten Risiko bereits Zweiter Teil, B. III. 1.

409 *Armbrüster*, Privatversicherungsrecht, Rn. 89. Mit einem Überblick zu den verschiedenen Definitionsversuchen des Versicherungsbegriffs auch *Saria*, VersR 2019, 519 (520 ff.).

reagieren.[410] Hierfür sind nicht zuletzt Cyberrisiken ein anschauliches Beispiel, da es sich bei Cyberrisiken um relativ neue Risiken handelt, die eine Vielzahl bestehender Versicherungssegmente betreffen. Ebenso wenig wie das Cyberrisiko selbst, kann daher auch eine Cyberversicherung einer Sparte allein zugeordnet werden. Der Ansatz der Cyberversicherung besteht vielmehr darin, nach dem sog. Stand-Alone-Modell nicht spartenorientiert, sondern risikokonzentriert zu versichern.[411] Sowohl die Cyberversicherung für Gewerbe und Unternehmen als auch die Cyberversicherung für Privatkunden setzen sich daher aus Elementen verschiedener Versicherungssparten zusammen (sog. Multi-Line-Policen).[412]

Daraus folgt, dass die Vorschriften einer Versicherungssparte nicht vollständig auf die private Cyberversicherung übertragen werden können. Vielmehr muss für jeden Bereich, der Ähnlichkeiten zu einer im VVG geregelten Sparte aufweist, gesondert geprüft werden, ob die spartenbezogenen Vorschriften anwendbar sind.

3. *Anwendbarkeit spartenbezogener Vorschriften*

Wegen des spartenübergreifenden Charakters der privaten Cyberversicherung ist nachstehend zu prüfen, welche Vorschriften des zweiten Teils des VVG („Einzelne Versicherungszweige") auf die private Cyberversicherung anwendbar sind. Wie bereits eingangs erwähnt, ist die Cyberversicherung im VVG nicht gesondert geregelt, weshalb diese Frage wiederum für alle Deckungsbestandteile gesondert geprüft werden muss.

a) Vorschriften zur Rechtsschutzversicherung

Zunächst stellt sich die Frage, ob die gesetzlichen Regelungen zur Rechtsschutzversicherung (§§ 125 ff. VVG), zu denen insbesondere das Gebot zur freien Anwaltswahl (§ 127 VVG) zählt, auf das eingeschränkte Rechtsschutzelement der privaten Cyberversicherung anwendbar sind.[413] Dies ist bedeutsam, da die marktüblichen Versicherungsbedingungen der privaten Cyberversicherung

---

410 Vgl. *Armbrüster*, Privatversicherungsrecht, Rn. 89.

411 Vgl. *Armbrüster*, Privatversicherungsrecht, Rn. 2104 (zum Stand-Alone-Modell der AVB Cyber).

412 Vgl. *Armbrüster*, Privatversicherungsrecht, Rn. 2104; *Fortmann*, r+s 2019, 429 (430); *Gebert/Klapper*, in: Veith/Gräfe/Gebert, Versicherungsprozess, § 24 Rn. 24 (nur zur Cyberversicherung für Unternehmen).

413 Vgl. *Armbrüster*, Privatversicherungsrecht, Rn. 2107, 2128 (zur Anwendbarkeit der §§ 125-129 VVG auf die Cyberversicherung für Unternehmen).

keine freie Anwaltswahl vorsehen und damit gegen §§ 127, 129 VVG verstoßen könnten.

aa) Konflikt mit der freien Anwaltswahl (§ 127 VVG)

Nach der Vorschrift des § 127 VVG kann der Versicherte denjenigen Rechtsanwalt, der seine rechtlichen Interessen wahrnehmen soll, frei auswählen.[414] Durch die Regelung soll für die Rechtsschutzversicherung sichergestellt werden, dass der Rechtssuchende den Anwalt seines Vertrauens frei bestimmen kann, da das Mandatsverhältnis wesentlich durch ein persönliches Vertrauen geprägt ist.[415] Weiterhin soll durch § 127 VVG gewährleistet werden, dass der Versicherer nicht den Umfang seiner Leistungspflicht steuern kann, indem er die Wahl auf bestimmte Anwälte eingrenzt, von denen er sich eine für ihn günstige Bearbeitung des Schadensfalls erhofft.[416]

Die marktüblichen AVB der privaten Cyberversicherung könnten gegen dieses Recht verstoßen, da die meisten Versicherungsbedingungen vorsehen, dass bei Eintritt des Versicherungsfalls, den Versicherten ein Rechtsanwalt „vermittelt" wird.[417] Daraus folgt unweigerlich, dass sich die Versicherten den Anwalt nicht frei aussuchen können, was insoweit in Konflikt mit § 127 VVG steht. Weitgehend anerkannt ist zwar, dass das Recht auf freie Anwaltsanwalt durch unverbindliche Empfehlungen oder wirtschaftliche Anreize eingeschränkt werden kann, solange hierdurch kein unzulässiger psychischer Druck auf die Versicherten ausgeübt wird.[418] Äußerst problematisch erscheint es jedoch, wenn wie vorliegend ausnahmslos und bei jeder Situation ein Vertragsanwalt des

414 Der Grundsatz der freien Anwaltswahl ist auch in den Allgemeinen Bedingungen für die Rechtsschutzversicherung (Ziff. 2.3.1.2 ARB 2021) niedergeschrieben. Europarechtlich ist dieser Grundsatz in Art. 201 Abs. 1 lit. a Solvabilität II-Richtlinie und berufsrechtlich in § 3 Abs. 3 BRAO geregelt. Näher hierzu auch *Armbrüster*, VuR 2012, 167 ff.; *Richter*, in: MünchKomm-VVG, § 127 Rn. 4.

415 BGH, Urt. v. 26.10.1989 – I ZR 242/87, BGHZ 109, 153 (160 ff.) = NJW 1990, 578 (580); *Armbrüster*, Privatversicherungsrecht, Rn. 1959.

416 *Armbrüster*, Privatversicherungsrecht, Rn. 1960. Eine verbraucherschützende Zielrichtung der Richtlinie bezweifelnd dagegen *Wendenburg*, NJW 2011, 3064 (3065).

417 Siehe hierzu bereits Zweiter Teil, B. III. 3. b).

418 Zuletzt etwa BGH, Urt. v. 04.12.2013 – IV ZR 215/12, BGHZ 199, 170 = VersR 2014, 98; m. Anm. *Armbrüster*, JZ 2014, 577 ff.; *ders.*, VuR 2012, 167 (171). Siehe auch BGH, Urt. v. 21.10.2015 – IV ZR 266/14, NJW 2016, 61; m. Anm. *Lensing*, (65); *ders.*, VuR 2012, 97 ff.; *Schmitt*, in: Harbauer, Rechtsschutzversicherung, § 127 Rn. 6 ff.; *Paffenholz*, in: Looschelders/Paffenholz, ARB, § 127 Rn. 4 ff.

Versicherers vermittelt wird. Zumindest abstrakt gesehen besteht hier nämlich die Gefahr, dass der Versicherer einen nicht ausreichend qualifizierten Rechtsanwalt für die Erstberatung vermittelt.[419] Sofern sich daher herausstellen sollte, dass § 127 VVG auf die eingeschränkte Rechtsschutzkomponente der privaten Cyberversicherung Anwendung findet, wären die meisten Versicherungsbedingungen in diesem Punkt unwirksam, da es sich bei der freien Anwaltswahl gemäß § 129 VVG um eine halbzwingende Vorschrift handelt, von der nicht zum Nachteil des Versicherungsnehmers abgewichen werden darf.

bb) *Anwendungsbereich der §§ 125 ff. VVG und des Art. 198 Solvabilität II-RL*

Ein Verstoß gegen das Recht auf freie Anwaltswahl setzt voraus, dass § 127 VVG überhaupt auf die private Cyberversicherung anwendbar ist. Für eine Anwendbarkeit der §§ 125 ff. VVG auf die private Cyberversicherung könnte zunächst sprechen, dass nach § 125 VVG der Versicherer verpflichtet ist, die für die Wahrnehmung der rechtlichen Interessen des Versicherungsnehmers erforderlichen Leistungen „im vereinbarten Umfang" zu erbringen. Daraus könnte man schließen, dass vorliegend der Anwendungsbereich der §§ 125 ff. VVG eröffnet ist, da auch bei der privaten Cyberversicherung in Form der Vermittlung einer telefonischen, anwaltlichen Erstberatung, zumindest eingeschränkter Rechtsschutz im Sinne des § 125 VVG gewährt wird. Zu berücksichtigen ist hierbei allerdings, dass es sich bei der Vorschrift des § 125 VVG nicht um eine Legaldefinition der Rechtsschutzversicherung handelt, sondern vielmehr um eine Beschreibung des wirtschaftlichen Zwecks der Rechtsschutzversicherung.[420] § 125 VVG kann daher nicht für die Frage herangezogen werden, wann die Vorschriften zur Rechtsschutzversicherung auf eine Versicherung anwendbar sind. Aussagekräftiger ist in diesem Zusammenhang die unionsrechtliche Definition der Rechtsschutzversicherung, die sich in Art. 198 Abs. 1 Solvabilität II-RL findet. Nach dieser Vorschrift handelt es sich bei der Rechtsschutzversicherung um eine Versicherung, bei der ein Versicherungsunternehmen zusagt, gegen Zahlung einer

---

419 Allg. kritisch zur telefonischen anwaltlichen Erstberatung *van Bühren*, r+s 2016, 53 (55 ff.); *ders.*, BRAK-Mitt. 6/2013, 255 (255 ff.). Zur Rolle des Rechtsschutzversicherers als aktiver Schadenmanager auch *Böhm/Fries*, VersR 2016, 1092 ff.; *Cornelius-Winkler*, NJW 2014, 588 (589 ff.); *Eberhardt*, VersR 2013, 802 ff.; *Schmitt*, in: Harbauer, Rechtsschutzversicherung, § 127 Rn. 11.

420 Siehe BT-Drucks. 16/3945, S. 91 zur Regierungsbegründung zur neuen Vorschrift des § 125 VVG. Dazu auch *Piontek*, in: Prölss/Martin, VVG, § 125 Rn. 1.

Prämie die Kosten des Gerichtsverfahrens zu übernehmen.[421] Legt man diese Definition zugrunde, entspricht das in der privaten Cyberversicherung enthaltene Rechtsschutzelement nicht den Voraussetzungen, die an eine Rechtsschutzversicherung gestellt werden, da nach den meisten Versicherungsbedingungen nur die Kosten für die Erstberatung und nicht für ein gesamtes Gerichtsverfahren übernommen werden.

Gegen eine Anwendbarkeit der Vorschriften zur Rechtsschutzversicherung auf das eingeschränkte Rechtsschutzelement der privaten Cyberversicherung spricht vorliegend auch der Normzweck des § 127 VVG. Anders als bei der Rechtsschutzversicherung, besteht bei der privaten Cyberversicherung momentan nicht die Gefahr, dass der Versicherer durch die Wahl des Anwalts Einfluss auf die Schadensregulierung nimmt, da nach den gegenwärtigen AVB ohnehin nur die Kosten für eine Erstberatung übernommen werden.

cc) Ausschlusstatbestand des Art. 198 Abs. 2 c) ii) Solvabilität II-RL

Gegen eine Anwendbarkeit der §§ 125-129 VVG auf die private Cyberversicherung spricht auch der Ausschlusstatbestand des Art. 198 Abs. 2 c) ii) Solvabilität II-RL. Dieser besagt, dass der Abschnitt zur Rechtsschutzversicherung keine Anwendung findet, wenn der Rechtsschutz von einem Versicherer des Beistands (Assistance) ausgeübt wird und die Tätigkeit Bestandteil eines Vertrages ist, der nur die Beistandsleistungen zugunsten von Personen betrifft, die auf Reisen sind oder während der Abwesenheit von ihrem Wohnsitz oder gewöhnlichen Aufenthaltsort in Schwierigkeiten geraten.[422] Auch wenn diese Regelung nicht unmittelbar auf die private Cyberversicherung anwendbar ist, da der Rechtsschutz in der privaten Cyberversicherung nicht an eine Abwesenheit des Versicherten auf Reisen geknüpft wird, gibt die Regelung dennoch zu erkennen, dass die besonderen Regelungen zur Rechtsschutzversicherung nicht auf bloße Beistandsleistungen anwendbar sein sollen.

---

421 Als weitere Voraussetzung muss der Versicherer zusagen, noch andere sich aus dem Versicherungsvertrag ergebende Leistungen zu erbringen, insbesondere um dem Versicherten den Schaden auf außergerichtlichem Wege oder durch ein Zivil- oder Strafverfahren zu ersetzen oder den Versicherten in einem Zivil-, Straf-, Verwaltungs- oder anderen Verfahren oder im Fall einer gegen ihn gerichteten Forderung zu verteidigen oder zu vertreten, siehe Art. 198 Abs. 1 a) und b) Solvabilität II-RL.

422 Der Vertrag muss den gesonderten Hinweis enthalten, dass die betreffende Garantie auf die dort genannten Umstände begrenzt ist und zusätzlich zum Beistand gewährt wird, siehe Art. 198 Abs. 2 c) ii) Solvabilität II-RL letzter Halbsatz.

dd) Zwischenergebnis

Im Ergebnis bleibt daher festzuhalten, dass die Vorschriften zur Rechtsschutzversicherung (§§ 125 ff. VVG) nicht auf das eingeschränkte Rechtsschutzelement der privaten Cyberversicherung anwendbar sind. Die Vermittlung einer telefonischen, anwaltlichen Erstberatung, die die meisten Versicherungsbedingungen der privaten Cyberversicherung derzeit vorsehen, verstößt daher nicht gegen das Recht auf freie Anwaltswahl gemäß § 127 VVG. Sollten die Leistungen einer privaten Cyberversicherung zukünftig allerdings über eine Erstberatung hinausgehen, was aus der Sicht der Versicherten sinnvoll und wünschenswert wäre,[423] könnte diese Frage anders zu beurteilen sein.

b) Vorschriften zur Krankenversicherung

Wie die Marktanalyse gezeigt hat, enthalten die meisten Versicherungsbedingungen auch ein medizinisches Assistance-Element, wonach bei einem Fall von Cybermobbing eine psychologische Erstberatung vermittelt wird. Ähnlich wie bei der anwaltlichen Erstberatung, kann der Versicherte sich auch hier nicht aussuchen, welcher Psychologe beziehungsweise welche Psychotherapeutin die Beratung durchführt. Auch hier stellt sich daher grundsätzlich die Frage, ob in der Gestaltung der gegenwärtigen Versicherungsbedingungen ein Verstoß gegen den Grundsatz der freien Arztwahl gegeben ist.[424] In § 76 Abs. 1 SGB V ist in diesem Zusammenhang nämlich geregelt, dass Versicherte der gesetzlichen Krankenversicherung (GKV) unter den zur vertragsärztlichen Versorgung zugelassenen Ärzten, den medizinischen Versorgungszentren, den ermächtigten Ärzten und den ermächtigten ärztlich geleiteten Einrichtungen sowie Eigeneinrichtungen der Krankenkassen, frei wählen können. Eine ähnliche Regelung findet sich auch für die private Krankenversicherung (PKV) in § 4 Abs. 2 MB/ST 2009.[425]

---

423 Zu den Vorschlägen für eine Neugestaltung der privaten Cyberversicherung, siehe Dritter Teil.

424 Auch in der D&O-Versicherung ist eine ärztliche oder psychologische Behandlung bei Beeinträchtigung versicherter Personen wegen seelischer Notlagen häufig mitversichert, weshalb sich diese Frage hier auch stellen kann. Zu den Leistungen in der D&O-Versicherung *Dreher*, VersR 2020, 129 (130); *Lange*, D&O-Versicherung und Managerhaftung, § 14 Rn. 94 ff.

425 Die Musterbedingungen für den Standardtarif MB/ST 2009 (Stand: Januar 2022) wird von der PKV veröffentlicht und ist auf deren Internetseite einsehbar.

Für eine Anwendbarkeit dieser Regelungen auf die private Cyberversicherung könnte zunächst sprechen, dass auch bei einer psychologischen oder psychotherapeutischen Erstberatung ein hohes Vertrauensverhältnis erforderlich ist, was durch die freie Arztwahl geschützt werden sollte. Allerdings gilt es an dieser Stelle ebenfalls zu beachten, dass es sich bei der freien Arztwahl um eine besondere Vorschrift für die Krankenversicherung handelt, die nicht auf die private Cyberversicherung übertragen werden kann. In § 76 Abs. 1 SGB V heißt es ausdrücklich, dass das Recht zur freien Arztwahl nur Versicherten der GKV zuteilwird. Hinzukommt, dass die Vermittlung einer psychologischen Erstberatung auch nicht mit den Leistungen und dem Schutzzweck einer Krankenversicherung vergleichbar ist. Im Ergebnis bleibt daher auch hier festzuhalten, dass die speziellen Vorschriften zur Krankenversicherung nicht auf die private Cyberversicherung übertragen werden können.

c) Vorschriften zur Haftpflichtversicherung

Weiterhin stellt sich die Frage, ob die allgemeinen Vorschriften zur Haftpflichtversicherung (§§ 100 ff. VVG) auf das eingeschränkte Haftpflichtelement der privaten Cyberversicherung Anwendung finden. Wie die Marktanalyse gezeigt hat, ist nämlich zumindest nach einigen Versicherungsbedingungen auch die gesetzliche Haftpflicht der versicherten Personen wegen Schäden aus dem Austausch, der Übermittlung und der Bereitstellung elektronischer Daten versichert.

Obgleich die Haftpflichtkomponente einer privaten Cyberversicherung nur einen Bruchteil der Leistungen einer Privathaftpflichtversicherung ausmacht, gelten die Vorschriften zur Haftpflichtversicherung (§§ 100 ff. VVG) für beide Versicherungen in gleichem Maße.[426] Tritt ein versicherter Haftpflichtschaden in der privaten Cyberversicherung ein, ist der Versicherer daher auch im Rahmen dieses Leistungsbausteins zur Prüfung der Haftpflichtfrage, zur Abwehr unberechtigter Schadensersatzansprüche und zur Freistellung des Versicherten von berechtigten Schadensersatzverpflichtungen im Sinne des § 100 VVG verpflichtet. Dies hat zur Folge, dass für diesen Baustein auch die Vorschrift des § 103 VVG als Spezialregelung zu § 81 VVG beachtetet werden muss, was bedeutet, dass die Leistungspflicht des Versicherers kraft Gesetzes nur entfallen darf, wenn der Versicherte den Versicherungsfall vorsätzlich herbeigeführt hat. Schließlich sind für das Haftpflichtelement auch die besonderen Vorgaben zur

426 Vgl. zum Drittschaden-Baustein in den AVB Cyber *Erichsen*, in: Rüffer/Halbach/Schimikowski, HK-VVG, A3-1 AVB Cyber Rn. 1 ff.; *Klimke*, in: Prölss/Martin, VVG, A3-1 AVB Cyber Rn. 1 ff.

Schadenfallkündigung (§ 103 VVG) zu beachten. Da es sich bei der privaten Cyberversicherung um eine Freiwilligenversicherung handelt, gelten die Vorschriften zur Pflichtversicherung (§§ 113 ff. VVG) jedoch nicht.[427]

d) *Vorschriften zur Sachversicherung*

Abschließend gilt es noch zu klären, ob die Vorschriften zur Sachversicherung (§§ 88-99 VVG) auf die private Cyberversicherung anwendbar sind. Die Marktanalyse hat diesbezüglich gezeigt, dass Sachschäden bis auf wenige Ausnahmen nicht von der Deckung einer privaten Cyberversicherung umfasst sind. Nur vereinzelt decken einige Versicherungsbedingungen auch Substanzschäden ab, die etwa nach einer Cyberattacke an einem elektronischen Gerät entstanden sind. Den Vorschriften zur Sachversicherung kommt daher vorliegend kaum Bedeutung zu. Etwas anderes könnte sich allerdings dann ergeben, wenn man davon ausgeht, dass Daten als Sachen im Sinne des § 90 BGB anzusehen sind.[428] Die Frage, ob Schäden an Daten oder an Datenträgern, die zu einer Beeinträchtigung der Verfügbarkeit, Integrität oder Vertraulichkeit von Daten führen, einen Sachschaden begründen können, wird in der versicherungsrechtlichen Literatur kontrovers diskutiert.[429] Für die private Cyberversicherung stellt sich diese Frage nicht, da die meisten Versicherungsbedingungen klarstellen, dass Daten nach den Versicherungsbedingungen nicht als Sachen anzusehen sind.

4. *Fazit*

Die versicherungsrechtliche Einordnung der privaten Cyberversicherung in das bestehende Versicherungsspartengefüge hat gezeigt, dass aufgrund des spartenübergreifenden Charakters der privaten Cyberversicherung für jedes Deckungselement getrennt geprüft werden muss, welche Vorschriften des VVG anwendbar sind. Eine dahingehende Prüfung hat dabei gezeigt, dass die allgemeinen Vorschriften zur Schadensversicherung (§§ 74-99 VVG) auf alle Bereiche der privaten Cyberversicherung Anwendung finden. Soweit in der privaten Cyberversicherung Drittschäden nach einem Datenaustausch versichert werden, finden auf diesen Baustein die Vorschriften zur Haftpflichtversicherung

---

427 Vgl. *Gebert/Klapper*, in: Veith/Gräfe/Gebert, Versicherungsprozess, § 24 Rn. 24 (zur Cyberversicherung für Unternehmen).

428 Zum allgemeinen zivilrechtlichen Sachbegriff *Stresemann*, in MünchKomm-BGB, § 90 Rn. 25.

429 Siehe hierzu *Bertsch/Fortmann*, r+s 2021, 485 ff.; *Klimke*, in: Prölss/Martin, VVG, Vor A1-1 AVB Cyber Rn. 6; *Fortmann*, r+s 2019, 429 (430); *Günther*, VersR 2018, 205 ff.

(§§ 100-112 VVG) Anwendung. Die Vorschriften zur Rechtsschutzversicherung (§§ 125-129 VVG) sowie zur Kranken- und Sachversicherung finden dagegen keine Anwendung.

II. Aufsichtsrechtliche Einordnung

Abschließend ist noch darauf einzugehen, wie die private Cyberversicherung aufsichtsrechtlich eingeordnet werden kann. Als Grundlage für die aufsichtsrechtliche Einordnung dient wiederum Anlage 1 zum VAG, in der eine Einteilung der versicherbaren Risiken in Sparten vorgenommen wird.[430]

1. Bedeutung und Schwierigkeiten der Einordung

In welche der in Anlage 1 zum VAG abschließend aufgezählten Sparten die private Cyberversicherung eingeteilt werden kann,[431] ist bedeutsam und problematisch zugleich. Die praktische Relevanz der Einordnung folgt zum einen aus § 9 Abs. 2 Nr. 2 VAG, da hier geregelt ist, dass der Antrag eines Versicherungsunternehmens zur Zulassung zum Geschäftsbetrieb auch Angaben darüber enthalten muss, welche Versicherungssparte betrieben und welche Risiken einer Versicherungssparte durch das jeweilige Versicherungsprodukt gedeckt werden sollen.[432] Daneben ist die Spartenabgrenzung aber auch nach § 8 Abs. 4 VAG bedeutsam, da sich hiernach der Betrieb der Lebensversicherung und die Erlaubnis zum Betrieb anderer Versicherungssparten bei Erstversicherungsunternehmen gegenseitig ausschließen.[433] Schließlich stellt das Betreiben eines spartenfremden Versicherungsgeschäfts auch einen Straftatbestand gemäß § 331 Abs. 1 Nr. 1 VAG dar, bei deren Vorliegen die BaFin die Geschäftsleiter gemäß § 303 VAG verwarnen oder unter bestimmten Voraussetzungen sogar abberufen kann.[434] Daraus folgt, dass sich ein Versicherungsunternehmen, das erstmals eine private Cyberversicherung anbieten will, die Frage stellen muss,

430 Die Anlage 1 zum VAG ist dem Anhang 1 der Solva-II-Richtlinie nachempfunden, siehe Amtsblatt der Europäischen Union, L 335/116 vom 17.12.2009, abrufbar unter: https://eur-lex.europa.eu/legal-content/DE/TXT/PDF/?uri= CELEX:32009L0138&from=DE.

431 Vgl. *Armbrüster*, Privatversicherungsrecht, Rn. 88 (zum abschließenden Charakter der Anlage 1 aufgrund der Auffangtatbestände Nr. 13, 16 lit. k, 19).

432 Vgl. *Dreher*, VersR 2020, 129 (132); *Lesser*, Cyber-Risiken, S. 200; *Meven*, Die Warranty & Indemnity Versicherung, S. 61.

433 Näher hierzu *Pohlmann*, in: Kaulbach/Bähr/Pohlmann, VAG, § 8 Rn. 34.

434 Vgl. *Schaaf*, VersR 2015, 17 (24) (noch zu § 140 VAG a. F.); *Grote*, in: Prölss/Dreher, VAG, Anlage 1 Rn. 10; *Lesser*, Cyber-Risiken, S. 200.

ob es für das versicherte Risiko beziehungsweise die dazugehörige Sparte bereits zum Geschäftsbetrieb zugelassen ist.[435] Die großen Versicherungskonzerne werden zwar in der Regel über die erforderlichen Genehmigungen verfügen, jedoch gerade für kleinere Versicherungsunternehmen sowie Spezialversicherer wird die Frage relevant, ob sie über die ausreichenden Genehmigungen verfügen.[436] Die vorangegangenen Ausführungen haben zudem gezeigt, dass sich die private Cyberversicherung als Multi-Line-Police aus Elementen verschiedener Versicherungssparten zusammensetzt. Anders als bei den konventionellen Versicherungen (Hausrat-, Privathaftpflicht- oder Rechtsschutzversicherung) und den dazugehörigen Cyber-Zusatzversicherungsbedingungen, deren aufsichtsrechtliche Einordnung sich nach der Zuordnung des Hauptrisikos richtet,[437] kommen für die private Cyberversicherung mehrere der in Anlage 1 zum VAG genannten Versicherungssparten in Betracht.[438]

2. *Zuordnung nach Anlage 1 zum VAG*

So könnte man zunächst in Betracht ziehen, die private Cyberversicherung aufsichtsrechtlich nach Nr. 18 Anlage 1 zum VAG einzuordnen („Beistandsleistungen zugunsten von Personen, die sich in Schwierigkeiten befinden").[439] Hierfür würde sprechen, dass Assistanceleistungen eine bedeutende Funktion innerhalb der privaten Cyberversicherung einnehmen. Für die weitere Einordnung käme dann allerdings nur noch der Auffangtatbestand (lit. b) in Betracht („unter anderen Bedingungen"), da es sich bei der privaten Cyberversicherung nicht um eine Reiseversicherung handelt. Zu beachten gilt diesbezüglich allerdings, dass der Auffangtatbestand in Nr. 18 Anlage nur einschlägig ist, „sofern die Risiken nicht unter andere Versicherungssparten fallen". Vorrangig sind daher die anderen in Anlage 1 zum VAG genannten Risiken zu prüfen.

Mit Blick auf die dort genannten Risiken kommen für die private Cyberversicherung zunächst drei Risiken in Betracht. Erstens könnte eine Zuordnung der privaten Cyberversicherung nach Nr. 13 („Allgemeine Haftpflicht") erfolgen, da

435 Allg. *Grote*, in: Prölss/Dreher, VAG, Anlage 1 Rn. 12.

436 *Lesser*, Cyber-Risiken, S. 202.

437 Näher zur Differenzierung von Haupt- und Zusatzrisiko *Grote*, in: Prölss/Dreher, VAG, Anlage 1 Rn. 12 f.

438 Vgl. auch *Dreher*, VersR 2020, 129 (132); *Fortmann*, r+s 2019, 429 (430); *Lesser*, Cyber-Risiken, S. 200 ff. (zur aufsichtsrechtlichen Zuordnung der Cyberversicherung für Unternehmen).

439 Vgl. auch *Dreher*, VersR 2020, 129 (131 f.) (zur Einordnung von Assistanceleistungen).

in den gegenwärtigen Versicherungsbedingungen regelmäßig auch Haftpflichtschäden nach einem Datenaustausch abgesichert werden.[440] Zweitens könnte die private Cyberversicherung aber auch der Nr. 16 („Verschiedene finanzielle Verluste") und dabei weitergehend dem Auffangtatbestand lit. k) („sonstige finanzielle Verluste") zugeordnet werden. Hierfür spricht, dass vom Deckungsumfang einer durchschnittlichen privaten Cyberversicherung Vermögensschäden, die nach einem Identitätsdiebstahl oder bei Internetkaufverträgen entstehend können, abgedeckt werden.[441] Drittens könnte die private Cyberversicherung schließlich auch noch der Nr. 17 („Rechtsschutz") zugeordnet werden, wobei sich hier bereits gezeigt hat, dass die gegenwärtigen Produkte nur eine telefonische, anwaltliche Erstberatung vermitteln, was einer Rechtsschutzversicherung nach den §§ 125 ff. VVG nicht gleichsteht.[442]

Für die aufsichtsrechtliche Einordnung der privaten Cyberversicherung erscheint Nr. 16 lit. k) („sonstige finanzielle Verluste") am passendsten. Hierfür sprechen die bereits dargestellten Ergebnisse der Marktanalyse, die gezeigt haben, dass der Versicherungsschutz (neben den nach Nr. 18 lit. b) nur subsidiär heranzuziehenden Assistanceleistungen) schwerpunktmäßig auf die Deckung von finanziellen Schäden ausgerichtet ist.[443] Der Haftpflichtbaustein nimmt ebenso wie das Rechtsschutzelement hierzu im Vergleich nur eine untergeordnete Rolle ein. Folglich ist die private Cyberversicherung nach Nr. 16 lit. k) der Anlage 1 zum VAG der Sparte der verschiedenen finanziellen Verluste zuzuordnen.[444]

III. Fazit

Die vorangegangenen Ausführungen haben deutlich gemacht, dass die rechtliche Einordnung der privaten Cyberversicherung in das bestehende Versicherungsspartengefüge mit einigen Herausforderungen verbunden ist. Dies folgt daraus, dass sich die marktüblichen Deckungen aus Elementen verschiedener Versicherungssparten zusammensetzen, weshalb die private Cyberversicherung nicht einer dieser Sparten allein zugeordnet werden kann. Was die Anwendbarkeit

---

440 Näher zur Ausgestaltung des Cyber-Haftpflichtbausteins bereits Zweiter Teil, B. 3. c).

441 Zum Cyber-Vermögensschutz bereits Zweiter Teil, B. 3. a).

442 Hierzu bereits Zweiter Teil, C. I.3. a).

443 Vgl. auch *Grote*, in: Prölss/Dreher, VAG, Anlage 1 Rn. 112 (wonach Nr. 16 nur einschlägig sei, wenn der finanzielle Verlust den Schwerpunkt des versicherten Risikos bildet).

444 Für die Cyberversicherung für Unternehmen offenlassend *Dreher*, VersR 2020, 129 (131 f.); *Fortmann*, r+s 2019, 429 (430).

der gesetzlichen Vorschriften des VVG auf die private Cyberversicherung anbelangt, hat sich gezeigt, dass die allgemeinen Vorschriften zur Schadensversicherung (§§ 74-99 VVG) uneingeschränkte Anwendung finden. Für die spartenbezogenen Vorschriften, die im zweiten Teil des VVG geregelt sind, musste jeweils getrennt geprüft werden, ob die jeweiligen Vorschriften einschlägig sind. Hier hat sich gezeigt, dass die Vorschriften zur Rechtsschutzversicherung (§§ 125 ff. VVG), Krankenversicherung (insbesondere § 76 Abs. 1 SGB V) und zur Sachversicherung (§§ 88-99 VVG) keine Anwendung finden und daher weder bei der Produktgestaltung noch bei der nachfolgenden Kontrolle der AVB berücksichtigt werden müssen. Dagegen müssen die allgemeinen Vorschriften zur Haftpflichtversicherung (§§ 100 ff. VVG) für den Drittschadensbaustein umgesetzt werden.

Im Rahmen der aufsichtsrechtlichen Einordnung der privaten Cyberversicherung war zunächst festzustellen, dass das Cyberrisiko in Anlage 1 zum VAG nicht genannt wird. Da die Aufzählung in Anlage 1 abschließend ist und die Zuordnung zu einem der dort genannten Risiken erfolgen muss, kam für die private Cyberversicherung sowohl eine Einordnung nach Nr. 13 („Allgemeine Haftpflicht") als auch nach Nr. 18 lit. b) („Beistandsleistungen") sowie Nr. 16 lit. k) („Verschiedene finanzielle Verluste") und Nr. 17 („Rechtsschutz") in Betracht. Da der Schwerpunkt der aktuellen Policen auf der Deckung von Vermögensschäden liegt, die bei einem Identitätsdiebstahl oder beim Abschluss eines Kaufvertrags über das Internet eingetreten sind, ist die private Cyberversicherung nach Nr. 16 lit. k) der Anlage 1 zum VAG der Sparte der verschiedenen finanziellen Verluste zuzuordnen.

D. Bewertung der marktüblichen Versicherungsbedingungen

I. Einführung

Nachdem dargestellt wurde, wie die Versicherungsbedingungen einer privaten Cyberversicherung durchschnittlich ausgestaltet sind und erläutert wurde, welche gesetzlichen Vorschriften auf diese anwendbar sind, sollen die gegenwärtigen Versicherungsbedingungen nun einer umfassenden Bewertung unterzogen werden. Hierfür werden nachstehend vier Bereiche der privaten Cyberversicherung genauer betrachtet.

Im ersten Abschnitt werden die marktüblichen Versicherungsbedingungen zunächst unter formellen Gesichtspunkten genauer beleuchtet. In diesem Zusammenhang gilt es insbesondere zu klären, welche Besonderheiten bei der

Auslegung von AVB im Rahmen der privaten Cyberversicherung zu berücksichtigen sind und ob die gegenwärtigen Klauselwerke für einen durchschnittlichen Versicherten verständlich sind. Daran anschließend widmet sich der zweite Abschnitt der Frage, welche Anforderungen die marktüblichen Versicherungsbedingungen an den Nachweis des Versicherungsfalls stellen und ob diese zu Beweisproblemen bei den Versicherten führen können. Soweit Beweisprobleme festgestellt werden können, was anhand konkreter Beispielsfälle untersucht wird, sollen auch mögliche Entlastungsmöglichkeiten diskutiert werden.

Im dritten Abschnitt werden sodann die vertraglichen Obliegenheiten einer genaueren Prüfung unterzogen. Dieser Regelungsbereich ist für die Versicherten von hoher Relevanz, da eine Nichtbefolgung bestimmter, vor allem technischer Verhaltenspflichten mit einer Kürzung oder sogar dem Wegfall des Versicherungsschutzes verbunden sein kann. Gleichzeitig zeichnet sich dieser Bereich durch eine hohe Bedingungsvielfalt aus, weshalb es auch zu klären gilt, welche technischen Anforderungen überhaupt an Versicherte im Rahmen einer privaten Cyberversicherung gestellt werden können. Im vierten und letzten Abschnitt dieses Kapitels ist der Frage nachzugehen, wie sich die private Cyberversicherung von anderen Versicherungen abgrenzen lässt. Auch diese Frage ist von hoher praktischer Relevanz, da hiermit unter anderem zusammenhängt, in welchem Umfang Cyberrisiken bereits durch andere Versicherungen abgedeckt werden und welche Bedeutung der privaten Cyberversicherung neben diesen Versicherungen überhaupt zukommen kann. In einer abschließenden Stellungnahme soll beantwortet werden, ob Verbraucherinnen und Verbraucher durch die aktuell angebotenen Versicherungsprodukte ausreichend gegen Cyberrisiken geschützt werden.

II. Gestaltung der Bedingungswerke

Die nachfolgenden Ausführungen gliedern sich in vier Teile. Im ersten Teil wird zunächst aufgezeigt, welche allgemeinen Grundsätze nach ständiger Rechtsprechung des BGH bei der Auslegung von Allgemeinen Versicherungsbedingungen (AVB) beachtet werden müssen. Im zweiten Teil werden diese Grundsätze auf die private Cyberversicherung übertragen und geprüft, ob im Rahmen der privaten Cyberversicherung besondere Anforderungen bei der Gestaltung und Auslegung der AVB zu beachten sind. Anschließend wird untersucht, ob Defizite bei der Gestaltung der aktuellen Produkte festzustellen sind und welche Rechtsfolgen nach den §§ 305 ff. BGB insbesondere mit Blick auf die zum Teil unbestimmten und eng gefassten Leistungsbeschreibungen zu beachten sind.

1. Allgemeine Grundsätze zur Auslegung von AVB

Bei der Auslegung von AVB gilt es zunächst allgemein zu beachten, dass sich diese – wie bei sämtlichen Allgemeinen Geschäftsbedingungen – an einem objektiven Maßstab und mithin losgelöst vom Einzelfall orientiert.[445] Individuelle Umstände sind bei der Auslegung nur insoweit zu berücksichtigen, sofern eine Individualvereinbarung nach § 305 b BGB vorliegt.[446] § 310 Abs. 3 Nr. 3 BGB, wonach die Missbräuchlichkeit von Klauseln unter Berücksichtigung aller den Vertragsschluss begleitender Umstände zu beurteilen ist, findet im Rahmen der Auslegung von AVB keine Anwendung. Bei § 310 Abs. 3 Nr. 3 BGB handelt es sich zum einen um eine Regelung, die sich auf die Inhaltskontrolle bezieht und zum anderen würde die Vorschrift auf eine objektiv-subjektive Auslegung von AVB hinauslaufen, was im Widerspruch zum spezifischen Charakter und der wirtschaftlichen Funktion von AVB steht.[447] Nach einer inzwischen zu Gewohnheitsrecht erstarkten höchstrichterlichen Rechtsprechung sind AVB vielmehr so auszulegen, „wie ein durchschnittlicher, um Verständnis bemühter Versicherungsnehmer sie bei verständiger Würdigung, aufmerksamer Durchsicht und unter Berücksichtigung des erkennbaren Sinnzusammenhangs versteht. Dabei kommt es auf die Verständnismöglichkeiten eines Versicherungsnehmers ohne versicherungsrechtliche Spezialkenntnisse und damit auch auf seine Interessen an."[448] Eine Ausnahme von diesem Grundsatz besteht bei der Auslegung von Rechtsbegriffen.[449] Bei feststehenden Begriffen der Rechtssprache sind die

---

445 *Armbrüster*, Privatversicherungsrecht, Rn. 545; *Beckmann*, in: Beckmann/Matusche-Beckmann, VersR-Hdb, § 10 Rn. 167; *Pilz*, Missverständliche AGB, S. 38.

446 *Armbrüster*, Privatversicherungsrecht, Rn. 545.

447 Zum Streitstand *Pilz*, Missverständliche AGB, S. 5 ff., 26 ff.; a. A. Vertreter der sog. objektiv-subjektiven Auslegung etwa *Schmidt-Salzer*, BB 1995, 733 (736 f.).

448 BGH, Urt. v. 16.06.1982 – IVa ZR 270/80, BGHZ 84, 268 (272) = NJW 1982, 2776 (2777); Urt. v. 23.06.1993 – IV ZR 135/92, BGHZ 123, 83 (85) = NJW 1993, 2369 f.; Urt. v. 11.09.2013 – IV ZR 303/12, NJW 2014, 377; Urt. v. 16.07.2014 – IV ZR 88/13, BGHZ 202, 122 (127) = NJW 2014, 3030 (3031); Urt. v. 18.11.2020 – IV ZR 217/19, r+s 2021, 27 (28) Rn. 11; *Armbrüster*, Privatversicherungsrecht, Rn. 545; *Beckmann*, in: Beckmann/Matusche-Beckmann, VersR-Hdb, § 10 Rn. 167; *Brömmelmeyer*, in: Rüffer/Halbach/Schimikowski, HK-VVG, Einl. Rn. 66; *R. Koch*, VersR 2015, 133 (134); *Reiff*, in: Wolf/Lindacher/Pfeiffer, AGB-Recht, 310 V Rn. 121.

449 St. Rspr.: BGH, Urt. v. 08.12.1999 – IV ZR 40/99, VersR 2000, 311 (unter II. 4. b. aa.); Urt. v. 21.05.2003 – IV ZR 327/02, VersR 2003, 1122 (1123); Urt. v. 17.01.2007 – IV ZR 124/06, VersR 2007, 535 Rn. 14; *Armbrüster*, Privatversicherungsrecht, Rn. 556; *Beckmann*, in: Beckmann/Matusche-Beckmann, VersR-Hdb, § 10 Rn. 170; *Reiff*, in: Wolf/Lindacher/Pfeiffer, AGB-Recht, 310 V Rn. 126.

verwendeten Fachbegriffe in diesem Sinne zu verstehen.[450] In diesen Fällen ist mithin anzunehmen, „dass auch die AVB darunter nichts anderes verstehen wollen."[451] Zu beachten gilt ferner, dass die Auslegung von AVB auch verkehrskreisbezogen erfolgen kann.[452] Werden bestimmte Versicherungsverträge typischerweise mit einem bestimmten Personenkreis geschlossen, so sind die Verständnismöglichkeiten der Mitglieder dieses Personenkreises maßgeblich.[453]

2. *Besonderheiten der privaten Cyberversicherung*

a) *Produktbezogene Herausforderungen*

Soweit man nun der Frage nachgeht, ob im Rahmen der privaten Cyberversicherung Besonderheiten bei der Auslegung von AVB bestehen, gilt es zunächst zu beachten, dass es sich bei der privaten Cyberversicherung um ein durchaus komplexes und nicht durchgehend einfach zu verstehendes Versicherungsprodukt handelt.[454] Dies ist zum einen darauf zurückzuführen, dass sich die gegenwärtigen Deckungen aus Elementen verschiedener Versicherungssparten zusammensetzen, was nicht nur die rechtliche Einordnung erschwert, sondern auch zu Verständnisproblemen bei der Lektüre der AVB führen kann. Zum anderen muss beachtet werden, dass es sich bei Cyberrisiken um eine technisch äußerst komplexe und bei Verbraucherinnen und Verbrauchern häufig weniger bekannte Materie handelt. Wird daher in den AVB ausgeführt, welche Formen von Cyberkriminalität versichert sind (z. B. Phishing, Skimming oder Hacking), für deren Erklärung weitere technische Begriffe erforderlich sind (z. B. Server, Firewall, Spam) kann dies zu Verständnisschwierigkeiten führen.[455] Hinzu kommt, dass es sich bei der privaten Cyberversicherung um ein vergleichsweise

---

450 *Beckmann*, in: Beckmann/Matusche-Beckmann, VersR-Hdb, § 10 Rn. 170.

451 BGH, Urt. v. 17.01.2007 – IV ZR 124/06, VersR 2007, 535 Rn. 14; *Armbrüster*, Privatversicherungsrecht, Rn. 556; *Reiff*, in: Wolf/Lindacher/Pfeiffer, AGB-Recht, 310 V Rn. 126.

452 *Reiff*, in: Wolf/Lindacher/Pfeiffer, AGB-Recht, 310 V Rn. 122.

453 Vgl. BGH, Urt. v. 09.05.1984 – IVa ZR 176/82, VersR 1984, 830 (831); Urt. v. 25.05.2011 – IV ZR 117/09, Rn. 22 (zur Geschäftserfahrenheit in der Transportversicherung). Dazu auch *Reiff*, in: Wolf/Lindacher/Pfeiffer, AGB-Recht, 310 V Rn. 122.

454 Vgl. auch *Klimke*, in: Prölss/Martin, VVG, Vor A1-1 AVB Cyber Rn. 8; *Malek/Schütz*, PHi 5/2018, 174 (178 f.); *dies.*, r+s 2019, 421 (423 f.) (zur Cyberversicherung für Unternehmen).

455 Ähnlich zur Cyberversicherung für Unternehmen *Klimke*, in: Prölss/Martin, VVG, Vor A1-1 AVB Cyber Rn. 8; *Malek/Schütz*, PHi 5/2018, 174 (178 f.); *dies.*, r+s 2019, 421 (423 f.).

junges Versicherungsprodukt handelt, weshalb es vielen Verbraucherinnen und Verbrauchern im Umgang mit dieser Versicherung noch an Erfahrung fehlen wird.

b) Vorkenntnisse und Verständnismaßstab

Mit Blick auf die soeben dargestellten produktbezogenen Herausforderungen drängt sich daher umso mehr die Frage auf, welche Anforderungen an das Verständnis eines durchschnittlichen Versicherten bei der Lektüre von Cyberversicherungsbedingungen gestellt werden können.[456] Werden etwa technische Begriffe wie Ransomware, Hacking oder Darknet in den AVB verwendet, die für die Beschreibung der versicherten Risiken unerlässlich sind,[457] gilt es zu klären, ob das Verständnis dieser Begriffe vorausgesetzt werden kann.[458]

Zur Beantwortung dieser Frage muss zunächst beachtet werden, dass es sich bei den genannten Begriffen nicht um Begriffe der Rechtssprache handelt,[459] weshalb entsprechend der allgemeinen Grundsätze zur Auslegung von AVB auf die Verständnismöglichkeiten eines durchschnittlichen Versicherten abzustellen ist.[460] Eine Abweichung hiervon könnte sich nur ergeben, wenn sich die private Cyberversicherung an einen bestimmten, entsprechend geschulten Kundenkreis richtet. Für den Fall, dass der als Klauseladressat angesprochene Personenkreis über einschlägige Vorkenntnisse verfügt, ist weitgehend anerkannt, dass diese bei der Auslegung der AVB zu berücksichtigen sind.[461]

Im Schrifttum wird für die Cyberversicherung für Unternehmen teilweise angenommen, dass Versicherte hier in der Regel über relevante Vorkenntnisse aus dem IT-Bereich verfügen, die bei der Auslegung der AVB einzubeziehen seien.[462] Gerade, weil zumindest einige Regelungstatbestände wegen

456 Vgl. *Malek/Schütz*, PHi 5/2018, 174 (178) (zur Cyberversicherung für Unternehmen).

457 Ähnlich *Lesser*, Cyber-Risiken, S. 205 (zur Cyberversicherung für Unternehmen).

458 Vgl. *Malek/Schütz*, PHi 5/2018, 174 (178); *dies.*, r+s 2019, 421 (423 f.); *Lesser*, Cyber-Risiken, S. 204.

459 Ein Überblick findet sich bei *Reiff*, in: Wolf/Lindacher/Pfeiffer, AGB-Recht, 310 V Rn. 126 ff.

460 Allg. BGH, Urt. v. 16.7.2014 – IV ZR 88/13, BGHZ 202, 122 = NJW 2014, 3030 (3031); Urt. v. 18.11.2020 – IV ZR 217/19, r+s 2021, 27 (28) Rn. 11; *Armbrüster*, Privatversicherungsrecht, Rn. 545; *Brömmelmeyer*, in: Rüffer/Halbach/Schimikowski, HK-VVG, Einl. Rn. 66.

461 Allg. *Beckmann*, in: Beckmann/Matusche-Beckmann, VersR-Hdb, § 10 Rn. 167.

462 Nach *Malek/Schütz*, r+s 2019, 421 (423 f.) kann die Auslegung im Rahmen der Cyberversicherung für Unternehmen auf dem Horizont eines „mit den Gegebenheiten der modernen Informations- und Kommunikationstechnik Vertrauten“ erfolgen. Ähnlich

ihrer hohen Komplexität nur schwer verständlich gemacht werden könnten, wird teilweise auch vertreten, dass hier ausnahmsweise auf die Verständnismöglichkeiten einer Fachfrau oder eines Fachmanns abgestellt werden müsse,[463] da ansonsten die Verständnismöglichkeiten eines durchschnittlichen Versicherten überspannt würden.[464] Zu beachten ist allerdings, dass an gewerbliche Kunden deutlich höhere Anforderungen gestellt werden können als an Privatkunden, weshalb die Ausführungen zur Cyberversicherung für Unternehmen nicht auf die Cyberversicherung für Privatkunden übertragen werden können. Ein Abstellen auf die Kenntnisse einer Fachperson würde zudem die Gefahr mit sich bringen, dass technische Begriffe in den AVB überhaupt nicht mehr erklärt werden müssten, was den allgemeinen Grundsätzen zur Auslegung von AVB widersprechen würde.[465] Zudem richtet sich die private Cyberversicherung nicht an einen besonders geschulten Personenkreis, sondern an Privatpersonen aller Altersgruppen unabhängig davon, über welche technischen Kenntnisse und Fähigkeiten sie verfügen.[466] Der Auslegung von AVB und dementsprechend auch der Gestaltung der Bedingungswerke ist daher stets das Verständnis eines Versicherten ohne relevante Vorkenntnisse und Fähigkeiten zugrunde zu legen.

Daraus folgt, dass technische Begriffe, zu denen etwa auch Skimming, Pharming oder Phishing zählen, in den Versicherungsbedingungen einer privaten Cyberversicherung stets erklärt werden müssen. Die Erklärung dieser Begriffe muss dabei in den Bedingungswerken selbst erfolgen. Von den Versicherten kann nicht erwartet werden, dass sie selbstständig Hilfsmittel und Nachschlagewerke in Anspruch nehmen, um die Versicherungsbedingungen verstehen zu können.[467]

---

auch *Lesser*, Cyber-Risiken, S. 204, wonach zumindest eine Geschäftserfahrenheit vorausgesetzt werden kann. Eher kritisch dagegen *Klimke*, in: Prölss/Martin, VVG, Vor A1-1 AVB Cyber Rn. 8.

463 Befürwortend für die Cyberversicherung für Unternehmen *Malek/Schütz*, r+s 2019, 421 (424); *Wojciechowski*, VersR 2022, 341 (343).

464 Zu diesem Problem, das insbesondere für die Lebensversicherung diskutiert wird *Rixecker*, in: Langheid/Rixecker, § 1 Rn. 45; *Reiff*, in: Wolf/Lindacher/Pfeiffer, AGB-Recht, 310 V Rn. 122a; *Armbrüster*, ZVersWiss 2014, 91 (92).

465 Zur Auslegung von AVB BGH, Urt. v. 26.03.2014 – IV ZR 422/12, NJW 2014, 2038 (2040) Rn. 37; *Beckmann*, in: Beckmann/Matusche-Beckmann, VersR-Hdb, § 10 Rn. 167; *R. Koch*, VersR 2015, 133 (138 f.).

466 Ähnlich auch *Fortmann*, Verbraucher-CyberVers, § 1 Rn. 9.

467 Insoweit anders für die Cyberversicherung für Unternehmen *Lesser*, Cyber-Risiken, S. 205; *Malek/Schütz*, r+s 2019, 421 (424); *dies.*, PHi 5/2018, 174 (178 f.); *Notthoff*, r+s 2022, 61 (64).

3. *Defizite bei den aktuellen Produkten*

Richtet man nun den Blick auf die aktuell verwendeten Bedingungswerke, ist festzustellen, dass nicht alle Versicherungsbedingungen die soeben abstrakt dargestellten Anforderungen erfüllen. Dies zeigt sich etwa daran, dass nicht in allen Bedingungswerken technische Begriffe verständlich erklärt werden. Insbesondere für technisch weniger versierte Verbraucherinnen und Verbraucher kann die Lektüre der Versicherungsbedingungen aktuell mit erheblichen Problemen verbunden sein. Zukünftig sollten daher alle Versicherungsbedingungen zumindest ein Glossar enthalten, indem sämtliche relevante Begriffe verständlich erklärt werden. Festzustellen ist ferner, dass nicht in allen Bedingungswerken ein Hinweis zum Aufbau der Versicherungsbedingungen enthalten ist,[468] der die Lektüre der AVB deutlich erleichtern würde. In vielen Versicherungsbedingungen werden die versicherten Ereignisse lediglich nacheinander aufgezählt, ohne diese zu systematisieren. Hier würde sich ein Aufbau in drei Bausteine anbieten (Eigenschaden, Assistanceleistungen und Drittschaden).[469] Weiterhin geht aus vielen der derzeit verwendeten Klauseln nicht immer eindeutig hervor, welche konkreten Situationen vom Versicherungsschutz umfasst sein sollen beziehungsweise, unter welchen Umständen der Versicherungsschutz ausgeschlossen wird.[470]

4. *Rechtsfolgen nach den §§ 305 ff. BGB*

Bei der Frage nach den Rechtsfolgen ungenauer oder stark eingeschränkter Leistungsbeschreibungen gilt es zwei Punkte zu unterscheiden. Sofern Unsicherheiten bestehen, ob vom Versicherungsschutz eine bestimmte Situation erfasst sein soll oder nicht, gilt zugunsten der Versicherten nach § 305c Abs. 2 BGB, dass Zweifel bei der Auslegung einer Klausel zulasten der Verwender gehen. Die sog. Unklarheitenregel setzt ein objektiv mehrdeutiges Auslegungsergebnis voraus und gilt auch für die essentialia negotii.[471] Wird demzufolge in den AVB ein versichertes Ereignis, wie etwa Identitätsdiebstahl oder Cybermobbing ungenau definiert und lässt sich eine bestimmte Situation grundsätzlich unter die

---

468 Anders dagegen die AVB Cyber, die zu Beginn einen Hinweis zum Aufbau der AVB enthalten.

469 Näher zu den Versicherungsleistungen bereits Zweiter Teil, B. III. 3.

470 Ähnlich auch *Fortmann*, Verbraucher-CyberVers, § 3 Rn. 149 zu den derzeitigen Regelungen im Rahmen des Identitätsmissbrauchs.

471 *Armbrüster*, Privatversicherungsrecht, Rn. 563.

verwendete Definition subsumieren, steht den Versicherten nach der Unklarheitenregel des § 305c Abs. 2 BGB Versicherungsschutz zu.

Problematischer sind dagegen Klauseln, welche die versicherten Ereignisse definieren, aber den Versicherungsschutz zugleich erheblich einschränken. Nach der leistungsübergreifenden Versicherungsfalldefinition wird Versicherungsschutz nur gewährt, wenn alle Tatbestandsmerkmale eines versicherten Ereignisses eingetreten sind. Die Tatbestandsmerkmale sind in den gegenwärtigen Versicherungsbedingungen zum Teil sehr eng definiert. Dies gilt namentlich etwa für Klauseln, die festlegen, dass dem Versicherten ein Anspruch auf Datenwiederherstellung nur zusteht, wenn der betroffene Datenträger ausschließlich privat genutzt wurde.[472] Bei derartig stark einschränkenden Leistungsbeschreibungen stellt sich die Frage, ob diese den Versicherungsschutz aushöhlen und deshalb gegen die §§ 307 ff. BGB verstoßen und damit unwirksam sind. Dies würde allerdings voraussetzen, dass derartige Klauseln überhaupt einer Inhaltskontrolle zugänglich sind, was problematisch erscheint, da durch die Leistungsbeschreibungen bestimmt wird, unter welchen Voraussetzungen der Versicherungsfall eintritt und welche Leistungen der Versicherer in diesen Fällen erbringt. Zwar wird im VVG der Versicherungsfall nicht legaldefiniert,[473] weshalb insoweit eine Abweichung von gesetzlichen Vorschriften vorliegt (vgl. § 307 Abs. 3 S. 2 BGB). Allerdings könnten die Regelungen zum Versicherungsfall einer materiellen Inhaltskontrolle entzogen sein, soweit es sich bei diesen Klauseln um Bestimmungen der Hauptleistungspflichten des Versicherers handelt.[474]

a) Inhaltskontrolle auf Unangemessenheit

Von der Inhaltskontrolle grundsätzlich ausgenommen sind reine Leistungsbezeichnungen.[475] Darunter fallen Klauseln, die den unmittelbaren Gegenstand der geschuldeten Hauptleistung festlegen, wozu Bestimmungen zu zählen sind, welche die vertraglich geschuldete Leistung hinsichtlich Art, Umfang und Güte

---

472 Beispielhaft insoweit Ziff. 3.1 der Musterbausteine zu den Cyber-Assistanceleistungen.

473 *Lücke*, in: Prölss/Martin, VVG, § 100 Rn. 25.

474 Allg. *Armbrüster*, Privatversicherungsrecht, Rn. 597; *Beckmann*, in: Beckmann/Matusche-Beckmann, VersR-Hdb. § 10 Rn. 202; *Wandt*, Versicherungsrecht, Rn. 231.

475 BGH, Urt. v. 13.07.1994 – IV ZR 107/93, BGHZ 127, 35 (41) = NJW 1994, 2693 (2694); Urt. v. 24.03.1999 – IV ZR 90/98, BGHZ 141, 137 (141) = VersR 1999, 710 (711); BGH, Urt. v. 26.03.2014 – IV ZR 422/12, NJW 2014, 2038 (2040) Rn. 34; *Armbrüster*, Privatversicherungsrecht, Rn. 598; *Beckmann*, in: Beckmann/Matusche-Beckmann, VersR-Hdb, § 10 Rn. 202; *Kubiak*, VersR 2014, 932 (933).

beschreiben.[476] Klauseln, die das Hauptleistungsversprechen hingegen einschränken, verändern, ausgestalten oder sonst modifizieren, bleiben inhaltlich kontrollfähig.[477] Der kontrollfreie Kernbereich leistungsbezeichnender Klauseln bezieht sich somit nur auf Bestimmungen, ohne deren Vorliegen mangels Bestimmtheit oder Bestimmbarkeit des wesentlichen Vertragsinhalts ein wirksamer Vertrag nicht mehr angenommen werden kann.[478]

Inwieweit die Definition des Versicherungsfalls gemäß § 307 Abs. 3 S. 1 BGB der Inhaltskontrolle zugänglich ist, wurde bisher vor allem für das claims-made-Prinzip im Rahmen der D&O-Versicherung diskutiert,[479] weshalb man zunächst in Betracht ziehen könnte, diese Diskussion auf die private Cyberversicherung zu übertragen. Dagegen spricht jedoch, dass die Befürworter einer Kontrollfähigkeit des claims-made-Prinzips ihre Argumentation bisher vor allem darauf gestützt haben, dass § 100 VVG die Hauptleistungspflicht des Haftpflichtversicherers festlege und das claims-made-Prinzip hiervon eine Abweichung darstelle.[480] Da die private Cyberversicherung zwar ein Haftpflichtelement besitzt, im Kern allerdings nicht als Haftpflichtversicherung anzusehen ist, kann diese Ansicht folglich nicht auf die private Cyberversicherung übertragen werden. Außerhalb von § 100 VVG bleibt wenig Raum, von einer Kontrollfähigkeit der Versicherungsfalldefinition auszugehen. Vielmehr erscheint es zutreffend, die Definition des Versicherungsfalls zum Kern der Leistungsbeschreibungen zu

476 Jüngst BGH, Urt. v. 26.01.2022 – IV ZR 144/21, VersR 2022, 312 (315) Rn. 25; *Beckmann*, in: Beckmann/Matusche-Beckmann, VersR-Hdb, § 10 Rn. 203; *Wandt*, Versicherungsrecht, Rn. 233.

477 St. Rspr.: BGH, Urt. v. 13.07.1994 – IV ZR 107/93, BGHZ 127, 35 (41) = NJW 1994, 2693 (2694); Urt. v. 26.09.2007 – IV ZR 252/06, VersR 2007, 1690 Rn. 13; Urt. v. 26.03.2014 – IV ZR 422/12, NJW 2014, 2038 (2040) Rn. 34.

478 BGH, Urt. v. 13.07.1994 – IV ZR 107/93, BGHZ 127, 35 (41) = NJW 1994, 2693 (2694); Urt. v. 24.03.1999 – IV ZR 90/98, BGHZ 141, 137 (141) = VersR 1999, 710 (711); Urt. v. 26.03.2014 – IV ZR 422/12, NJW 2014, 2038 (2040) Rn. 34; *Beckmann*, in: Beckmann/Matusche-Beckmann, VersR-Hdb, § 10 Rn. 203; *Kubiak*, VersR 2014, 932 (933); *Wandt*, Versicherungsrecht, Rn. 233.

479 Bejahend: OLG München, Urt. v. 08.05.2009 – 25 U 5136/08, r+s 2009, 327 (329); *Baumann*, VersR 2012, 1461 (1467); *R. Koch*, VersR 2011, 295 (296 ff.); *Lesser*, Cyber-Risiken, S. 244 ff.; *Rixecker*, in: Langheid/Rixecker, VVG, § 1 Rn. 76. Ablehnend: BGH, Urt. v. 26.03.2014 – IV ZR 422/12, NJW 2014, 2038 (2040) Rn. 34; *Kubiak*, VersR 2014, 932 (933 ff.); *Lücke*, in: Prölss/Martin, VVG, § 100 Rn. 26.

480 Etwa *R. Koch*, VersR 2011, 295 (296); *Lesser*, Cyber-Risiken, S. 244 f.

zählen und daher insgesamt einer Inhaltskontrolle auf Unangemessenheit zu entziehen.[481]

b) Verstoß gegen das Transparenzgebot

Möglicherweise könnte die Versicherungsfalldefinition der privaten Cyberversicherung allerdings gegen das Transparenzgebot verstoßen. Gemäß § 307 Abs. 3 S. 2 BGB ist das Hauptleistungsversprechen der gerichtlichen Kontrolle nämlich grundsätzlich nicht entzogen, soweit es um die Frage geht, ob die Regelung klar und verständlich formuliert ist.[482] Dementsprechend könnte man vertreten, dass die Versicherungsfalldefinition in der privaten Cyberversicherung intransparent sei, da nicht eindeutig erkennbar wird, welche Anforderungen an den Deckungsnachweis gestellt werden.

Dies überzeugt jedoch nicht, da die Versicherungsfalldefinition als Kern des Versicherungsvertrags nicht auf Transparenz kontrolliert werden darf. So hat auch der BGH für das claims-made-Prinzip geurteilt, dass die Versicherungsfalldefinition einer Transparenzkontrolle entzogen ist, weil es ansonsten – mangels gesetzlicher Definition des Versicherungsfalls – keine Regelung zum Versicherungsschutz als solchem und zur Einordnung des Versicherungsfalls mehr gäbe.[483] Zu beachten sei nämlich, dass, wo eine gesetzliche Auffangregelung fehle, die Unwirksamkeit von essentialia negotii die Unwirksamkeit des gesamten Vertrags zur Folge hätte.[484] Soweit eine Intransparenz und damit auch eine Unwirksamkeit festgestellt werde, verlöre der Versicherte insoweit jeglichen Versicherungsschutz, was nicht gewollt sein könne.[485] Eine reine Transparenzkontrolle des Vertragskerns, die in Unwirksamkeit des gesamten Vertrags resultiere, sei daher auch mit Blick auf die Garantie der Vertragsfreiheit unzulässig.[486]

Der Ansicht des BGH, die auch im Schrifttum befürwortet wird,[487] ist mit Blick auf die Versicherungsfalldefinitionen in der privaten Cyberversicherung zuzustimmen. Trotz der tiefgreifenden Bedenken, die bei vielen aktuellen

---

481 Vgl. BGH, Urt. v. 26.03.2014 – IV ZR 422/12, NJW 2014, 2038 (2040) Rn. 34; *Lücke*, in: Prölss/Martin, VVG, § 100 Rn. 26; *Kubiak*, VersR 2014, 932 (933 ff.).

482 Vgl. OLG München, Urt. 21.07.2011 – 29 U 1551/11, r+s 2012, 345 (unter 1.b); *Rixecker*, in: Langheid/Rixecker, VVG, § 1 Rn. 77.

483 Vgl. BGH, Urt. v. 26.03.2014 – IV ZR 422/12, NJW 2014, 2038 (2040) Rn. 35.

484 Vgl. BGH, Urt. v. 26.03.2014 – IV ZR 422/12, NJW 2014, 2038 (2040) Rn. 35.

485 Vgl. BGH, Urt. v. 26.03.2014 – IV ZR 422/12, NJW 2014, 2038 (2040) Rn. 35.

486 Vgl. BGH, Urt. v. 26.03.2014 – IV ZR 422/12, NJW 2014, 2038 (2040) Rn. 35; *Bruns*, in: MünchKomm-VVG, § 307 BGB Rn. 38.

487 *Lücke*, in: Prölss/Martin, VVG, § 100 Rn. 26; *Kubiak*, VersR 2014, 932 (933 ff.).

Regelungen bestehen, würde eine Intransparenz der Versicherungsfalldefinition auch hier zur Folge haben, dass der Vertragsinhalt nicht mehr eindeutig bestimmt werden könnte. Damit würde auch für die private Cyberversicherung drohen, dass der Versicherungsschutz als Ganzes entfällt.

5. *Fazit*

Im Ergebnis bleibt festzuhalten, dass die Gestaltung der marktüblichen Bedingungswerke in einigen Punkten Schwächen offenbart und hier Verbesserungen durch die Versicherer notwendig sind. Die private Cyberversicherung richtet sich trotz des komplizierten Regelungsgehalts nicht an einen besonders geschulten Personenkreis, weshalb relevante Vorkenntnisse insbesondere aus dem IT-Bereich nicht vorausgesetzt werden können. Auch bei der Auslegung von cyberspezifischen Begriffen kommt es daher allein auf die Verständnismöglichkeiten eines durchschnittlichen Versicherten an und nicht etwa auf die einer Fachfrau oder eines Fachmanns. Die Bedingungswerke müssen daher so gestaltet sein, dass sie auch für diejenigen Verbraucherinnen und Verbraucher, die technisch weniger versiert sind, verständlich und nachvollziehbar sind. Erforderlich ist es daher, dass in den Versicherungsbedingungen selbst und nicht etwa durch einen Verweis auf andere Hilfsmittel technisch relevante und komplizierte Begriffe erläutert werden. In den Versicherungsbedingungen der privaten Cyberversicherung sollte daher stets ein Abschnitt enthalten sein, in dem technische Begriffe verständlich erklärt werden. Auch sollte zukünftig in allen Bedingungswerken ein Hinweis zum Aufbau der AVB enthalten sein. Zweifel bei der Auslegung der AVB gehen gemäß § 305c Abs. 2 BGB zulasten der Versicherer. Klauseln, in denen die versicherten Ereignisse definiert werden, gehören zum kontrollfreien Kern des Versicherungsvertrages und sind einer materiellen Inhaltskontrolle nach den §§ 307 ff. BGB entzogen.

III. Nachweis des Versicherungsfalls

Im zweiten Abschnitt dieses Kapitels soll der Frage nachgegangen werden, welche Anforderungen die gegenwärtigen Versicherungsbedingungen an den Nachweis des Versicherungsfalls stellen und wie die Regelungen zu bewerten sind. Im Vordergrund der Untersuchung steht dabei die Frage, ob durch die gegenwärtige Versicherungsfalldefinition eine Beweisnot der Versicherten hervorgerufen wird und wie diese womöglich behoben werden kann.

1. Allgemeine Beweisregeln

Im Folgenden ist zunächst auszuführen, welche allgemeinen Beweisregeln beim Eintritt des Versicherungsfalls zu beachten sind. Für jede Versicherung gilt dabei, dass Versicherungsschutz grundsätzlich nur gewährt wird, wenn der Versicherungsfall während der Wirksamkeit der Versicherung eingetreten ist.[488]

Als Versicherungsfall ist generell das Ereignis anzusehen, das die Leistungspflicht des Versicherers begründet.[489] Da der Begriff des Versicherungsfalls im VVG nicht legaldefiniert wird,[490] haben sich in Rechtsprechung und Literatur über die letzten Jahrzehnte verschiedene Versicherungsfalldefinitionen entwickelt.[491] Hierzu zählen etwa das Verstoß- oder auch Kausalitätsprinzip,[492] das Schadensereignis- bzw. Folgeereignisprinzip,[493] das Anspruchserhebungs- oder auch claims-made-Prinzip[494] sowie schließlich das Manifestations- oder auch Feststellungsprinzip.[495] Alle Versicherungsfalldefinitionen haben gemeinsam, dass der Beweis für die Tatsachen, die nach den AVB zum Eintritt des Versicherungsfalls geführt haben, vom Versicherten erbracht werden muss.[496] Zur Beweispflicht des Versicherten zählt dabei grundsätzlich auch, dass

---

488 Vgl. *Lesser*, Cyber-Risiken, S. 238.

489 Vgl. Motive zum VVG, S. 70; *Beckmann*, in: Beckmann/Matusche-Beckmann, VersR-Hdb, § 15 Rn. 18; *Schwintowski*, in: BK-VVG, § 1 Rn. 45; *Wandt*, Versicherungsrecht, Rn. 907.

490 Vgl. BGH, Urt. v. 26.03.2014 – IV ZR 422/12, NJW 2014, 2038 (2040) Rn. 34; *Lücke*, in: Prölss/Martin, VVG, § 100 Rn. 25.

491 Ein Überblick findet sich bei *Armbrüster*, Privatversicherungsrecht, Rn. 1871 ff.; *Lesser*, Cyber-Risiken, S. 238; *Wandt*, Versicherungsrecht, Rn. 911 ff.

492 *Armbrüster*, Privatversicherungsrecht, Rn. 1871; *Littbarski*, in: MünchKomm-VVG, § 100 Rn. 112; *Lücke*, in: Prölss/Martin, VVG, § 100 Rn. 25; *Schimikowski*, in: Rüffer/Halbach/Schimikowski, HK-VVG, § 100 Rn. 11.

493 *Lücke*, in: Prölss/Martin, VVG, § 100 Rn. 25; *Schimikowski*, in: Rüffer/Halbach/Schimikowski, HK-VVG, § 100 Rn. 12; *Wandt*, Versicherungsrecht, Rn. 913.

494 *Littbarski*, in: MünchKomm-VVG, § 100 Rn. 125; *v. Rintelen*, in: Späte/Schimikowski, Haftpflichtversicherung, Ziff. 1 AHB Rn. 34; *Schimikowski*, in: Rüffer/Halbach/Schimikowski, HK-VVG, § 100 Rn. 14.

495 *Armbrüster*, Privatversicherungsrecht, Rn. 1876; *Littbarski*, in: MünchKomm-VVG, § 100 Rn. 124; *Lücke*, in: Prölss/Martin, VVG, § 100 Rn. 26; *Schimikowski*, in: MünchKomm-VVG, UHV/USV Rn. 48.

496 *Armbrüster*, in: Prölss/Martin, VVG, § 1 Rn. 192; *Looschelders*, in MünchKomm-VVG, § 1 Rn. 151; *Pohlmann*, in: Looschelders/Pohlmann, VVG, § 1 Rn. 74; *Römer*, r+s 2001, 45.

nachgewiesen werden muss, ob und in welcher Höhe ein Schaden entstanden ist.[497] Im Versicherungsrecht gilt dementsprechend keine andere Beweislastverteilung als im übrigen Zivilrecht, wonach jede Vertragspartei die tatsächlichen Voraussetzungen der Rechtsnorm oder vertraglichen Regelung beweisen muss, aus deren Rechtsfolge sie Ansprüche für sich herleitet.[498]

2. *Anforderungen nach der gegenwärtigen Versicherungsfalldefinition*

Gemäß der Marktanalyse wird der Versicherungsfall derzeit in den Versicherungsbedingungen der privaten Cyberversicherung definiert als der Zeitpunkt, indem sämtliche Voraussetzungen eines der nach den AVB versicherten Ereignisse eingetreten sind.[499] Aus der allgemeinen Definition des Versicherungsfalls folgt, dass Versicherte der privaten Cyberversicherung zur Geltendmachung eines Anspruchs nachweisen müssen, dass sämtliche Tatbestandsmerkmale eines versicherten Ereignisses während des Vertragszeitraums eingetreten sind.[500] Vielfach knüpfen die Tatbestandsmerkmale dabei sowohl an die Schadensverursachung als auch an den Schadenseintritt an, weshalb die Versicherten grundsätzlich dazu verpflichtet sind, den gesamten Schadensvorgang nachzuweisen. Zu dieser Pflicht zählt grundsätzlich auch, nachzuweisen, zu welchem Zeitpunkt die Schadensursachen und das versicherte Ereignis eingetreten sind.

3. *Beweisprobleme der Versicherten*

Ob Versicherte der privaten Cyberversicherung diese hohen Anforderungen an den Nachweis des Versicherungsfalls im Einzelfall erfüllen können, ist fraglich.[501] Das grundsätzliche Problem von Cyberrisiken besteht gerade darin, dass die Schäden, die hierdurch verursacht werden, häufig äußerlich nicht sichtbar

---

497 *Römer*, r+s 2001, 45.

498 BGH, Urt. v. 08.11.1951 – IV ZR 10/51, BGHZ 3, 342 (346) = NJW 1952, 142 (143); Urt. v. 17.02.1970 – III ZR 139/67, BGHZ 53, 245 (250 f.) = NJW 1970, 946 (947); *Staudinger/Richters*, in: Staudinger/Halm/Wendt, Versicherungsrecht, § 1 Rn. 20.

499 Ausführlich Zweiter Teil, B. III. 2.

500 Nach *Wandt*, Versicherungsrecht, Rn. 946 bedeutet „Beweisen" nach einer hergebrachten Formel, die Richterin oder den Richter zu der Ansicht bringen, dass eine Behauptung „mit an Sicherheit grenzender Wahrscheinlichkeit" wahr sei, dass es also so und nicht anders gewesen sein muss.

501 Ähnlich auch *Fortmann*, Verbraucher-CyberVers, § 3 Rn. 113 zum Nachweis, dass der versicherte Schaden beim Identitätsmissbrauch durch Pharming, Phishing oder Skimming entstanden sein muss.

sind und sich damit auch vor Gericht nur schwer nachweisen lassen.[502] Anders als bei der Cyberversicherung für Gewerbe und Unternehmen sehen die derzeitigen Bedingungen der privaten Cyberversicherung auch nicht die Möglichkeit vor, dass die Versicherten externe Sachverständige zur Schadensermittlung beauftragen können (vgl. Ziff. A2-1 AVB Cyber). Ohne externe Unterstützung wird es für Versicherte der privaten Cyberversicherung häufig kaum möglich sein, den genauen Schadensvorgang nachzuweisen.[503] Die erheblichen Probleme, die aufgrund der derzeitigen Versicherungsbedingungen bestehen, sollen nachfolgend anhand von drei Beispielen veranschaulicht werden.

a) Erstes Beispiel: Identitätsdiebstahl

Eine wesentliche Versicherungsleistung der privaten Cyberversicherung besteht derzeit darin, dass Vermögensschäden, die einer versicherten Person infolge eines Identitätsdiebstahls entstanden sind, ausgeglichen werden. Ein Identitätsdiebstahl liegt nach den meisten Versicherungsbedingungen vor, wenn Dritte persönliche Identitätsdaten abfangen oder ausspähen (z. B. durch Phishing, Pharming, Skimming) und diese anschließend missbräuchlich zur Erlangung eines Vermögensvorteils nutzen und der versicherten Person hieraus ein Vermögensschaden erwächst.

Für den Nachweis des Versicherungsfalls hat dies zur Folge, dass Versicherte grundsätzlich den Eintritt von drei Ereignissen nachweisen müssen. Erstens muss bewiesen werden, dass ein Ausspähen der Daten stattgefunden hat. Zweitens, dass die Daten missbräuchlich verwendet wurden und drittens, dass hierdurch ein Vermögensschaden entstanden ist. Alle drei Ereignisse müssen dabei während des Versicherungszeitraums und dürfen nicht im Vorfeld stattgefunden haben, was ausgehend von der leistungsübergreifenden Versicherungsfalldefinition (s. o.) durch die Versicherten nachgewiesen werden muss.

Für Versicherte ergibt sich hier das Problem, dass eine zweifelsfreie Feststellung des Datenausspäh- und Missbrauchsvorgangs sowie deren genauen Zeitpunkte häufig kaum mehr möglich ist.[504] So lässt sich beweissicher so gut wie

502 Vgl. *Buchner*, Die IT-Versicherung, S. 310 f.; *Langheid/Rupietta/Wolters*, in: Moritz/Dreier, Rechts-Hdb. E-Commerce, S. 1075 f. Allg. zu Beweisfragen auch *Wandt*, Versicherungsrecht, Rn. 946 ff.

503 Vgl. auch *Armbrüster*, Privatversicherungsrecht, Rn. 2113 (wonach der Nachweis des Versicherungsfalls in der Cyberversicherung für Unternehmen ohne externe Unterstützung meist nicht gelingt).

504 Vgl. *Pawig-Sander*, in: Rüffer/Halbach/Schimikowski, HK-VVG, A1-4 AVB Cyber Rn. 1; *Klimke*, in: Prölss/Martin, VVG, A1-4 AVB Cyber Rn. 1; *Malek/*

nie oder nur mit hohen Kosten nachweisen, zu welchem konkreten Zeitpunkt etwa ein Schadprogramm Daten ausgespäht hat beziehungsweise das Programm zum ersten Mal seine schädigende Wirkung entfaltet hat.[505] Auch kann zwischen Datendiebstahl, dessen Missbrauch und dem Eintritt des Vermögensschadens ein erheblicher Zeitraum liegen, was den Nachweis der Voraussetzungen für den Versicherungsfall zusätzlich erschwert.[506]

Problematisch ist in diesem Zusammenhang auch, dass die erbeuteten Daten häufig gegen ein Entgelt im Darknet angeboten und dann für weitere Straftaten genutzt werden. Für die Betroffenen kann dies zur Folge haben, dass sie mehrfach hintereinander Opfer eines Identitätsmissbrauchs werden, etwa, wenn mit den erbeuteten Daten verschiedene Rechtsgeschäfte hintereinander abgeschlossen werden. Die Versicherten sind dann mit der Frage konfrontiert, ob die verschiedenen Fälle des Identitätsmissbrauchs als ein oder als mehrere Versicherungsfälle anzusehen sind. Die Beantwortung dieser Frage ist von hoher Bedeutung, da in den meisten Versicherungsbedingungen eine Maximalanzahl von Versicherungsfällen vorgeschrieben ist, die derzeit bei lediglich ein bis drei Versicherungsfälle pro Jahr liegt. Da aktuell viele Versicherungsbedingungen keine Regelung enthalten, wann bei einem fortgesetzten Verhalten von einem oder mehreren Versicherungsfällen auszugehen ist, führt dies ebenfalls zu schwierigen Abgrenzungs- und Beweisfragen.[507]

b) Zweites Beispiel: Wiederherstellung von Daten

Vor ähnliche Beweisprobleme werden Versicherte auch gestellt, wenn sie die tatbestandlichen Voraussetzungen eines Datenwiederherstellungsanspruchs nachweisen müssen.[508] Wie sich gezeigt hat, wird eine Datenwiederherstellung nach den gegenwärtigen Versicherungsbedingungen nämlich zumeist nur gewährt, wenn der Versicherte nachweisen kann, dass der Datenverlust durch ein Schadprogramm oder durch das unbefugte Handeln eines Dritten während des

---

Schütz, r+s 2019, 421 (425) (zu den Problemen bei der Feststellung einer Informationssicherheitsverletzung).

505 Vgl. *Pawig-Sander*, in: Rüffer/Halbach/Schimikowski, HK-VVG, A1-4 AVB Cyber Rn. 1.

506 Vgl. *Armbrüster*, Privatversicherungsrecht, Rn. 2123; *Pawig-Sander*, in: Rüffer/Halbach/Schimikowski, HK-VVG, A1-4 AVB Cyber Rn. 1 (zum Feststellungsprinzip im Rahmen der AVB Cyber).

507 Näher dazu, wie eine entsprechende Regelung für die private Cyberversicherung ausgestaltet sein könnte, Dritter Teil, B. VI.

508 Zu den Cyber-Assistanceleistungen bereits Zweiter Teil, B. III. 3. b).

Versicherungszeitraums entstanden ist. Wodurch und zu welchem Zeitpunkt der Datenverlust genau eingetreten ist, wird durch die Versicherten im Nachhinein allerdings ebenfalls kaum mehr feststellbar und damit auch nachweisbar sein.[509]

c) *Drittes Beispiel: Kriterium der Privatheit*

Zu Beweisproblemen wird häufig der Umstand beitragen, dass die Versicherungsleistungen zumeist daran geknüpft sind, dass die versicherte Person als Privatperson durch ein Cyberrisiko betroffen ist. So leistet der Versicherer bei einer Datenwiederherstellung beispielsweise nur, wenn der Versicherte den betroffenen Datenträger privat (nach einigen Bedingungen sogar ausschließlich privat) genutzt hat.[510] Freilich muss der Versicherer im Rahmen einer Cyberversicherung für Privatkunden den Versicherungsschutz auf den privaten Bereich begrenzen, was insoweit nicht zu beanstanden ist. Allerdings besteht hier das Problem, dass heute kaum mehr klar zwischen privater und beruflicher Nutzung des Internets und der hierfür verwendeten elektronischen Geräte unterschieden werden kann.[511] Dies haben nicht zuletzt die Folgen der Corona-Pandemie eindringlich gezeigt,[512] da während der Lockdowns viele Arbeitnehmerinnen und Arbeitnehmer häufig keine andere Wahl hatten, als im Homeoffice ihre privaten Geräte (z. B. Laptops, Handys oder Drucker) für die Arbeit zu nutzen.[513] Tritt in diesem Zusammenhang ein Datenverlust ein, stellt sich die Frage, wie zwischen privaten und beruflichen Daten unterschieden werden kann und wie sich dies auf den Nachweis des Versicherungsfalls auswirkt.[514]

---

509 Vgl. *Pawig-Sander*, in: Rüffer/Halbach/Schimikowski, HK-VVG, A1-4 AVB Cyber Rn. 1; *Klimke*, in: Prölss/Martin, VVG, A1-4 AVB Cyber Rn. 1; *Malek/Schütz*, r+s 2019, 421 (425) (zur Cyberversicherung für Unternehmen).

510 Beispielhaft insoweit auch Ziff. 3.1 der Musterbausteine zu den Cyber-Assistanceleistungen.

511 Vgl. *Spindler*, BSI-Studie, Rn. 263 ff.

512 Siehe etwa *Schilbach*, VP 5/2020, 25; *Günther/Piontek*, r+s 2020, 242 ff. (zu den Auswirkungen der Corona-Pandemie auf das Versicherungsrecht).

513 Aus einem Report des GDV zu den Sicherheitslücken beim mobilen Arbeiten geht hervor, dass jedes zweite Unternehmen zulässt, dass die mobile Arbeit auf den privaten Geräten erledigt wird (Stand: 31.08.2021). Zu den hiermit verbundenen Gefahren auch *Notthoff*, r+s 2022, 61 ff.

514 Zur problematischen Abgrenzung von privaten und beruflichen Daten auch *Dickmann*, r+s 2020, 131 (135).

4. *Lösungs- und Entlastungsmöglichkeiten*

Die drei Beispiele führen vor Augen, dass Versicherte der privaten Cyberversicherung aktuell mit strukturellen Beweisproblemen konfrontiert sind, sofern sie einen Versicherungsanspruch geltend machen wollen. Die gegenwärtigen Regelungen vieler Versicherungsbedingungen drohen daher, den Versicherungsschutz zu entwerten oder zumindest von einer Kulanzentscheidung des Versicherers abhängig zu machen.

a) Gewährung von Beweiserleichterungen

Die aufgezeigten Probleme beim Nachweis des Versicherungsfalls könnten möglicherweise dadurch begrenzt werden, dass Versicherten der privaten Cyberversicherung Beweiserleichterungen gewährt werden. Die derzeitigen Versicherungsbedingungen sehen Beweiserleichterungen zwar nicht vor, jedoch könnten diese womöglich durch Auslegung in den Versicherungsvertrag hineingelesen werden. An die Gewährung von Beweiserleichterungen sind allerdings hohe Anforderungen zu stellen, weshalb nachstehend zunächst geklärt werden muss, für welche Versicherungen die Gerichte bereits Beweiserleichterungen gebilligt haben. Daran anschließend kann geprüft werden, ob diese Rechtsprechung auf die private Cyberversicherung, zu der vergleichbare Rechtsprechung bisher nicht veröffentlicht wurde, übertragen werden kann.

b) Beweiserleichterungen bei Diebstahlsversicherungen

Für bestimmte Arten von Versicherungen, für die der Nachweis des Versicherungsfalls regelmäßig mit Problemen verbunden ist, gewähren die Gerichte den versicherten Personen in bestimmtem Umfang Beweiserleichterungen, um den Versicherungsschutz nicht zu entwerten.[515] Beweisschwierigkeiten sind hier gewissermaßen ein Teil des Risikos, das der Versicherer den Versicherten abzunehmen versprochen hat.[516]

Eine besondere Bedeutung nehmen Beweiserleichterungen bei Versicherungen gegen Diebstähle ein, da hier die Beweisnot der Versicherten besonders groß ist.[517] Dies ist dem Umstand geschuldet, dass die Entwendungen zumeist

515 Ein Überblick findet sich bei *Wandt*, Versicherungsrecht, Rn. 946 f.; *Brand*, VersR 2015, 10 ff.

516 *Wandt*, Versicherungsrecht, Rn. 947; auch *Lücke*, VersR 1994, 128 (130).

517 *Brand*, VersR 2015, 10 (11); *Hansen*, ZVersWiss 1991, 355 (364 ff.); *Römer*, NJW 1996, 2329 (2329 ff.).

weder vom Versicherer noch vom Versicherten beobachtet werden und ein hoher Prozentsatz von Diebstählen unaufgeklärt bleibt.[518] Um Versicherte in diesen Fällen zu entlasten, leiten die Gerichte nach gefestigter Rechtsprechung unter bestimmten Voraussetzungen Beweiserleichterungen durch Auslegung des Versicherungsvertrages her.[519] Nach dieser Rechtsprechung wird dem Versicherungsvertrag eine stillschweigende Abrede über die Herabsetzung des Beweismaßes entnommen, was zur Folge hat, dass der Versicherte nicht mehr den vollen Nachweis des Diebstahls führen muss.[520] Vielmehr genügt er seiner Beweislast, „wenn er das äußere Bild einer bedingungsgemäßen Entwendung beweist, also ein Mindestmaß an Tatsachen, die nach der Lebenserfahrung mit hinreichender Wahrscheinlichkeit den Schluss auf die Entwendung zulassen."[521] Zu dem Minimum an Tatsachen, die bei einem Einbruchdiebstahl das äußere Bild ausmachen, gehört vor allem, dass Einbruchspuren vorhanden sind (z. B. eine aufgebrochene Wohnungstür oder der in der Wohnung verstreute Inhalt von Schubladen und Schränken).[522] Gelingt dem Versicherten dieser Beweis, steht fest, dass der Versicherungsfall eingetreten ist, nicht nur, dass er als eingetreten gilt.[523]

Die versicherungsnehmerfreundliche Rechtsprechung, der vollumfänglich zuzustimmen ist, erhöht allerdings auch die Gefahr eines Versicherungsbetrugs.[524] Um dieser Gefahr zu begegnen, gewähren die Gerichte daher auch Versicherern gewisse Beweiserleichterungen.[525] So muss der Versicherer im

---

518 *Brand*, VersR 2015, 10 (11); *Lücke*, VersR 1994, 128 (130); *Wandt*, Versicherungsrecht, Rn. 946.

519 BGH, Urt. v. 05.10.1983 – IVa ZR 19/82, VersR 1984, 29; Urt. v. 14.07.1993 – IV ZR 179/92, BGHZ 123, 217 (220 ff.) = NJW 1993, 2678 (2679); Urt. v. 22.09.1999 – IV ZR 172/98, VersR 1999, 1535; *Brand*, VersR 2015, 10 (11); *Lücke*, VersR 1994, 128 (130); *Wandt*, Versicherungsrecht, Rn. 947; a. A. *Hansen*, 355 (361) wonach die Beweismaßänderung auf einer richterlichen Rechtsfortbildung beruht.

520 St. Rspr.: BGH, Urt. v. 27.11.1980 – IVa ZR 36/80, BGHZ 79, 54 (59) = VersR 1981, 345 (346); Urt. v. 05.10.1983 – IVa ZR 19/82, VersR 1984, 29; Urt. v. 17.03.1993 – IV ZR 11/92, VersR 1993, 571; Urt. v. 14.07.1993 – IV ZR 179/92, BGHZ 123, 217 (220 ff.) = NJW 1993, 2678 (2679); Urt. v. 18.10.2006 – IV ZR 130/05, NJW 2007, 372 Rn. 14.

521 BGH, Urt. v. 14.07.1993 – IV ZR 179/92, BGHZ 123, 217 (220 ff.) = VersR 1993, 1007; Urt. v. 18.10.2006 – IV ZR 130/05, NJW 2007, 372 Rn. 14.

522 *Wandt*, Versicherungsrecht, Rn. 947; *Lücke*, VersR 1994, 128 (130 ff.).

523 BGH, Urt. v. 14.07.1993 – IV ZR 179/92, BGHZ 123, 217 = NJW 1993, 2678 (2679).

524 *Lücke*, VersR 1994, 128 (130 f.); *Wandt*, Versicherungsrecht, Rn. 948.

525 *Wandt*, Versicherungsrecht, Rn. 949; *Brand*, VersR 2015, 10 (11); *Lücke*, VersR 1994, 128 (130 f.).

Rahmen des ihm zustehenden Gegenbeweises ebenfalls nicht den Vollbeweis erbringen, sondern lediglich den Nachweis konkreter Tatsachen erbringen, die die Annahme nahelegen, dass der Versicherungsfall mit erheblicher Wahrscheinlichkeit vorgetäuscht wurde.[526] Gelingt dem Versicherer dieser Gegenbeweis, ist die Beweismaßsenkung hinfällig und der Versicherte muss den Vollbeweis des Versicherungsfalleintritts erbringen.[527]

c) Übertragung auf die private Cyberversicherung

Vorliegend stellt sich nun die Frage, ob die zu den Diebstahls- und Entwendungsfällen ergangene Rechtsprechung auf die private Cyberversicherung übertragen werden kann. Gegen eine solche Übertragung könnte zunächst sprechen, dass es sich bei der Beweismaßsenkung um richterliche Rechtsfortbildung handelt, die einen auf die entschiedene Fallgruppe bezogenen und daher grundsätzlich auf andere Versicherungen nicht übertragbaren Charakter hat.[528] So hat auch der BGH die Frage, ob die in der Diebstahlsversicherung gewährten Beweiserleichterungen den Versicherten auch in anderen Versicherungszweigen zugute kommen können, zumindest für die Unfallversicherung bisher verneint.[529]

Für eine Übertragung der Rechtsprechung auf die private Cyberversicherung spricht vorliegend jedoch, dass die Interessenlage bei den oben skizzierten Beispielsfällen sehr vergleichbar ist zu der Interessenlage bei konventionellen Diebstahlsfällen. Allein besteht hier der Unterschied, dass nicht körperliche Gegenstände gestohlen werden, sondern elektronische Daten der Versicherten.

Ebenso wie bei Wohnungs- oder Kfz-Diebstählen besteht dabei auch bei Cyberkriminalität das Problem, dass die Aufklärungsquote sehr gering ausfällt, da die Täter häufig anonym bleiben und sich das Tatgeschehen nur schwer rekonstruieren lässt. Bei Cyberrisiken sind die Opfer daher in vergleichbarem Maße einer Beweisnot ausgesetzt, wie es auch bei den Diebstahls- und Entwendungsfällen der Fall ist. Eine Übertragung der Beweismaßsenkung auf die private Cyberversicherung erscheint sinnvoll und notwendig, da ein Festhalten

526 BGH, Urt. v. 05.10.1983 – IVa ZR 19/82, VersR 1984, 29 Rn. 14; Urt. v. 14.06.1995 – IV ZR 116/94, VersR 1995, 956; *Brand*, VersR 2015, 10 (11); *Wandt*, Versicherungsrecht, Rn. 949.

527 *Römer*, NJW 1996, 2329 (2330); *Wandt*, Versicherungsrecht, Rn. 949. Siehe auch *Hansen*, ZVersWiss 1991, 355 (357), der von einer „Drei-Stufen-Prüfung“ ausgeht.

528 *Hansen*, ZVersWiss 1991, 355 (370).

529 BGH, Urt. v. 18.02.1987 – IVa ZR 196/85, VersR 1987, 1007. Zustimmend *Hansen*, ZVersWiss 1991, 355 (369 f.).

am Regelbeweismaß ansonsten auch hier die Gefahr schaffen würde, den durch Prämien bezahlten Versicherungsschutz auszuhöhlen.[530] Auch Cyberversicherungsverträgen ist daher eine stillschweigende Abrede zur Herabsetzung des Beweismaßes zu entnehmen.

Daraus folgt, dass ebenso wie bei den physischen Entwendungsfällen auch im Rahmen der privaten Cyberversicherung grundsätzlich nur das „äußere Bild" eines versicherten Ereignisses nachgewiesen werden muss, wobei hier noch die Besonderheiten von Cyberrisiken zu berücksichtigen sind. Insbesondere bei der Infizierung mit einem Schadprogramm oder dem Ausspähen und Missbrauch von Daten muss daher grundsätzlich nur ein Mindestmaß von Tatsachen bewiesen werden, die nach der Lebenserfahrung mit hinreichender Wahrscheinlichkeit den Schluss auf solche Vorgänge zulassen.[531] Welche Anforderungen an den Nachweis des Versicherungsfalls konkret zu stellen sind, wird nachfolgend anhand der drei Beispielsfälle näher ausgeführt. Durch die Gewährung von Beweiserleichterungen können allerdings nicht alle Beweisprobleme behoben werden, da sich das äußere Bild einer Cyberstraftat regelmäßig nur schwer nachweisen lässt.[532] In diesen Fällen besteht für die Gerichte grundsätzlich die Möglichkeit, den Beweis gemäß § 286 ZPO auch allein auf die Angaben und die Glaubwürdigkeit des Versicherten zu stützen.[533]

---

530 Nicht zur privaten Cyberversicherung, aber insoweit zu übertragen, vgl. BGH, Urt. v. 14.07.1993 – IV ZR 179/92, BGHZ 123, 217 (220 ff.) = VersR 1993, 1007; *Brand*, VersR 2015, 10 (11).

531 Nicht zur privaten Cyberversicherung, aber insoweit zu übertragen, vgl. BGH, Urt. v. 27.11.1980 – IVa ZR 36/80, BGHZ 79, 54 (59) = VersR 1981, 345 (346); Urt. v. 05.10.1983 – IVa ZR 19/82, VersR 1984, 29; Urt. v. 17.03.1993 – IV ZR 11/92, VersR 1993, 571; Urt. v. 14.07.1993 – IV ZR 179/92, BGHZ 123, 217 (220 ff.) = NJW 1993, 2678 (2679).

532 Vgl. *Armbrüster/Kosich*, r+s 2020, 384 (391) (zu Beweisproblemen und Beweiserleichterungen beim Nachweis eines Einbruchdiebstahls bei elektronischen Schließsystemen).

533 Zum Nachweis des „äußeren Bildes" eines Fahrzeugdiebstahls in der Kfz-Kaskoversicherung BGH, Urt. v. 17.03.1993 – IV ZR 11/92, VersR 1993, 571; Urt. v. 26.03.1997 – IV ZR 91/96, NJW 1997, 1988 (unter 2b); OLG Hamm, Urt. v. 28.08.1997 – 6 U 202/96, r+s 1997, 491; *Biller-Bomhardt*, VersR 2020, 1571 (1573); *Römer*, NJW 1996, 2329 (2332).

5. *Lösung der Beispielsfälle*

Bis hierhin kann festgehalten werden, dass sich die nach ständiger Rechtsprechung gewährten Beweiserleichterungen bei (Einbruch-)Diebstählen auf Versicherungsfälle in der privaten Cyberversicherung übertragen lassen. Insbesondere bei Schäden nach einem Identitätsdiebstahl, Betrug beim Onlineshopping oder Datenverlust ist abhängig vom Einzelfall von einer Beweismaßsenkung zugunsten der Versicherten auszugehen. Unter dieser Prämisse soll abschließend noch auf die oben skizzierten Beispielsfälle eingegangen werden.

a) Erstes Beispiel: Identitätsdiebstahl

Beim Identitätsdiebstahl besteht ähnlich wie bei den (physischen) Entwendungsfällen das Problem, dass sich der Tatvorgang nur schwer rekonstruieren lässt.[534] Dies liegt auch daran, dass zwischen Schadensursache, Schadenseintritt und Feststellung des Schadenseintritts ein erheblicher Zeitraum liegen kann.[535] Soweit man daher im Einklang mit der hier vertretenen Auffassung davon ausgeht, dass vom Versicherten nur ein Mindestmaß von Tatsachen bewiesen werden muss, die nach der Lebenserfahrung mit hinreichender Wahrscheinlichkeit den Schluss auf einen Identitätsdiebstahl zulassen,[536] stellt sich die Frage, welche Tatsachen konkret nachgewiesen werden müssen.

Zu dem Minimum an Tatsachen, die von den Versicherten für den Nachweis eines Identitätsdiebstahls verlangt werden können, zählt insbesondere der Nachweis des Schadenseintritts. Als Schadenseintritt ist beim Identitätsdiebstahl der Zeitpunkt anzusehen, in dem die Vermögensverfügung – zumeist in Form einer Kontoabbuchung zulasten des Versicherten – stattgefunden hat.[537] Diesen Zeitpunkt sowie die Höhe dieses Schadens nachzuweisen, sollte die Versicherten

---

534 Vgl. *Pawig-Sander*, in: Rüffer/Halbach/Schimikowski, HK-VVG, A1-4 AVB Cyber Rn. 1; *Klimke*, in: Prölss/Martin, VVG, A1-4 AVB Cyber Rn. 1; *Malek/Schütz*, r+s 2019, 421 (425) (zu Problemen bei der Feststellung einer Informationssicherheitsverletzung).

535 Vgl. *Buchner*; Die IT-Versicherung, S. 259; *Klimke*, in: Prölss/Martin, VVG, A1-4 AVB Cyber Rn. 1; *Pawig-Sander*, in: Rüffer/Halbach/Schimikowski, HK-VVG, A1-4 AVB Cyber Rn. 1.

536 Nicht zur privaten Cyberversicherung, aber insoweit zu übertragen BGH, Urt. v. 27.11.1980 – IVa ZR 36/80, BGHZ 79, 54 (59) = VersR 1981, 345 (346); Urt. v. 05.10.1983 – IVa ZR 19/82, VersR 1984, 29; Urt. v. 17.03.1993 – IV ZR 11/92, VersR 1993, 571; Urt. v. 14.07.1993 – IV ZR 179/92, BGHZ 123, 217 (220 ff.) = NJW 1993, 2678 (2679).

537 Vgl. *Buchner*, Die IT-Versicherung, S. 312.

vor keine großen Probleme stellen. Auch kann von den Versicherten verlangt werden, dass sie nachweisen, dass die Vermögensverfügung unfreiwillig erfolgt ist und sie hierdurch keinen Vorteil erlangt haben.

Deutlich problematischer ist dagegen die Ermittlung und der Nachweis des Ausspähens und Missbrauchs der Daten. Um den ungefähren Zeitpunkt dieser Handlungen ermitteln zu können, könnte man in Betracht ziehen, auf den Zeitpunkt abzustellen, nach deren überwiegender Wahrscheinlichkeit die relevanten Handlungen stattgefunden haben.[538] Allerdings wäre eine solche Annahme ebenfalls mit hohen Unsicherheiten verbunden, wenn man sich vergegenwärtigt, wie viele Schadprogramme täglich neu entwickelt werden.[539] Hier zeigt sich daher, dass die Beweiserleichterungen an ihre Grenzen kommen und zur Lösung der Beweisprobleme eine Änderung der Versicherungsfalldefinition erforderlich ist.[540] Wünschenswert wäre es beispielsweise, auf den Nachweis des Ausspähens und Missbrauchs zu verzichten und vielmehr anzunehmen, dass die zum Identitätsdiebstahl führenden Handlungen während des Versicherungszeitraums stattgefunden haben, solange sich der Vermögensschaden innerhalb der Versicherungsdauer realisiert hat. Ohne eine solche Vermutung bestünde die Gefahr, dass der Versicherungsschutz entwertet wird. Die Interessen der Versicherer können auch gewahrt werden, wenn durch einen Ausschluss klargestellt wird, dass kein Versicherungsschutz besteht, wenn der Datendiebstahl oder Missbrauch vor Beginn des Versicherungszeitraums stattgefunden hat. Das Vorliegen der Voraussetzungen dieses Ausschlussgrundes müsste dann nach den allgemeinen Grundsätzen durch die Versicherer nachgewiesen werden.

b) Zweites Beispiel: Wiederherstellung von Daten

Wie sich gezeigt hat, besteht das Problem beim Datenwiederherstellungsanspruch insbesondere darin, dass Versicherte nach den marktüblichen AVB sowohl den Zeitpunkt der Infizierung als auch den Zeitpunkt des Datenverlustes nachweisen müssen. Diese beiden Zeitpunkte beweissicher nachzuweisen, wird allerdings bereits technisch häufig kaum möglich sein. Zudem kann zwischen

---

538 Vgl. *Buchner*, Die IT-Versicherung, S. 312 (wonach bei Massenviren auf den Zeitpunkt ihres ersten Auftretens mittels BSI-Statistiken, zuzüglich eines Toleranzzeitraums von ein bis zwei Wochen, abgestellt werden könnte).

539 Hierzu bereits Erster Teil, B. II. 2.

540 Zu den Vorschlägen für eine Reformierung des Versicherungsfalls ausführlich Dritter Teil, B.

dem Datenverlust und dessen Feststellung eine erhebliche Zeitspanne liegen.[541] Um den Versicherungsschutz hier nicht zu entwerten, sollte es daher als grundsätzlich ausreichend anzusehen sein, wenn der Versicherte lediglich den unverschuldeten Datenverlust nachweisen kann. Soweit ihm dieser Nachweis gelingt, sollte zu seinen Gunsten vermutet werden, dass die Infizierung mit einer Schadsoftware und der daraus resultierende Datenverlust während des Versicherungszeitraums stattgefunden haben. Ob eine solche Auslegung zugunsten der Versicherten allerdings tatsächlich angestellt werden kann, erscheint wegen des eindeutigen Wortlauts der Versicherungsfalldefinition problematisch. Auch hier zeigt sich, dass die Beweiserleichterungen an ihre Grenzen stoßen. Eine drohende Entwertung des Versicherungsschutzes kann daher letztlich auch hier nur verhindert werden, indem die aktuellen Versicherungsbedingungen verändert werden. So wäre es beispielsweise deutlich versicherungsnehmerfreundlicher, wenn für den Eintritt des Versicherungsfalls zukünftig auf den Zeitpunkt abgestellt würde, in dem der Datenverlust durch den Versicherten erstmals festgestellt wurde.[542]

c) Drittes Beispiel: Kriterium der Privatheit

Abschließend gilt es noch zu klären, welche Anforderungen an den Nachweis der „Privatheit" des Handels beziehungsweise der betroffenen Daten und Geräte zu stellen sind. Wie bereits angedeutet, ist die Beweislastverteilung hier besonders problematisch, da sich die Internetnutzung nur schwer in private und berufliche Sphären einteilen lässt und die meisten Versicherungsbedingungen die Situation einer gemischten Nutzung nicht ausdrücklich regeln.[543] Eine gemischte Nutzung liegt beispielsweise vor, wenn ein Internetkaufvertrag sowohl zu privaten als auch zu beruflichen Zwecken („dual use") abgeschlossen wurde oder eine Zahlungskarte sowohl privat als auch beruflich eingesetzt wurde und sich im Nachhinein nicht mehr zweifelsfrei aufklären lässt, in welchem Zusammenhang der Identitätsdiebstahl stattgefunden hat.

Soweit man zur Klärung dieser Frage auf die allgemeinen Beweisregeln abstellt,[544] gelangt man zunächst zu dem Ergebnis, dass die Beweislast bei den

541 Vgl. *Buchner*, Die-IT-Versicherung, S. 314; *Langheid/Rupietta/Wolters*, in: Moritz/Dreier, Rechts-Hdb, E-Commerce, S. 1075 f.

542 Vgl. auch *Buchner*, Die IT-Versicherung, S. 314.

543 *Fortmann*, Verbraucher-CyberVers, § 3 Rn. 10. Siehe auch *Schneider*, VersR 2020, 667 ff. (zur Privathaftpflichtversicherung).

544 Siehe hierzu *Römer*, r+s 2001, 45 ff.

Versicherten liegen muss, da es grundsätzlich ihnen obliegt, die Voraussetzungen für den Eintritt des Versicherungsfalls nachzuweisen.[545] Nicht nur bei der Definition der versicherten Ereignisse, sondern auch bei der allgemeinen Versicherungsfalldefinition stellt der Versicherer nämlich eindeutig klar, dass Versicherungsschutz nur besteht, wenn eine versicherte Person privat betroffen ist beziehungsweise privat gehandelt hat. Gegen eine zumindest alleinige Beweislastzuweisung auf den Versicherten spricht allerdings, dass in vielen Versicherungsbedingungen eine Klausel enthalten ist, wonach vom Versicherungsschutz Ansprüche „ausgeschlossen" sind, die in einem ursächlichen Zusammenhang mit einer geplanten oder ausgeübten beruflichen Tätigkeit stehen. Bei dieser Klausel handelt es sich sowohl nach deren Wortlaut als auch systematischen Stellung um einen sekundären Risikoausschluss und nicht um eine primäre Risikobeschreibung, weshalb das Vorliegen des ursächlichen Zusammenhangs nach den allgemeinen Grundsätzen vom Versicherer bewiesen werden muss.[546]

Soweit man die Versicherungsfalldefinition und den Ausschluss für berufliche Risikozusammenhänge in Kombination sieht, erscheint es interessengerecht, anzunehmen, dass der Versicherte grundsätzlich „nur" beweisen muss, dass er (auch) als Privatperson gehandelt hat beziehungsweise betroffen ist.[547] Da beispielsweise bei der Wiederherstellung von Datensätzen rein private und Mischinhalte ohnehin kaum voneinander getrennt werden können, erscheint diese Lösung auch aus pragmatischen Gründen sinnvoll.[548] Für die skizzierten „Dual Use"-Fälle bedeutet dies, dass es für den Nachweis des Versicherungsfalls als ausreichend anzusehen ist, wenn der Versicherte nachweisen kann, dass das versicherte Ereignis überwiegend dem privatem Bereich zugeordnet werden kann

545 Allg. *Armbrüster*, Privatversicherungsrecht, Rn. 1799, 2124; *Looschelders*, in MünchKomm-VVG, § 1 Rn. 151; *Pohlmann*, in: Looschelders/Pohlmann, VVG, § 1 Rn. 74; *Römer*, r+s 2001, 45; *Schneider*, VersR 2020, 667 (671); *Wandt*, Versicherungsrecht, Rn. 954.

546 Allg. *Armbrüster*, Privatversicherungsrecht, Rn. 1799, 2124; *Looschelders*, in: MünchKomm-VVG, § 1 Rn. 151; *Pohlmann*, in: Looschelders/Pohlmann, VVG, § 1 Rn. 74; *Römer*, r+s 2001, 45; *Schneider*, VersR 2020, 667 (671); *Wandt*, Versicherungsrecht, Rn. 954.

547 Vorzugswürdig erscheint insoweit der Wortlaut der optionalen Datenrettungsklausel PK 7112 (22) für die Hausratversicherung, wonach die Kosten für die Wiederherstellung von Daten erstattet werden, wenn die Daten „zumindest auch privat genutzt werden".

548 So im Ergebnis wohl auch *Dickmann*, r+s 2020, 131 (135) (für die Cyberversicherung für Unternehmen).

(vgl. § 13 BGB). Bei einer gemischten Betroffenheit beziehungsweise einem gemischten Gebrauch ist daher grundsätzlich davon auszugehen, dass Versicherungsschutz besteht.[549] Ausgeschlossen wäre der Versicherungsschutz in diesen Fällen nur, wenn der Versicherer nachweisen kann, dass ein beruflicher oder gewerblicher Zusammenhang für den Eintritt des Versicherungsfalls tatsächlich ursächlich geworden ist. Wegen des allgemeinen Grundsatzes, dass Risikoausschlüsse eng auszulegen sind,[550] sind an diesen Nachweis allerdings hohe Anforderungen zu stellen.

Auch hier gilt es allerdings zu beachten, dass sich durch die obigen Ausführungen nicht alle Beweisprobleme verhindern lassen. So ist in einigen Versicherungsbedingungen in Bezug auf die Datenwiederherstellung geregelt, dass Versicherungsschutz nur bei einer ausschließlich privaten Nutzung besteht, was den Versicherungsschutz erheblich einschränkt.

6. *Fazit*

Abschließend lässt sich zusammenfassen, dass die meisten Versicherungsbedingungen zu hohe Anforderungen an den Nachweis des Versicherungsfalls stellen. So müssen Versicherte vielfach nicht nur den Zeitpunkt des Eintritts der versicherten Ereignisse, sondern auch das Vorliegen und den Zeitpunkt der Schadensursachen und somit vielfach den gesamten Schadensvorgang beweisen. Zu welchen Beweisproblemen dies konkret führen kann, haben die drei skizzierten Beispielsfälle verdeutlicht.

Trotz der erheblichen Bedenken, die von der aktuellen Versicherungsfalldefinition ausgehen, hat sich gezeigt, dass die Regelungen keine unangemessene Benachteiligung im Sinne des § 307 Abs. 1 S. 1 BGB darstellen, da es sich bei der Versicherungsfalldefinition um den Kern des Versicherungsvertrages handelt, der einer Inhaltskontrolle entzogen ist. Die aufgezeigten Beweisprobleme können allerdings durch die Gewährung von Beweiserleichterungen zumindest teilweise entschärft werden. In den gegenwärtigen Versicherungsbedingungen sind Beweiserleichterungen zwar nicht explizit vorgesehen. Um einer Entwertung des Versicherungsschutzes entgegenzutreten, ist den Verträgen jedoch eine stillschweigende Abrede zur Senkung des Beweismaßes zu entnehmen, sowie dies auch bei Diebstahlsversicherungen angenommen wird. Dies führt in vielen

549 Im Ergebnis auch *Fortmann*, Verbraucher-CyberVers, § 3 Rn. 10.

550 St. Rspr.: BGH, Urt. v. 21.09.1983 – IVa ZR 165/81, BGHZ 88, 228 (231) = VersR 1984, 252 (253); Urt. v. 23.11.1994 – IV ZR 48/94, VersR 1995, 162; Urt. v. 17.05.2000 – IV ZR 113/99, VersR 2000, 1090.

Fällen dazu, dass Versicherte zum Nachweis des Versicherungsfalls nur ein Mindestmaß von Tatsachen vorbringen müssen, die nach der Lebenserfahrung mit hinreichender Wahrscheinlichkeit den Schluss auf ein nach den AVB versichertes Ereignis zulassen.

Auch mit der Gewährung von Beweiserleichterungen können jedoch nicht alle der aufgezeigten Beweisprobleme behoben werden. Bis zu einer gerichtlichen Klärung ist es zudem mit hohen Unsicherheiten verbunden, ob Versicherten tatsächlich derartige Beweiserleichterungen gewährt werden können. Um eine drohende Entwertung des Versicherungsschutzes zu verhindern, erscheint es daher dringend geboten, die aktuelle Versicherungsfalldefinition zu reformieren. Wie eine solche Bedingungsreform aussehen könnte, ist Gegenstand des dritten Teils.

IV. Vertragliche Obliegenheiten

Ein weiterer Regelungsbereich, der wegen seiner hohen Bedeutung für die private Cyberversicherung nachfolgend näher untersucht werden soll, sind die in den Bedingungswerken geregelten vertraglichen Obliegenheiten.

Obliegenheiten sind aus Sicht der Versicherten deshalb so bedeutsam, weil eine Nichtbefolgung dieser Verhaltensnormen dazu führen kann, dass der Versicherungsschutz gekürzt wird oder sogar gänzlich entfällt.[551] Wie die Ergebnisse der Marktanalyse gezeigt haben,[552] unterscheiden sich die derzeitigen Regelungen zum Teil noch erheblich voneinander. Die unterschiedlichen Regelungen lassen sich grundsätzlich in vier Kategorien einteilen. So wird in einigen wenigen Versicherungsbedingungen auf technische Obliegenheiten gänzlich verzichtet, in anderen ist die Befolgung bestimmter Maßnahmen eine Voraussetzung für den Versicherungsschutz und in wiederum anderen Bedingungswerken werden entweder Generalklauseln verwendet oder konkrete Obliegenheiten genannt, die von den Versicherten während der Vertragslaufzeit durchzuführen sind.

Im Folgenden soll für jede dieser Gestaltungsformen geprüft werden, wie diese rechtlich zu beurteilen sind und ob die derzeit verwendeten Klauseln einer

551 Zur Rechtsnatur von Obliegenheiten RG, Urt. v. 19.06.1931 – VII 393/30, RGZ 133, 117 (122); BGH, Urt. 13.06.1957 – II ZR 35/57, BGHZ 24, 378 (382) Rn. 7 = VersR 1957, 458; BGH, Urt. v. 16.09.2009 – IV ZR 246/08, VersR 2009, 1659 (1662) Rn. 27; *Armbrüster*, in: Prölss/Martin, VVG, § 28 Rn. 68; *Felsch*, in: Rüffer/Halbach/Schimikowski, HK-VVG, § 28 Rn. 5; *Marlow*, in: Beckmann/Matusche-Beckmann, VersR-Hdb, § 13 Rn. 4; *Wandt*, Versicherungsrecht, Rn. 566.

552 Siehe hierzu bereits Zweit Teil, B. 6.

AGB-Kontrolle standhalten können.[553] Wegen der großen Unterschiede bei den gegenwärtigen Versicherungsbedingungen soll außerdem der Frage nachgegangen werden, welche der Klauselgestaltungen für die private Cyberversicherung am geeignetsten erscheint.

1. *Verzicht auf technische Obliegenheiten*

Die erste Möglichkeit für Versicherer, ihre Versicherungsbedingungen zu gestalten, besteht darin, auf technische Obliegenheiten gänzlich zu verzichten. In der privaten Cyberversicherung ist diese Gestaltungsvariante nur sehr selten zu finden. Deutlich häufiger tritt sie bei der Cyberversicherung für Gewerbe und Unternehmen auf und wurde daher bisher vor allem für diese diskutiert.[554] Der Grund für Versicherer, auf die Aufnahme von technischen Obliegenheiten in den AVB zu verzichten, wird wohl vor allem darin liegen, dass potenzielle Kunden durch die Vereinbarung von Obliegenheiten nicht abgeschreckt werden sollen. Soweit man sich vergegenwärtigt, wie wichtig Obliegenheiten für die Funktion einer Cyberversicherung sind, erscheint eine solche Gestaltung der Bedingungswerke jedoch nicht empfehlenswert. So führen Obliegenheiten in Form von technischen Schutz- und Abwehrmaßnahmen nicht nur zu einer Senkung des subjektiven Risikos, sondern auch dazu, dass die Schadenseintrittswahrscheinlichkeit erheblich reduziert werden kann, was Cyberrisiken einfacher kalkulierbar macht und sich positiv auf die Prämienbemessung auswirkt.[555] Sowohl aus der Sicht der Versicherer als auch der Versicherten sollte daher nicht auf technische Obliegenheiten verzichtet werden.

Der Vollständigkeit halber sei aber erwähnt, dass die Versicherten auch bei einem Verzicht auf vertragliche Obliegenheiten weiterhin zur Einhaltung der gesetzlichen Obliegenheiten verpflichtet sind. Zu den gesetzlichen Obliegenheiten zählen dabei insbesondere die vorvertragliche Anzeigepflicht (§ 19 Abs. 1 VVG), die Regelungen zur Gefahrerhöhung (§§ 23 ff. VVG) und die Schadensabwendungs- und Minderungsobliegenheit (§ 82 VVG).[556] Der Verzicht

553 Da viele dieser Klauseln auch außerhalb der privaten Cyberversicherung verwendet werden, lassen sich die nachfolgenden Ausführungen auch auf andere Versicherungen übertragen.

554 Nach *Günther/Ider*, VW 2018, 50 ff. enthalten 6 von 13 untersuchten Bedingungswerken keine Obliegenheiten oder Verhaltensregeln für die Datensicherung. Ähnlich auch *Fortmann*, r+s 2019, 429 (437); *Lesser*, Cyber-Risiken, S. 262; *Schilbach*, VW 2020, 92.

555 Ausführlich hierzu Erster Teil, C. I.

556 Näher zu den gesetzlichen Obliegenheiten *Armbrüster*, Privatversicherungsrecht, Rn. 1644 f.; *Wandt*, Versicherungsrecht, Rn. 582 ff.

auf vertragliche Sicherheitspflichten führt daher nicht zwangsläufig dazu, dass Versicherte gar keine IT-sicherheitsrelevanten Maßnahmen durchführen müssen.[557] Eine Pflicht zur Installation eines Virenschutzprogramms kann sich je nach Umfang der durchgeführten Risikoprüfung daher auch aus der Anzeigepflicht ergeben, wenn der Versicherer beispielsweise nach der Verwendung einer aktuellen Antivirensoftware gefragt hat und der Versicherte hierzu falsche Angaben gemacht hat (vgl. § 19 Abs. 2 bis 5 VVG).[558] Zu beachten sind außerdem die Pflichten des Versicherungsnehmers im Zusammenhang mit einer möglichen Gefahrerhöhung gemäß § 23 Abs. 1 VVG.[559] Nach § 23 Abs. 1 VVG darf der Versicherungsnehmer nach Abgabe seiner Vertragserklärung ohne Einwilligung des Versicherers keine Gefahrerhöhung vornehmen. Daraus folgt, dass die Pflicht zur Nutzung eines Virenschutzprogramms auch über den Vertragsschluss hinaus bestehen kann, wenn der Versicherer nach der Nutzung eines solchen Programms gefragt hat. Nimmt der Versicherungsnehmer ungefragt einen Gerätewechsel vor oder ist die Lizenz des verwendeten Antivirenprogramms abgelaufen und zeigt der Versicherungsnehmer dies nicht rechtzeitig an, kann dies eine Gefahrerhöhung darstellen, die den Versicherer gemäß § 24 Abs. 1 S. 1 VVG zur fristlosen Kündigung berechtigen kann.

Auf die Verletzung einer Anzeigepflicht sollten sich die Versicherer jedoch nicht allein verlassen, da an deren Nachweis hohe Anforderungen gestellt werden.[560] Ohnehin ist derzeit nicht ersichtlich, dass der Abschluss einer privaten Cyberversicherung an die Beantwortung von Antragsfragen (etwa, ob ein Antivirenprogramm genutzt wird) gebunden ist,[561] was aus der Perspektive der Versicherer verwundert und in Zukunft geändert werden sollte. Festzuhalten bleibt daher, dass der Verzicht auf technische Obliegenheiten keine geeignete Gestaltungsvariante für die private Cyberversicherung darstellt.

2. *IT-Pflichten als Voraussetzung für den Versicherungsschutz*

Eine weitere Gestaltungsvariante, die nicht nur einigen derzeit am Markt verwendeten Versicherungsbedingungen, sondern auch den vom GDV veröffentlichten Musterbausteinen zu den Cyber-Assistanceleistungen zugrunde liegt, ist eine Klausel, nach der die Durchführung von technischen Sicherheitsmaßnahmen

557 *Schilbach*, VW 2020, 92 (92 f.).
558 *Schilbach*, VW 2020, 92 (92 f.).
559 Zu den Anzeigepflichten nach den AVB Cyber auch *Lesser*, Cyber-Risiken, S. 269 ff.
560 Vgl. *Günther/Ider*, VW 2018, 50; *Schilbach*, VW 2020, 92 (92 f.).
561 Auch *Fortmann*, Verbraucher-CyberVers, § 3 Rn. 383.

eine Voraussetzung für den Versicherungsschutz ist. So heißt es in Ziff. 3.2 der Musterbausteine, dass „Voraussetzung für unsere Leistung ist, dass die Daten durch Sicherheitsmaßnahmen/-techniken (z. B. Virenscanner, Firewall) gesichert waren, die regelmäßig aktuell gehalten wurden.“[562]

Inhaltlich ist diese Bestimmung nicht zu beanstanden, da sowohl dem Antivirenprogramm als auch der Firewall eine in Praxis und Literatur unbestritten hohe Bedeutung für die IT-Sicherheit zukommt.[563] Problematisch ist allerdings der Rechtscharakter dieser Klauseln, da es sich hierbei sowohl um eine primäre Risikobeschreibung, einen sekundären Risikoausschluss als auch um eine sog. „verhüllte Obliegenheit“ handeln könnte. Wie diese drei Rechtsfiguren voneinander abzugrenzen sind, ist im Schrifttum sehr umstritten.[564] Die Abgrenzung ist überaus bedeutsam, da hiervon nicht nur abhängt, welche Partei im Streitfall die Beweislast trägt, dass die Sicherheitsmaßnahmen ordnungsgemäß durchgeführt wurden, sondern auch, ob die Klausel überhaupt wirksamer Bestandteil der AVB werden kann. Sofern es sich nämlich um eine „verhüllte Obliegenheit“ handeln sollte, könnte dies dazu führen, dass die Klausel womöglich als unwirksam einzustufen ist.[565]

a) Einordnung als Risikobeschreibung

Zunächst könnte man in Betracht ziehen, die hier zu prüfende Klausel als Beschreibung des versicherten Risikos auf primärer Ebene einzuordnen. Eine Klausel ist dabei grundsätzlich als Risikobeschreibung einzuordnen, wenn es sich bei ihr um eine vertragliche Vereinbarung über den Umfang des vom Versicherer zu gewährenden Versicherungsschutzes handelt.[566] Für das Vorliegen

562 GDV, Musterbausteine Cyber-Assistanceleistungen, Ziff. 3.2.

563 Zur Geeignetheit von Virenscanner etwa LG Köln, Urt. v. 05.12.2007 – 9 S 195/07, MMR 2008, 259 (261); *Borges*, NJW 2010, 2624 (2625); *Lesser*, Cyber-Risiken, S. 172; *Mankowski*, in: Ernst, Hacker, Cracker & Computerviren, Rn. 516, 856; *Spindler*, BSI-Studie, Rn. 60, 295.

564 Siehe etwa *Armbrüster*, Privatversicherungsrecht, Rn. 1744; *ders.*, in: Prölss/Martin, VVG, § 28 Rn. 11; *Felsch*, in: Rüffer/Halbach/Schimikowski, HK-VVG, § 28 Rn. 17 ff.; *ders.*, r+s 2015, 53 ff.; *Heiss*, in: Bruck/Möller, VVG, § 28 Rn. 17 ff.; *Marlow*, in: Beckmann/Matusche-Beckmann, VersR-Hdb, § 13 Rn. 13 ff.; *Wandt*, Versicherungsrecht, Rn. 574 ff.; *ders.*, VersR 2015, 265 ff.

565 Zum Streitstand *Armbrüster*, in: Prölss/Martin, VVG, § 28 Rn. 42 ff.; *Felsch*, in: Rüffer/Halbach/Schimikowski, HK-VVG, § 28 Rn. 25 ff.; *R. Koch*, VersR 2014, 283 (285 ff.); *Rattay*, VersR 2015, 1075 (1078 ff.).

566 *Wandt*, in: MünchKomm-VVG, § 28 Rn. 50.

einer primären Risikobeschreibung trägt nach den allgemeinen Grundsätzen der Versicherte die Beweislast, da es sich hierbei um eine Grundvoraussetzung für den Versicherungsanspruch handelt.[567]

Vorliegend könnte für eine Risikobeschreibung sprechen, dass die Durchführung der Sicherheitsmaßnahmen nach dem Wortlaut der Klausel eine Voraussetzung für den Versicherungsschutz darstellt und der Eintritt des Versicherungsfalls nach der leistungsübergreifenden Versicherungsfalldefinition an das Vorliegen sämtlicher Voraussetzungen geknüpft wird.[568] Wird dementsprechend etwa beim Datenwiederherstellungsanspruch Versicherungsschutz nur unter der Voraussetzung gewährt, dass ein Antivirenprogramm im Einsatz war, könnte es sich in Kombination mit der Versicherungsfalldefinition um eine Risikobeschreibung handeln. Dies hätte zur Folge, dass der Versicherte beweisen müsste, dass er die Sicherheitsmaßnahmen eingehalten hat. Auch wäre die Klausel dann womöglich einer Inhaltskontrolle entzogen, da sie als Teil des Versicherungsfalls zum Kern des Versicherungsvertrags zählen würde.

b) Einordnung als Risikoausschluss

Bei der fraglichen Klausel könnte es sich vorliegend allerdings auch um einen Risikoausschluss handeln. Dies hätte zur Folge, dass der Versicherer die tatbestandlichen Voraussetzungen der Klausel nachweisen müsste und die Klausel einer Inhaltskontrolle zugänglich wäre.[569] Generell können Versicherer nämlich auch Ausschlusstatbestände für bestimmte Gefahren formulieren, die von der primären Risikobeschreibung ausgenommen werden sollen.[570] Für die Einordnung als Risikoausschluss könnte vorliegend sprechen, dass der Versicherer mit der Klausel möglicherweise zu erkennen geben wollte, dass er zwar grundsätzlich leisten möchte, nicht jedoch, wenn die gebotenen Schutzvorkehrungen nicht eingehalten wurden. Nach diesem Auslegungsergebnis läge ein Risikoausschluss vor mit der Folge, dass die fehlenden Schutzvorkehrungen vom Versicherer zu beweisen sind.

---

567 *Wandt*, in: MünchKomm-VVG, § 28 Rn. 51; *Armbrüster*, Privatversicherungsrecht, Rn. 1244.

568 Näher zur Definition des Versicherungsfalls bereits Zweiter Teil, B. III. 2.

569 Allg. *Armbrüster*, Privatversicherungsrecht, Rn. 1799, 2124; *Looschelders*, in: MünchKomm-VVG, § 1 Rn. 151; *Pohlmann*, in: Looschelders/Pohlmann, VVG, § 1 Rn. 74; *Römer*, r+s 2001, 45; *Schneider*, VersR 2020, 667 (671); *Wandt*, Versicherungsrecht, Rn. 954.

570 *Armbrüster*, Privatversicherungsrecht, Rn. 1246.

c) *Einordnung als „verhüllte Obliegenheit"*

Letztlich könnte es sich bei der fraglichen Klausel aber auch um eine sog. „verhüllte Obliegenheit" handeln.[571] Von einer verhüllten Obliegenheit spricht man, wenn zwar anscheinend eine andere juristische Erscheinungsform einer Risikobeschränkung gewählt wurde, sich dahinter aber in Wirklichkeit aufgrund des materiellen Gehalts der Klausel eine Obliegenheit verbirgt.[572]

Besonders schwierig und umstritten ist die Abgrenzung zwischen Risikoausschluss und Obliegenheit, wenn die AVB-Bestimmung den Versicherungsschutz – wie auch im vorliegenden Fall – von einem Zustand abhängig macht, den der Versicherte durch sein Verhalten beeinflussen kann.[573] Wie bereits angedeutet, kommt der Abgrenzung zwischen Risikobegrenzungen und Obliegenheiten eine hohe Bedeutung zu.[574] Dies folgt daraus, dass Versicherer bei einem Risikoausschluss ohne weiteres leistungsfrei sind, wenn dessen Voraussetzungen vorliegen. Liegt hingegen eine Obliegenheitsverletzung vor, verliert der Versicherte den Versicherungsschutz nach § 28 Abs. 2-4 VVG grundsätzlich nur, wenn die – für den Versicherten günstigeren, da „milderen" – Erfordernisse von Verschulden, Kausalität und Belehrung erfüllt sind.[575]

Nach der Rechtsprechung und wohl herrschenden Literatur ist die Abgrenzung zwischen den Rechtsfiguren durch Vertragsauslegung zu bestimmen.[576] Wie stets bei der Auslegung von AVB ist grundsätzlich darauf abzustellen, wie ein durchschnittlicher, um Verständnis bemühter Versicherungsnehmer die Klausel bei verständiger Würdigung, aufmerksamer Durchsicht und unter Berücksichtigung des erkennbaren Sinnzusammenhangs verstehen muss.[577]

---

571 Kritisch zu dieser Rechtsfigur *Armbrüster*, Privatversicherungsrecht, Rn. 1758; *ders.*, in: Prölss/Martin, VVG, § 28 Rn. 29 ff.; *Felsch*, r+s 2015, 53 ff.; *ders.*, in: Rüffer/Halbach/Schimikowski, HK-VVG, § 28 Rn. 23 ff.; *R. Koch*, VersR 2014, 283 ff.

572 Zur Entstehungsgeschichte dieses Begriffs *R. Koch*, VersR 2013, 283.

573 *Armbrüster*, Privatversicherungsrecht, Rn. 1743; *Wandt*, Versicherungsrecht, Rn. 572.

574 *Armbrüster*, Privatversicherungsrecht, Rn. 1741 ff.; *Marlow*, in: Beckmann/Matusche-Beckmann, VersR-Hdb, § 13 Rn. 15; *Wandt*, Versicherungsrecht, Rn. 572.

575 *Marlow*, in: Beckmann/Matusche-Beckmann, VersR-Hdb, § 13 Rn. 15.

576 BGH, Urt. v. 16.11.2005 – IV ZR 120/04, VersR 2006, 215 (Rn. 20 ff.); *Pohlmann*, in: Looschelders/Pohlmann, VVG, § 28 Rn. 24 ff.; *Wandt*, in: MünchKomm-VVG, § 28 Rn. 58.

577 BGH, Urt. v. 16.06.1982 – IVa ZR 270/80, BGHZ 84, 268 (272) = NJW 1982, 2776 (2777); Urt. v. 23.06.1993 – IV ZR 135/92, BGHZ 123, 83 (85) = NJW 1993, 2369 (2369 f.); Urt. v. 11.09.2013 – IV ZR 303/12, NJW 2014, 377; Urt. v. 18.11.2020 – IV ZR 217/19, r+s 2021, 27 (28) Rn. 11; *Armbrüster*, Privatversicherungsrecht, Rn. 545;

Neben Wortlaut und Stellung der Klausel kommt es nach der Ansicht des BGH ausnahmsweise auch auf den materiellen Gehalt der Klausel an. Nach einer Standardformulierung des BGH sind Risikobeschränkungen und Obliegenheiten danach abzugrenzen, ob die Klausel „die individualisierende Beschreibung eines bestimmten Wagnisses enthält, für das der Versicherer keinen Versicherungsschutz gewähren will, oder ob sie in erster Linie ein bestimmtes Verhalten des Versicherungsnehmers fordert, von dem es abhängt, ob er einen zugesagten Versicherungsschutz behält oder ob ihn verliert. Wird von vornherein nur ausschnittsweise Deckung gewährt, handelt es sich um eine Risikobeschränkung. Wird hingegen ein gegebener Versicherungsschutz wegen nachlässigen Verhaltens des Versicherungsnehmers wieder entzogen, liegt eine Obliegenheit vor."[578]

Die Beurteilung nach dem Schwerpunkt des materiellen Gehalts der Klausel kann folglich dazu führen, dass eine Klausel ungeachtet ihrer Bezeichnung und Formulierung als Obliegenheit zu qualifizieren ist (verhüllte Obliegenheit).[579] Den Schwerpunkt des materiellen Regelungsgehalts exakt zu bestimmen, kann im Einzelfall allerdings problematisch sein, weshalb der Rechtsprechung von Teilen der Literatur vorgeworfen wird, schwer praktikabel zu sein und zu widersprüchlichen Entscheidungen zu kommen.[580]

Teilweise wird daher vertreten, dass nicht auf den materiellen Gehalt einer Klausel, sondern auf den mit der Klausel verbundenen Sicherheitsaufwand abgestellt werden sollte.[581] Nach dieser Auffassung ist eine Obliegenheit grundsätzlich anzunehmen, wenn ein Ausschluss Situationen erfasst, die sich nur durch ein Weniger an Sicherheit von eingeschlossenen Situationen unterscheiden, so dass in einer bestimmten Lage, wenn man von der unterschiedlichen Sicherheit absieht, die eingeschlossene und die ausgeschlossene Situation gleichermaßen

---

Beckmann, in: Beckmann/Matusche-Beckmann, VersR-Hdb, § 10 Rn. 167; *R. Koch*, VersR 2015, 133 (134); *Reiff*, in: Wolf/Lindacher/Pfeiffer, AGB-Recht, 310 V Rn. 121.

578 St. Rspr.: BGH, Urt. v. 16.11.2005 – IV ZR 120/04, VersR 2006, 215 (Rn. 21); Urt. v. 18.06.2008 – IV ZR 87/07, VersR 2008, 1107 (Rn. 9); Urt. v. 18.05.2011 – IV ZR 165/09, r+s 2012, 130 (132) Rn. 29. Siehe auch *Armbrüster*, in: Prölss/Martin, VVG, § 28 Rn. 16; *Felsch*, in: Rüffer/Halbach/Schimikowski, HK-VVG, § 28 Rn. 18; *Pohlmann*, in: Looschelders/Pohlmann, VVG, § 28 Rn. 26; *Schwintowski*, in: Schwintowski/Brömmelmeyer, PK-VersR, § 28 Rn. 31; *Wandt*, in: MünchKomm-VVG, § 28 Rn. 58.

579 *Wandt*, in: MünchKomm-VVG, § 28 Rn. 57, 60.

580 *Armbrüster*, in: Prölss/Martin, VVG, § 28 Rn. 17; *Heiss*, in: Bruck/Möller, VVG, § 28 Rn. 22; *R. Koch*, VersR 2014, 283 (284).

581 Hierfür plädierend *Armbrüster*, Privatversicherungsrecht, Rn. 1748; *ders.*, in: Prölss/Martin, VVG, § 28 Rn. 30 ff. Zustimmend *Heiss*, in: Bruck/Möller, VVG, § 28 Rn. 29 f.

als Verhaltensmöglichkeiten in Betracht kommen und für die Wahl typischerweise nur Bequemlichkeits- oder Kostengesichtspunkte maßgeblich sind.[582] Trotz der Vielzahl an unterschiedlichen Auffassungen in der Literatur,[583] besteht im Kern weitgehend Einigkeit darüber, dass der Schutzzweck der §§ 28, 32 VVG nicht dadurch umgangen werden darf, dass eine Obliegenheit durch ihr Erscheinungsbild in eine Risikobeschreibung umgewandelt wird.[584]

d) Stellungnahme

Soweit man die soeben dargestellten Grundsätze auf die hier betrachtete Klausel überträgt, ist festzustellen, dass die Klausel nach ihrem materiellen Gehalt an ein Verhalten der Versicherten anknüpft,[585] indem sie die Gewährung von Versicherungsschutz an die Durchführung von Sicherheitsmaßnahmen knüpft. Dass die Klausel nach ihrem Wortlaut und ihrer systematischen Stellung auch als Risikobeschreibung oder Risikoausschluss ausgelegt werden kann (s. o.), ändert an diesem Auslegungsergebnis nichts, sondern führt lediglich dazu, dass die Klausel als sog. „verhüllte Obliegenheit" zu qualifizieren ist.[586]

Zum gleichen Ergebnis gelangt man, sofern für die Abgrenzung auf den mit der Klausel verbundenen Sicherheitsaufwand abgestellt wird.[587] Da die von der vorliegenden Klausel geforderten Sicherheitsmaßnahmen (Antivirenprogramm, Firewall etc.) üblicherweise nur aus Bequemlichkeit oder zur Kostenersparnis nicht durchgeführt werden, die Durchführung aber möglich und zumutbar gewesen wäre,[588] handelt es sich auch nach dieser Abgrenzungsvariante um eine

582 Grundlegend *Armbrüster*, in: Prölss/Martin, VVG, § 28 Rn. 30.

583 Ein Überblick findet sich bei *Armbrüster*, in: Prölss/Martin, VVG, § 28 Rn. 6 ff.; *Wandt*, in: MünchKomm-VVG, § 28 Rn. 67 ff.

584 Wohl allg. Meinung, siehe BGH, Urt. v. 26.02.1969 – IV ZR 541/68, BGHZ 51, 356 (360) = NJW 1969, 1116 (1117); Urt. v. 24.05.2000 – IV ZR 186/99, VersR 2000, 969 (969 f.); *Armbrüster*, in: Prölss/Martin, VVG, § 28 Rn. 17; *Marlow*, in: Beckmann/Matusche-Beckmann, VersR-Hdb, § 13 Rn. 16; *Wandt*, in: MünchKomm-VVG, § 28 Rn. 57.

585 Vgl. BGH, Urt. v. 24.10.1979 – IV ZR 182/77, VersR 1980, 153 (unter 1); Urt. v. 21.05.1986 – IVa ZR 132/84, VersR 1986, 781; Urt. v. 18.05.2011 – IV ZR 165/09, r+s 2012, 130 (132) Rn. 29; *Rixecker*, in: Langheid/Rixecker, VVG, § 28 Rn. 12.

586 Ebenso *Fortmann*, Verbraucher-CyberVers, § 4 Rn. 41. Für eine ähnliche Klausel auch *Buchner*, in: Hoeren/Sieber/Holznagel, MultimediaR-Hdb, Teil 18.4 Rn. 58.

587 Hierfür plädierend *Armbrüster*, Privatversicherungsrecht, Rn. 1748; *ders.*, in: Prölss/Martin, VVG, § 28 Rn. 30 ff. Zustimmend *Heiss*, in: Bruck/Möller, VVG, § 28 Rn. 29 f.

588 Allg. zur Abgrenzung *Armbrüster*, Privatversicherungsrecht, Rn. 1748.

(verhüllte) Obliegenheit. Ein Streitentscheid ist folglich entbehrlich, da die Klausel nach allen dargestellten Auffassungen als Obliegenheit einzuordnen ist.

e) *Rechtsfolge von „verhüllten Obliegenheiten"*

Die Einordnung der vorliegenden Klausel als verhüllte Obliegenheit führt unweigerlich zu der Frage, wie verhüllte Obliegenheiten im Lichte des AGB-Rechts zu beurteilen sind.[589] Das Problematische an verhüllten Obliegenheiten ist, dass sie keine Auskunft darüber geben, welche Rechtsfolgen bei einem Verstoß eintreten sollen. Obwohl es sich mithin um eine vertragliche Obliegenheit handelt, fehlt bei diesen Klauseln der obligatorische Hinweis auf § 28 VVG, der die Mindestvoraussetzungen regelt, die an die Vereinbarung von Rechtsfolgen bei der Verletzung einer vertraglichen Obliegenheit zu stellen sind.[590] Ob verhüllte Obliegenheiten und mithin auch die hier untersuchte Klausel aus diesem Grund gegen das AGB-Recht verstößt und folglich unwirksam ist, ist in Rechtsprechung und Literatur umstritten.[591]

Nach einem Teil der Rechtsprechung und Literatur darf eine Klausel, die als verhüllte Obliegenheit zu qualifizieren ist, nicht deshalb, weil sie den Anforderungen des § 28 VVG nicht genügt, an § 307 Abs. 1 BGB gemessen werden.[592] Vielmehr müssten diese Klauseln um die Erfordernisse des § 28 VVG ergänzt werden, bevor sie einer AGB-Kontrolle unterzogen werden können.[593] Mit anderen Worten müssten einer Klausel, die sich als verhüllte Obliegenheit herausstellt, im Wege der ergänzenden Vertragsauslegung anhand von § 28 Abs. 2 VVG Rechtsfolgen beigegeben werden.[594] Soweit man sich dem anschließt, hätte dies für die hier betrachtete Klausel zur Folge, dass diese nicht gegen § 28 VVG verstößt und daher nicht aus diesem Grund unwirksam wäre.

---

589 Hierzu *Armbrüster*, in: Prölss/Martin, VVG, § 28 Rn. 42 ff.; *Felsch*, in: Rüffer/Halbach/Schimikowski, HK-VVG, § 28 Rn. 25 ff.; *R. Koch*, VersR 2014, 283 (285 ff.); *Rattay*, VersR 2015, 1075 (1078 ff.).

590 Vgl. *Armbrüster*, Privatversicherungsrecht, Rn. 1698 (zum § 28 VVG).

591 Mit einem Überblick zur Diskussion *R. Koch*, VersR 2013, 283 (285 ff.)

592 OLG Naumburg, Urt. v. 28.03.2014 – 10 U 5/13 (Hs), VersR 2015, 102 (106); *Armbrüster*, in: Prölss/Martin, VVG § 28 Rn. 42, 285 f.

593 OLG Naumburg, Urt. v. 28.03.2014 – 10 U 5/13 (Hs), VersR 2015, 102 (106); *Armbrüster*, in: Prölss/Martin, VVG § 28 Rn. 42; *Schirmer*, in: FS Concordia, S. 35 (42).

594 OLG Naumburg, Urt. v. 28.03.2014 – 10 U 5/13 (Hs), VersR 2015, 102 (106); *Armbrüster*, in: Prölss/Martin, VVG § 28 Rn. 42, 285 f.

Von einem anderen Teil der Rechtsprechung und Literatur wird eine solche Vorgehensweise jedoch zu Recht abgelehnt.[595] Nach der überzeugenderen Gegenansicht ist vielmehr von der Gesamtunwirksamkeit einer solchen Regelung auszugehen, da die Klausel unstreitig nicht den Voraussetzungen des § 28 VVG entspricht.[596] Die Verhaltensvorgabe kann deshalb auch nicht von der Klausel getrennt, aufrechterhalten und um die Voraussetzungen des § 28 VVG ergänzt werden.[597] Eine ergänzende Vertragsauslegung würde, wie diese Ansicht zutreffend annimmt, dem halbzwingenden Charakter von § 28 Abs. 2 VVG widersprechen.[598] Eine verhüllte Obliegenheit und mithin auch die vorliegende Klausel verstoßen daher gegen §§ 28 Abs. 2, 32 S. 1 VVG und sind daher gemäß § 307 Abs. 2 Nr. 1, Abs. 1 S. 1 BGB unwirksam.

Der Vollständigkeit halber sei noch erwähnt, dass die Unwirksamkeit der hier zu prüfenden Klausel auch aus einem Verstoß gegen das Transparenzgebot des § 307 Abs. 1 S. 2 BGB folgt.[599] Nach dem Transparenzgebot muss durch die Klauselgestaltung der Gefahr vorgebeugt werden, dass der Klauseladressat von der Durchsetzung bestehender Rechte abgehalten wird.[600] Eine solche Gefahr besteht vorliegend, da aus dem Inhalt der Klausel nicht eindeutig hervorgeht, dass ein Verstoß nur unter den weiteren Voraussetzungen des § 28 VVG zur Leistungsfreiheit des Versicherers führt.[601] Die je nach Verschuldensgrad unterschiedlichen Rechtsfolgen (§ 28 Abs. 2 S. 1, 2 VVG) werden den Versicherten durch die Fassung der Klausel folglich nicht ausreichend vor Augen geführt.[602]

595 Vgl. LG Hamburg, Urt. v. 15.12.1989 – 74 O 134/89, VersR 1990, 1234 (1234 f.); *Pohlmann*, in: Looschelders/Pohlmann, VVG, § 28 Rn. 31; *Rattay*, VersR 2015, 1075 (1076 ff.); *Wandt*, VersR 2015, 265 (268 f.).

596 Vgl. *Wandt*, VersR 2015, 265 (268).

597 *Pohlmann*, in: Looschelders/Pohlmann, VVG, § 28 Rn. 31; *Wandt*, VersR 2015, 265 (268).

598 *Wandt*, VersR 2015, 265 (269).

599 Allg. LG Hamburg, Urt. v. 15.12.1989 – 74 O 134/89, VersR 1990, 1234 (1234 f.); *Heiss*, in: Bruck/Möller, VVG, § 28 Rn. 31; *Rattay*, VersR 2015, 1075 (1077 ff.).

600 Vgl. BGH, Urt. v. 27.09.2000 – VIII ZR 155/99, BGHZ 145, 203 (220 f.) = NJW 2001, 292 (296); Urt. v. 21.09.2005 – VIII ZR 284/04, NJW 2005, 3567 (3569); Urt. v. 05.10.2005 – VIII ZR 382/04, NJW 2006, 211 (213) Rn. 23. Siehe auch *Heiss*, in: Bruch/Möller, VVG, § 28 Rn. 31.

601 Insoweit auch *Armbrüster*, Privatversicherungsrecht, Rn. 1754; *Felsch*, in: Rüffer/Halbach/Schimikowski, HK-VVG, § 28 Rn. 26.

602 *Schimikowski*, Versicherungsvertragsrecht, Rn. 179; *Rattay*, VersR 2015, 1075 (1078).

Die vorliegende Klausel ist daher auch wegen Verstoßes gegen die Transparenzregel gemäß § 307 Abs. 1 S. 2 BGB unwirksam.

f) Fazit

Festzuhalten bleibt damit, dass die soeben geprüfte Klausel als verhüllte Obliegenheit zu qualifizieren ist und daher sowohl nach § 307 Abs. 1 S. 1 BGB als auch nach § 307 Abs. 1 S. 2 BGB unwirksam ist. Aus dem Wortlaut der Klausel geht für Versicherte nämlich nicht ausreichend erkennbar hervor, dass ein Verstoß nur unter den weiteren Voraussetzungen des § 28 VVG zur Leistungsfreiheit des Versicherers führt. Für die private Cyberversicherung hat dies zur Folge, dass in den Versicherungsbedingungen, in denen derartige Klauseln aktuell verwendet werden, die Verwendung dieser Klauseln de facto einem Verzicht auf technische Obliegenheiten gleichkommt. Sofern ein Versicherungsfall eingetreten ist und der Versicherte die grundsätzlich geforderten Sicherheitsmaßnahmen nicht eingehalten hat, kann sich der Versicherer wegen der Unwirksamkeit dieser Klauseln nicht auf sie berufen. Aus den gleichen Gründen, die auch schon gegen einen Verzicht auf technische Obliegenheiten vorgebracht wurden, ist daher auch diese Gestaltungsvariante abzulehnen.

3. IT-Obliegenheiten durch Generalklauseln

Eine dritte Gestaltungsform, die sich bei den derzeitigen Versicherungsbedingungen häufig finden lässt, ist die Verwendung von generalklauselartigen Formulierungen. Besonders häufig anzutreffen sind dabei zwei Formen von Klauseln. Zum einen findet sich in den derzeitigen Bedingungen häufig ein Hinweis, dass die Versicherten alle „gesetzlichen und behördlichen Sicherheitsvorschriften“ einzuhalten haben. Zum anderen sind aber auch Klauseln verbreitet, nach der eine bestimmte Sicherheitsmaßnahme oder das gesamte Sicherheitsniveau dem „Stand der Technik“ entsprechen muss. Beide Klauselformulierungen, die auch in anderen Versicherungen verbreitet sind, sollen nachfolgend einer näheren Prüfung unterzogen werden.

a) Verweis auf gesetzliche und behördliche Sicherheitsvorschriften

In einigen Versicherungsbedingungen enthalten ist eine Klausel, nach der Versicherte vor und nach Eintritt des Versicherungsfalls alle „gesetzlichen und behördlichen Sicherheitsvorschriften“ einzuhalten haben.[603] Derartige Klauseln

603 Eine ähnliche Vorschrift findet sich in Ziff. A1-16.2 a.) der AVB Cyber und ist darüber

sind auch über die private Cyberversicherung hinaus verbreitet, was wohl auch darauf zurückzuführen ist, dass sie einen hohen Abstraktionsgrad besitzen und somit nicht an den technologischen Fortschritt angepasst werden müssen.[604] Unstreitig handelt es sich bei diesen Klauseln um Obliegenheiten, da an ein Verhalten der Versicherten angeknüpft wird, sich die Klauseln im Katalog der Obliegenheiten befinden und zudem auf § 28 VVG verwiesen wird.[605] Das Problem bei diesen Klauseln liegt allerdings darin, dass keine konkreten behördlichen und gesetzlichen Sicherheitsvorschriften genannt werden, sondern von den Versicherten vielmehr verlangt wird, dass sie „alle" diese Vorschriften einhalten. Hier stellt sich daher die Frage, auf welche gesetzlichen und behördlichen Vorschriften die Klausel konkret verweist und ob dieser Verweis mit dem Bestimmtheitsgrundsatz vereinbar ist.

aa) Regelungen für Privatpersonen

Festzustellen ist zunächst, dass eine Reihe von öffentlich-rechtlichen sowie auch zivilrechtlichen Gesetzen existieren, die in unterschiedlichster Form IT-Sicherheit zum Gegenstand haben und daher Gegenstand der Klausel sein könnten.[606] Zu nennen ist hier insbesondere das IT-Sicherheitsgesetz, das Mindeststandards an bestimmte IT-Einrichtungen stellt.[607] Eine gesetzliche Vorschrift, die speziell an private Anwenderinnen und Anwender Sicherheitspflichten im IT-Bereich formuliert, gibt es bisher jedoch nicht. Ebenso wenig existiert ein einheitliches „IT-Gesetz", das sämtliche Aspekte der IT-Sicherheit zusammenhängend regelt.[608] Soweit daher auf die „gesetzlichen Sicherheitsvorschriften" verwiesen wird, läuft dieser Verweis ins Leere.[609]

---

hinaus auch in der Sachversicherung verbreitet, dazu *Klimke*, in: Prölss/Martin, VVG, A1-16 AVB Cyber Rn. 18.

604 Vgl. *Schilbach*, VW 2020, 92.

605 Allg. zu den Abgrenzungskriterien von Obliegenheiten *Wandt*, in: MünchKomm-VVG, § 28 Rn. 58 ff.

606 Ein Überblick findet sich bei *Beucher/Utzerath*, MMR 2013, 362 ff.; *Lesser*, Cyber-Risiken, S. 83 ff.; *Schmidl*, NJW 2010, 476 (477 ff.); *ders.*, in: Hauschka/Moosmeyer/Lösler, Corporate Compliance, § 28 Rn. 20.

607 Näher hierzu *Hornung*, NJW 2021, 1985 ff.; *Lesser*, Cyber-Risiken, S. 84; *Roos*, MMR 2015, 636 ff.; *Spindler*, CR 2016, 297 ff.

608 *Lesser*, Cyber-Risiken, S. 83; *Salm*, in: Rüffer/Halbach/Schimikowski, HK-VVG, A1-16 AVB Cyber Rn. 1; *Schmidl*, NJW 2010, 476 (477).

609 Im Ergebnis auch *Fortmann*, Verbraucher-CyberVers, § 3 Rn. 357 f. Siehe auch *Salm*, in: Rüffer/Halbach/Schimikowski, HK-VVG, A1-16 AVB Cyber Rn. 23 für die Cyberversicherung für Unternehmen.

Möglicherweise könnten sich IT-Pflichten für Versicherte der privaten Cyberversicherung aber aus dem zweiten Teil der Klausel, den „behördlichen Sicherheitsvorschriften“ ergeben. Im Rahmen der Cyberversicherung für Unternehmen wird in diesem Zusammenhang etwa diskutiert, ob sich aus den Empfehlungen des BSI (insbesondere dem IT-Grundschutz-Kompendium)[610] gewisse Mindeststandards für die Unternehmen ableiten lassen und daher Gegenstand der Klausel sein könnten.[611] Auf Verbraucherinnen und Verbraucher lässt sich dieser Gedanke übertragen, da das BSI auch für Privatpersonen Sicherheitsempfehlungen und Warnungen veröffentlicht. So findet sich etwa auf der Internetseite des BSI ein eigener Bereich zum digitalen Verbraucherschutz, in dem Privatpersonen „Basistipps zur IT-Sicherheit“ vermittelt werden. Über aktuelle Sicherheitslücken und Lösungsmöglichkeiten informiert das BSI private IT-Anwender auch über einen Newsletter und anderen Publikationen, wie z. B. den jährlich erscheinenden Lagebericht zur IT-Sicherheit in Deutschland oder den Bericht zum digitalen Verbraucherschutz. Möglicherweise könnten diese Auskünfte von der Klausel umfasst und deren Umsetzung von den Versicherten eingefordert werden.

Zu beachten ist jedoch, dass den Empfehlungen des BSI keine Außenwirkung zukommt und sie nicht mit einer behördlichen Sicherheitsempfehlung gleichgestellt werden können.[612] Ohnehin kann zumindest das IT-Grundschutz-Kompendium nicht als Mindeststandard für Verbraucherinnen und Verbraucher zugrunde gelegt werden, da die hierin enthaltenen empfehlenden Maßnahmen selbst durch kleinere und mittlere Unternehmen kaum zu schultern sind.[613] Daraus folgt, dass auch der Verweis auf die behördlichen Sicherheitsvorschriften kein eigenständiger Anwendungsbereich zukommt.[614]

---

610 Das BSI veröffentlicht mit dem IT-Grundschutz-Kompendium jedes Jahr einen umfassenden Katalog zum Thema Informationssicherheit, siehe aktuell IT-Grundschutz-Kompendium von 2022.

611 Vgl. *Lesser*, Cyber-Risiken, S. 83 ff.; *Roos*, MMR 2015, 636 (641); *Spindler*, CR 2016, 297 (308 ff.); *Stockmeier*, Privathaftpflichtversicherung, A1-6.16 AVB PHV Rn. 44.

612 *Fortmann*, r+s 2019, 429 (436); *Klimke*, in: Prölss/Martin, VVG, A1-16 AVB Cyber Rn. 20. Zur fehlenden Bindungswirkung auch *Spindler*, CR 2016, 297 (311).

613 Vgl. *Lesser*, Cyber-Risiken, S. 266 (zur unangemessenen Benachteiligung der Stand-der-Technik-Klausel für kleinere und mittlere Unternehmen).

614 Im Ergebnis auch *Fortmann*, Verbraucher-CyberVers, § 3 Rn. 357 f. Siehe auch *Günther/Ider*, VW 2018, 50 (51); *Salm*, in: Rüffer/Halbach/Schimikowski, HK-VVG, A1-16 AVB Cyber Rn. 23 für die Cyberversicherung für Unternehmen.

bb) Verstoß gegen das Transparenzgebot

Wegen ihres hohen Abstraktionsgrades wirft die Klausel zudem erhebliche Bedenken mit Blick auf das Transparenzgebot des § 307 Abs. 1 S. 2 BGB auf.[615] Nach dem Bestimmtheitsgebot muss ein Verhalten, an das die Leistungsfreiheit geknüpft wird, positiv oder negativ so konkret bestimmt sein, dass für die Versicherten mit der erforderlichen Klarheit hervorgeht, was sie in der gegebenen Lage zu tun oder zu lassen haben.[616] Diese Voraussetzungen sind vorliegend nicht erfüllt, da die Klausel keine konkreten Normen nennt und für die Versicherten somit offenbleibt, welche Vorschriften sie genau einzuhalten haben.[617] Zutreffend wurde daher auch schon für wortgleiche Klauseln in der Sachversicherung ein Verstoß gegen den Bestimmtheitsgrundsatz bejaht.[618] Für die private Cyberversicherung hat sich ohnehin gezeigt, dass schon gar keine gesetzlichen oder behördlichen Vorschriften existieren, auf die hätte verwiesen werden können.

b) Stand der Technik

Eine generalklauselartige Formulierung, die verbreitet auch in den Bedingungswerken der privaten Cyberversicherung auftaucht und daher hier ebenfalls behandelt werden soll, ist die sog. „Stand-der-Technik-Klausel".[619] Nach dieser Klausel, die in Ziff. 6.16.1 Abs. 3 AVB PHV auch für die Privathaftpflichtversicherung geregelt ist, sind Versicherte dazu verpflichtet, dass die jeweils

615 Kritisch auch *Klimke*, in: Prölss/Martin, VVG, A1-16 AVB Cyber Rn. 18.

616 BGH, Urt. v. 12.06.1985 – IVa ZR 261/83, VersR 1985, 979 (980 f.); Urt. v. 16.09.2009 – IV ZR 246/08, VersR 2009, 1659 (1659 f.); OLG Köln, Urt. v. 17.04.2012 – 9 U 207/11, VersR 2012, 1385 (1386); *Wandt*, in: MünchKomm-VVG, § 28 Rn. 31; *Felsch*, in: Rüffer/Halbach/Schimikowski, HK-VVG, § 28 Rn. 12; *Marlow*, in: Beckmann/Matusche-Beckmann, VersR-Hdb, § 13 Rn. 9.

617 *Fortmann*, r+s 2019, 429 (436).

618 Einen Verstoß annehmend OLG Schleswig, Urt. v. 18.05.2017 – 16 U 14/17, VersR 2019, 1557 m. zust. Anm. *Marlow*. Ebenso *Fortmann*, Verbraucher-CyberVers, § 3 Rn. 358. Dagegen die wohl h. M. *Felsch*, in: Rüffer/Halbach/Schimikowski, HK-VVG, § 28 Rn. 14; *Rixecker*, in: Langheid/Rixecker, VVG, § 28 Rn. 21. Vgl. auch BGH, Urt. v. 17.04.2002 – IV ZR 91/01, r+s 2002, 292 (292 f.).

619 Hierzu auch *Fortmann*, Verbraucher-CyberVers, § 3 Rn. 345 ff. Zur wortgleichen Klausel in der Cyberversicherung für Unternehmen *Fortmann*, r+s 2019, 429 (435 f.); *Lesser*, Cyber-Risiken, S. 89 ff.; *Günther/Ider*, VW 2018, 50 (51); *Salm*, in: Rüffer/Halbach/Schimikowski, HK-VVG, A1-16 AVB Cyber Rn. 29 f.

vorgeschriebenen Sicherheitsmaßnahmen und -techniken dem aktuellen Stand der Technik entsprechen.

aa) Allgemeine Definition

Beim Terminus Stand der Technik handelt es sich um einen fest umrissenen Begriff der Rechtssprache,[620] weshalb der Begriff ausnahmsweise nicht so auszulegen ist, wie ihn ein durchschnittlicher Versicherungsnehmer verstehen darf, sondern wie ihn eine juristisch geschulte Leserin oder ein juristisch geschulter Leser versteht.[621] Der Begriff wird unter anderem in § 8a Abs. 1 S. 2 BSIG verwendet und in § 3 Abs. 6 BImSchG legal definiert und ist Teil der sog. „Drei-Stufen-Theorie“, wonach zwischen drei Technikstandards unterschieden wird: den „allgemein anerkannten Regeln der Technik“, dem „Stand der Technik“ und dem „Stand der Wissenschaft und Technik“.[622]

Die niedrigste der drei Stufen stellen die allgemein anerkannten Regeln der Technik dar, worunter solche Regeln verstanden werden, die der Richtigkeitsüberzeugung der vorherrschenden Ansicht der technischen Fachleute entsprechen und die ferner in der Praxis Eingang gefunden und sich dort überwiegend bewährt haben.[623] Bei Verwendung dieses Standards können sich die Rechtsanwender grundsätzlich darauf beschränken, im Wege einer empirischen Feststellung die Mehrheitsauffassung unter den technischen Praktikern zu ermitteln.[624] Auf zweiter Ebene steht der Stand der Technik, mit dem der technische Maßstab für das Erlaubte und Gebotene an die Front des technischen Fortschritts

620 *Kettler/Waldner*, VersR 2004, 413 (417 f.); *Lesser*, Cyber-Risiken, S. 88 f.; *Schimikowski*, r+s 2019, 301 (304).

621 St. Rspr.: BGH, Urt. v. 08.12.1999 – IV ZR 40/99, VersR 2000, 311 (unter II 4 b aa); Urt. v. 21.05.2003 – IV ZR 327/02, VersR 2003, 1122 (1123); Urt. v. 17.01.2007 – IV ZR 124/06, VersR 2007, 535 Rn. 14; *Armbrüster*, Privatversicherungsrecht, Rn. 556; *Pilz*, Missverständliche AGB, S. 60 ff.; *Schimikowski*, r+s 2019, 301 (304).

622 BVerfG, Beschl. v. 08.08.1978 – 2 BvL 8/77, BVerfGE 49, 89 (135 f.) = NJW 1979, 359 (362); Beschl. v. 20.12.1979 – 1 BvR 385/77, NJW 1980, 759 (761 f.); *Breuer*, NVwZ 1988, 104 ff.; *Seibel*, NJW 2013, 3000 ff.; *Ekrot/Fischer/Müller*, in: Kipker, Cybersecurity, Kap. 3 Rn. 2 ff.; *Salm*, in: Rüffer/Halbach/Schimikowski, HK-VVG, A1-16 AVB Cyber Rn. 29.

623 Vgl. RG, Urt. v. 11.10.1910 – IV 644/10, RGSt 44, 75 (79); *Seibel*, NJW 2013, 3000 (3001).

624 BVerfG, Beschl. v. 08.08.1978 – 2 BvL 8/77, BVerfGE 49, 89 (135 f.) = NJW 1979, 359 (362); *Breuer*, NVwZ 1988, 104 (109); *Seibel*, in: Nicklisch/Weick/Jansen/Seibel, VOB/B, § 13 Rn. 58; *Lesser*, Cyber-Risiken, S. 90.

verlagert wird.[625] Die Feststellung des Stands der Technik ist deutlich schwieriger, da sich die Rechtsanwender nicht einfach auf die Mehrheitsauffassung stützen können, sondern sich selbst mit den Meinungsstreitigkeiten der Techniker befassen müssen, um die maßgeblichen Tatsachen zu ermitteln.[626] Die dritte und höchste Stufe bildet der Stand von Wissenschaft und Technik, der die neuesten technischen und wissenschaftlichen Erkenntnisse umfasst und folglich nicht durch das gegenwärtig Realisierte und Machbare begrenzt wird.[627]

bb) Übertragung auf die private Cyberversicherung

Soweit man diese Grundsätze nun auf die private Cyberversicherung überträgt, wird man für die erste Stufe feststellen können, dass zu den allgemein anerkannten Regeln der Technik, Maßnahmen, wie die Installation eines Antivirenprogramms, einer Firewall, Datensicherungen sowie der Verwendung von regelmäßig aktualisierten Betriebssystemen zu zählen sein werden, da diese Maßnahmen in der Praxis allgemein anerkannt und verbreitet sind.[628] Daraus folgt, dass solche Maßnahmen von Versicherten der privaten Cyberversicherung grundsätzlich gefordert werden und daher auch Gegenstand von Versicherungsbedingungen sein können. Wird in den AVB die Formulierung „Stand der Technik" verwendet, wird von den Versicherten zusätzlich gefordert sein, dass sie die Maßnahmen stetig überprüfen und an den aktuellen Entwicklungsstandard anpassen.[629] Die Anforderungen an den „Stand der Technik" sind im Vergleich zu den allgemein anerkannten Regeln der Technik höher, da auf das Kriterium der allgemeinen Anerkennung und praktischen Bewährung verzichtet und so eine schnellere Durchsetzung des technischen Fortschritts gewährleistet wird.[630]

---

625 BVerfG, Beschl. v. 08.08.1978 – 2 BvL 8/77, BVerfGE 49, 89 (135 f.) = NJW 1979, 359 (362); *Seibel*, in: Nicklisch/Weick/Jansen/Seibel, VOB/B, § 13 Rn. 59.

626 *Seibel*, NJW 2013, 3000 (3003); *ders.*, in: Nicklisch/Weick/Jansen/Seibel, VOB/B, § 13 Rn. 59.

627 BVerfG, Beschl. v. 08.08.1978 – 2 BvL 8/77, BVerfGE 49, 89 (135 f.) = NJW 1979, 359 (361 f.); *Seibel*, NJW 2013, 3000 (3003); *ders.*, in: Nicklisch/Weick/Jansen/Seibel, VOB/B, § 13 Rn. 60.

628 Vgl. auch *Lesser*, Cyber-Risiken, S. 91; *Spindler*, BSI-Studie, Rn. 287, 295 ff. (nicht zur privaten Cyberversicherung).

629 Vgl. *Lesser*, Cyber-Risiken, S. 91; *Ekrot/Fischer/Müller*, in: Kipker, Cybersecurity, Kap. 3 Rn. 18.

630 *Seibel*, NJW 2013, 3000 (3003); *ders.*, in: Nicklisch/Weick/Jansen/Seibel, VOB/B, § 13 Rn. 59.

Enthalten die Versicherungsbedingungen einer privaten Cyberversicherung daher eine „Stand-der-Technik-Klausel", wird dies für Versicherte grundsätzlich zur Folge haben, dass sie sich über aktuelle Sicherheitswarnungen und Handlungsempfehlungen stetig informieren müssen und ihre IT-Systeme an neue Bedrohungen unverzüglich anzupassen haben. Dies kann im Einzelfall mit hohem technischem und organisatorischem Aufwand verbunden sein.[631] Ob dies Versicherten der privaten Cyberversicherung zumutbar ist, erscheint klärungsbedürftig.[632]

cc) AGB-rechtliche Wirksamkeit

Möglicherweise könnte die „Stand-der-Technik-Klausel" Versicherte der privaten Cyberversicherung unangemessen benachteiligen und damit gemäß § 307 Abs. 1 S. 1 BGB unwirksam sein. Eine Obliegenheit stellt nämlich grundsätzlich eine unangemessene Benachteiligung dar, sofern der Versicherte durch zu hohe Sicherheitsanforderungen übermäßig belastet wird und der Versicherungsschutz hierdurch droht, in einem wesentlichen Deckungsbereich wertlos zu werden.[633]

Für die private Cyberversicherung droht eine solche Entwertung insbesondere für die Deckung von Drittschäden infolge eines Datenaustauschs.[634] Sofern sich Versicherte dem Stand der Technik entsprechend verhalten, werden sie sich gegenüber Dritten nämlich nur selten überhaupt schadensersatzpflichtig machen können, da es am notwendigen Verschulden gemäß § 276 BGB fehlen wird.[635] Halten sie den Stand der Technik dagegen nicht ein, droht durch die Klausel, dass der Versicherungsschutz gekürzt werden oder sogar gänzlich entfallen kann. Durch den geforderten „Stand der Technik" wird der Versicherungsschutz im Sinne des § 307 Abs. 2 Nr. 2 BGB folglich entwertet, da der Sinn insbesondere von Haftpflichtschutz ist, fehlsames Verhalten zu versichern.[636]

---

631 *Lesser*, Cyber-Risiken, S. 264.

632 So auch *Schimikowski*, in: Späte/Schimikowski, Haftpflichtversicherung, BB PHV Rn. 151 (zur Sicherungsobliegenheit nach Ziff. 4.1 Satz 2 BB PHV).

633 Vgl. BGH, Urt. v. 16.05.1990 – IV ZR 137/89 = VersR 1990, 896 (896 f.) (zu übertriebenen Sicherheitsanforderungen in der Hausratversicherung). Dazu auch *Schmidt*, in: Ulmer/Brandner/Hensen, AGB-Recht, Teil 2 (54) Rn. 13; *Wandt*, in: MünchKomm-VVG, § 28 Rn. 39; *Lesser*, Cyber-Risiken, S. 262 f.

634 Zur eingeschränkten Haftpflichtkomponente der privaten Cyberversicherung bereits Zweiter Teil, B. III. 3. c).

635 Vgl. *Schimikowski*, in: Rüffer/Halbach/Schimikowski, HK-VVG, A1-6.16 AVB PHV Rn. 3 (für die Privathaftpflichtversicherung).

636 Vgl. *Schimikowski*, in: Rüffer/Halbach/Schimikowski, HK-VVG, A1-6.16 AVB PHV Rn. 3 (für die Privathaftpflichtversicherung); *ders.*, in Späte/Schimikowski,

Eine unangemessene Benachteiligung im Sinne des § 307 Abs. 1 S. 1 BGB folgt ferner daraus, dass es Versicherten der privaten Cyberversicherung häufig kaum oder nur schwer möglich sein wird, zu beurteilen, ob ihr IT-Sicherheitsniveau dem Stand der Technik entspricht.[637] Wie hoch die Anforderungen im IT-Bereich sind, zeigt nämlich etwa das vom BSI veröffentlichte IT-Grundschutz-Kompendium, das über 900 Seiten zählt und dennoch nicht ausreicht, um den Stand der Technik abschließend abzubilden.[638] Selbst für die IT-Sicherheit von Unternehmen wird daher zutreffend angenommen, dass diese häufig nicht dem Stand der Technik entsprechen kann, da Personal und Infrastruktur vielfach fehlen werden.[639] Privatpersonen werden durch eine solche Klausel folglich vor noch größere Herausforderungen gestellt, da sie über deutlich geringere Fähigkeiten und Ressourcen verfügen.[640] Auch aus dieser Überlegung heraus werden Versicherte der privaten Cyberversicherung daher im Sinne des § 307 Abs. 1 S. 1 BGB unzumutbar belastet, sofern ihnen zur Pflicht gemacht wird, die IT-Sicherheit fortlaufend auf dem neuesten Stand der Technik zu halten und dafür entsprechende finanzielle Mittel aufzuwenden.[641] Von Privatpersonen kann vielmehr nur verlangt werden, dass sie Maßnahmen durchführen, die im jeweiligen Zeitpunkt, den marktüblichen Sicherungen entsprechen.[642]

Wirksamkeitsbedenken ergeben sich ferner auch mit Blick auf das Transparenzgebot, da aus dem Terminus „Stand der Technik" nicht hinreichend deutlich wird, welche konkreten Anforderungen hieraus erwachsen.[643] Trotz dieser Bedenken wird die Klausel im Schrifttum allerdings vielfach für wirksam

---

Haftpflichtversicherung, BB PHV Rn. 153 (zur Sicherungsobliegenheit nach Ziff. 4.1 Satz 2 BB PHV).

637 Vgl. *Schimikowski*, in: Rüffer/Halbach/Schimikowski, HK-VVG, A1-6.16 AVB PHV Rn. 3; *ders.*, in Späte/Schimikowski, Haftpflichtversicherung, BB PHV Rn. 153 (nicht zur privaten Cyberversicherung).

638 Vgl. *Lesser*, Cyber-Risiken, S. 264.

639 *Günther/Ider*, VW 2018, 50 (51); *Lesser*, Cyber-Risiken, S. 264.

640 Vgl. *Spindler*, CR 2016, 297 (310 f.); *ders.*, BSI-Studie, Rn. 290; *Lesser*, Cyber-Risiken, S. 168 f.

641 Vgl. BGH, Urt. v. 12.05.2010 – I ZR 121/08, VersR 2010, 1050 (1052) Rn. 23 (zur Frage der ausreichenden Passwortsicherung bei der Nutzung eines privaten WLAN-Routers).

642 Vgl. BGH, Urt. v. 12.05.2010 – I ZR 121/08, VersR 2010, 1050 (1052) Rn. 23 (zur Frage der ausreichenden Passwortsicherung bei der Nutzung eines privaten WLAN-Routers).

643 Kritisch daher auch *Lesser*, Cyber-Risiken, S. 264 f.

befunden, da Sicherheitsstandards wegen des technologischen Fortschritts stets nur mit Hilfe unbestimmter Begriffe umschrieben werden könnten.[644] Auch handele es sich beim Stand der Technik um einen allgemein gültigen Rechtsbegriff, der bereits aus dieser Überlegung heraus nicht gegen das Bestimmtheitsgebot verstoßen könne.[645] Dem ist jedoch zumindest für die hier betrachteten Versicherungsbedingungen zu widersprechen, da sich gerade gezeigt hat, dass für Verbraucherinnen und Verbraucher keine einheitlichen Regeln und Standards für die IT-Sicherheit bestehen.[646] Die „Stand-der-Technik-Klausel“ verstößt daher auch gegen das Transparenzgebot und ist damit zusätzlich noch gemäß § 307 Abs. 1 S. 2 BGB unwirksam.[647]

c) Fazit

Zu den generalklauselartigen Formulierungen, die sich vor allem in Gestalt von zwei Klauseln in Versicherungsbedingungen der privaten Cyberversicherung finden lassen, lässt sich abschließend zusammenfassen, dass diese zumeist unwirksam sind. Für Klauseln, wonach Versicherte alle gesetzlichen und behördlichen Sicherheitsvorschriften einzuhalten haben, hat sich gezeigt, dass diese Klauseln nicht nur gegen das Transparenzgebot verstoßen, sondern mangels einschlägiger Vorschriften schon gar keinen eigenständigen Anwendungsbereich besitzen. Aus ähnlichen Überlegungen heraus sind auch Klauseln unwirksam, wonach Versicherte zur Einhaltung des Stands der Technik verpflichtet sind. Auch hier hat sich gezeigt, dass sich aus der Klausel selbst keine konkreten Anforderungen ableiten lassen und die Klausel deshalb gegen das Transparenzgebot verstößt. Selbst wenn man eine Intransparenz dieser Klausel mit der Begründung ablehnen würde, es handle sich um einen festumrissenen Rechtsbegriff, wäre die Klausel zumindest nach § 307 Abs. 1 S. 1 BGB unwirksam, da sich aus dem Stand der Technik für Verbraucherinnen und Verbraucher keine einheitlichen Regeln und Standards für den IT-Bereich ableiten lassen. Versicherer, die eine oder beide der untersuchten Klauseln in ihren Bedingungswerken verwenden,

---

644 *Klimke*, in: Prölss/Martin, VVG, A1-16 AVB Cyber Rn. 1 f.; wohl auch *Salm*, in: Rüffer/Halbach/Schimikowski, HK-VVG, A1-16 AVB Cyber Rn. 29 f.

645 *Buchner*, Die IT-Versicherung, S. 307 ff.

646 Vgl. auch *Lesser*, Cyber-Risiken, S. 265.

647 Ähnlich *Fortmann*, Verbraucher-CyberVers, § 3 Rn. 346. In diese Richtung auch *Lesser*, Cyber-Risiken, S. 266, der ein Verstoß der Stand-der-Technik-Klausel gegen das Transparenzgebot allerdings nur für kleinere und mittlere Unternehmen und nicht für große Industriekonzerne annimmt.

können sich bei Eintritt des Versicherungsfalls daher – mangels Wirksamkeit – nicht auf diese berufen (vgl. § 306 Abs. 1 BGB). Für die vorliegende Untersuchung folgt daraus, dass wegen der Bedeutung von technischen Obliegenheiten sowohl für Versicherer als auch Versicherte, diese Klauseln zukünftig nicht mehr verwendet werden sollten.

4. *IT-Plichten durch konkrete Maßnahmen*

Die vierte und letzte Möglichkeit für Versicherer, technische Obliegenheiten zu gestalten, besteht darin, konkrete Maßnahmen in den AVB aufzuzählen, die von den Versicherten durchzuführen sind. Diese Gestaltungsvariante ist bei den derzeit verwendeten Bedingungswerken am häufigsten zu finden, gleichwohl sich zwischen den einzelnen Versicherungsbedingungen wiederum gewisse Unterschiede finden lassen. Nachfolgend soll geprüft werden, welche Maßnahmen nach den aktuellen Regelungen konkret verlangt werden und, ob diese Maßnahmen für einen durchschnittlichen Versicherten zumutbar sind. Abschließend ist dann noch zu prüfen, ob die gegenwärtigen Klauseln einer Transparenzkontrolle standhalten können.

a) Zumutbarkeit der Maßnahmen

Die Zumutbarkeit einer Maßnahme ist anhand eines objektiven Maßstabes zu bestimmen. Von der technischen Zumutbarkeit einer Maßnahme ist grundsätzlich auszugehen, wenn die gebotene Handlung mit durchschnittlichem Kenntnisstand und vertretbaren Aufwand durch eine private Nutzerin oder einen privaten Nutzer ordnungsgemäß durchgeführt werden kann.[648] Die wirtschaftliche Zumutbarkeit liegt vor, wenn die Kosten für die Durchführung der Maßnahme in einem angemessenen Verhältnis zu dem möglichen Risiko stehen.[649] Unzumutbar wäre eine in den AVB vorgeschriebene Maßnahme daher grundsätzlich nur, wenn der Versicherte durch zu hohe Sicherheitsanforderungen übermäßig belastet und der Versicherungsschutz hierdurch in einem wesentlichen Deckungsbereich wertlos würde.[650] In den Versicherungsbedingungen

---

648 Vgl. *Spindler*, BSI-Studie, Rn. 290; *Lesser*, Cyber-Risiken, S. 169 (zu den Verkehrspflichten von privaten IT-Anwendern).

649 Vgl. *Wagner*, in: MünchKomm-BGB, § 823 Rn. 452, 477 (zu Verkehrssicherungspflichten).

650 Vgl. BGH, Urt. v. 16.05.1990 – IV ZR 137/89 = VersR 1990, 896 (896 f.) (zu übertriebenen Sicherheitsanforderungen in der Hausratversicherung). Dazu auch *Schmidt*, in: Ulmer/Brandner/Hensen, AGB-Recht, Teil 2 (54) Rn. 13; *Wandt*, in: MünchKomm-VVG, § 28 Rn. 39; *Lesser*, Cyber-Risiken, S. 262 f.

der privaten Cyberversicherung wird von den Versicherten überwiegend verlangt, dass sie ein Antivirenprogramm sowie eine Firewall installieren und diese aktuell halten. Weiterhin ist häufig vorgesehen, dass die automatische Update-Funktion aktiviert sein muss und Sicherheitsupdates – auch Patches genannt – unverzüglich durchzuführen sind. Ferner sind Versicherte nach den meisten Versicherungsbedingungen auch dazu verpflichtetet, Passwörter, Zugangscodes und ähnliche vertrauliche Informationen nicht an Dritte weiterzugeben und auf allen Datenträgern regelmäßig Datensicherungen vorzunehmen.[651]

Keine dieser Maßnahmen erscheint für Versicherte der privaten Cyberversicherung unzumutbar. Vielmehr handelt es sich um Standardmaßnahmen, die unstreitig zu einer höheren IT-Sicherheit beitragen und ohnehin im Rahmen von Verkehrssicherungspflichten zumeist durchgeführt werden müssen.[652] Denn wie bereits ausgeführt, sind mit Cyberrisiken auch erhebliche Haftungsrisiken verbunden, etwa, wenn eine Schadsoftware unbeabsichtigt weitergeleitet wurde und der geschädigte Dritte daraufhin Schadensersatzansprüche geltend macht.[653] Hat der Betroffene kein Antivirenprogramm verwendet, kann dies die Verletzung einer Verkehrssicherungspflicht begründen.[654] Gegen eine unzumutbare Belastung spricht vorliegend auch, dass die Maßnahmen durch leicht verständliche und einfach zu handhabende Programme und Einstellungen durch die Versicherten selbst durchgeführt werden können.[655] Dem steht auch nicht entgegen, dass die Maßnahmen derzeit noch von zu wenigen Verbraucherinnen und Verbraucher durchgeführt werden.[656] Denn für die Frage der Zumutbarkeit der oben genannten Maßnahmen kommt es allein darauf an, ob durch die Maßnahmen Versicherte übermäßig belastet werden, was sowohl unter wirtschaftlichen als auch technischen Gesichtspunkten zu verneinen ist. Denkbar wäre sogar, von Versicherten zukünftig die Nutzung eines kostenpflichtigen Antivirenprogramms zu fordern, sofern die hierfür anfallenden Kosten in einem

---

651 Mit einem Überblick auch *Fortmann*, Verbraucher-CyberVers, § 3 Rn. 343 ff.

652 Zum Umfang der Verkehrssicherungspflichten von privaten IT-Anwendern *Lesser*, Cyber-Risiken, S. 171 ff.; *Spindler*, BSI-Studie, Rn. 277 ff.

653 Siehe hierzu bereits Erster Teil, B. III.

654 Vgl. *Lesser*, Cyber-Risiken, S. 171 ff.; *Spindler*, BSI-Studie, Rn. 277 ff.

655 Vgl. *Lesser*, Cyber-Risiken, S. 172 f.; *Mankowski*, in: Ernst, Hacker, Cracker & Computerviren, Rn. 516; *Spindler*, BSI-Studie, Rn. 295 ff. (nicht zur privaten Cyberversicherung).

656 Siehe hierzu Erster Teil, B. IV.

angemessenen Verhältnis zu dem hiermit verbundenen Nutzen stehen.[657] Dies würde allerdings voraussetzen, dass die kostenpflichtige Version im Vergleich zur kostenlosen Variante auch tatsächlich zu einem höheren Schutzniveau beiträgt. Die Nutzung eines kostenpflichtigen Programms wird soweit ersichtlich aber derzeit noch von keinem Versicherer gefordert.

b) Bestimmtheit der Regelungen

Rechtliche Bedenken könnten sich allerdings mit Blick auf die Bestimmtheit einiger Regelungen ergeben. Bei näherer Betrachtung der gegenwärtigen Versicherungsbedingungen ist nämlich festzustellen, dass zur Beschreibung der Maßnahmen in vielen AVB unbestimmte Rechtsbegriffe verwendet werden. So finden sich in den AVB vielfach Formulierungen, wonach Versicherte „ausreichend" komplexe Passwörter verwenden müssen, Datensicherungen „regelmäßig" durchzuführen sind oder Programme „aktuell" gehalten werden müssen. Vorliegend stellt sich daher die Frage, ob diese Klauseln mit dem Transparenzgebot aus § 307 Abs. 1 S. 2 BGB vereinbar sind.

Im Schrifttum wird ein Verstoß gegen das Transparenzgebot für diese oder ähnliche Klauseln zum Teil bejaht, da die Klauseln keine konkreten Anforderungen enthielten und ohne genaue Angaben – etwa in welchen zeitlichen Abständen und in welchem Umfang Datensicherungen durchzuführen sind – für die Versicherten nicht erkennbar sei, was genau von ihnen verlangt werde.[658] Dies gelte etwa auch, wenn die Versicherten zu einer „üblichen Datensicherung" oder einer „Datensicherung in angemessenen Intervallen" verpflichtet würden.[659] Obliegenheiten dieser Art wären demnach grundsätzlich nur wirksam, wenn sie konkrete Zeitangaben enthalten (etwa die Verpflichtung zu einer wöchentlichen Datensicherung).[660] Sofern man sich dieser Ansicht anschließen würde, hätte dies zur Folge, dass viele der aktuell in der privaten Cyberversicherung verwendeten Klauseln unwirksam wären.

---

657 Vgl. *Lesser*, Cyber-Risiken, S. 169; *Mantz*, K & R, 2007, 566 (570); *Spindler*, BSI-Studie, Rn. 291.

658 Vgl. *Fortmann*, Vebraucher-CyberVers, § 3 Rn. 353 f. (zur Datensicherungsobliegenheit).

659 *Buchner*, Die IT-Versicherung, S. 289 ff.; *ders.*, in: Hoeren/Sieber/Holznagel, MultimediaR-Hdb, Teil 18.4 Rn. 58. Ähnlich auch *Fortmann*, Vebraucher-CyberVers, § 3 Rn. 353 f.

660 *Buchner*, Die IT-Versicherung, S. 289; *ders.*, in: in: Hoeren/Sieber/Holznagel, MultimediaR-Hdb, Teil 18.4 Rn. 58.

Generell gilt hier zu beachten, dass Versicherern ein gewisser Abstraktionsgrad bei der Gestaltung ihrer Bedingungswerke zugestanden werden muss.[661] Gerade an die Formulierung von technischen Obliegenheiten dürfen nicht zu hohe Anforderungen gestellt werden, da sich nicht nur die Entwicklung der Technik, sondern auch die Gefahrenlage und damit auch der Maßstab, der hierfür notwendigen Abwehrmaßnahmen stetig verändert. Für Passwörter etwa hat der BGH bisher nur deren Notwendigkeit ausdrücklich bejaht,[662] die Anforderungen an ein ausreichend langes und sicheres Passwort dagegen offengelassen,[663] weshalb auch von Versicherern hierzu keine detaillierten Anforderungen verlangt werden können. Dies lässt sich auch auf andere Obliegenheiten, wie etwa die Datensicherung, übertragen, gerade auch, weil sich im Einzelfall aus dem unterschiedlichen Nutzungsverhalten auch unterschiedliche Anforderungen ergeben können. Werden elektronische Geräte täglich intensiv genutzt, kann auch eine tägliche Datensicherung sinnvoll und notwendig sein und daher auch verlangt werden. Bei einer nur gelegentlichen Nutzung oder auch Abwesenheit über mehrere Wochen müssen dagegen andere Anforderungen gelten. Ob eine Datensicherung täglich, wöchentlich oder monatlich durchzuführen ist, sollte daher unter Berücksichtigung der Gesamtumstände für jeden Einzelfall bestimmt werden und nicht durch AVB detailliert vorgegeben werden müssen. Daraus folgt, dass die genannten Formulierungen zur Beschreibung der einzelnen Maßnahmen nicht gegen den Bestimmtheitsgrundsatz verstoßen.[664] Vielmehr muss von Einzelfall zu Einzelfall entschieden werden, ob ein Passwort ausreichend komplex war oder eine Datensicherung in ausreichendem Maße durchgeführt wurde. Wünschenswert wäre es jedoch, wenn zukünftig für jede Maßnahme beschrieben wird, welche Anforderungen üblicherweise gestellt werden. So sollte in den Versicherungsbedingungen künftig ausgeführt werden, wann ein ausreichend komplexes Passwort in der Regel vorliegt oder wie häufig eine Datensicherung gewöhnlich durchgeführt werden sollte.

---

661 Vgl. *Klimke*, in: Prölss/Martin, VVG, A1-16 AVB Cyber Rn. 1 f.; wohl auch *Salm*, in: Rüffer/Halbach/Schimikowski, HK-VVG, A1-16 AVB Cyber Rn. 29 f. (nicht speziell zur privaten Cyberversicherung).

662 Vgl. BGH, Urt. v. 12.05.2010 – I ZR 121/08, BGHZ 185, 330 ff.= GRUR 2010, 633 ff. (zur Störerhaftung eines WLAN-Inhabers).

663 Dazu auch *Salm*, in: Rüffer/Halbach/Schimikowski, HK-VVG, A1-16 AVB Cyber Rn. 8.

664 Ähnlich auch *Klimke*, in: Prölss/Martin, VVG, A1-16 AVB Cyber Rn. 1.

5. *Fazit*

Wie die Ausführungen zu den Obliegenheiten gezeigt haben, sind die aktuellen Versicherungsbedingungen in diesem Bereich noch sehr unterschiedlich gestaltet. Die derzeitigen Regelungen lassen sich dabei grundsätzlich in vier Gruppen einteilen, wobei die Gruppen teilweise auch in Kombination auftreten. In einer sehr kleinen Zahl von Bedingungswerken wird auf die Vereinbarung von technischen Obliegenheiten verzichtet, was wegen der Funktion und Bedeutung von Obliegenheiten für die private Cyberversicherung kontraproduktiv ist. Die zweite Gruppe bilden Versicherungsbedingungen, nach deren Wortlaut die Durchführung von Sicherheitsmaßnahmen eine Voraussetzung für den Versicherungsschutz bildet. Wie sich gezeigt hat, sind solche Klauseln als verhüllte Obliegenheiten einzuordnen, die unwirksam und damit nichtig sind, weshalb diese Klauseln ebenfalls kritisch zu sehen sind.

Die dritte Gruppe bilden Versicherungsbedingungen, in denen durch generalklauselartige Formulierungen festgelegt wird, welche Pflichten die Versicherten zu erfüllen haben. Hierzu zählen insbesondere Klauseln, nach denen Versicherte alle „gesetzlichen und behördlichen Sicherheitsvorschriften“ sowie den allgemeinen „Stand der Technik“ einhalten müssen. Auch bei diesen Klauseln hat sich gezeigt, dass diese einer Inhaltskontrolle nicht standhalten können und daher unwirksam sind. Auf diese Klauseln sollten die Versicherer im Rahmen der privaten Cyberversicherung daher zukünftig ebenfalls verzichten.

Zu der vierten und letzten Gruppe von Versicherungsbedingungen zählen Klauseln, nach denen die Versicherten aufgefordert sind, konkrete Maßnahmen durchzuführen, um keinen Einschränkungen im Versicherungsschutz ausgesetzt zu sein. Zu diesen Maßnahmen zählen vor allem die Nutzung eines aktuellen Antivirenprogramms, die Durchführung regelmäßiger Datensicherungen sowie ein ausreichend komplexer Passwortschutz. Sämtliche dieser Maßnahmen sind dabei sowohl technisch als auch wirtschaftlich zumutbar. Die Klauseln verstoßen auch nicht gegen das Transparenzgebot, da Versicherern ein gewisser Gestaltungsspielraum zugestanden werden muss und die Beurteilung, ob eine Maßnahme ausreichend durchgeführt wurde, einzelfallbezogen und nicht durch detaillierte Vorgaben in den AVB erfolgen sollte. Sinnvoll erscheint es aber, für die einzelnen Maßnahmen grobe Richtwerte zu nennen, um den Versicherten eine Orientierungshilfe zu geben.

V. Überschneidungen mit anderen Versicherungen

Für die Bewertung der privaten Cyberversicherung ist weiterhin von zentraler Bedeutung, in welchem Umfang Cyberrisiken bereits in den konventionellen

Versicherungen abgedeckt werden. Sollten Cyberrisiken nämlich bereits ausreichend durch die klassischen Versicherungen abgedeckt sein, bestünde für Verbraucherinnen und Verbraucher grundsätzlich kein Bedarf für einen Abschluss einer privaten Cyberversicherung. Auch würde es in einem solchen Fall vielfach zu Deckungsüberschneidungen mit der privaten Cyberversicherung kommen, weshalb für Versicherte auch von Interesse ist, welche Regelungen in der privaten Cyberversicherung bei Deckungsüberschneidungen vorgesehen sind und wie sich diese auf den Versicherungsschutz auswirken.

1. Deckung von Cyberrisiken in den konventionellen Versicherungen

In welchem Umfang Cyberrisiken bereits in den konventionellen Versicherungen abgedeckt werden, wurde in der versicherungsrechtlichen Literatur bislang vor allem für die Cyberversicherung für Gewerbe und Unternehmen untersucht.[665] Zumeist wird dieses Thema unter dem Schlagwort „Silent-Cyber"-Risiken oder auch „Non-Affirmative"-Risiken diskutiert, worunter die Gefahr einer unbeabsichtigten Deckung von Cyberrisiken außerhalb der Cyberversicherung verstanden wird.[666] In welchem Umfang Cyberrisiken in den klassischen Versicherungen abgedeckt werden und ob in diesem Zusammenhang auch von „Silent-Cyber"-Risiken gesprochen werden kann, ist nachfolgend insbesondere für die Privathaftpflicht-, Hausrat- und Rechtsschutzversicherung zu prüfen. Da für diese Versicherungen eine sehr große Angebots- und Bedingungsfalt existiert,[667] wird nachfolgend auf die für die jeweilige Versicherung veröffentlichten Musterbedingungen des GDV zurückgegriffen.[668]

---

665 *Achenbach*, VersR 2017, 1493 (1494 ff.); *Bertsch/Fortmann*, r+s 2021, 549 ff.; *Erichsen*, CCZ 2015, 247 (249 ff.); *Fortmann*, r+s 2019, 429 (442); *Lesser*, Cyber-Risiken, S. 298 ff. Nun erstmals auch für den Privatkundenbereich *Fortmann*, Verbraucher-CyberVers, § 8.

666 *Bertsch/Fortmann*, r+s 2021, 485 (485 f.); *Bührer/Nigl*, Die D&O und Cyberversicherung, S. 126; *Dowlen/Becker*, ZfV 2019, 637; *Fortmann*, r+s 2019, 429 (442); *Gebert/Klapper*, in: Veith/Gräfe/Gebert, Versicherungsprozess, § 24 Rn. 48; *Heidemann/Flagmeier*, Versicherungshandbuch Cyber-Versicherungen, S. 56 f.; *Lesser*, Cyber-Risiken, S. 298 ff.; *Siebert*, VP 6/2019, 17 (17 f.).

667 Mit einer Übersicht zu den auf dem Markt erhältlichen Zusatzversicherungsbedingungen für die Hausrat-, Privathaftpflicht- und Rechtsschutzversicherung *Fortmann*, Verbraucher-Cybervers, § 5-7.

668 Die Musterbedingungen sind in der jeweils aktuellen Fassung auf der Internetseite des GDV abrufbar. Die genauen Fundstellen finden sich auch im angehängten Quellenverzeichnis unter Abschnitt B.

a) *Privathaftpflichtversicherung*

Die Musterbedingungen für die Privathaftpflichtversicherung (AVB PHV) gewähren Versicherungsschutz grundsätzlich nur für Situationen, in denen der Versicherte von einem Dritten für einen erlittenen Schaden haftungsrechtlich in Anspruch genommen wird. Für Eigenschäden, die vor allem Gegenstand von Cyberrisiken sind, besteht durch eine Privathaftpflichtversicherung daher von vorneherein keine Deckung.[669] Haftpflichtschäden, die durch einen Datenaustausch entstanden sind, wurden in Form von Ziff. 7.15 AHB dabei lange Zeit von der Deckung ausgeschlossen und konnten nur über Ziff. 4 BB PHV im Wege eines optionalen Wiedereinschlusses vereinbart werden.[670] In ihrer aktuellen Fassung enthalten die Musterbedingungen nun mit Ziff. A1-6.16.1 AVB PHV eine Klausel, die nahezu wortgleich dem eingeschränkten Haftpflichtbaustein der privaten Cyberversicherung entspricht.[671] So ist auch nach Ziff. A1-6.16.1 AVB PHV die gesetzliche Haftpflicht der Versicherten für Schäden aus dem Austausch, der Übermittlung und Bereitstellung von elektronischen Daten, gleichgültig mittels welchen Mediums, mitversichert.[672]

Insbesondere für Schäden, die durch den unbeabsichtigten Austausch von Computer-Viren oder anderen Schadprogrammen zu einer Löschung, Unterdrückung, Unbrauchbarmachung oder Veränderung von Daten sowie zu einer Nichterfassung oder fehlerhaften Speicherung von Daten bei einem Dritten führen können, besteht folglich auch durch die Privathaftpflichtversicherung Versicherungsschutz. Der Versicherungsschutz umfasst dabei auch hier die Prüfung der Haftpflichtfrage, die Abwehr unberechtigter Schadensersatzansprüche und die Freistellung von berechtigten Schadensersatzverpflichtungen.[673] Auch in Ziff. A1-6.16 AVB PHV ist der Versicherungsschutz allerdings für bestimmte Bereiche ausgeschlossen, zu denen insbesondere der Ausschluss für gewerbeähnliche Situationen, für bewusste Pflichtverletzungen und für Ansprüche wegen Schäden aus Persönlichkeits-, Namens- und Urheberrechtsverletzungen

---

669 *Fortmann*, Verbraucher-CyberVers, § 8 Rn. 9.

670 Näher dazu *Stockmeier*, Privathaftpflichtversicherung, A1-6.16 AVB PHV Rn. 4 ff. Zum Ausschluss und Wiedereinschluss von IT-Risiken in der Betriebshaftpflichtversicherung nach den AHB 2004/BHV-IT auch *R. Koch*, r+s 2005, 181 ff.; *ders.*, Versicherbarkeit von IT-Risiken, Rn. 1644 ff.

671 Zur Darstellung des Haftpflichtbausteins bereits Zweiter Teil, B. III. 3. c).

672 Hierzu auch *Fortmann*, Verbraucher-CyberVers, § 8 Rn. 10.

673 Allg. zur Haftpflichtversicherung *Armbrüster*, Privatversicherungsrecht, Rn. 1821; *Wandt*, Versicherungsrecht, Rn. 1044.

sowie für Ansprüche im engen Zusammenhang mit Spamming und Cookies zu zählen sind.[674] Zudem sind die Versicherten auch nach Ziff. A1-6.16.1 Abs. 3 AVB PHV zur Durchführung bestimmter Sicherheitsmaßnahmen verpflichtet.

Zusammenfassend lässt sich daher sagen, dass durch die Privathaftpflichtversicherung ein ausreichender Versicherungsschutz für den Fall besteht, dass Privatpersonen bezüglich einer Datenveränderung durch einen Dritten haftungsrechtlich in Anspruch genommen werden.[675] Es erscheint daher wenig sinnvoll, diese Leistungen auch im Rahmen einer privaten Cyberversicherung anzubieten, zumal die Privathaftpflichtversicherung bei Verbraucherinnen und Verbraucher sehr verbreitet ist und deutlich höhere Versicherungssummen vorsieht.[676]

b) Hausratversicherung

Bei der Hausratversicherung handelt es sich um eine Standardversicherung, die von Privatpersonen abgeschlossen wird, um das zum Haushalt gehörende Inventar zu versichern.[677] Nach Ziff. A8.1 VHB 2022 gehören zum Hausrat alle Sachen, die dem Haushalt der versicherten Personen zur privaten Nutzung (Gebrauch oder Verbrauch) dienen.[678] Versichert ist der private Haushalt dabei insbesondere gegen Brand, Explosion, Naturgefahren, Einbruchsdiebstahl und Vandalismus. Ein Versicherungsfall tritt in der Hausratversicherung ein, wenn eine zum privaten Hausrat gehörende Sache durch eine der genannten Gefahren beschädigt oder zerstört wird.[679]

Bei der Prüfung, inwieweit Cyberrisiken durch die Hausratversicherung abgedeckt werden, muss zwischen physischen und nicht physischen Schäden unterschieden werden. Unstreitig von der Deckung einer Hausratversicherung erfasst, ist die Beschädigung oder Zerstörung eines physischen Haushaltsgegenstands. Dies ist insbesondere denkbar, wenn Cyberangriffe auf ein vernetztes Zuhause („Smart Home“) durchgeführt werden.[680] Beispielsweise kann ein

---

674 Näher hierzu *Stockmeier*, Privathaftpflichtversicherung, A1-6.16 AVB PHV Rn. 55.

675 So auch *Fortmann*, Verbraucher-CyberVers, § 8 Rn. 21.

676 Eine Sonderauswertung der Einkommens- und Verbraucherstichprobe des Statistischen Bundesamtes durch den GDV hat für das Jahr 2018 ergeben, dass die private Haftpflichtversicherung mit einer Versicherungsdichte von rund 83 Prozent die höchste Verbreitung bei den Freiwilligenversicherungen hat, siehe GDV, So sind die Deutschen versichert.

677 *Armbrüster*, Privatversicherungsrecht, Rn. 2047.

678 Näher *Armbrüster*, Privatversicherungsrecht, Rn. 2054.

679 Siehe Ziff. A1 VHB 2022.

680 Näher *Rudkowski*, VersR 2017, 1 ff.; *Fortmann*, r+s 2019 429 (442).

Versicherungsfall in der Hausratversicherung eintreten, wenn ein am Internet angeschlossener Herd eingeschaltet oder die Gasleitung aktiviert wird und durch den hierdurch verursachten Brand der Hausrat zerstört oder beschädigt wird.[681] Die zunehmende Verbreitung von Smart-Home-Geräten kann daher mit einem höheren Schadenpotenzial für Sachversicherer einhergehen.[682]

Nicht von der Deckung durch die Hausratversicherung erfasst sind dagegen reine Datenschäden. Dies folgt aus Ziff. A9.1.7 VHB 2022, wonach elektronische Daten und Programme vom Versicherungsschutz ausgeschlossen sind. Für ein „Smart Home" hat dies zur Folge, dass Schäden an der Steuerungssoftware nicht versichert sind, da die Steuerungssoftware unter den Ausschluss für elektronisch gespeicherte Daten und Programme fällt.[683] Aus Ziff. A9.1.7 VHB 2022 folgt auch, dass es an dieser Stelle nicht auf den Streit ankommt, ob Daten versicherungsrechtlich als Sachen im Sinne des § 90 BGB angesehen werden können und ein Datenschaden einen Versicherungsfall in der Sachversicherung auslöst,[684] da in Ziff. A9.1.7 VHB 2022 klargestellt wird, dass elektronisch gespeicherte Daten und Programme nicht zum Hausrat gehören.

Für Versicherte der Hausratversicherung besteht allerdings die Möglichkeit, durch die Zusatzklausel PK 7112 (22) die Kosten für die technische Wiederherstellung von elektronisch gespeicherten, zumindest auch privat genutzten Daten optional in den Basisschutz zu integrieren.[685] Zu beachten ist hierbei allerdings, dass die Wiederherstellungskosten nach der Zusatzklausel PK 7112 (22) nur ersetzt werden, wenn die Daten und Programme durch eine ersatzpflichtige Substanzbeschädigung an dem Datenträger, auf dem sie gespeichert waren, verloren gegangen, beschädigt oder nicht mehr verfügbar sind. Die

---

681 *Fortmann*, r+s 2019 429 (442).

682 *Fortmann*, r+s 2019 429 (442); *Gierga*, Internet of Things, S. 50. Zu den Chancen von Smart-Home dagegen *Rockmann*, VW 2016, 34.

683 Vgl. *Rudkowski*, VersR 2017, 1 (2).

684 Zum Streitstand: *Bertsch*, Silent Cyber, S. 9 ff.; *Bertsch/Fortmann*, r+s 2021, 485 (486); *Buchner*, Die IT-Versicherung, S. 211 ff.; *Fortmann*, r+s 2019, 429 (441); *Günther*, VersR 2018, 205 ff.; *König*, NJW 1989, 2604 ff.; *ders.*, NJW 1993, 3121 ff.; *Lesser*, Cyber-Risiken, S. 299 ff.; *Mössner*, in: BeckOGK-BGB, § 90 Rn. 83 ff.; *Redeker*, NJOZ 2008, 2917 ff.

685 GDV, Was kann zusätzlich zu den Allgemeinen Hausrat Versicherungsbedingungen (VHB 2022 - Quadratmetermodell) vereinbart werden? Nach einer früheren Fassung der Klausel wurden die Kosten nur bei einer ausschließlich privaten Nutzung ersetzt. Eine solche Änderung wäre auch für die Versicherungsbedingungen der privaten Cyberversicherung sinnvoll und wünschenswert.

Substanzbeschädigung des Datenträgers muss folglich auf einen der in den VHB 2022 geregelten Versicherungsfälle zurückzuführen sein, was den Versicherungsschutz insoweit erheblich einschränkt.[686] Viel häufiger werden Datenverluste nämlich nicht durch eine Substanzbeschädigung des Datenträgers, sondern durch ein Schadprogramm oder einen Hackerangriff eintreten. Ähnlich wie bei der privaten Cyberversicherung werden die Kosten für die Datenwiederherstellung zudem nur ersetzt, wenn die Daten und Programme nicht noch auf einem anderen Sicherungs- oder Installationsmedium vorrätig sind.

Festzuhalten bleibt daher, dass der Hausratversicherung nach den VHB 2022 eine wichtige Funktion zum Schutz bei Cyberangriffen auf ein vernetztes Zuhause zukommt. Die VHB 2022 gewähren ansonsten aber nur rudimentären Schutz gegen Cyberrisiken, was insbesondere auf den Ausschluss für elektronische Daten und Programme zurückzuführen ist.[687] Nach der Zusatzklausel PK 7112 (22) besteht für Versicherte zwar die Möglichkeit, die Kosten für eine Datenwiederherstellung in die Deckung aufzunehmen, jedoch nur, wenn der Datenverlust auf eine Substanzbeschädigung des Datenträgers zurückzuführen ist, was in der Praxis aber eher selten der Fall sein wird. An dieser Stelle sei allerdings noch erwähnt, dass auf dem Markt immer mehr Hausratversicherer von den VHB 2022 abweichen und Zusatzleistungen insbesondere bei Datenverlusten oder Schäden beim Online-Banking anbieten.[688]

c) Rechtsschutzversicherung

Die Musterbedingungen für die Rechtsschutzversicherung (ARB) wurden zuletzt im April 2021 angepasst und enthalten nun einen eigenen Baustein für Cyberrisiken, der optional zum Basisschutz vereinbart werden kann. Der mit Cyber-Privat (CP) abgekürzte Baustein ergänzt den Rechtsschutz um wichtige Bereiche, die im Zusammenhang mit der Nutzung von elektronischen Daten und Medien stehen.[689] Durch den Cyber-Baustein wird der Rechtsschutz dahingehend ergänzt, dass auch die Durchsetzung von vorbeugenden Unterlassungsansprüchen, die auf einer Verletzung des Persönlichkeitsrechts beruhen und die in unmittelbaren Zusammenhang mit der Nutzung elektronischer Daten und Medien stehen, versichert werden.[690] Zudem wird auch der Straf-Rechtsschutz

686 *Fortmann*, Verbraucher-CyberVers, § 8 Rn. 5. Auch *Armbrüster/Kosich*, r+s 2020, 384 (385) (zu schlüssellosen Schließsystemen in der Sachversicherung).

687 Ähnlich auch *Fortmann*, Verbraucher-CyberVers, § 8 Rn. 8.

688 Näher *Fortmann*, Verbraucher-CyberVers, § 5.

689 Vgl. Ziff. 2.2.1 CP ARB 2021.

690 Vgl. Ziff. 2.2.1 CP ARB 2021.

in der Weise ergänzt, dass die Kosten, die für die Verteidigung eines vorsätzlichen Vergehens, das in unmittelbaren Zusammenhang mit der Nutzung elektronischer Daten und Medien steht, ersetzt werden.[691] Der Cyber-Baustein sieht ferner einen Wiedereinschluss von Rechtsschutz in Zusammenhang mit Urheberrechtsverstößen vor.[692] Schließlich wird der örtliche Geltungsbereich nicht mehr auf Europa beschränkt, sondern auf einen weltweiten Schutz ausgeweitet, soweit dies für die Interessenwahrnehmung notwendig sein sollte.[693]

Der Cyber-Baustein (CP) erweitert den Rechtsschutz folglich auf nahezu sämtliche im Kontext von Cyberrisiken relevanten Bereiche, insbesondere im Zusammenhang mit Cybermobbing, Online-Betrug oder dem rechtswidrigen Löschen oder Veröffentlichen von persönlichen Daten. Da den Versicherten in diesen Fällen die notwendigen Anwalts- und Gerichtskosten erstattet werden (vgl. § 125 VVG), leistet die Rechtsschutzversicherung folglich einen wichtigen Beitrag dafür, dass Privatpersonen ihre rechtlichen Interessen in Form von Erfüllungs-, Schadensersatz- oder Unterlassungsansprüchen durchsetzen beziehungsweise unbegründete Ansprüche abwehren können.[694] Das Rechtsschutzbedürfnis im Zusammenhang mit Cyberrisiken ist durch die ARB 2021 daher größtenteils abgesichert.[695] Der umfangreiche Cyber-Baustein kann aber – wie auch bei der privaten Cyberversicherung – nicht über das Problem hinweghelfen, dass Cyberstraftaten häufig unaufgeklärt bleiben und es für die Betroffenen sehr mühsam sein kann, die Täter ausfindig zu machen und gegen diese gerichtlich vorzugehen.[696]

d) Krankenversicherung

Welche Gefahren von Cyberrisiken auch für die Gesundheit der Betroffenen ausgehen können, haben die Ausführungen zum Cybermobbing und den anderen

---

691 Hiervon erfasst sind insbesondere die Kosten für eine Strafanzeige, soweit die Straftat in unmittelbarem Zusammenhang mit der Nutzung elektronischer Daten oder Medien steht und die versicherte Person als Opfer der Straftat betroffen ist, vgl. Ziff. 2.2.9 CP ARB 2021.

692 Vgl. Ziff. 2.2.14 CP ARB 2021.

693 Dies ist nach Ziff. 5.2 CP ARB 2021 insbesondere der Fall, wenn der Versicherte einen Vertrag über das Internet abgeschlossen hat.

694 Vgl. *Buchner*, Die IT-Versicherung, S. 196.

695 Auch *Fortmann*, Verbraucher-CyberVers, § 8 Rn. 38.

696 Vgl. *Köhler*, Die Haftung privater Internetanschlussinhaber, S. 25 ff. (zu den Problemen der Rechtsdurchsetzung von Urheber- und Leistungsschutzrechten im privaten Umfeld).

Formen der Rufschädigungen bereits gezeigt.[697] Insbesondere Cybermobbing kann bei den Betroffenen zu schweren Depressionen bis hin zu Suizidgedanken führen,[698] weshalb eine psychologische oder psychiatrische Therapie in diesen Fällen dringend erforderlich sein kann.[699] Anders als bei der privaten Cyberversicherung werden durch die gesetzliche oder private Krankenversicherung nicht nur die Kosten für eine Erstberatung, sondern soweit dies medizinisch notwendig ist, auch für die gesamte Therapie erstattet. Gesundheitliche Schäden, die durch Cyberrisiken verursacht werden können, werden durch die gesetzliche beziehungsweise private Krankenversicherung folglich umfassend abgedeckt. Für derartige Leistungen besteht in der privaten Cyberversicherung daher keinerlei Bedarf, weshalb die Vermittlung einer psychologischen Erstberatung als Versicherungsleistung der privaten Cyberversicherung wenig sinnvoll erscheint.

e) Weitere Versicherungen

Abgesehen von der Privathaftpflicht- Hausrat-, Rechtsschutz- und Krankenversicherung werden Cyberrisiken in unterschiedlichem Umfang auch noch durch andere Versicherungen abgedeckt. So besteht für Privatpersonen etwa die Möglichkeit, für einzelne Haushalts- und Elektronikgeräte sog. Schutzbriefe abzuschließen, die häufig durch Elektronikfachmärkte vertrieben werden.[700] Mit einer Einmalprämie verspricht der Versicherer beispielsweise beim Kauf von Handys, Laptops oder Kameras, die vom Hersteller gewährte Garantie sowie die gesetzlichen Gewährleistungsrechte zu erweitern und die Geräte zusätzlich gegen Schäden durch Unfall, Stoß, Wasser sowie Einbruchdiebstahl, Abnutzung oder Verschleiß zu versichern. Ähnlich wie bei der Hausratversicherung gilt allerdings auch für die Schutzbriefe, dass diese zumeist nur Substanzschäden versichern und keine reinen Informationssicherheitsverletzungen abdecken.

Besonders zu erwähnen sind noch die Leistungen, die Privatpersonen im Rahmen des Schutzes ihrer privaten Konten bei Banken, Kreditkartenanbietern oder Online-Bezahlsystemen gewährt werden. So werden häufig Vermögensschäden,

---

697 Siehe hierzu Erster Teil, B. II. 4.

698 Vgl. *Cornelius*, ZRP 2014, 164; *Doerbeck*, Cybermobbing, S. 25 ff., 64 ff., 366 f.; *Jülicher*, NJW 2019, 2801; *Giebel*, NJW 2017, 977.

699 Nach einer aktuellen Studie haben 24 Prozent der Opfer von Cybermobbing ärztliche, psychologische oder therapeutische Hilfe in Anspruch genommen. Ein erheblicher Prozentsatz der Befragten konnte jedoch keinen Termin bekommen, siehe Bündnis gegen Cybermobbing, Mobbingstudie 2021, S. 50.

700 *Buchner*, Die IT-Versicherung, S. 201 ff.

die nach einem Identitätsdiebstahl entstanden sind, gegen einen Selbstbehalt durch die Bank oder den genutzten Zahlungsdienstleister erstattet.[701] PayPal bietet ihren Kunden darüber hinaus auch noch eine spezielle Form des Käuferschutzes an,[702] wonach unter bestimmten Bedingungen der Kaufpreis erstattet wird, soweit der Kaufgegenstand nicht versandt wurde oder der gelieferte Artikel erheblich von der Beschreibung abweicht.[703]

Im Dezember 2019 hat der GDV zudem auch sog. Musterbausteine für Cyber-Assistanceleistungen veröffentlicht,[704] die als Anbündelung an ein traditionelles Spartenprodukt (wohl insbesondere Hausrat-, Privathaftpflicht- und Rechtsschutzversicherung) vorgesehen sind. Die Musterbausteine setzen sich aus drei Bausteinen für Identitätsdiebstahl, Cyber-Mobbing und für die Datenwiederherstellung zusammen. Wegen ihres unvollständigen Charakters dürfen die Musterbausteine nicht mit Musterbedingungen für die private Cyberversicherung verwechselt werden, auch wenn die Musterbausteine große Ähnlichkeiten zu den aktuellen Leistungen der privaten Cyberversicherung aufweisen.

f) Zwischenergebnis

Die vorangegangenen Ausführungen haben gezeigt, dass Cyberrisiken durch die Privathaftpflicht-, Hausrat-, Rechtsschutz- und Krankenversicherung in unterschiedlich großem Umfang abgesichert werden. Insbesondere für Haftpflichtschäden und gesundheitliche Beeinträchtigungen, die aus Cyberrisiken resultieren können, hat sich gezeigt, dass diese durch ein Privathaftpflichtversicherung beziehungsweise Krankenversicherung umfassend abgedeckt werden. Es erscheint daher wenig sinnvoll, derartige Leistungen auch noch im Rahmen einer privaten Cyberversicherung anzubieten. Zukünftig sollten diese Leistungen daher gegen andere Leistungen ausgetauscht werden.

Dies gilt grundsätzlich auch für den in der privaten Cyberversicherung eingeschränkt enthaltenen Rechtsschutz, da dieser in noch deutlich größerem Umfang auch durch eine Rechtsschutzversicherung gewährt wird. Allerdings gilt es hier zu beachten, dass nicht alle Privatpersonen eine Rechtsschutzversicherung

---

701 BdV, Cyber-Risiken erkennen – Verbraucher versichern, S. 23.

702 Vgl. BGH, Urt. v. 22.11.2017 – VIII ZR 213/16, MMR 2018, 156 ff. (zur Wiederbegründung des Kaufpreisanspruchs nach einem erfolgreichen Antrag des Käufers auf Käuferschutz nach Maßgabe der PayPal-Käuferschutzrichtlinie).

703 Siehe hierzu die PayPal-Käuferschutzbedingungen (Stand: 28.01.2022), abrufbar unter: https://www.paypal.com/de/webapps/mpp/ua/buyer-protection.

704 GDV, Musterbausteine Cyber-Assistanceleistungen (Stand: Dezember 2019).

abgeschlossen haben, weshalb Rechtsschutz durch die private Cyberversicherung durchaus sinnvoll sein kann. Als sinnvolle Leistungen der privaten Cyberversicherung haben sich insoweit auch die Assistanceleistungen im Zusammenhang mit der Wiederherstellung von persönlichen Daten und Löschung rufschädigender Inhalte gezeigt, da diese Leistungen zumindest nach den VHB 2022 nicht oder nur sehr eingeschränkt durch eine Hausratversicherung gewährt werden.

Insgesamt zeigt sich daher, dass der Bedarf einer privaten Cyberversicherung wesentlich davon abhängt, welche anderen Versicherungen bereits bestehen und in welchem Umfang diese eine Deckung von Cyberrisiken vorsehen. Immer häufiger können Versicherte in den klassischen Versicherungen auch Zusatzleistungen zur Absicherung von Cyberrisiken vereinbaren. Ein umfassender Schutz gegen Cyberrisiken setzt allerdings häufig voraus, dass Versicherte eine Privathaftpflicht-, Hausrat- und Rechtsschutzversicherung nebeneinander abgeschlossen haben. Hier liegt der grundsätzliche Vorteil einer Cyberversicherung, da Versicherte zum Schutz gegen Cyberrisiken nicht mehrere Versicherungen aufeinander abstimmen müssen.

2. *Deckungsüberschneidungen mit der privaten Cyberversicherung*

Aus dem Umstand, dass Cyberrisiken vielfach auch in der Hausrat-, Privathaftpflicht-, Rechtsschutz- und Krankenversicherung abgesichert werden, folgt unweigerlich, dass es beim Abschluss einer privaten Cyberversicherung regelmäßig zu Deckungsüberschneidungen mit diesen Versicherungen kommen kann.

Eine Deckungsüberschneidung liegt dabei grundsätzlich vor, wenn der Versicherungsnehmer für dasselbe Interesse gegen dieselbe Gefahr bei mehreren Versicherern Versicherungsverträge abgeschlossen hat (vgl. § 77 Abs. 1 S. 1 VVG). Zu unterscheiden sind dabei Vollidentität und Teilidentität der versicherten Interessen und der versicherten Gefahren.[705] Soweit das Interesse und die Gefahr bei beiden Versicherungen vollständig übereinstimmen, ist Vollidentität gegeben.[706] Ist das versicherte Interesse und die versicherte Gefahr teilweise identisch, liegt Teilidentität vor.[707] Ob Teil- oder Vollidentität gegeben ist, ist durch Auslegung

---

705 Dazu OLG Düsseldorf, Urt. v. 14.10.2003 – I-4 U 55/03, VersR 2005, 108 (108 f.); OLG Stuttgart, Urt. v. 12.03.2008 – 4 U 58/07, VersR 2009, 206 (207); *Armbrüster*, in: Prölss/Martin, VVG, § 77 Rn. 5 (zur Entstehung einer Mehrfachversicherung).

706 *Bruns*, Privatversicherungsrecht, § 20 Rn. 24; *Schnepp*, in: Bruck/Möller, VVG, § 77 Rn. 26.

707 Allg. BGH, Urt. v. 20.01.1988 – IVa ZR 165/86, NJW-RR 1988, 727 (728); OLG Düsseldorf, Urt. v. 14.10.2003 – I-4 U 55/03, VersR 2005, 108 (109); OLG Stuttgart, Urt. v. 12.03.2008 – 4 U 58/07, VersR 2009, 206 (207); *Armbrüster*, in: Prölss/Martin, VVG,

der sich überschneidenden Versicherungsbedingungen zu bestimmen.[708] Der Bestimmung von Deckungsüberschneidungen kommt eine hohe Bedeutung zu, da Deckungsüberschneidungen zur Entstehung einer Mehrfachversicherung gemäß §§ 78 ff. VVG führen können.

Für die private Cyberversicherung hat sich gezeigt, dass die nach den gegenwärtigen Versicherungsbedingungen abgedeckten Drittschäden nahezu vollständig auch durch eine marktübliche Privathaftpflichtversicherung abgedeckt werden, da bei beiden Versicherungen Haftpflichtschäden nach einem Datenaustausch versichert sind. Daneben liegt auch im Verhältnis zur Hausratversicherung eine zumindest teilweise Überschneidung vor, denn auch bei der privaten Cyberversicherung werden die Kosten für die Wiederherstellung von Daten ersetzt, soweit der Datenverlust auf eine Substanzbeschädigung des Datenträgers beruht.[709] Eine Überschneidung wird häufig auch bei Vermögensschäden im Zusammenhang mit Internetkaufverträgen oder einem Identitätsdiebstahl vorliegen, da neben der privaten Cyberversicherung ein ähnlicher Schutz durch Zahlungsdienstleister angeboten wird.[710] Schließlich kann es auch zu Überschneidungen mit der Rechtsschutz- und Krankenversicherung kommen, weil im Rahmen beider Versicherungen grundsätzlich auch die Kosten für eine anwaltliche beziehungsweise psychologische Erstberatung erstattet werden.

3. *Rechtsfolgen bei Deckungsüberschneidungen*

Aus Sicht der Versicherten stellt sich wegen der vielen Deckungsüberschneidungen daher umso mehr die Frage, welche Rechtsfolgen eintreten, wenn ihnen nach Eintritt des Versicherungsfalls neben der privaten Cyberversicherung auch noch ein Anspruch aus einer anderen Versicherung zusteht. Nachstehend soll zunächst dargestellt werden, welche Rechtsfolgen in einem solchen Fall grundsätzlich eintreten. Anschließend ist zu prüfen, ob in den derzeitigen Versicherungsbedingungen der privaten Cyberversicherung abweichende Regelungen vorgesehen sind und wie diese Regelungen rechtlich zu bewerten sind.

---

§ 77 Rn. 5; *Bruns*, Privatversicherungsrecht, § 20 Rn. 24; *Halbach*, in: MünchKomm-VVG, § 77 Rn. 25.

708 *Schnepp*, in: Bruck/Möller, VVG, § 77 Rn. 26; *Halbach*, in: MünchKomm-VVG, § 77 Rn. 25.

709 Im Rahmen der privaten Cyberversicherung werden die Wiederherstellungskosten daneben zumeist auch ersetzt, wenn der Datenverlust auf eine Schadsoftware zurückzuführen ist.

710 Vgl. BdV, Cyber-Risiken erkennen – Verbraucher versichern, S. 23.

a) Grundsätzliche Rechtsfolgen bei Deckungsüberschneidungen

Wer bei mehreren Versicherern ein Interesse gegen dieselbe Gefahr versichert hat, ist nach § 77 Abs. 1 VVG verpflichtet, jedem Versicherer die andere Versicherung unverzüglich mitzuteilen, wobei Versicherer und Versicherungssumme anzugeben sind.[711] Erfolgt keine Mitteilung an den Versicherer, können daraus Schadensersatzansprüche nach §§ 280 Abs. 1, 241 Abs. 2 BGB folgen.[712] Als allgemeine Vorschrift der Schadenversicherung ist die Regelung dabei uneingeschränkt auf die private Cyberversicherung anwendbar.[713]

Diese Mitteilungspflicht trifft Versicherungsnehmer der privaten Cyberversicherung, wie die obige Darstellung gezeigt hat, im besonderen Maße, da Deckungsüberschneidungen hier häufig unvermeidbar sein werden, auch weil regelmäßig kein Einfluss auf die Versicherungsbedingungen genommen werden kann.[714] Vielfach werden die Deckungsüberschneidungen auch unerkannt erfolgen. Verbraucherinnen und Verbraucher sollten daher vor Abschluss einer privaten Cyberversicherung sorgfältig prüfen, für welche Gefahren und Interessen sie womöglich bereits anderweitig versichert sind.[715]

Wie bereits angedeutet, kann es bei Deckungsüberschneidungen auch zur Entstehung einer Mehrfachversicherung kommen. In § 78 VVG wird die Mehrfachversicherung legaldefiniert. Für die Entstehung einer Mehrfachversicherung ist nach § 78 Abs. 1 VVG erforderlich, dass entweder die Versicherungssummen zusammen den Versicherungswert übersteigen oder der Gesamtschaden von der Summe der Entschädigungen, die von jedem Versicherer ohne Bestehen der anderen Versicherung zu zahlen wären, überstiegen wird. Erfolgt die Mehrfachversicherung in betrügerischer Absicht, ist nach Maßgabe des § 78 Abs. 4 VVG jeder dieser Verträge nichtig. Sofern eine unbewusst geschlossene Mehrfachversicherung vorliegt, kann der Versicherte gemäß § 79 Abs. 1 VVG eine Herabsetzung der Versicherungssumme oder die Aufhebung des später geschlossenen

---

711 Näher zu den Einzelheiten der Mitteilungspflicht *Schnepp*, in: Bruck/Möller, § 77 Rn. 68 ff.

712 Allg. *Armbrüster*, Privatversicherungsrecht, Rn. 1387; *ders.*, in: Prölss/Martin, VVG, § 77 Rn. 17.

713 Nur zur Cyberversicherung für Unternehmen *Armbrüster*, Privatversicherungsrecht, Rn. 2107; *Klimke*, in: Prölss/Martin, VVG, Vor A1-1 AVB Cyber Rn. 5; *Lesser*, Cyber-Risiken, S. 202.

714 Allg. *Brambach*, in: Rüffer/Halbach/Schimikowski, HK-VVG, § 78 Rn. 1; *Halbach*, in: MünchKomm-VVG, § 78 Rn. 2; *Langheid*, in: Langheid/Rixecker, VVG, § 78 Rn. 2.

715 Ähnlich in dieser Empfehlung auch BaFin, zur Cyberversicherung (Stand: 26.05.2022); Stiftung Warentest, Finanztest 6/2020, S. 29.

Vertrages verlangen. Soweit der Versicherungsfall eintritt, haften die beteiligten Versicherer nach § 78 Abs. 1 VVG auf den Betrag des Schadens als Gesamtschuldner und sind untereinander nach Maßgabe von § 78 Abs. 2 S. 1 VVG zum Ausgleich verpflichtet. Der Versicherte kann dabei von jedem Versicherer ganz oder teilweise die Entschädigung verlangen, die ihm nach dem Vertrag zusteht.[716]

b) Abdingbarkeit durch Subsidiaritätsklauseln

Um die Entstehung einer Mehrfachversicherung und die soeben beschriebenen Rechtsfolgen zu verhindern, können Versicherer in ihren Versicherungsbedingungen Subsidiaritätsklauseln vereinbaren. Subsidiaritätsklauseln sehen grundsätzlich vor, dass den Versicherer keine oder eine nur eingeschränkte Leistungspflicht trifft, wenn und soweit durch den Eintritt des Versicherungsfalls auch ein anderer Versicherer leistungspflichtig wird.[717] Anders als es in § 78 Abs. 2 VVG grundsätzlich geregelt ist, führen Subsidiaritätsklauseln dazu, dass der Versicherer im Außenverhältnis nur noch nachrangig haftet und im Innenverhältnis nicht mehr zum Ausgleich verpflichtet ist.[718] Subsidiaritätsklauseln kommen in zwei unterschiedlichen Formen vor: Als einfache und als qualifizierte Subsidiaritätsklauseln.[719] Bei der einfachen Subsidiaritätsklausel haftet der Versicherer nur dann nicht, wenn nach einem anderen Versicherungsvertrag Deckungsschutz besteht; wohingegen bei der qualifizierten Subsidiaritätsklausel der Versicherungsschutz generell ausgeschlossen wird, soweit für dasselbe Risiko und dieselbe Gefahr ein anderer Versicherungsvertrag besteht, unabhängig davon, ob dieser Versicherer auch tatsächlich zur Leistung verpflichtet ist.[720]

---

716 *Halbach*, in: MünchKomm-VVG, § 78 Rn. 12.

717 *Mitterlechner/Wax/Witsch*, D&O-Versicherung, Rn. 83.

718 Vgl. BGH, Urt. v. 18.11.2009 – IV ZR 58/06, VersR 2010, 247 (248); *Armbrüster*, Privatversicherungsrecht, Rn. 1396; *Fajen*, VersR 2013, 973; *Fenyves*, Subsidiaritätsklausel, S. 4; *Kohleick*, Doppelversicherung, S. 147; *Martin*, VersR 1973, 691; *Schnepp*, in: Bruck/Möller, VVG, § 78 Rn. 167 f.; *Winter*, VersR 1991, 527.

719 *Halbach*, in: MünchKomm-VVG, § 78 Rn. 17.

720 *Armbrust*, Subsidiaritätsabreden, S. 34; *Armbrüster*, in: Beckmann/Matusche-Beckmann, VersR-Hdb, § 6 Rn. 84 f.; *ders.*, Privatversicherungsrecht, Rn. 1256 f.; *Halbach*, in: MünchKomm-VVG; § 78 Rn. 17; *Lesser*, Cyber-Risiken, S. 338; *Schnepp*, in: Bruck/Möller, VVG, § 78 Rn. 174, 178.

c) *Subsidiaritätsklauseln in der privaten Cyberversicherung*

Nachfolgend gilt es zu prüfen, welche Regelungen in der privaten Cyberversicherung für den Fall vorgesehen sind, dass dem Versicherten ein Anspruch aus einem anderen Vertrag zusteht. Wie die Marktanalyse gezeigt hat, verwenden viele Versicherer derzeit Subsidiaritätsklauseln. Die gegenwärtig verwendeten Klauseln unterscheiden sich zumeist nur darin, dass bei einigen Versicherungsbedingungen eine Subsidiarität nur für einzelne Bereiche vorgesehen ist, hingegen bei anderen Bedingungen eine Subsidiarität für den gesamten Versicherungsschutz vereinbart wird. In den meisten Fällen sind diese Klauseln versicherungsrechtlich als einfache Subsidiaritätsklauseln einzuordnen, da die nachrangige Haftung des Cyberversicherers nur angeordnet wird, wenn dem Versicherten tatsächlich ein Anspruch aus einem anderen Vertrag zusteht.[721] Nach ganz herrschender Meinung sind einfache Subsidiaritätsklauseln AGB-rechtlich wirksam, da nur das Wahlrecht der Versicherten aus § 78 VVG eingeschränkt wird.[722]

Die Subsidiaritätsklauseln führen allerdings zu einer erheblichen Schwächung des Versicherungsschutzes und sind gerade für die private Cyberversicherung sehr kritisch zu bewerten. Die Subsidiaritätsklauseln führen im Ergebnis nämlich dazu, dass es bei den vielen Überschneidungen mit den klassischen Versicherungen nicht zur Entstehung einer Mehrfachversicherung kommt und den Versicherten insoweit auch nur ein Anspruch aus den klassischen Versicherungen und nicht aus der privaten Cyberversicherung zusteht. Dies wird in der Regel im grundlegenden Widerspruch zu den Interessen der Versicherten stehen, die eine private Cyberversicherung zumeist mit der Absicht abschließen werden, sich zusätzlich und nicht nur subsidiär gegen Cyberrisiken abzusichern. Der Abschluss einer privaten Cyberversicherung kann sich daher in vielen Fällen trotz gezahlter Prämie als überflüssig und wenig sinnvoll erweisen.

Ein weiterer Nachteil der Subsidiaritätsklauseln liegt darin, dass durch sie eine schnelle Schadensregulierung verhindert werden kann.[723] Insbesondere für

721 Allg. *Winter*, VersR 1991, 527.

722 Vgl. BGH, Urt. v. 18.11.2009 – IV ZR 58/06, VersR 2010, 247 (248); OLG Karlsruhe, Urt. v. 17.12.1975 – 13 U 33/75, VersR 1976, 239; OLG Köln, Urt. v. 21.10.2008 – 9 U 59/08, VersR 2009, 539 (539 f.); *Armbrüster*, in: Prölss/Martin, VVG, § 78 Rn. 30; *Fajen*, VersR 2013, 973; *Halbach*, in: MünchKomm-VVG, § 78 Rn. 18; *Kohleick*, Doppelversicherung, S. 168; *Langheid*, in: Langheid/Rixecker, VVG, § 78 Rn. 22; *Schauer*, in: BK-VVG, § 59 Rn. 50.

723 Vgl. *Winter*, VersR 1991, 527 (529); *Schramm*, Anspruchserhebungsprinzip, S. 193 (nicht speziell zur privaten Cyberversicherung).

den Fall, dass der andere Versicherer auch eine Subsidiaritätsklausel verwendet hat und es zur Kollision zweier Subsidiaritätsklauseln kommt, kann dies nämlich zu einer unklaren Rechtslage und zu Verzögerungen in der Schadensregulierung führen.[724] Bei Cyberrisiken ist ein schnelles Eingreifen der Versicherer aber besonders wichtig, um den Schaden möglichst klein zu halten. Dies gilt vor allem für Datenverluste, für die Verbreitung rufschädigender Inhalte und das Vorliegen eines Identitätsdiebstahls.

4. Fazit

Die Ausführungen zur Frage, wie sich die private Cyberversicherung von anderen Versicherungen abgrenzt, haben zum einen gezeigt, dass Cyberrisiken in unterschiedlichem Umfang bereits durch andere Versicherungen abgesichert werden. Zu nennen sind hier insbesondere die Privathaftpflicht-, Hausrat- und Rechtsschutzversicherung, die Cyberrisiken zum Teil sogar noch umfangreicher abdecken als eine marktübliche private Cyberversicherung. Einige Versicherer bieten zudem Ergänzungsklauseln oder besondere Cyber-Zusatzbedingungen an, die den Versicherungsschutz in den konventionellen Versicherungen um einzelne Leistungen in Bezug auf Cyberrisiken ergänzen. Der Bedarf einer privaten Cyberversicherung hängt mithin wesentlich davon ab, welche anderen Versicherungen bereits bestehen und ob diese Versicherungen eine Deckung von Cyberrisiken vorsehen. Die obigen Ausführungen haben zum anderen aber auch gezeigt, dass in den meisten Versicherungsbedingungen der privaten Cyberversicherung umfangreiche Subsidiaritätsklauseln enthalten sind, die zu einer erheblichen Schwächung des Versicherungsschutzes beitragen. Subsidiaritätsklauseln führen dazu, dass der Cyberversicherer im Verhältnis zu anderen Versicherern nur noch nachrangig haftet. Daraus folgt, dass Versicherte bei den vielen Deckungsüberschneidungen, die zu den konventionellen Versicherungen bestehen, häufig keinen Anspruch mehr aus der privaten Cyberversicherung geltend machen können. Dies steht insbesondere aus der Sicht der Versicherten im grundlegenden Widerspruch zum eigentlichen Sinn und Zweck einer privaten Cyberversicherung.

E. Abschließende Stellungnahme

Nach der Darstellung, rechtlichen Einordnung und Bewertung der gegenwärtigen Versicherungsbedingungen soll abschließend zu der anfangs aufgeworfenen

724 Zu möglichen Alternativen anstelle der Subsidiaritätsklauseln, Dritter Teil, D.

Frage Stellung bezogen werden, ob Verbraucherinnen und Verbraucher durch die aktuell verfügbaren Versicherungsprodukte ausreichend gegen die im ersten Teil dargestellten Cyberrisiken abgesichert werden. Hierzu sollen zunächst die Vorzüge und Chancen der privaten Cyberversicherung zusammengetragen werden und diese sodann den festgestellten Defiziten gegenübergestellt werden.

I. Vorzüge und Chancen der privaten Cyberversicherung

Der wesentliche Vorteil einer privaten Cyberversicherung liegt aus Sicht der Versicherten grundsätzlich darin, dass zur Absicherung von Cyberrisiken nur ein Versicherungsvertrag abgeschlossen werden muss. Alternativ müssten nämlich mehrere konventionelle Versicherungen (Privathaftpflicht-, Hausrat- und Rechtsschutzversicherung) abgeschlossen werden und zu diesen Versicherungen Zusatzleistungen für die Deckung von Cyberrisiken vereinbart werden. Im Vergleich hierzu ist es deutlich komfortabler und übersichtlicher, nur eine Versicherung abzuschließen und nicht mehrere Versicherungsverträge aufeinander abstimmen zu müssen.

Eine weitere grundsätzliche Stärke der privaten Cyberversicherung liegt in ihrem ausgeprägten Assistance-Charakter. Durch Assistanceleistungen, die aktuell vor allem in Form von Beratungs- sowie Datenwiederherstellungs- und Löschungsleistungen angeboten werden, kann Privatpersonen bei der Bewältigung der Herausforderungen des digitalen Lebens schnell und praktisch geholfen werden, was insbesondere für technisch weniger versierte Verbraucherinnen und Verbraucher sinnvoll sein kann. Serviceorientierte Assistanceleistungen werden gerade auch beim wachsenden Teil der älteren Bevölkerung zunehmend nachgefragt,[725] weshalb durchaus ein Markt für die private Cyberversicherung vorhanden ist. Die private Cyberversicherung kann außerdem einen wichtigen Beitrag für die IT-Sicherheit von Privatpersonen leisten, indem sie die Versicherten zur Einhaltung von technischen Obliegenheiten verpflichtet.[726] Wie die Ausführungen zum ersten Teil gezeigt haben,[727] verhalten sich viele Verbraucherinnen und Verbraucher nämlich immer noch zu sorglos im Internet, was Cyberkriminalität als Geschäftsmodell immer lukrativer macht und zu einer steigenden Bedrohungslage beiträgt. Indem Standardmaßnahmen wie die Installation eines Antivirenprogramms, die Verwendung ausreichend komplexer

725 *Kolhagen*, VW 2016, 35.

726 Ähnlich insoweit auch BIGS, Cyberversicherung als Beitrag zum IT-Risikomanagement, S. 16, wonach Cyberversicherer ein wichtiger Akteur der Informationssicherheit sind.

727 Siehe hierzu bereits Erster Teil, B. IV.

Passwörter, die Aktivierung einer Firewall sowie die Durchführung regelmäßiger Datensicherungen als vertragliche Obliegenheiten festgelegt werden und der Versicherer bei der Durchführung dieser Maßnahmen bestenfalls noch unterstützt, kann die IT-Sicherheit von Privatpersonen erheblich gestärkt werden. Insgesamt zeigt sich daher, dass das Grundkonzept der privaten Cyberversicherung durchaus sinnvoll und zukunftsfähig ist.

II. Defizite aktueller Versicherungsprodukte

Den grundsätzlichen Vorteilen und Chancen der privaten Cyberversicherung stehen allerdings erhebliche Defizite gegenüber, die sich bei der konkreten Umsetzung in den gegenwärtigen Versicherungsbedingungen offenbart haben.

So zeigen sich unter anderem bei der sprachlichen Gestaltung der aktuell verfügbaren Bedingungswerke deutliche Schwächen, die insbesondere darauf beruhen, dass verwendete Fachbegriffe nicht definiert werden und einige Klauseln nicht immer nachvollziehbar und verständlich sind.[728] Zu kritisieren ist in diesem Zusammenhang auch die Versicherungsfalldefinition, die den meisten Versicherungsbedingungen zugrunde liegt. Wie sich gezeigt hat, verursacht diese eine erhebliche Beweisnot bei den Versicherten, da Versicherte für den Nachweis des Versicherungsfalls vielfach dazu verpflichtet sind, alle Voraussetzungen und den Zeitpunkt der versicherten Ereignisse nachzuweisen. Nach der hier vertretenen Auffassung sind den Versicherten zwar ähnlich zu den Diebstahlsversicherungen Beweiserleichterungen zu gewähren. Durch die Gewährung von Beweiserleichterungen, deren Reichweite erst noch durch die Gerichte bestimmt werden muss, können die dargestellten Probleme jedoch nur eingeschränkt behoben werden.

Defizite konnten zumindest bei einigen Versicherungsbedingungen auch bei der Gestaltung der technischen Obliegenheiten festgestellt werden. Hier hat sich gezeigt, dass vereinzelt auf diese verzichtet wird oder „verhüllte Obliegenheiten" beziehungsweise generalklauselartige Formulierungen verwendet werden, die einer Inhaltskontrolle nicht standhalten. Wie wichtig dagegen (wirksame) technische Obliegenheiten für die private Cyberversicherung sind, haben nicht zuletzt die Ausführungen zur Versicherbarkeit von Cyberrisiken gezeigt.[729]

Zu einer erheblichen Schwächung des Versicherungsschutzes tragen weiterhin die in vielen Versicherungsbedingungen umfangreich enthaltenen

---

728 Kritisch auch *Fortmann*, Verbraucher-CyberVers, § 9 Rn. 5.

729 Ausführlich hierzu Erster Teil, C. I.

Subsidiaritätsklauseln bei. Die Subsidiaritätsklauseln, die dazu führen, dass der Cyberversicherer im Verhältnis zu anderen Versicherern nur subsidiär haftet, stehen im starken Widerspruch zum grundsätzlichen Charakter der privaten Cyberversicherung. Bei der privaten Cyberversicherung handelt es sich nämlich um eine serviceorientierte Versicherung, aus der nicht subsidiär, sondern primär geleistet werden sollte. Insgesamt zu kritisieren ist auch der Leistungsumfang vieler aktuell angebotener Versicherungsprodukte. Im Vergleich zu anderen Versicherungen kann sich die private Cyberversicherung derzeit nur durch wenige Sonderleistungen auszeichnen, was die Bedeutung vieler Versicherungsprodukte deutlich in Frage stellt. Jene Leistungen, durch die sich manche Versicherungsprodukte auszeichnen können (z. B. die Wiederherstellung persönlicher Daten oder die Löschung rufschädigender Inhalte) sind häufig durch eine niedrige Anzahl von Versicherungsfällen pro Kalenderjahr oder weitreichende Ausschlüsse erheblich eingeschränkt.

Zu beanstanden ist auch die durchschnittliche Höhe der Versicherungssummen. So werden nach den meisten Versicherungsbedingungen Vermögensschäden nur bis zu einer Höhe von maximal 15.000 Euro ausgeglichen, obwohl bereits Fälle bekannt sind, in denen Cyberkriminalität bei Privatpersonen Schäden in Höhe von bis zu 50.000 Euro verursacht hat.[730] Daraus folgt, dass gerade in den besonders wichtigen Fällen, in denen eine Gefährdung der wirtschaftlichen Existenz der Versicherten droht, die private Cyberversicherung derzeit keine ausreichende Absicherung bietet.[731] Nicht bedarfsgerecht sind insoweit auch die Beratungsleistungen, die durch eine private Cyberversicherung gewährt werden. Gegenwärtig sehen die meisten Versicherungsbedingungen nämlich nur vor, dass den Versicherten eine anwaltlich oder psychologische Erstberatung zur Verfügung gestellt wird. Eine Erstberatung wird für den Fall, dass sich der Versicherte in einer echten Not- oder Krisensituation befindet (z. B. nach einem Identitätsdiebstahl oder Cybermobbing) in aller Regel jedoch nicht ausreichen.

III. Fazit

In der Summe bleibt daher festzuhalten, dass die private Cyberversicherung zwar grundsätzlich eine zukunftsfähige und sinnvolle Versicherung darstellen kann, die aktuell verfügbaren Versicherungsprodukte jedoch keinen ausreichenden Versicherungsschutz gegen Cyberrisiken bieten können. Die Untersuchung

---

730 Vgl. BSI, Digitalbarometer 2020, S. 3.

731 Kritisch auch BdV, Cyber-Risiken erkennen – Verbraucher versichern, S. 18, 25; Verbraucherzentrale NRW, Cyberversicherung – Ist sie sinnvoll? vom 20.04.2022.

gelangt daher zu dem Ergebnis, dass Verbraucherinnen und Verbraucher durch eine private Cyberversicherung – so wie sie gegenwärtig ausgestaltet ist – nur ungenügend gegen Cyberrisiken abgesichert werden. Die aus der Sicht von Versicherten besonders wichtige Frage, ob der Abschluss einer privaten Cyberversicherung aktuell sinnvoll erscheint, ist daher nach aktuellem Stand zu verneinen.

Dritter Teil: Verbesserungsvorschläge für die private Cyberversicherung

A. Einführung

I. Notwendigkeit einer Bedingungsreform

Die bisherigen Ausführungen haben zum einen gezeigt, dass von Cyberrisiken eine erhebliche Gefahr für Verbraucherinnen und Verbraucher ausgeht (Erster Teil). Zum anderen wurde deutlich, dass die aktuell auf dem deutschen Markt erhältlichen eigenständigen Cyberversicherungsprodukte für Privatkunden (private Cyberversicherung) keinen ausreichenden Schutz gegen diese Gefahren bieten können (Zweiter Teil). Der Dritte Teil dieser Arbeit nimmt sich daher zum Ziel, Vorschläge zu erarbeiten, wie die gegenwärtigen Versicherungsbedingungen verbessert werden könnten, damit Privatpersonen adäquat gegen die dargestellten Gefahren abgesichert werden. Denn wie sich gezeigt hat, ist das Grundkonzept der privaten Cyberversicherung durchaus sinnvoll und zukunftsfähig, weshalb es lohnenswert erscheint, nachfolgend Reformvorschläge für dieses Versicherungsprodukt auf der Grundlage der zuvor festgestellten Defizite zu erarbeiten. Dies gilt um so mehr, soweit man sich vergegenwärtigt, dass die Bedrohungslage durch Cyberkriminalität in den kommenden Jahren sehr wahrscheinlich weiter zunehmen wird und damit auch der Versicherungsbedarf von Privatpersonen kontinuierlich steigen wird.[732]

II. Auswahl der Vorschläge

Die hohe Angebots- und Bedingungsvielfalt auf der einen und die vielen festgestellten Defizite auf der anderen Seite haben zur Folge, dass viele Gestaltungsmöglichkeiten denkbar sind, wie die gegenwärtigen Versicherungsbedingungen der privaten Cyberversicherung verbessert werden könnten. Freilich kann es sich dabei stets nur um Vorschläge handeln, da Veränderungen an den Versicherungsbedingungen nur durch die Anbieter der Versicherungsprodukte selbst vorgenommen werden können. Dies ergibt sich nicht zuletzt daraus, dass die Festlegung der Hauptleistungspflichten verfassungsrechtlich durch den Grundsatz der Privatautonomie geschützt ist. Zudem darf auch über das AGB-Recht

732 Zur aktuellen Gefährdungslage durch Cyberkriminalität bereits Erster Teil, B.

grundsätzlich nicht geprüft werden, ob die angebotenen Leistungen in einem angemessenen Verhältnis zur gezahlten Prämie stehen.[733]

Bereits zum Vorschein getreten und deshalb nicht weiter auszuführen ist, dass die Versicherer den Leistungsumfang ihrer Produkte insgesamt deutlich verbessern sollten, um den prämienbasierten Versicherungsschutz nicht leerlaufen zu lassen. Hierzu zählt insbesondere eine Erweiterung der Versicherungsleistungen, eine Erhöhung der Versicherungssummen sowie der Zahl der Versicherungsfälle pro Kalenderjahr und ein Verzicht auf einige Risikobeschränkungen und Ausschlüsse. Unter formellen Gesichtspunkten sollten in den Versicherungsbedingungen zukünftig zudem alle verwendeten Fachbegriffe erklärt werden, um den Versicherten die Lektüre der AVB zu erleichtern und Rechtsstreitigkeiten vorzubeugen. Wie sich weiterhin gezeigt hat, sollten zumindest einige Versicherer auch ihre Regelungen zu den vertraglichen Obliegenheiten überarbeiten, da einige der aktuell verwendeten Klauseln unwirksam sind.

Für andere Bereiche der privaten Cyberversicherung, die sich ebenfalls als reformbedürftig erwiesen haben, sind notwendige Verbesserungen aber deutlich komplizierter, weshalb sich die nachfolgenden Ausführungen auf diese Bereiche konzentrieren. Hierzu zählen insbesondere die Regelungen zum Eintritt des Versicherungsfalls (nachfolgend unter B), die Bestimmungen zu den Cyber-Assistanceleistungen (C) und die Klauseln, die den Umgang mit anderen Versicherungen regeln (D). Für diese drei Bereiche sollen im Folgenden verschiedene Gestaltungsmöglichkeiten diskutiert und rechtlich beurteilt werden. Am Ende jedes Abschnitts werden konkrete Klauselvorschläge präsentiert, wie die Versicherungsbedingungen in der privaten Cyberversicherung zukünftig gestaltet sein könnten. Die Klauselvorschläge richten sich dabei zwar gezielt an die private Cyberversicherung, können jedoch auch auf Cyber-Zusatzversicherungsbedingungen in der Privathaftpflicht-, Hausrat- und Rechtsschutzversicherung übertragen werden.

733 Zum Umfang und den Schranken der AGB-Kontrolle *Armbrüster*, Privatversicherungsrecht, Rn. 597; *Beckmann*, in: Beckmann/Matusche-Beckmann, VersR-Hdb, § 10 Rn. 202; *Römer*, NVersZ 1999, 97 (98); *Wandt*, Versicherungsrecht, Rn. 231.

B. Verbesserungsvorschläge für die Versicherungsfallregelungen

I. Einführung

Die bisherigen Ausführungen haben gezeigt, dass die in den aktuellen Bedingungswerken verbreitete Definition des Versicherungsfalls, wonach der Versicherungsfall erst eintritt, wenn sämtliche Voraussetzungen (Tatbestandsmerkmale) eines der versicherten Ereignisse während der Vertragslaufzeit eingetreten sind, die Versicherten in eine strukturelle Beweisnot bringen kann.[734] Aus der leistungsübergreifenden Versicherungsfalldefinition folgt nämlich, dass die Versicherten vielfach sowohl den Zeitpunkt der Schadensverursachung als auch den Zeitpunkt des Schadenseintritts nachweisen müssen, was in den meisten Fällen nur schwer bis kaum möglich sein wird. Den Versicherten kann hier zwar durch Beweiserleichterungen geholfen werden,[735] jedoch können die Beweiserleichterungen nicht alle aufgezeigten Probleme beseitigen.[736] Um Versicherten den Nachweis des Versicherungsfalls zu erleichtern, ist es daher dringend notwendig, die derzeitigen Regelungen zum Versicherungsfall zu verbessern. Wie eine solche Bedingungsreform aussehen könnte, ist Gegenstand des nachfolgenden Abschnitts.

II. Wahl des Deckungskonzepts („Named-perils“ oder „All-risk“)

Zur Bestimmung einer geeigneten Versicherungsfalldefinition ist zunächst von Bedeutung, ob die private Cyberversicherung zukünftig weiterhin nur für einzelne Ereignisse Deckung gewähren sollte („Named-perils“) oder ob es nicht zielführender wäre, die private Cyberversicherung in eine Allgefahrendeckung („All-risk“) umzuwandeln.[737] Denkbar wäre etwa, die private Cyberversicherung in eine umfangreiche Digitalisierungspolice umzuwandeln, die sämtliche Risiken und Schäden im Zusammenhang mit Cyberrisiken abdeckt. Eine solche Entwicklung der Cyberversicherung ist im Industrie- und Gewerbebereich

---

734 Hierzu ausführlich bereits Zweiter Teil, D. III. 3.

735 Siehe hierzu Zweiter Teil, D. III. 4. b).

736 Vgl. *Armbrüster/Kosich*, r+s 2020, 384 (391) (zur Beweisnot und Beweiserleichterungen beim Nachweis eines Einbruchdiebstahls bei schlüssellosen Schließsystemen).

737 Allg. zu den unterschiedlichen Deckungskonzepten BIGS, Cyberversicherungen als Beitrag zum IT-Risikomanagement, S. 27 (zur Cyberversicherung für Unternehmen). Siehe auch *R. Koch*, r+s 2005, 181 (183) (zu den BHV-IT).

bereits teilweise festzustellen.[738] Die Vorteile eines solchen Deckungskonzepts liegen für die Versicherten auf der Hand: Mit Abschluss einer solchen Versicherung könnten sie sich darauf verlassen, dass sie einen lückenlosen Versicherungsschutz gegen Cyberrisiken erhalten würden. Gegen eine Umwandlung der privaten Cyberversicherung in eine Allgefahrendeckung spricht jedoch, dass es bereits begrifflich kaum möglich ist, Cyberrisiken eindeutig zu definieren und zu anderen Risiken abzugrenzen.[739] Eine Allgefahrendeckung wäre aber auch ansonsten kaum zu realisieren, da sich Cyberrisiken, wie die Ausführungen zur Versicherbarkeit bereits gezeigt haben,[740] insgesamt nur schwer zeichnen lassen. Eine Versicherung, die Cyberrisiken gänzlich abdecken würde, wäre daher allein wegen des zu hohen Kumulrisikos äußerst problematisch.[741] Zudem ist auch fraglich, ob überhaupt Bedarf an einer solchen Versicherung bestehen würde, da Cyberrisiken in Teilen auch durch andere Versicherungen abgedeckt werden und bei einer Allgefahrendeckung viele Versicherte Prämienanteile für im Einzelnen nicht benötigte Teilrisiken zahlen müssten.[742] Ob Privatpersonen überhaupt bereit wären, eine deutlich höhere Prämie zu zahlen, die bei einer Umwandlung der privaten Cyberversicherung in eine Allgefahrendeckung unvermeidbar wäre, scheint ebenfalls fraglich.

Im Ergebnis bleibt daher festzuhalten, dass die private Cyberversicherung nicht von einer „Named-perils-Deckung“ in eine „All-risk-Deckung“ umgewandelt werden sollte. Der Versicherungsfall sollte weiterhin so definiert werden, dass dieser nur eintritt, wenn eines der versicherten Ereignisse vorliegt.

III. Bestimmung eines geeigneten Versicherungsfallprinzips

Im Anschluss daran stellt sich die Frage, nach welchem Prinzip die Versicherungsfalldefinition in der privaten Cyberversicherung zukünftig gestaltet sein sollte. Generell gilt dabei, dass der Versicherungsfall möglichst exakt definiert werden sollte, um eindeutig ermitteln zu können, zu welchem Zeitpunkt der Anspruch des Versicherten entsteht und Obliegenheiten zu erfüllen waren.[743] Als

---

738 Kritisch hierzu *Lesser*, Cyber-Risken, S. 295.

739 Zum Cyberrisikobegriff bereits Erster Teil, A. III.

740 Zur Versicherbarkeit von Cyberrisiken bereits Erster Teil, C. I. 1.

741 Ähnlich *Lesser*, Cyber-Risken, S. 295.

742 Vgl. *Lesch*, Risk-Management, S. 190 (nicht speziell zur privaten Cyberversicherung).

743 Vgl. *Armbrüster*, Privatversicherungsrecht, Rn. 2123; *Malek/Schütz*, r+s 2019, 421 (425); *Lesser*, Cyber-Risiken, S. 238 ff.; *Schilbach*, SpV 2018, 2 (3) (zum Eintritt des Versicherungsfalls in der Cyberversicherung für Unternehmen).

nicht geeignet hat sich für die private Cyberversicherung die derzeit verbreitete Versicherungsfalldefinition erwiesen, wonach der Versicherungsfall erst eintritt, wenn sämtliche Voraussetzungen eines versicherten Ereignisses während der Vertragslaufzeit eingetreten sind. Insbesondere bei Identitätsdiebstählen oder Datenverlusten lassen sich die relevanten Zeitpunkte nämlich regelmäßig nur schwer beweissicher nachweisen. So ist beispielsweise der Nachweis, wann ein Schadprogramm erstmals seine schädigende Wirkung entfaltet hat, technisch häufig kaum möglich.[744] Vorliegend stellt sich daher die Frage, auf welchen Zeitpunkt stattdessen in den Versicherungsbedingungen der privaten Cyberversicherung für den Eintritt des Versicherungsfalls abgestellt werden sollte.

1. *Definition im Sinne des Feststellungsprinzips*

Mit ähnlichen Problemen, wie sie derzeit für Versicherte der privaten Cyberversicherung beim Nachweis des Versicherungsfalls bestehen, waren bis zu einer Bedingungsreform auch Versicherte der Umwelthaftpflichtversicherung konfrontiert. Man könnte daher in Betracht ziehen, die dort vorgenommenen Bedingungsänderungen auf die private Cyberversicherung zu übertragen.

Auch in der Umwelthaftpflichtversicherung wurde der Eintritt des Versicherungsfalls nämlich zunächst an das Schadensereignis geknüpft. Ähnlich wie bei Cyberrisiken besteht allerdings auch bei Umweltschäden das Problem, dass Schadensursache, Schadensereignis und Schadensfeststellung weit auseinander liegen können, was den Nachweis dieser Ereignisse deutlich erschwert.[745] In der Umwelthaftpflichtversicherung wurde dieses Problem zugunsten der Versicherten weitgehend dadurch gelöst, dass der Eintritt des Versicherungsfalls nicht mehr an das ursächliche Schadensereignis geknüpft wurde, sondern für den Eintritt des Versicherungsfalls entscheidend ist, wann nachprüfbar die erste Feststellung des Personen- oder Sachschadens möglich war.[746] Dieses Versicherungsfallprinzip, das auch den AVB Cyber zugrunde liegt,[747] wird Manifestations- oder auch

744 Ähnlich *Lesser*, Cyber-Risiken, S. 238; *Malek/Schütz*, r+s 2019, 421 (425); *Klimke*, in: Prölss/Martin, VVG, A1-4 AVB Cyber Rn. 1; *Salm*, in: Rüffer/Halbach/Schimikowski, HK-VVG, A1-4 AVB Cyber Rn. 1 (für die Cyberversicherung für Unternehmen).

745 Vgl. *Armbrüster*, Privatversicherungsrecht, Rn. 2123; *Poschen*, VersR 1993, 653 ff.; *Rehbinder*, in: Landmann/Rohmer, Umweltrecht, § 19 Rn. 17; *Schimikowski*, in: MünchKomm-VVG, Umwelthaftpflicht- und Umweltschadenversicherung, Rn. 47; *Malek/Schütz*, r+s 2019, 421 (425).

746 *Poschen*, VersR 1993, 653 ff.

747 Näher *Klimke*, in: Prölss/Martin, VVG, A1-4 AVB Cyber Rn. 1 ff.; *Lesser*, Cyber-Risiken, S. 240.

Feststellungsprinzip genannt.[748] Das Feststellungsprinzip zeichnet sich im Vergleich zum Schadensereignisprinzip dadurch aus, dass es einen verlässlicheren Anknüpfungspunkt für den Eintritt des Versicherungsfalls bietet und somit eine klare zeitliche Zuordnung des Versicherungsfalls ermöglicht.[749] Der Zeitpunkt, wann ein Schaden erstmals nachprüfbar festgestellt werden konnte, lässt sich nämlich in der Regel deutlich einfacher bestimmen als der Zeitpunkt der Schadensursachen oder des Schadenseintritts. Das Feststellungsprinzip verbessert die Situation der Versicherten demzufolge deutlich.[750]

Die Bedingungsreform, die für die Umwelthaftpflichtversicherung durchgeführt wurde, sollte daher auch für die Versicherungsbedingungen der privaten Cyberversicherung durchgeführt werden, um die Situation der Versicherten spürbar zu verbessern. Zukünftig sollte der Versicherungsfall daher nicht mehr an das Vorliegen sämtlicher Voraussetzungen eines versicherten Ereignisses während der Versicherung geknüpft werden, sondern an den Zeitpunkt, in dem der Eintritt eines versicherten Ereignisses erstmals nachprüfbar festgestellt werden konnte.

2. *Anforderungen an die „erstmals nachprüfbare Feststellung"*

Aus der Sicht der Versicherten drängt sich im Anschluss daran die Frage auf, was genau unter der „erstmals nachprüfbaren Feststellung" zu verstehen ist und welche Anforderungen an diesen Nachweis zu stellen sind.

Das Feststellungsprinzip setzt objektiv voraus, dass ein versicherter Schaden beziehungsweise ein versichertes Ereignis tatsächlich eingetreten ist, weshalb ein bloßer Verdacht grundsätzlich nicht ausreicht.[751] Das Feststellungsprinzip erleichtert daher vor allem den Nachweis des Zeitpunkts des Versicherungsfalls, da der Versicherte grundsätzlich nur nachweisen muss, dass die erstmalige Feststellung in den versicherten Zeitraum fällt.[752] Vom Versicherten muss dabei auch

---

748 *Armbrüster*, Privatversicherungsrecht, Rn. 1876, 2123; *Littbarski*, in: MünchKomm-VVG, § 100 Rn. 124; *Lücke*, in: Prölss/Martin, VVG, § 100 Rn. 26; *Schimikowski*, in: MünchKomm-VVG, UHV/USV Rn. 48.

749 Zu den Vorteilen des Manifestationsprinzip im Rahmen der Cyberversicherung für Unternehmen *Armbrüster*, Privatversicherungsrecht, Rn. 2123; *Lesser*, Cyber-Risiken, S. 242; *Salm*, in: Rüffer/Halbach/Schimikowski, HK-VVG, A1-4 AVB Cyber Rn. 1; *Schilbach*, SpV 2018, 2 (3).

750 Vgl. *Schimikowski*, in: Rüffer/Halbach/Schimikowski, HK-VVG, § 100 Rn. 13.

751 Vgl. *Klimke*, in: Prölss/Martin, VVG, A1-4 AVB Cyber Rn. 4 (zum Feststellungsprinzip nach den AVB Cyber).

752 Vgl. *Klimke*, in: Prölss/Martin, VVG, A1-4 AVB Cyber Rn. 8.

nur der versicherte Schaden beziehungsweise das versicherte Ereignis und nicht deren Ursachen festgestellt werden.[753] Es genügt daher beispielsweise, wenn der Versicherte den Absturz eines Computers feststellt, auch wenn zunächst noch keine Anhaltspunkte vorliegen, dass der Absturz auf einen Cyberangriff zurückzuführen ist.[754] Die Wendung „nachprüfbare erste Feststellung" ist dabei entsprechend der wortgleichen Formulierungen in der Umwelthaftpflichtversicherung (Ziff. 4 UHV) und der Cyberversicherung für Unternehmen (Ziff. A1-4 AVB Cyber) aus der Sicht eines durchschnittlichen Versicherungsnehmers grundsätzlich so zu verstehen, dass das Vorliegen eines versicherten Ereignisses auf der Grundlage von Tatsachen zu einem bestimmten Zeitpunkt feststellbar sein muss.[755] Daraus folgt, dass eine zeitlich unbefristete Nachprüfbarkeit im Sinne einer Dokumentation oder Archivierung von Beweismitteln von den Versicherten grundsätzlich nicht verlangt werden kann.[756]

3. *Claims-made-Prinzip für die Haftpflichtkomponente*

Auffällig und deshalb ebenfalls noch klärungsbedürftig ist, dass bei den am Markt angebotenen Cyberversicherungen für Gewerbe und Unternehmen und vereinzelt auch bei der privaten Cyberversicherung für die Haftpflichtkomponente das Claims-Made-Prinzip vereinbart wird.[757] Abschließend stellt sich daher noch die Frage, ob für den Drittschadensbaustein, der in der privaten Cyberversicherung derzeit in der Deckung von Haftpflichtschäden bei einem Datenaustausch besteht,[758] anstelle des Feststellungsprinzips nicht besser das Claims-Made-Prinzip verwendet werden sollte. Nach dem Claims-made-Prinzip ist als Versicherungsfall der Zeitpunkt anzusehen, zu dem gegen eine versicherte Person

---

753 Vgl. *Klimke*, in: Prölss/Martin, VVG, A1-4 AVB Cyber Rn. 6 (wonach nur der versicherte Vermögensschaden und nicht die Informationssicherheitsverletzung oder deren Ursächlichkeit festgestellt werden muss).

754 Vgl. *Klimke*, in: Prölss/Martin, VVG, A1-4 AVB Cyber Rn. 6.

755 Zum Feststellungsprinzip in der Umweltschadenversicherung LG Düsseldorf, Urt. v. 18.12.2018 – 9 S 1/18, r+s 2019, 91 (92). Zu den AVB Cyber *Malek/Schütz*, r+s 2019, 421 (425); *Klimke*, in: Prölss/Martin, VVG, A1-4 AVB Cyber Rn. 5.

756 Vgl. LG Düsseldorf, Urt. v. 18.12.2018 – 9 S 1/18, r+s 2019, 91 (92); *Malek/Schütz*, r+s 2019, 421 (425).

757 Für den Privatkundenbereich *Fortmann*, Verbraucher-CyberVers, § 3 Rn. 302 f. Für die Cyberversicherung für Unternehmen *Malek/Schütz*, r+s 2019, 421 (425 f.); *Klimke*, in: Prölss/Martin, VVG, A1-4 AVB Cyber Rn. 3; *Lesser*, Cyber-Risiken, S. 243 ff.

758 Zum Haftpflichtbaustein bereits Zweiter Teil, B. III. 3. c).

erstmalig ein Haftpflichtanspruch schriftlich geltend gemacht wurde.[759] Auf den Zeitpunkt der Anspruchserhebung abzustellen, kann sinnvoll sein, da Versicherten Haftpflichtschäden grundsätzlich erst dann entstehen, wenn sie von einem Dritten in Anspruch genommen werden.[760] Im Vergleich zum Feststellungsprinzip lässt sich der Zeitpunkt der Anspruchserhebung zumeist auch einfacher bestimmen, da nach dem Feststellungsprinzip grundsätzlich erst noch ermittelt werden muss, wann der Dritte den Schaden festgestellt hat.[761]

Gegen eine Verwendung des Claims-Made-Prinzips in der privaten Cyberversicherung spricht jedoch, dass es viele private Versicherte überfordern könnte, wenn in den Versicherungsbedingungen zwei verschiedenartige Versicherungsfalldefinitionen zum Einsatz kommen. Zudem wäre es vielen Versicherten wohl auch nur schwer verständlich zu machen, dass Schäden nicht versichert sind, die zwar während der Versicherungszeit eingetreten sind, aber von dem Geschädigten erst später geltend gemacht wurden.[762] Die besseren Argumente sprechen daher dafür, das Feststellungsprinzip für sämtliche Bausteine der privaten Cyberversicherung zu vereinbaren.

4. *Fazit*

Zusammenfassend lässt sich sagen, dass von allen Versicherungsfallprinzipien, das Feststellungsprinzip für die private Cyberversicherung am geeignetsten erscheint. Nach dem Feststellungsprinzip tritt der Versicherungsfall mit der erstmalig nachprüfbaren Feststellung eines versicherten Ereignisses ein. Das Feststellungsprinzip bietet im Vergleich zur gegenwärtigen Versicherungsfalldefinition einen deutlich verlässlicheren Anknüpfungspunkt und ermöglicht so eine klare zeitliche Zuordnung des Versicherungsfalls. Zukünftig sollte daher in allen Versicherungsbedingungen der privaten Cyberversicherung das Feststellungsprinzip verwendet werden.

---

759 Näher zum Versicherungsfall in der D&O-Versicherung *Voit*, in: Prölss/Martin, VVG, A-2 AVB D&O Rn. 1 ff.; *Schramm*, Anspruchserhebungsprinzip.

760 Vgl. *Lesser*, Cyber-Risiken, S. 243 (für die Cyberversicherung für Unternehmen).

761 Vgl. *Lesser*, Cyber-Risiken, S. 246 (der sich für das claims-made-Prinzip im Rahmen des Drittschadensbausteins der Cyberversicherung für Unternehmen ausspricht).

762 Zu den Nachteilen des claims-made-Prinzips in der D&O-Versicherung OLG München, Urt. v. 08.05.2009 – 25 U 5136/08, r+s 2009, 327 (330); *R. Koch*, VersR 2011, 295 (297). Siehe auch *Lesser*, Cyber-Risiken, S. 244.

IV. Vertragliche Beweiserleichterungen

Neben der Einführung des Feststellungsprinzips, das insbesondere den Nachweis des Zeitpunkts des Versicherungsfalleintritts erleichtert (s. o.), sollten die Versicherungsbedingungen der privaten Cyberversicherung zukünftig auch um vertragliche Beweiserleichterungen hinsichtlich des Nachweises der tatbestandlichen Voraussetzungen eines versicherten Ereignisses ergänzt werden.

Wie die bisherigen Ausführungen bereits gezeigt haben, sind Versicherten der privaten Cyberversicherung zwar ohnehin schon stillschweigend vereinbarte Beweiserleichterungen zu gewähren, ähnlich wie bei den Diebstahlsversicherungen.[763] Da zur privaten Cyberversicherung bislang aber noch keine Urteile veröffentlicht wurden und es insoweit mit Unsicherheiten verbunden ist, ob die Gerichte diese Beweiserleichterungen tatsächlich gewähren werden, sollte dies durch die Versicherer in den Versicherungsbedingungen zusätzlich klargestellt werden.[764] Eine solche Klausel sollte dann zum Inhalt haben, dass von den Versicherten bei Beweisproblemen grundsätzlich nur ein Mindestmaß von Tatsachen bewiesen werden muss, die nach der Lebenserfahrung mit hinreichender Wahrscheinlichkeit den Schluss auf ein versichertes Ereignis zulassen.[765] In Kombination mit dem Feststellungsprinzip könnten so viele der derzeit bestehenden Beweisprobleme interessengerecht gelöst werden.

V. Abgrenzung von privaten und beruflichen Cyberrisiken

Als reformbedürftig haben sich bei zumindest einigen Versicherungsbedingungen auch die Klauseln erwiesen, durch die der Versicherungsschutz auf private Cyberrisiken begrenzt werden soll.[766] Als nicht geeignet haben sich dabei Klauseln gezeigt, bei denen ähnlich zu den aktuellen Musterbedingungen für die Privathaftpflichtversicherung (vgl. Ziff. A1-1 AVB PHV) ausschließlich auf primärer Ebene festgelegt wird, dass Versicherungsschutz nur gewährt wird, wenn der Versicherte „als Privatperson und nicht aus den Gefahren eines Betriebes,

763 Hierzu ausführlich bereits Zweiter Teil, D. III. 4. b).

764 Beispielhaft etwa *Gebert/Klapper*, in: Veith/Gräfe/Gebert, Versicherungsprozess, § 24 Rn. 78 zu einer Klausel der HISCOX CyberCleaR, Bedingungen 01/2018, IV. 1.2.

765 Nicht zur privaten Cyberversicherung, aber insoweit zu übertragen BGH, Urt. v. 27.11.1980 – IVa ZR 36/80, BGHZ 79, 54 (59) = VersR 1981, 345 (346); Urt. v. 05.10.1983 – IVa ZR 19/82, VersR 1984, 29; Urt. v. 17.03.1993 – IV ZR 11/92, VersR 1993, 571; Urt. v. 14.07.1993 – IV ZR 179/92, BGHZ 123, 217 = NJW 1993, 2678 (2679).

766 Hierzu ausführlich bereits Zweiter Teil, D. III. 3. c).

Berufes, Dienstes oder Amtes" betroffen ist.[767] Aus einer solchen Formulierung folgt nämlich, dass es Aufgabe der Versicherten ist, darzulegen, dass sie im konkreten Fall privat und nicht beruflich betroffen sind. Das Problem bei Cyberrisiken besteht allerdings häufig darin, dass sich diese nicht trennscharf nur einer dieser Sphären zuordnen lassen und der Nachweis der Privatheit im Einzelfall daher mit erheblichen Problemen verbunden sein kann. Vorliegend stellt sich daher die Frage, wie der Versicherungsschutz auf den privaten Bereich begrenzt werden kann, ohne dass die Versicherten vor derartige Beweisprobleme gestellt werden.

Eine Lösung dieses Problems könnte erreicht werden, wenn die Versicherungsbedingungen der privaten Cyberversicherung zukünftig so gestaltet werden, wie auch der Versicherungsgegenstand in den Musterbedingungen für die Privathaftpflichtversicherung lange Zeit formuliert war. Dieser lautete: „Versichert ist die gesetzliche Haftpflicht des Versicherungsnehmers als Privatperson aus den Gefahren des täglichen Lebens mit Ausnahme beruflicher/gewerblicher Tätigkeiten, eines Dienstes, Amtes (auch Ehrenamtes), verantwortlicher Tätigkeit in Vereinigungen oder ungewöhnlicher und gefährlicher Beschäftigung."[768]

Bei dieser Formulierung hat die Rechtsprechung und die überwiegende Ansicht im Schrifttum für sämtliche der unter „mit Ausnahme" genannten Gefahren gefolgert, dass es sich um Ausschlusstatbestände (sekundäre Risikobeschreibungen) handelt, deren Voraussetzungen daher vom Versicherer darzulegen und zu beweisen sind.[769] Insoweit war unstreitig, dass eine Deckung aus der Privathaftpflichtversicherung bestand, wenn sich nicht mehr aufklären ließ, ob ein Schaden aus dem privaten oder beruflichen Lebensbereich resultierte.[770]

---

767 Kritisch zu den neueren Formulierungen in der Privathaftpflichtversicherung (insbesondere Ziff. 1 BB PHV und Ziff. A1-1 AVB PHV) *Schneider*, VersR 2020, 667 ff.

768 Eine Gegenüberstellung der neuen und alten Musterbedingungen findet sich bei *Schimikowski*, in: Späte/Schimikowski, Haftpflichtversicherung, BB PHV Rn. 3 f.; *Stockmeier*, Privathaftpflichtversicherung, A1-1 AVB PHV Rn. 1.

769 BGH, Urt. v. 10.03.2004 – IV ZR 169/03, r+s 2004, 188 (188 f.); OLG Hamm, Urt. v. 09.12.1977 – 20 W 29/77, VersR 1980, 1037 (1037 f.); OLG Düsseldorf, Urt. v. 14.01.2003 – 4 U 51/02, VersR 2004, 323; LG Limburg, Urt. v. 16.11.2007 – 3 S 116/07, VersR 2008, 814; *Schimikowski*, in: Späte/Schimikowski, BB PHV Rn. 4; *Stockmeier*, in: Privathaftpflichtversicherung, A1-1 AVB PHV Rn. 5; a. A. *R. Koch*, in: Bruck/Möller, VVG, Ziff. 3 AHB 2012 Rn. 15.

770 *Schimikowski*, in: Späte/Schimikowski, BB PHV Rn. 5.

Die Unaufklärbarkeit des Sachverhalts ging somit zulasten des Versicherers.[771] Daraus folgte, dass bis zur Bedingungsreform 2007 ein Ereignis grundsätzlich dem privaten Bereich zuzurechnen war, wenn es nicht dem Bereich des Betriebes oder Berufes, Dienstes oder Amtes zuzuordnen war.[772] Als Reaktion auf die beschriebene Auslegung und wegen angeblicher Beweisnot erfolgte der Konzeptionswechsel durch die Versicherer und die bisherigen Ausnahmen wurden in die primäre Risikobeschreibung einbezogen, um verbleibende Zweifel daran, ob ein privates oder berufliches Handeln vorliegt, den Versicherten zuzuweisen.[773] Wegen der damit verbundenen Beweisschwierigkeiten für die Versicherten ist diese Bedingungsreform jedoch äußerst kritisch zu bewerten.[774]

Um die dargestellte Beweisproblematik in der privaten Cyberversicherung interessengerecht zu lösen, empfiehlt es sich daher, die Versicherungsbedingungen zukünftig ähnlich zu den früheren Bedingungen in der Privathaftpflichtversicherung zu gestalten. In den Versicherungsbedingungen der privaten Cyberversicherung sollte daher ab sofort stets klargestellt werden, dass Versicherungsschutz nach dem Inhalt des Vertrages für Privatpersonen gegen Cyberrisiken gewährt wird – unter Ausschluss der Gefahren eines Betriebes, Berufes, Dienstes oder Amtes. Durch eine solche Klausel wäre für die private Cyberversicherung rechtssicher geregelt, dass bei einer sowohl privaten als auch beruflichen Betroffenheit die Unaufklärbarkeit eines Sachverhalts zulasten des Versicherers geht.

VI. Gestaltung einer Serienschadenklausel

Wie die vorangegangenen Ausführungen gezeigt haben, sind Verbraucherinnen und Verbraucher auch der Gefahr ausgesetzt, dass sie in kurzer Zeit mehrfach hintereinander Opfer eines Cyberangriffs werden. Ein realistisches Szenario ist etwa, dass durch Social Engineering Nutzerdaten gestohlen und zum Abschluss

771 Hierzu etwa LG Limburg, Urt. v. 16.11.2007 – 3 S 116/07, VersR 2008, 814, wonach die Unaufklärbarkeit der Frage, ob ein Schlüsselverlust privat oder beruflich eingetreten ist, zulasten des Haftpflichtversicherers geht.

772 Zur Abgrenzung der Privathaftpflicht- von der Berufshaftpflichtversicherung BGH, Urt. v. 19.12.1990 – IV ZR 212/89, r+s 1991, 120 (121); Urt. v. 25.06.1997 – IV ZR 269/96, BGHZ 136, 142 (145), r+s 1997, 451 (452); dazu auch *R. Koch*, in: Bruck/Möller, VVG, Ziff. 3 AHB 2012 Rn. 13.

773 *Stockmeier*, in: Privathaftpflichtversicherung, A1-1 AVB PHV Rn. 6 f.; *Schneider*, VersR 2020, 667 (668).

774 Kritisch auch *Schneider*, VersR 2020, 667 (668).

verschiedener Rechtsgeschäfte missbräuchlich verwendet werden. Werden gegen die Betroffenen dann verschiedene Forderungen unterschiedlicher Gläubiger geltend gemacht, stellt sich die Frage, ob die verschiedenen Fälle als ein oder als mehrere Versicherungsfälle einzuordnen sind. Viele der aktuell auf dem Markt verwendeten Versicherungsbedingungen enthalten für diese oder ähnliche Situationen keine oder nur unpräzise Regelungen.[775]

Eine Klausel, die regelt, in welchen Fällen mehrere während der Wirksamkeit der Versicherung eintretende Versicherungsfälle als ein Versicherungsfall gelten, bezeichnet man als Serienschadenklausel.[776] Serienschadenklauseln sind vor allem in der Haftpflichtversicherung verbreitet und sehen üblicherweise vor, dass für mehrere Versicherungsfälle, die in einem inneren Zusammenhang stehen, vom Versicherer nur einmal die Versicherungssumme zur Verfügung gestellt wird.[777] Die Versicherungssumme, die grundsätzlich je Versicherungsfall gilt, ist wiederum der Betrag, bis zu dem der Versicherer haftet.[778]

Gegen die standardmäßige Einführung einer Serienschadenklausel in die Versicherungsbedingungen der privaten Cyberversicherung könnte zunächst sprechen, dass die Versicherungssumme für die zusammengefassten Verstöße nur einmal zur Verfügung gestellt wird und daher droht, schneller ausgeschöpft zu sein.[779] Auf der anderen Seite hat eine Bündelung von mehreren Versicherungsfällen als ein fingierter Versicherungsfall für die Versicherten aber auch den Vorteil,[780] dass ein Selbstbehalt nur einmal gezahlt werden muss und auch nur ein Versicherungsanspruch von den maximal versicherten Ansprüchen in Abzug gebracht wird.[781]

In der privaten Cyberversicherung werden Serienschäden insbesondere in Zusammenhang mit Identitätsdiebstählen relevant. Werden persönliche Daten eines Versicherten im Darknet veröffentlicht, besteht die Gefahr, dass mehrere Kriminelle die Daten zeitversetzt zu kriminellen Zwecken nutzen und dem Versicherten verschiedene Vermögensschäden entstehen. Für diese Fälle bedarf es

---

775 Siehe hierzu bereits Zweiter Teil, B. III. 3. a).

776 Zur Serienschadenklausel in der Cyberversicherung für Unternehmen *Lesser*, Cyber-Risiken, S. 248 ff.

777 *Armbrüster*, Privatversicherungsrecht, Rn. 1458; *Schimikowski*, Versicherungsvertragsrecht, Rn. 408.

778 *Armbrüster*, Privatversicherungsrecht, Rn. 1456 f.; *Fausten*, VersR 2018, 457 (458).

779 Vgl. *v. Rintelen*, in: Beckmann/Matusche-Beckmann, VersR-Hdb, § 26 Rn. 219.

780 *Schimikowski*, Versicherungsvertragsrecht, Rn. 408; *R. Koch*, in: Bruck/Möller, VVG, Ziff. 6 AHB 2012 Rn. 9.

781 *v. Rintelen*, in: Beckmann/Matusche-Beckmann, VersR-Hdb, § 26 Rn. 219.

daher einer Klausel, die regelt, unter welchen Voraussetzungen die Schäden als ein Versicherungsfall anzusehen sind, auch weil den Versicherten in der Regel nur eine begrenzte Anzahl von Versicherungsfällen pro Kalenderjahr zur Verfügung gestellt wird. Serienschadenklauseln sind auch für die Versicherer bedeutsam, da sich so das Kumulrisiko reduzieren lässt.[782] Daraus folgt, dass eine Serienschadenklausel standardmäßig auch in die Versicherungsbedingungen der privaten Cyberversicherung eingeführt werden sollte.

Daran anschließend stellt sich die Frage, wie eine Serienschadenklausel im Rahmen der privaten Cyberversicherung idealerweise ausgestaltet sein sollte. Generell gilt dabei, dass Serienschadenklauseln wegen der Vielschichtigkeit möglicher Schadensszenarien möglichst abstrakt formuliert sein sollten.[783] Zudem gilt es zu beachten, dass Serienschadenklauseln von der Rechtsprechung nur als zulässig befunden werden, wenn die Bündelung der Versicherungsfälle in einem engen sachlichen und zeitlichen Zusammenhang steht.[784]

Für die private Cyberversicherung sollte bei der Gestaltung einer Serienschadenklausel zwischen den einzelnen Bausteinen (Cyber-Vermögensschutz, Cyber-Assistanceleistungen und Cyber-Haftpflichtbaustein)[785] unterschieden werden. Für den Baustein Cyber-Vermögensschutz ist eine Klauselformulierung zu empfehlen, die bereits in einigen Zusatzbedingungen für die Hausratversicherung zu finden ist. Danach liegt ein einheitlicher Versicherungsfall (z. B. bei mehreren Überweisungen) vor, wenn diese auf eine gemeinsame Schadensursache zurückzuführen sind.[786] Werden daher beispielsweise mit der kopierten Bankkarte und der dazugehörigen ausgespähten PIN mehrere Gelbeträge an verschiedenen Geldautomaten abgehoben, ist durch die Klausel klargestellt, dass es sich um einen einheitlichen Versicherungsfall handelt.[787]

---

782 Vgl. *Stockmeier*, Privathaftpflichtversicherung, A1-16 Rn. 50; *Lesser*, Cyber-Risiken, S. 256.

783 Vgl. *Fausten*, VersR 2018, 457 (463).

784 Vgl. BGH, Urt. v. 28.11.1990 – IV ZR 184/89, r+s 1991, 158 (158 f.) (zur Unwirksamkeit einer Klausel, nach der die Versicherungssumme nur einmal zur Verfügung gestellt wird, wenn mehrere „*auf gemeinsamer Fehlerquelle beruhende Verstöße*" zu Schäden an einem Bauwerk oder mehreren Bauwerken führen, auch wenn diese Bauwerke nicht zum selben Bauvorhaben gehören). Näher dazu *v. Rintelen*, in: Beckmann/Matusche-Beckmann, VersR-Hdb, § 26 Rn. 219; *Schimikowski*, Versicherungsvertragsrecht, Rn. 408.

785 Zu den Vermögenleistungen bereits Zweiter Teil, B. III. 3.

786 Siehe *Fortmann*, Verbraucher-CyberVers, § 5 Rn. 31.

787 Vgl. auch *Fortmann*, Verbraucher-CyberVers, § 5 Rn. 31.

Bei den Cyber-Assistanceleistungen sind die AVB – sofern eine entsprechende Regelung fehlt – um eine Klausel zu ergänzen, die deutlich macht, dass nur ein versichertes Ereignis vorliegt, wenn die einzelnen Vorgänge in einem so engen Zusammenhang zueinanderstehen, dass ihre Aufspaltung unnatürlich und lebensfremd wäre. Im Fall von Rufschädigungen bei Cyber-Mobbing beispielsweise sollte in den AVB ein Hinweis erfolgen, dass mehrere Inhalte als ein Cybermobbing-Ereignis anzusehen sind, wenn die Inhalte in einem so engen Zusammenhang zueinanderstehen, dass sie nur als zusammengehörig betrachtet werden können.[788]

Im Rahmen des Cyber-Haftpflichtbausteins bietet es sich an, auf eine erprobte Formulierung zurückzugreifen, die auch in den aktuellen Musterbedingungen für die Cyberversicherung für Unternehmen (Ziff. A1-15 AVB Cyber) und in den Musterbedingungen für die Privathaftpflichtversicherung (Ziff. A1-6.16.3 AVB PHV) verwendet wird. Nach dem Wortlaut dieser Klausel gelten mehrere während der Wirksamkeit der Versicherung eintretende Versicherungsfälle als ein Versicherungsfall, wenn diese auf derselben Ursache oder auf gleichen Ursachen mit innerem, insbesondere sachlichem und zeitlichem Zusammenhang beruhen. Der Versicherungsfall tritt im Zeitpunkt des ersten dieser Versicherungsfälle ein.

Im Schrifttum werden insbesondere hinsichtlich der zweiten Variante dieser Klausel (sog. erweiterte Ursachenklausel) erhebliche AGB-rechtlichen Bedenken geäußert.[789] So benachteilige die Klausel Versicherte insbesondere bei der typischen Haftpflichtsituation der unbeabsichtigten Weiterleitung eines Schadprogramms unangemessen, wenn sämtlich Versicherungsfälle mit gleicher Ursache zusammengefasst werden.[790] Die erweiterte Ursachenklausel wird mit Blick auf § 307 Abs. 2 Nr. 1 BGB für unwirksam erachtet, da sie vom Grundgedanken des § 100 VVG abweiche, wonach der Versicherer grundsätzlich die Versicherungssumme für jeden einzelnen Versicherungsfall zur Verfügung stellen muss.[791]

---

788 So auch Ziff. 1.3.1 der Musterbausteine des GDV zu den Cyber-Assistanceleistungen.

789 *Lücke*, in: Prölss/Martin, VVG, Ziff. 6 AHB Rn. 15; *Stelzner*, in: Looschelders/Pohlmann, VVG, Anhang J, Rn. 57; *Schimikowski*, in: Rüffer/Halbach/Schimikowski, HK-VVG, Ziff. A1-6.16 AVB PHV Rn. 6; *R. Koch*, in: Bruck/Möller, VVG, Ziff. 6 AHB 2012 Rn. 18. Dazu auch *Lesser*, Cyber-Risiken, S. 251 ff.

790 Vgl. *Stelzner*, in: Looschelders/Pohlmann, VVG, Anhang J, Rn. 57; *Schimikowski*, in: Rüffer/Halbach/Schimikowski, HK-VVG, Ziff. A1-6.16 AVB PHV Rn. 6; wohl auch *Lesser*, Cyber-Risiken, S. 255 ff. Für wirksam haltend dagegen *Stockmeier*, Privathaftpflichtversicherung, Ziff. A1-6.16 Rn. 50.

791 Vgl. *Lücke*, in: Prölss/Martin, Ziff. 6 AHB Rn. 15 (für die allgemeine Haftpflichtversicherung).

Auch wird angenommen, dass die Klausel gegen das Transparenzgebot aus § 307 Abs. 1 S. 2 BGB verstoße, da eine Vielzahl von Fallgruppen denkbar seien, bei denen unklar bleibe, ob von „gleichen Ursachen“ gesprochen werden könne.[792]

Diesen Bedenken ist vollumfänglich zuzustimmen, weshalb auch in den Versicherungsbedingungen einer privaten Cyberversicherung keine erweiterten Ursachenklauseln verwendet werden sollten. Ein interessengerechtes Ergebnis kann auch mit der ersten Variante dieser Klausel („dieselbe Ursache“) erzielt werden, deren Voraussetzungen auch deutlich leichter zu bestimmen sind. Die Klausel ist dabei eng auszulegen, weshalb hierunter nur eine einzige tatsächliche schadensauslösende Handlung, also beispielsweise das einmalige Ausführen einer Datenübertragung, zu verstehen ist.[793] Bei einer Schadensverursachung durch Schadsoftware ist für die Beurteilung der Einheitlichkeit des Versicherungsfalls zudem darauf abzustellen, ob es sich um dieselbe Software handelt.[794] Nicht ausreichend ist es daher etwa, wenn es sich um denselben Schadsoftwaretyp handelt.[795]

Festzuhalten bleibt, dass in den Versicherungsbedingungen, in denen derzeit noch keine Serienschadenklausel enthalten ist, diese eingeführt und an den jeweiligen Baustein angepasst werden sollte.

VII. Zusammenfassung und Klauselvorschläge

Die vorangegangenen Ausführungen haben gezeigt, dass Änderungen an den gegenwärtigen Regelungen zum Eintritt des Versicherungsfalls notwendig und sinnvoll erscheinen. Deutlich wurde dabei, dass die private Cyberversicherung weiterhin nur für einzelne Ereignisse und nicht im Wege einer Allgefahrendeckung Versicherungsschutz gewähren sollte. Hinsichtlich der Frage, welches Versicherungsfallprinzip der privaten Cyberversicherung zukünftig zugrunde gelegt werden sollte, hat sich gezeigt, dass das Feststellungsprinzip am geeignetsten erscheint. Hiernach ist für den Eintritt des Versicherungsfalls auf die erstmalig nachprüfbare Feststellung eines versicherten Ereignisses abzustellen. Die Versicherungsbedingungen sollten zudem um schriftliche Beweiserleichterungen ergänzt werden. Um Beweisprobleme, die sich aus der Abgrenzung

---

792 *Schimikowski*, in: Rüffer/Halbach/Schimikowski, HK-VVG, Ziff. 6 AHB.

793 *Stelzner*, in: Looschelders/Pohlmann, VVG, Anhang J, Rn. 57.

794 Vgl. *Spindler*, in: Beckmann/Matusche-Beckmann, VersR-Hdb, § 40 Rn. 117; *R. Koch*, r+s 2005, 181 (186) (zu den AHB 2004/BHV-IT).

795 Vgl. *Spindler*, in: Beckmann/Matusche-Beckmann, VersR-Hdb, § 40 Rn. 117; *R. Koch*, r+s 2005, 181 (186) (zu den AHB 2004/BHV-IT).

von privaten und beruflichen Cyberrisiken ergeben können, interessengerecht zu lösen, sollte in den Versicherungsbedingungen ferner klargestellt werden, dass die Beweislast hinsichtlich der Frage, ob ein beruflicher Risikozusammenhang gegeben ist, beim Versicherer liegt und Zweifel zu seinen Lasten gehen. Standardmäßig sollte zudem in allen Versicherungsbedingungen eine Serienschadenklausel enthalten sein. Diese Vorschläge zusammengefasst, könnten mögliche Bedingungsklauseln für die private Cyberversicherung zukünftig wie folgt gestaltet sein:

A1 Gegenstand des Versicherungsvertrages

Gegenstand dieses Versicherungsvertrages sind ausschließlich die in diesen Allgemeinen Versicherungsbedingungen vereinbarten Leistungen. Im Umfang der nachfolgenden Bestimmungen bietet der Versicherungsvertrag Versicherungsschutz gegen Cyberrisiken für den privaten Bereich – unter Ausschluss der Gefahren eines Betriebes, Berufes, Dienstes oder Amtes.

A2 Eintritt des Versicherungsfalls

Versicherungsfall ist der erstmals nachprüfbar festgestellte Eintritt eines der nach diesem Versicherungsvertrag versicherten Ereignisse. Der Versicherungsfall muss während der Wirksamkeit der Versicherung eingetreten sein.

A3 Gewährung von Beweiserleichterungen

Kann der Beweis, dass die tatbestandlichen Voraussetzungen eines versicherten Ereignisses eingetreten sind, nicht erbracht werden, so gilt der Eintritt des versicherten Ereignisses bereits dann als bewiesen, wenn aufgrund objektiver Umstände keine vernünftigen Zweifel daran bestehen können, dass alternative Ursachen für den Eintritt des versicherten Ereignisses nicht in Betracht kommen.[796]

A4 Serienschaden

Mehrere während der Wirksamkeit der Versicherung eintretende Versicherungsfälle gelten als ein Versicherungsfall, der im Zeitpunkt des ersten dieser Versicherungsfälle eingetreten ist, wenn diese

- *auf einer gemeinsamen Schadensursache beruhen (Cyber-Vermögensschutz).*

---

796 Angelehnt an eine Klausel der HISCOX CyberCleaR, Bedingungen 01/2018, IV. 1.2, abgedruckt bei *Gebert/Klapper*, in: Veith/Gräfe/Gebert, Versicherungsprozess, § 24 Rn. 78.

- in einem so engen Zusammenhang zueinanderstehen, dass sie nur als zusammengehörig betrachtet werden können (Cyber-Assistanceleistungen).
- auf derselben Ursache beruhen (Cyber-Haftpflichtbaustein).

C. Verbesserungsvorschläge für die Cyber-Assistanceleistungen

I. Einführung

Wie die Marktanalyse gezeigt hat, sind Assistanceleistungen schon heute ein wesentlicher Bestandteil der privaten Cyberversicherung.[797] Bei Assistanceleistungen (aufsichtsrechtlich auch Beistandsleistungen genannt)[798] handelt es sich in Abkehr zu den sonst üblichen monetären Leistungen des Versicherers um bedarfsorientierte Naturalleistungen,[799] die der Versicherer selbst oder durch einen Dienstleister erbringt. Assistanceleistungen finden sich nicht nur in der privaten Cyberversicherung, sondern auch schon seit einiger Zeit in der Kfz-, Rechtsschutz-, Gebäude- und Pflegeversicherung.[800] Trotz der unbestritten hohen Bedeutung von Assistanceleistungen hat eine nähere Analyse der aktuellen Cyberversicherungsprodukte gezeigt, dass die nach den gegenwärtigen Versicherungsbedingungen gewährten Assistanceleistungen regelmäßig nicht ausreichen, um die Versicherten adäquat gegen die beschriebenen Cyberrisiken abzusichern.[801]

Im Folgenden sollen daher Vorschläge erarbeitet werden, wie die aktuell gewährten Assistanceleistungen verbessert werden können, damit Privatpersonen besser gegen Cyberrisiken geschützt beziehungsweise bei eingetretenen Schäden unterstützt werden. Daran anschließend soll geklärt werden, auf welche Art und Weise Assistanceleistungen erbracht werden können und welche

---

797 Siehe hierzu bereits Zweiter Teil, B. III. 3. b).

798 Siehe Anlage 1 zum VAG (Nr. 18: „Beistandsleistungen)", die auf die Umsetzung der EG-RL 84/641/EWG vom 10.12.1984 zurückgeht, in deren englischsprachiger Fassung der Begriff „Assistance" verwendet wurde, Official Journal of the European Communities, No. L 339/21, abrufbar unter: <https://eur-lex.europa.eu/legal-content/EN/TXT/PDF/?uri=CELEX:31984L06 41&from=DE>.

799 Vgl. *Armbrüster*, Privatversicherungsrecht, Rn. 486, 1218 ff.; a. A. *R. Koch*, VersR 2019, 449 (451), wonach bei Assistanceleistungen Versicherungsschutz stets in Form einer Geldleistung erbracht wird.

800 *Armbrüster*, Privatversicherungsrecht, Rn. 1218; *Esser/Helmberger/Hertel*, Assistance, S. 19 ff.; *Tolle/Greiner*, Assistance-Leistungen, S. 16 ff.

801 Siehe hierzu insbesondere Zweiter Teil, E. II.

Vertragsgestaltung für die Versicherungsbedingungen der privaten Cyberversicherung am geeignetsten erscheint. Abschließend ist dann noch die sowohl für Versicherer als auch für Versicherte wichtige Frage zu beantworten, wer für eine fehlerhaft erbrachte Assistanceleistung haftet und ob der Versicherer die Haftung für Fehler des Assistancedienstleisters wirksam ausschließen kann.

II. Vorschläge zur Verbesserung der Assistanceleistungen

Assistanceleistungen sind für die private Cyberversicherung deshalb von so hoher Bedeutung, da die Versicherten vor und nach einem Cyberangriff vor allem praktische und schnelle Unterstützung benötigen und der Versicherer hier als Dienstleister und Partner in Erscheinung treten kann.[802] Geldleistungen, die in diesen Fällen ohnehin problematisch erscheinen, da der Wert der Daten beziehungsweise der Ruf als solcher sich nur schwer bemessen und damit auch versichern lassen,[803] sind in diesen Fällen häufig weniger hilfreich als bedarfsorientierte Dienstleistungen. Viele der derzeit angebotenen Assistanceleistungen bieten dabei bereits eine sinnvolle Unterstützung,[804] jedoch sind diese Leistungen zum einen nicht in allen Versicherungen enthalten und zum anderen durch tatbestandliche Voraussetzungen oder Ausschlüsse häufig stark eingeschränkt. Die Versicherer sind daher dazu aufgerufen, den Umfang der derzeit angebotenen Assistanceleistungen deutlich auszubauen, um Verbraucherinnen und Verbrauchern einen besseren Versicherungsschutz zu bieten. Auch bei den Assistanceleistungen sind dabei eine Reihe von Vorschlägen denkbar, wie die aktuellen Versicherungsbedingungen verändert werden könnten. Die nachfolgenden Ausführungen beschränken sich auf besonders wichtige Bereiche und erheben keinen Anspruch auf Vollständigkeit. Zudem gilt auch hier, dass eine Umsetzung der Vorschläge nur durch die Anbieter der Versicherungsprodukte erfolgen kann und dabei sicherlich auch mit einer höheren Prämie für die Versicherten verbunden wäre.[805]

---

802 Vgl. *Armbrüster*, Privatversicherungsrecht, Rn. 1220 (zur Bedeutung von Assistanceleistungen allgemein).

803 Vgl. *Armbrüster/Böffel*, ZIP 2019, 1885 (1894 f.); *Klinkhammer*, VP 3/2016, 3 ff.; *Ulbrich/Frey*, ZUM 2017, 31 (40) (zu Versicherungsmöglichkeiten bei Reputationsverlusten).

804 Siehe auch *Fortmann*, Verbraucher-CyberVers, § 3 Rn. 254.

805 Vgl. auch *Hohlbein*, VersR 2021, 682 (686) für die Haftpflichtversicherung.

1. Daten-, System- und Hardwareschutz

Bereits in vielen Versicherungsprodukten enthalten ist ein Service zur Wiederherstellung von verlorengegangenen oder beschädigten Daten.[806] Diese Versicherungsleistung ist in Anbetracht der zunehmend großen Gefahr, die von Schadprogrammen ausgeht, elementar wichtig und sollte weiter forciert werden.

Anders als dies viele Versicherungsbedingungen gegenwärtig noch vorsehen, sollte der Anspruch jedoch nicht mehr auf ausschließlich privat genutzte Geräte und Daten beschränkt werden, sondern sämtliche (auch) privat genutzte Geräte und Daten erfassen, wobei die Beweislast für einen beruflichen Risikozusammenhang dem Versicherer zugewiesen werden sollte.[807] Zukünftig sollte der Versicherungsumfang zudem in allen Versicherungsprodukten um einen umfassenden Geräte- und Hardwareschutz ergänzt werden, da sich vor allem Hackerangriffe nicht auf Datenschäden beschränken lassen. Aus diesem Grund sollten vom Versicherungsschutz auch die Reparatur- und Wiederbeschaffungskosten abgedeckt werden, die für die Wiederherstellung der Betriebsfähigkeit der betroffenen Geräte und der Software bei Privatpersonen entstehen können.[808]

Weiterhin sollten die gegenwärtigen Versicherungsleistungen um einen umfassenden präventiven Schutz der Versicherten gegen Cyberrisiken ergänzt werden. Um sowohl für Versicherer als auch Versicherte das Schadensrisiko eines Cyberangriffs zu senken, ist dem Versicherungsumfang zudem eine Lizenz für ein kostenpflichtiges Antivirenprogramm sowie einer Daten-Cloud und eines Passwortmanagers beizufügen.[809] Auf diese Weise wäre sichergestellt, dass die IT-Sicherheit der Versicherten deutlich gestärkt wird und sich im Falle eines dennoch erfolgreichen Cyberangriffs, die Daten und das System einfacher wiederherstellen lassen, obgleich eine Garantie für eine erfolgreiche Wiederherstellung naturgemäß weiterhin nicht gegeben werden kann. Durch eine Ergänzung der gegenwärtigen Versicherungsbedingungen um diese Leistungen könnte die Attraktivität der privaten Cyberversicherung und gleichzeitig auch die IT-Sicherheit der Versicherten deutlich gestärkt werden.

---

806 Siehe hierzu bereits Zweiter Teil, B. III. 3. b) bb).

807 Zu den Reformvorschlägen für den Eintritt des Versicherungsfalls bereits Dritter Teil, B.

808 Siehe auch *Fortmann*, Verbraucher-CyberVers, § 3 Rn. 181.

809 Vereinzelt finden sich ähnliche Leistungen auch bereits in den gegenwärtigen Versicherungsbedingungen.

2. *Reputationsschutz und Stärkung der IT-Sicherheit*

Ebenfalls reformbedürftig sind bei vielen Versicherungsbedingungen die Leistungen, die den Versicherten im Rahmen eines Reputationsschutzes gewährt werden. Wie die Marktanalyse gezeigt hat, enthalten die meisten Versicherungsbedingungen bei einem Fall von Cybermobbing oder ähnlichen Rufschädigungen nämlich nur einen Löschungsservice und die Vermittlung einer psychologischen oder anwaltlichen Erstberatung. Diese Leistungen werden jedoch insbesondere bei schweren Verläufen von Hate Speech nicht ausreichen, um die Versicherten adäquat zu unterstützen.

Grundlegend sind dabei auch im Rahmen des Reputationsschutzes vorbeugende Schutzmaßnahmen, wie sie in Form von Darknet-Screenings oder ähnlichen Leistungen bereits bei einigen Produkten angeboten werden. Bei einem Darknet-Screening, das zukünftig Bestandteil jeder privaten Cyberversicherung sein sollte, werden das Darknet sowie andere kriminelle Kanäle auf persönliche Zahlungs- und Kontaktdaten aller versicherten Personen untersucht, um diese dann zu melden und notwendige Maßnahmen einleiten zu können. Neben einer fortlaufenden Reputationsbeobachtung erscheint es zudem sinnvoll, die Versicherungsbedingungen um eine anfängliche Bedrohungsanalyse und -aufklärung zu ergänzen. Besonders Kinder und Jugendliche, die als versicherte Personen in der Regel über die private Cyberversicherung mitversichert sind, müssen über die Gefahren, die mit der Nutzung des Internets verbunden sind, besser aufgeklärt und dadurch geschützt werden. Hierzu kann der Cyberversicherer einen wichtigen Beitrag leisten, indem er beispielsweise Schulungen oder Tutorials anbietet oder bestimmte Systemeinstellungen empfiehlt.

Sofern trotz dieser präventiven Schutzmaßnahmen ein Reputationsschaden eintritt, muss den Versicherten besser geholfen werden als dies aktuell der Fall ist. Neben dem weiterhin erforderlichen Löschungs- und Unterdrückungsservice rufschädigender Inhalte durch einen spezialisierten Dienstleister sollten die Versicherten auch eine umfassende Beratung zu weiteren Handlungsmöglichkeiten erhalten. Hierzu zählt insbesondere eine rechtliche Beratung, da ein Reputationsverlust ebenso wie ein Identitätsdiebstahl mit vielen Unannehmlichkeiten für die Versicherten verbunden sein kann. Beim Identitätsdiebstahl besteht für die Versicherten nämlich häufig die Gefahr, dass sie durch einen Dritten in Anspruch genommen werden, der mit dem Täter unter dem Namen des Versicherten einen (unwirksamen) Vertrag abgeschlossen hat.[810] Die in diesen

810 Vgl. *Fortmann*, Verbraucher-CyberVers, § 3 Rn. 151.

Fällen erforderlich werdende Rechtsberatung sollte dabei nicht, wie dies aktuell vielfach noch vorgesehen ist, auf eine Erstberatung beschränkt sein, sondern muss bedarfsgerecht erfolgen. Freilich kann eine private Cyberversicherung dabei nicht das leisten, was eine Rechtsschutzversicherung leistet. Allerdings könnte der Rechtsschutz angemessen begrenzt werden, etwa auf eine gewisse Anzahl von Beratungsstunden oder auf eine bestimmte Versicherungssumme (z. B. 5.000 Euro).

3. *IT-Krisen- und Serviceberatung*

Weiterhin empfiehlt es sich, dass den Versicherten künftig in allen Versicherungsprodukten eine IT-Beratung zur Verfügung gestellt wird, die sowohl in Form einer Krisenberatung als auch einer Serviceberatung angeboten werden sollte.

Eine Krisenberatung, so wie sie vielfach bereits in der Cyberversicherung für Unternehmen enthalten ist,[811] zeichnet sich dadurch aus, dass den Versicherten eine rund um die Uhr erreichbare Notfallrufnummer bereitgestellt wird, auf die sie in einer besonderen Notlage zugreifen können. Wird eine versicherte Person beispielsweise Opfer einer Ransomware-Attacke, können Sofortmaßnahmen empfohlen werden, um das Schadensausmaß möglichst begrenzt zu halten.[812] Gegebenenfalls können auch weitere Versicherungsleistungen eingeleitet werden (z. B. Datenwiederherstellung- oder Löschung), deren Nachweis durch die externe Unterstützung deutlich erleichtert werden würde.[813] Die Versicherungsbedingungen sollten dabei künftig so gestaltet werden, dass die Krisenberatung beansprucht werden kann, wenn aus Sicht der Versicherten der tatsächliche oder künftige Eintritt eines versicherten Ereignisses aufgrund objektiver Umstände anzunehmen ist.[814] Neben der Krisenberatung sollte den

---

811 Mit verschiedenen Klauselbeispielen *Gebert/Klapper*, in: Veith/Gräfe/Gebert, Versicherungsprozess, § 24 Rn. 79 ff. Siehe auch *Armbrüster*, Privatversicherungsrecht, Rn. 2113; *Erichsen*, in: Rüffer/Halbach/Schimikowski, HK-VVG, A2 AVB Cyber Rn. 1.

812 Vgl. *Gebert/Klapper*, in: Veith/Gräfe/Gebert, Versicherungsprozess, § 24 Rn. 79 f.

813 Vgl. auch *Armbrüster*, Privatversicherungsrecht, Rn. 2113 (wonach es ohne externe Unterstützung meist nicht gelingt, den Nachweis einer Informationssicherheitsverletzung zu führen, der für die Geltendmachung eines versicherten Schadens nach den AVB Cyber notwendig ist).

814 Vgl. *Gebert/Klapper*, in: Veith/Gräfe/Gebert, Versicherungsprozess, § 24 Rn. 80 (zu einer ähnlichen Formulierung in den Bedingungen der HISCox CyberClear, 01/2018, II. 1. Soforthilfe im Notfall).

Versicherten schließlich auch ein Servicetelefon zur Verfügung gestellt werden, das allgemeine Fragen zum Thema IT-Sicherheit beantwortet. Im Rahmen einer solchen Serviceberatung könnte dann etwa besprochen werden, wie Software installiert beziehungsweise deinstalliert, Updates durchgeführt oder Systemeinstellungen konfiguriert werden können. Gerade für technisch weniger versierte Versicherte ist eine solche Leistung notwendig und sinnvoll.

III. Gestaltungsmöglichkeiten zur Erbringung der Assistanceleistungen

Unterstellt, die Anbieter der privaten Cyberversicherung setzen die dringend notwendigen Vorschläge zum Ausbau der Assistanceleistung um, stellt sich daran anschließend die Frage, auf welche Art und Weise die Assistanceleistungen gegenüber den Versicherten idealerweise erbracht werden sollten. Nachstehend sollen die vier möglichen Gestaltungsformen kurz vorgestellt werden, um daran anschließend zu klären, welche Bedingungsgestaltung für die private Cyberversicherung am geeignetsten erscheint.

1. Selbsterbringung durch den Versicherer

Als erste Form der Erbringung von Assistanceleistungen ist denkbar, dass sich der Versicherer selbst zur Durchführung der entsprechenden Assistanceleistung verpflichtet. Obgleich diese Gestaltungsform in der Praxis eher selten zu finden ist,[815] liegt hierin kein Verstoß gegen § 1 S. 1 VVG. In dieser Norm ist nämlich lediglich vorgesehen, dass sich der Versicherer dazu verpflichtet, ein bestimmtes Risiko des Versicherten (oder eines Dritten) durch eine Leistung abzusichern, die er bei Eintritt des vereinbarten Versicherungsfalls zu erbringen hat. Diese Leistung muss dabei nicht zwingend in einer Geldzahlung bestehen, sondern kann auch in Form einer Naturalleistung durch den Versicherer erbracht werden.[816] Assistanceleistungen verstoßen daher auch nicht gegen das Verbot des Betriebs versicherungsfremder Geschäfte gemäß § 15 Abs. 1 S. 1 VAG, da es sich bei der tatsächlichen Erbringung von Assistanceleistungen um eine

815 So auch *Dreher*, VersR 2020, 129 (130), der nach der Durchsicht zahlreicher Bedingungswerke zu dem Ergebnis gelangt, dass Versicherungsunternehmen Assistanceleistungen regelmäßig nicht selbst erbringen.

816 Vgl. *Armbrüster*, Privatversicherungsrecht, Rn. 486; *ders.*, VersR 2015, 1453 (1454 f.); *Dreher*, VersR 2020, 129 (133); *Hofmann*, Schutzbriefversicherung, § 1 ABBR Rn. 2; *R. Koch*, VersR 2019, 449 (450).

Versicherungstätigkeit und nicht lediglich um eine damit in unmittelbaren Zusammenhang stehende Tätigkeit handelt.[817]

2. *Beauftragung eines Dienstleisters durch den Versicherer*

Eine zweite Möglichkeit, Assistanceleistungen zu erbringen, besteht darin, dass der Versicherer die Dienstleistung bei einem Gruppen-Unternehmen oder am Markt bei einem Dritten als Dienstleister auf eigene Rechnung und im eigenen Namen beschafft und diese dann über einen externen Dienstleister gegenüber einer versicherten Person erbringt.[818] Der Vertrag über die Durchführung der Assistanceleistung kommt bei dieser in der Praxis auch eher selten anzutreffenden Vertragsform dann allein zwischen dem Versicherer und dem externen Dienstleister zustande.[819]

3. *Vermittlung eines Dienstleisters durch den Versicherer*

Eine dritte Form, Assistanceleistungen durchzuführen, besteht in der Vermittlung eines Dienstleisters durch den Versicherer. Anders als dies bei den ersten beiden Gestaltungsformen der Fall ist, schuldet der Versicherer hier allerdings nicht selbst die Erbringung der Assistanceleistung, sondern verpflichtet sich nur dazu, bei Eintritt des Versicherungsfalls die Assistanceleistung zu organisieren und die Kosten bis zur vereinbarten Höhe zu tragen. Diese Gestaltungsform findet sich gegenwärtig in den meisten Versicherungsbedingungen der privaten Cyberversicherung.[820] Der Vorteil dieser Vertragsgestaltung liegt für den Versicherer darin, dass er den externen Dienstleister selbst auswählen kann, ohne jedoch dessen Vertragspartner zu werden.[821] Der Vertrag über die konkrete Dienstleistung kommt trotz Vermittlung nämlich nur zwischen dem Versicherten und dem Assistancedienstleister zustande.[822] Zwischen dem Versicherer und dem externen Dienstleister besteht zumeist aber ein Rahmen- oder auch Kooperationsvertrag, in dem unter anderem geregelt wird, in welchem Umfang der

---

817 Näher *Dreher*, VersR 2020, 129 (133), wonach es auch keine Rolle spielt, ob es sich um eine Haupt- oder Nebenleistung des Versicherers handelt. Dazu auch *R. Koch*, VersR 2019, 449 (450).

818 *Dreher*, VersR 2020, 129 (130 f.).

819 *Dreher*, VersR 2020, 129 (130 f.).

820 Siehe hierzu bereits Zweiter Teil, B. III. 3. b).

821 *Dreher*, VersR 2020, 129 (131).

822 Vgl. *Dreher*, VersR 2020, 129 (131).

Assistancedienstleister – je nach Art und Intensität der Leistung – an der Prämie beteiligt wird.[823]

4. *Bloße Kostenübernahme durch den Versicherer*

Die vierte und letzte Art und Weise, Assistanceleistungen gegenüber einer versicherten Person zu erbringen, besteht in der reinen Kostenübernahme durch den Versicherer. Nach dieser Gestaltungsform, die wiederum den AVB Cyber zugrunde liegt,[824] verpflichtet sich der Versicherer lediglich dazu, die Kosten für die Assistanceleistungen im vereinbarten Umfang zu tragen, was zur Folge hat, dass der Versicherte den Dienstleister und damit auch seinen Vertragspartner grundsätzlich frei bestimmen kann.[825]

Um die Qualität des Dienstleisters und das Kosten-Nutzen-Verhältnis besser kontrollieren zu können, knüpfen einige Versicherer die Kostenübernahme zusätzlich noch an eine vorherige Zustimmung oder auch Abstimmung hinsichtlich der Auswahl des zu beauftragenden Dienstleisters.[826] Teilweise benennt und empfiehlt der Versicherer in den Versicherungsbedingungen auch bestimmte Dienstleister, die er für geeignet hält.

5. *Stellungnahme*

Vorliegend stellt sich nun die Frage, welche dieser Gestaltungsformen für die Versicherungsbedingungen der privaten Cyberversicherung am geeignetsten erscheint. Gegen die erste Variante (Selbsterbringung durch den Versicherer) sprechen vor allem praktische Gründe. Aus der Sicht der Versicherer wäre es nämlich mit einem sehr hohen Aufwand und auch Kosten verbunden, Assistanceleistungen wie etwa ein 24-Stunden erreichbares Krisentelefon einzurichten und aufrechtzuerhalten.[827] Die Assistancedienstleister dagegen verfügen in der Regel bereits über die notwendigen Ressourcen und eine langjährige Erfahrung, von denen sowohl die Versicherer als auch die Versicherten profitieren

---

823 Dazu auch *Tolle/Greiner*, Assistance-Leistungen, S. 17, wonach Assistance-Gesellschaften regelmäßig als Tochtergesellschaften von Versicherungsunternehmen gegründet werden. Mit einem Überblick zu den Assistance-Strukturen in Deutschland (Stand: Juni 1999) *Esser/Helmberger/Hertel*, Assistance, S. 46.

824 Vgl. Ziff. A2 AVB Cyber („Service- und Kostenbaustein").

825 *Dreher*, VersR 2020, 129 (131).

826 Vgl. Ziff. A-2 AVB Cyber. Kritisch zum Abstimmungserfordernis *Erichsen*, in: Rüffer/Halbach/Schimikowski, HK-VVG, A2 AVB Cyber Rn. 3.

827 Vgl. *Tolle/Greiner*, Assistance-Leistungen, S. 18.

können.[828] Assistanceleistungen sollten daher nicht durch den Versicherer, sondern durch einen spezialisierten Dienstleister durchgeführt werden. Auch die zweite Variante (Beauftragung eines Dienstleisters) erscheint vor allem aus praktischen Gründen kaum realisierbar. Nach dieser Gestaltungsform würde die Assistanceleistung zwar durch einen spezialisierten Dienstleister durchgeführt werden, jedoch würde der Versicherer die Leistung auf eigenes Risiko schulden, was wegen des hiermit verbundenen Haftungsrisikos regelmäßig nicht gewollt ist.[829]

Ernsthaft in Betracht kommen daher vorliegend nur die dritte und vierte Variante. Für die dritte Variante (Vermittlung eines Dienstleisters) spricht aus der Sicht der Versicherer vor allem, dass sie einen eigenen Dienstleister bestimmen können, ohne jedoch selbst mit den Versicherten einen Vertrag über die Assistanceleistung schließen zu müssen. Aus der Sicht der Versicherten hat die Vermittlung wiederum den grundsätzlichen Vorteil, dass sie sich nicht selbst um die Auswahl eines Dienstleisters kümmern müssen, sondern sich auf das Expertennetzwerk des Versicherers verlassen können. Gegen die Vermittlung ist allerdings anzuführen, dass hierdurch die Auswahlfreiheit der Versicherten erheblich eingeschränkt wird, was insbesondere im Rahmen einer anwaltlichen Beratung zu Konflikten mit § 127 VVG führen kann.[830]

Versicherungsnehmerfreundlicher erscheint es daher, den Versicherten die Wahl zu lassen, ob sie einen Dienstleister des Versicherers vermittelt bekommen oder selbst einen Dienstleister auswählen wollen. Dies gilt insbesondere für die Fälle, in denen schlechte Erfahrungen mit dem vom Versicherer vermittelten Dienstleister gemacht wurden oder ein anderer Dienstleister für geeigneter erachtet wird. Die Interessen des Versicherers an einer Kontrolle der Kosten und einem angemessenen Kosten-Nutzen-Verhältnis können schließlich auch dadurch gewahrt werden, dass sich der Versicherer in den Versicherungsbedingungen die Zustimmung oder Abstimmung bei der Auswahl des Dienstleisters vorbehält.[831]

Zusammenfassend lässt sich daher sagen, dass die vierte Variante für die private Cyberversicherung am geeignetsten erscheint, wonach sich der Versicherer grundsätzlich nur zur Kostenübernahme verpflichtet, diese jedoch an eine Abstimmung hinsichtlich der Auswahl des Dienstleisters knüpfen

---

828 Vgl. *Tolle/Greiner*, Assistance-Leistungen, S. 18.

829 Zur Haftung des Versicherers für fehlerhafte Assistanceleistungen sogleich.

830 Siehe hierzu bereits Zweiter Teil. C. I. 3. a).

831 Vgl. *Dreher*, VersR 2020, 129 (131).

beziehungsweise auf Wunsch der Versicherten auch einen eigenen Dienstleister vermitteln kann.

IV. Rechtsfolgen bei fehlerhaften Assistanceleistungen

Mit steigender Bedeutung der Assistanceleistungen kommt auch der Frage eine zunehmend hohe Bedeutung zu, wer für eine fehlerhaft erbrachte Assistanceleistung haftet und ob die Haftung in den Versicherungsbedingungen wirksam ausgeschlossen werden kann.[832] Konkret stellt sich diese Frage etwa, wenn dem Versicherten nach einem Schadsoftwarebefall ein Anspruch auf Datenwiederherstellung zusteht und bei den Wiederherstellungsarbeiten durch den Dienstleister weitere Daten gelöscht oder das Gerät, auf dem sich die Daten befunden haben, beschädigt oder zerstört wird. Im Folgenden soll dieser Sachverhalt zunächst für die vierte Variante (bloße Kostenübernahme) und dann für die dritte Variante (Vermittlung eines Dienstleisters) beantwortet werden, da die vierte Variante für die private Cyberversicherung am geeignetsten erscheint und die dritte Variante in den gegenwärtigen Versicherungsbedingungen noch am häufigsten vertreten ist.

1. Bloße Kostenübernahme geschuldet

Sofern der Versicherer lediglich die Kostenübernahme schuldet, ist die Rechtslage bei einer fehlerhaft erbrachten Assistanceleistung relativ unproblematisch. Der Dienst- oder auch Werkvertrag über die konkrete Assistanceleistung (z. B. Datenwiederherstellung) kommt nach dieser Gestaltungsform nämlich ausschließlich zwischen dem externen Dienstleister und der versicherten Person zustande. Sofern der Dienstleister daher schlechtleistet oder eine Nebenpflicht verletzt, haftet grundsätzlich nur der Dienstleister und nicht der Versicherer, da der Versicherer die Assistanceleistung nicht als solche schuldet, sondern sich nur zur Kostenübernahme verpflichtet hat.[833] Ein Fehlverhalten des Dienstleister kann dem Versicherer daher auch nicht nach § 278 BGB zugerechnet werden, da der Dienstleister kein Erfüllungsgehilfe des Versicherers ist.[834] Dies gilt im

832 Hierzu bisher soweit ersichtlich nur *R. Koch*, VersR 2019, 449 ff.; *Dreher*, VersR 2020, 129 (131); *Gebert/Klapper*, in: Veith/Gräfe/Gebert, Versicherungsprozess, § 24 Rn. 82.

833 Vgl. *R. Koch*, VersR 2019, 449 (452 ff.).

834 Vgl. OLG Saarbrücken, Urt. v. 02.03.2005 – 5 U 530/04-56, VersR 2005, 1724 (wonach der Versicherer, der verpflichtet ist, innerhalb einer Autoschutzbriefversicherung für einen Rücktransport des Fahrzeugs einschließlich des Gepäcks zu sorgen, nicht die Rückführung als solche schuldet, sondern lediglich die Vermittlung des Transports und Kostenersatz, weshalb der Spediteur nicht als Erfüllungsgehilfe des Versicherers

Übrigen auch, wenn der Versicherer einen Dienstleister empfohlen hat oder die Kostentragung an eine Zustimmung oder Abstimmung hinsichtlich der Auswahl des Dienstleisters geknüpft hat, da sich der Versicherer auch in diesen Fällen weiterhin nur zur Kostenübernahme verpflichtet hat.[835] Ein Schadensersatzanspruch aus §§ 280, Abs. 1, 241 Abs. 2 BGB käme nur ausnahmsweise dann in Betracht,[836] wenn der Versicherer durch eine Absprache mit dem Dienstleister den Schaden schuldhaft herbeigeführt hat,[837] was in der Praxis allerdings nur sehr selten der Fall sein wird.

2. *Vermittlung und Kostentragung geschuldet*

Die Rechtslage könnte jedoch anders zu beurteilen sein, wenn sich der Versicherer neben der Kostentragung auch zur Vermittlung eines Dienstleisters verpflichtet hat. Anders als bei der soeben besprochenen Konstellation hat der Versicherte bei einer Vermittlung des Dienstleisters nämlich keinerlei Einfluss auf dessen Auswahl und kann seinen Vertragspartner somit nicht frei bestimmen.

Auch hier gilt es zunächst festzuhalten, dass der Vertrag über die konkrete Assistanceleistung (z. B. Datenwiederherstellung) auch bei einer Vermittlung des Dienstleisters durch den Versicherer allein zwischen dem Versicherten und dem Dienstleister zustande kommt. Werden bei der Datenwiederherstellung daher Schäden beim Versicherten verursacht, stehen dem Versicherten auch in diesem Fall grundsätzlich nur Ansprüche gegen den Dienstleister zu. Man könnte allerdings in Betracht ziehen, dass der Versicherer durch die Vermittlung des Dienstleisters ein besonderes Einstehen für diesen zum Ausdruck gebracht hat, das aus der Sicht eines durchschnittlichen Versicherten so verstanden werden könnte, dass der Versicherer im Falle einer Schlechtleistung für diesen einstehen

---

angesehen werden kann). Ähnlich auch OLG Hamm, Beschl. vom 11.10.2013 – 20 U 152/13 = BeckRS 2014, 04824. Jeweils besprochen bei *R. Koch*, VersR 2019, 449 (452 ff.).

835 Vgl. LG Düsseldorf, Urt. v. 30.04.2008 – 11 O 450/07, r+s 2008, 297 (297 f.) (zur Haftung des Versicherers für eine mangelhaft durchgeführte Reparatur bei Empfehlung eines bestimmten Handwerkes für die Reparatur). Dazu auch *R. Koch*, VersR 2019, 449 (452 ff.).

836 Allg. zur Rücksichtnahmepflicht *Bachmann*, in: MünchKomm-BGB, § 241 Rn. 55 ff. Zum Kooperationsgebot zwischen Versicherer und Versicherungsnehmer auch *Armbrüster*, Privatversicherungsrecht, Rn. 292 ff.

837 Vgl. LG Düsseldorf, Urt. v. 30.04.2008 – 11 O 450/07, r+s 2008, 297 (297 f.).

werde.[838] Eine Haftung des Versicherers könnte man womöglich auch aus dem besonderen Kooperationsgebot aus § 242 BGB herleiten.[839]

Hervorzuheben ist an dieser Stelle allerdings nochmals, dass sich der Versicherer vertraglich nur zur Vermittlung und Kostentragung verpflichtet und somit nicht die Erbringung der Assistanceleistung auf eigenes Risiko schuldet.[840] In diesem Punkt unterscheidet sich die dritte Variante gerade von der zweiten Variante, da nur bei der zweiten Variante der Versicherer den Dienstleister als seinen Erfüllungsgehilfen beauftragt. Die Erklärung des Versicherers, einen geeigneten Dienstleister für die Assistanceleistung zu vermitteln, kann daher nicht so ausgelegt werden, dass er im Schadensfall für diesen uneingeschränkt haften will. Ein solches Auslegungsergebnis wäre auch nicht angemessen, da die Vermittlung eines Dienstleisters durch die Versicherten häufig gewünscht wird und der Versicherer insoweit nicht schlechter gestellt werden darf als ein Versicherer, der sich nur zur Kostentragung ohne diesen Service verpflichtet hat. Es besteht an dieser Stelle auch kein Bedarf, den Versicherer für die fehlerhafte Assistanceleistung haften zu lassen, da dem Versicherten weiterhin vertragliche Ansprüche gegen den Dienstleister zustehen.

Anders zu beurteilen ist dies jedoch dann, wenn der Versicherer eigene Fehler bei der Auswahl und Vermittlung des Dienstleisters begangen hat. Soweit sich der Versicherer nämlich die Vermittlung eines Dienstleisters vorbehält, folgt daraus, dass er nur qualifizierte und zuverlässige Dienstleister vermitteln darf.[841] Die versicherten Personen dürfen darauf vertrauen, dass der Versicherer die von ihm vermittelten Dienstleister sorgfältig geprüft und, sofern Anlass zu Zweifeln an deren Eignung bestand, ausgetauscht hat.[842] Gegen diese Pflicht hätte der Versicherer beispielsweise verstoßen, wenn ihm Gründe bekannt gewesen wären, die gegen eine Beauftragung des Dienstleisters gesprochen hätten oder er mit dem Dienstleister eine Absprache getroffen hätte, dass Schäden nicht sach- und fachgerecht behoben werden sollen, um die Schadenhöhe in unzulässiger

---

838 Vgl. *Schreier*, Das Verhältnis zwischen Schadensrecht und Schadensversicherung, S. 58 f.; *ders.*, VersR 2016, 1347 (1351) (zu Werkstattbindungstarifen in der Kfz-Kaskoversicherung).

839 Dies befürwortend *Schreier*, Das Verhältnis zwischen Schadensrecht und Schadensversicherung, S. 58. Allg. zum Kooperationsgebot *Armbrüster*, Privatversicherungsrecht, Rn. 292 ff.

840 Ebenso *Dreher*, VersR 2020, 129 (131); *R. Koch*, VersR 2019, 449 (454 f.).

841 *Armbrüster*, VW 2012, 990; *R. Koch*, VersR 2019, 449 (454).

842 *R. Koch*, VersR 2019, 449 (455).

Weise gering zu halten.[843] Ein solcher Pflichtverstoß, der einen Schadensersatzanspruch gemäß § 280 Abs. 1 BGB gegen den Versicherer begründen würde, da es sich bei der Vermittlung um eine Hauptleistungspflicht des Versicherers handelt,[844] wird in der Praxis allerdings nur sehr selten anzutreffen sein. Die Versicherer sind an der Vermittlung qualifizierter Dienstleister interessiert, um das Ausmaß der versicherten Schäden begrenzt zu halten und gleichzeitig eine möglichst hohe Kundenzufriedenheit erzielen zu können.[845] Abschließend bleibt daher festzuhalten, dass der Versicherer nur für eigene Vermittlungsfehler und nicht für Fehler des Assistancedienstleisters haftet.

3. *Möglichkeiten des Haftungsausschlusses*

Gleichwohl die vorangegangen Ausführungen gezeigt haben, dass die Versicherer für fehlerhafte Assistanceleistungen – je nach Vertragsgestaltung –[846] gar nicht oder nur eingeschränkt haften, können die Versicherer dennoch ein Interesse daran haben, die Haftung für fehlerhafte Assistanceleistungen von vornherein auszuschließen.[847] In der Cyberversicherung für Gewerbe und Unternehmen sind daher bereits Klauseln verbreitet, die trotz Einbindung des Versicherers in die Auswahl des Dienstleisters, einen Haftungsausschluss vorsehen.[848] In den Versicherungsbedingungen der privaten Cyberversicherung sind derartige Klauseln zwar bisher noch nicht zu finden, jedoch ist nicht auszuschließen, dass diese zukünftig vereinbart werden könnten. Nachstehend soll daher zunächst dargestellt werden, wie eine solche Haftungsausschlussklausel aussehen könnte. Daran anschließend soll dann geprüft werden, ob eine derartige Klausel einer AGB-Kontrolle standhalten halten kann.

---

843 Vgl. OLG Bremen, Urt. v. 26.09.2011 – 3 U 48/10 = BeckRS 2011, 24093; LG Düsseldorf, Urt. v. 30.04.2008 – 11 O 450/07, r+s 2008, 297 (297 f.). Hierzu auch *R. Koch*, VersR 2019, 449 (452 ff.).

844 Näher *R. Koch*, VersR 2019, 449 (455).

845 So im Ergebnis auch *R. Koch*, VersR 2019, 449 (455 f.).

846 Zu den vier Gestaltungsmöglichkeiten (s. o.).

847 Vgl. *R. Koch*, VersR 2019, 449 (456) (zu Haftungsausschlussklauseln in der Cyberversicherung für Unternehmen).

848 Dazu bereits *R. Koch*, VersR 2019, 449 (456). Siehe auch *Dreher*, VersR 2020, 129 (131) Fn. 15.

a) Klauselbeispiel

Eine Haftungsausschlussklausel für fehlerhafte Assistanceleistungen könnte in der privaten Cyberversicherung wie folgt gestaltet sein:

> *(1) Der Vertrag über die Assistanceleistung kommt nur zwischen dem Dienstleister und der versicherten Person als deren Kunde zustande. (2) Eine Erfolgsgarantie für die Assistanceleistung kann nicht gegeben werden. (3) Die Assistanceleistungen werden nicht vom Versicherer überwacht. (4) Der Versicherer haftet nicht für durch den Dienstleister verursachte Schäden und übernimmt keine Gewährleistung.*[849]

b) AGB-Kontrolle

Satz 1 der Beispielsklausel ist AGB-rechtlich nicht zu beanstanden, da hierdurch lediglich festgelegt wird, auf welche Art und Weise die Assistanceleistung gegenüber den versicherten Personen erbracht werden soll. Da es sich insoweit um eine Regelung der Hauptleistungspflicht handelt, ist diese Klausel ohnehin nicht oder nur sehr eingeschränkt kontrollfähig (vgl. § 307 Abs. 3 BGB).[850] Auch der zweite Satz der Beispielsklausel, mit dem festgelegt wird, dass der Versicherer keine Erfolgsgarantie für die Assistanceleistung geben kann, ist nicht zu beanstanden, da es in der Natur der Sache liegt, dass für bestimmte Leistungen (wie etwa der Wiederherstellung oder Löschung von Daten) keine Erfolgsgarantie gegeben werden kann. Deutlich problematischer sind dagegen die letzten beiden Sätze der Beispielsklausel. Wie bereits deutlich geworden ist, verpflichtet sich der Versicherer im Rahmen der Vermittlung einer Assistanceleistung auch dazu, einen zuverlässigen und geeigneten Dienstleister auszuwählen (s. o.). Zum Pflichtenkreis des Versicherers zählt daher auch, durch geeignete Mittel sicherzustellen, dass der Dienstleister auch noch zum Zeitpunkt der Vermittlung über die gebotene fachliche Qualität verfügt. Sofern der Versicherer mit Satz 3 vereinbaren will, die Überwachung des Dienstleisters trotz dessen Auswahl nicht zu schulden, handelt es sich um einen verdeckten Haftungsausschluss für eigene Auswahlfehler, was einen Verstoß gegen § 307 Abs. 2 Nr. 2 BGB darstellt.[851] Die Klausel verstößt zudem auch gegen § 309 Nr. 7 BGB, da die Ausschlussklausel

---

849 Satz 1 und Satz 2 sind an die Musterbausteine des GDV zu den Cyber-Assistanceleistungen angelehnt (vgl. Ziff. 1.3.2). Satz 3 und Satz 4 sind weitestgehend übernommen von *R. Koch*, VersR 2019, 449 (456).

850 Zur Kontrollfähigkeit von AVB bereits Zweiter Teil, D. III. 4. a).

851 Vgl. auch *R. Koch*, VersR 2019, 449 (456) (der von einem verhüllten Haftungsausschluss ausgeht). Eher kritisch dagegen *Dreher*, VersR 2020, 129 (131) Fn. 15.

auch eingreifen würde, wenn es zu Personenschäden kommt und/oder der Versicherer grob fahrlässig gehandelt hat.[852]

Aus ähnlichen Überlegungen heraus kann auch Satz 4 der Beispielsklausel einer Inhaltskontrolle nicht standhalten. Der in Satz 4 enthaltene Ausschluss unterscheidet nach seinem Wortlaut nämlich nicht danach, ob der Schaden durch einen alleinigen Fehler des Dienstleisters oder durch einen Fehler des Versicherers bei der Auswahl und Überwachung des Dienstleisters entstanden ist. Da nach der Unklarheitenregel des § 305c Abs. 2 BGB jedoch im Zweifel davon auszugehen ist, dass von Satz 4 auch die Haftung für Vermittlungsfehler ausgeschlossen sein soll, verstößt die Klausel gegen § 307 Abs. 2 Nr. 2 BGB und § 309 Nr. 7 BGB und ist damit insgesamt unwirksam. Um wirksam zu sein, müsste Satz 4 der Beispielsklausel dahingehend ergänzt werden, dass die Haftung des Versicherers nicht ausgeschlossen werden soll, wenn der eingetretene Schaden auf einen Vermittlungsfehler des Versicherers beruht.[853]

V. Zusammenfassung und Klauselvorschläge

Die vorangegangenen Ausführungen haben gezeigt, dass Assistanceleistungen zwar schon heute das wichtigste Element der privaten Cyberversicherung bilden, es jedoch notwendig ist, viele der aktuell gewährten Leistungen zu verbessern. Für einen bedarfsgerechten Versicherungsschutz ist es erforderlich, dass zukünftig jede private Cyberversicherung neben einem Datenwiederherstellungsservice auch über einen umfassenden Geräteschutz verfügt. Um die IT-Sicherheit der Versicherten zu verbessern, ist den Versicherten zudem eine Lizenz für ein Antivirenprogramm, ein Passwortmanager, eine Daten Cloud und ein Darknet-Screening zur Verfügung zu stellen. Auch sollten die Versicherungsprodukte um einen bedarfsgerechten Rechtsschutz ergänzt werden und den Versicherten ein Krisen- und Servicetelefon zur Verfügung stellen.

Hinsichtlich der Frage, wie diese Leistungen idealerweise gegenüber den Versicherten zu erbringen sind, hat sich als interessengerechteste Lösung gezeigt, dass sich der Versicherer nur zur Kostenübernahme verpflichten sollte, um den Versicherten grundsätzlich die Auswahl des Dienstleisters zu überlassen. Sofern sich die Versicherten nicht mit der Auswahl eines Dienstleisters befassen wollen, hat der Versicherer einen geeigneten Dienstleister zu vermitteln. Abschließend war dann noch zu prüfen, ob der Versicherer das Risiko für eine fehlerhaft

852 *R. Koch*, VersR 2019, 449 (456). Zu den AGB-rechtlichen Grenzen der Haftungsbegrenzung von Cloud-Anbietern *Wicker*, MMR 2014, 787 (787 f.).

853 *R. Koch*, VersR 2019, 449 (456).

erbrachte Assistanceleistung trägt. Hier hat sich gezeigt, dass der Versicherer gar nicht haftet, wenn er lediglich die Kostentragung schuldet und nur für eigene Vermittlungsfehler haftet, wenn er neben der Kostentragung auch die Vermittlung eines Dienstleisters schuldet. Von dieser Haftung kann sich der Versicherer nicht freimachen, da die Vermittlung eines geeigneten und zuverlässigen Dienstleisters zu seinen Hauptleistungspflichten zählt, soweit er sich hierzu vertraglich verpflichtet hat. Diese Erkenntnisse zugrunde gelegt, könnten mögliche Bedingungsklauseln für den Assistance-Baustein zukünftig wie folgt gestaltet sein:

B1 Umfang der Cyber-Assistanceleistungen

Der Versicherer trägt für sämtliche nach diesem Vertrag geschuldete Assistanceleistungen die Kosten bis zur vereinbarten Höhe. Dem Versicherten steht es nach Absprache mit dem Versicherer frei, welchen Dienstleister er mit der versicherten Leistung beauftragen will. Auf Wunsch vermittelt der Versicherer dem Versicherten einen geeigneten Dienstleister.

B2 Durchführung der Cyber-Assistanceleistungen

Der Vertrag über die Assistanceleistung kommt nur zwischen dem Dienstleister und dem Versicherten als deren Kunde zustande. Sofern der Versicherte die Vermittlung eines Dienstleisters verlangt, verpflichtet sich der Versicherer, nur fachlich geeignete und auf ihre Zuverlässigkeit geprüfte Dienstleister zu vermitteln. Vorsorglich wird darauf hingewiesen, dass der Versicherer nicht für vorsätzliche oder fahrlässige Pflichtverletzungen des Dienstleisters bei der Erbringung der Dienstleistung haftet, sondern nur für eigene Fehler bei der Auswahl und Überwachung des Dienstleisters einsteht.

D. Verbesserungsvorschläge anstelle von Subsidiaritätsklauseln

I. Einführung

Einen hohen Stellenwert in der bisherigen Untersuchung hat die Frage eingenommen, wie sich die private Cyberversicherung von anderen Versicherungen (insbesondere Rechtsschutz-, Privathaftpflicht- und Hausratversicherung) abgrenzen lässt. Hierfür wurde unter anderem untersucht, in welchem Umfang Cyberrisiken bereits in den konventionellen Verbraucherversicherungen abgedeckt werden und in welchen Bereichen es zu Deckungsüberschneidungen mit der privaten Cyberversicherung kommen kann. In diesem Zusammenhang wurde deutlich, dass nicht nur viele Leistungen der privaten Cyberversicherung bereits in den klassischen Verbraucherpolicen enthalten sind, sondern auch, dass die meisten Versicherungsbedingungen über einfache Subsidiaritätsklauseln verfügen, die bei Eintritt des Versicherungsfalls dazu führen, dass der Cyberversicherer im Außenverhältnis nur noch nachrangig haftet und im Innenverhältnis nicht mehr zum Ausgleich gegenüber den anderen Versicherern verpflichtet ist. Da Verbraucherinnen und Verbraucher mit dem Abschluss einer privaten Cyberversicherung in der Regel aber gerade einen vorbehaltslosen und nicht nur subsidiären Versicherungsschutz abschließen wollen, haben sich die Subsidiaritätsklauseln als erhebliches Defizit der aktuell verfügbaren Versicherungsprodukte erwiesen.[854]

Nachstehend soll daher diskutiert werden, welche Regelungen anstelle der Subsidiaritätsklausel in den Versicherungsbedingungen der privaten Cyberversicherung vereinbart werden sollten. Da sich die Versicherungsbedingungen gegenwärtig aus verschiedenen Komponenten zusammensetzen, muss dabei zwischen dem Eigenschadens- und Haftpflichtbaustein auf der einen und dem Cyber-Assistance-baustein auf der anderen Seite unterschieden werden.

II. Lösungsvorschlag für den Vermögensschaden- und Haftpflichtbaustein

Wie die Marktanalyse gezeigt hat, deckt der Eigenschadensbaustein der privaten Cyberversicherung gegenwärtig vor allem Vermögensschäden ab, die einer versicherten Person durch einen Identitätsdiebstahl oder beim Abschluss eines Internetkaufvertrages entstehen können.[855] Derartige Schäden werden allerdings häufig auch durch Banken, Kreditkartenanbieter oder anderen Zahlungsdienstleister wie PayPal abgedeckt, weshalb den Regelungen zum Umgang mit Deckungsüberschneidungen hier eine besondere Bedeutung zukommt. Dies gilt im gleichen Maße auch für die eingeschränkte Haftpflichtkomponente der privaten Cyberversicherung, da Haftpflichtschäden, die durch den Austausch von elektronischen Daten entstehen können, in der Regel auch über eine Privathaftpflichtversicherung abgedeckt werden.[856]

Sofern daher, wie in den meisten Versicherungsbedingungen derzeit der Fall, für diese Bereiche die Subsidiarität des Cyberversicherers vereinbart wird, folgt daraus, dass diesen Leistungen in der Praxis kaum eine Bedeutung zukommen

854 Siehe hierzu ausführlich Zweiter Teil, D. V.
855 Näher zu den einzelnen Leistungsbestandteilen bereits Zweiter Teil, 3 a).
856 Vgl. Ziff. A1-6.16 AVB PHV.

wird. Aus der Sicht der Versicherten drängt sich daher zurecht die Frage auf, ob die private Cyberversicherung überhaupt eine sinnvolle Versicherung darstellt.[857] Um eine Aushöhlung des Versicherungsschutzes zu vermeiden, sollten die derzeitigen Regelungen daher dringend geändert werden.

Zunächst könnte man in Betracht ziehen, die Subsidiaritätsklauseln zukünftig aus den Versicherungsbedingungen zu entfernen. Hierfür würde sprechen, dass ohne Subsidiaritätsklauseln die gesetzlichen Regelungen zur Mehrfachversicherung (§§ 78 ff. VVG) Anwendung finden würden und der Cyberversicherer anteilig Regress beim ersatzpflichtigen Dritten nehmen könnte. Noch interessengerechter erscheint es jedoch, die im Rahmen des Eigenschadens- und Haftpflichtbausteins verwendeten Subsidiaritätsklauseln in Zessionsklauseln umzuwandeln. Zessionsklauseln sind unter anderem bei Reiseversicherern verbreitet und sehen vor,[858] dass Ersatzansprüche gegen Dritte nach erfolgter Leistung durch den Versicherer auf diesen übergehen.[859] In Verbindung mit einer Subsidiaritätsabrede führen Zessionsklauseln dazu, dass sich der Subsidiärversicherer gegenüber der versicherten Person zwar zur vorschussweisen Leistung verpflichtet, jedoch nur Zug um Zug gegen Abtretung von dessen Anspruch gegen den primär eintrittspflichtigen Versicherer.[860] Gegenüber der Wirksamkeit von Zessionsklauseln bestehen keine rechtlichen Bedenken – auch nicht mit Blick auf § 78 Abs. 2 VVG – da Zessionsklauseln lediglich als eine Kombination von Subsidiaritätsabrede und Forderungsübergang anzusehen sind.[861]

Die Umwandlung der derzeit verbreiteten einfachen Subsidiaritätsklauseln in Zessionsklauseln ist sowohl aus der Sicht der Versicherer als auch der Versicherten sinnvoll. Die Versicherer müssten mit der Vereinbarung einer Zessionsklausel keine oder zumindest keine erheblich neue Risiko- und Prämienbemessung

857 Kritisch auch *Fortmann*, Verbraucher-CyberVers, § 9 Rn. 4.

858 Zur Reiseversicherung siehe etwa Ziff. 7.1 AT-Reise 2008/2021.

859 *Staudinger*, in: Beckmann/Matusche-Beckmann, VersR-Hdb, § 41 Rn. 304.

860 *Armbrüster*, Prölss/Martin, VVG, § 78 Rn. 37; *Halbach*, in: MünchKomm-VVG, § 78 Rn. 18; *Kohleick*; Doppelversicherung, S. 151 ff.; *Schauer*, in: BK-VVG, § 59 Rn. 56; *Schnepp*, in: Bruck/Möller, VVG, § 78 Rn. 187.

861 Vgl. BGH, Urt. v. 21.04.2004 – IV ZR 113/03, VersR 2004, 994 (zur Wirksamkeit der Subsidiaritätsklausel eines Reisekrankenversicherers). Siehe auch *Armbrüster*, Prölss/Martin, VVG, § 78 Rn. 37; *Gal*, in: Martin/Reusch/Schimikowski/Wandt, Sachversicherung, § 19 Rn. 60; *Halbach*, in: MünchKomm-VVG, § 78 Rn. 18; *Schauer*, in: BK-VVG, § 59 Rn. 56; *Schnepp*, in: Bruck/Möller, VVG, § 78 Rn. 187; *Staudinger*, in: Beckmann/Matusche-Beckmann, VersR-Hdb, § 41 Rn. 304; a. A. *Martin*, Sachversicherungsrecht, V I Rn. 25.

durchführen, da sie im Versicherungsfall weiterhin nur subsidiär leisten würden und die prämienbedingten Vorzüge, die mit Subsidiaritätsklauseln einhergehen,[862] bestehen blieben. Für den Vermögensschadens- und Haftpflichtbaustein, deren praktische Relevanz sich ohnehin in Grenzen hält, könnten folglich Ressourcen gespart werden, die für den Ausbau anderer Leistungsbereiche (insbesondere Cyber-Assistanceleistungen) verwendet werden könnten. Für die Versicherten hätten Zessionsklauseln den Vorteil, dass sie auch dann eine Leistung aus der Cyberversicherung beanspruchen könnten, wenn noch nicht hinreichend geklärt ist, ob der andere Versicherer/Zahlungsdienstleister auch zur Leistung verpflichtet ist.[863] Die Zessionsklauseln würden daher eine (vorübergehende) Liquiditätshilfe leisten.[864] Zudem müssten die Versicherten nach Erhalt der Leistung aus der privaten Cyberversicherung nicht mehr prüfen, ob und in welcher Höhe ihnen gegebenenfalls noch ein anderer Anspruch zusteht. Nach Auszahlung der (vorschussweisen) Leistung würde diese Prüfung dem Cyberversicherer obliegen, da sich die Versicherten nach dem Inhalt der Zessionsklausel zur Abtretung sämtlicher Ansprüche, die ihnen gegen Dritte zustehen, verpflichtet haben.

Im Ergebnis bleibt damit festzuhalten, dass Zessionsklauseln die Nachteile, die derzeit für Versicherte von den Subsidiaritätsklauseln ausgehen, erheblich begrenzen können. Wie wichtig Zessionsklauseln sind, zeigt sich auch daran, dass das BAV als Vorgängerbehörde der BaFin, bis zur Deregulierung 1994, die Genehmigung von Subsidiaritätsklauseln an eine Vorleistungspflicht des subsidiären Versicherers geknüpft hat.[865] Zum Schutz der Versicherten sind die im Vermögens- und Drittschadensbaustein verwendeten einfachen Subsidiaritätsklauseln daher in Zessionsklauseln umzuwandeln.

862 *Schauer*, in: BK-VVG, § 59 Rn. 49. Kritisch dagegen *Schnepp*, in: Bruck/Möller § 78 Rn. 167; *Gal*, in: Martin/Reusch/Schimikowski/Wandt, Sachversicherung, § 19 Rn. 51.

863 Vgl. *Armbrüster*, in: Beckmann/Matusche-Beckmann, VersR-Hdb, § 6 Rn. 85 (nicht speziell zur privaten Cyberversicherung).

864 Allg. *Armbrüster*, in: Beckmann/Matusche-Beckmann, VersR-Hdb, § 6 Rn. 85; *Fenyves*, Subsidiaritätsklausel, S. 5.

865 BAV, Rundschreiben R 3/90, VerBAV 1990, S. 40 (Nr. 5): „*Subsidiaritätsklauseln können genehmigungsfähig sein, wenn durch eine Vorleistungspflicht aus dem subsidiären Vertrag Nachteile für die Versicherten vermieden werden.*“.

III. Lösungsvorschlag für den Cyber-Assistancebaustein

Nachdem der Eigen- und Drittschadensbaustein betrachtet wurde, stellt sich daran anschließend die Frage, wie im Cyber-Assistancebaustein eine Regelung zum Umgang mit Deckungsüberschneidungen idealerweise ausgestaltet sein sollte. Aus den gleichen Gründen wie beim Vermögensschaden- und Drittschadensbaustein gilt dabei auch hier, dass einfache Subsidiaritätsklauseln, so wie sie in den aktuellen Bedingungswerken vielfach noch vorgesehen sind, nicht bedarfsgerecht sind und daher umgestaltet werden sollten. Im Unterschied zum Vermögens- und Drittschadensbaustein ist im Assistancebaustein jedoch anstelle einer Zessionsklausel, eine Regelung, welche die Vorrangigkeit der privaten Cyberversicherung im Verhältnis zu anderen Versicherungen vorsieht, zu bevorzugen.

1. Vorrangigkeit der privaten Cyberversicherung

Wie wichtig Assistanceleistungen für die private Cyberversicherung sind, haben die Ausführungen des vorherigen Kapitels gezeigt. Deutlich wurde dabei, dass Versicherte nach einem Cyberangriff vor allem praktische Unterstützung in Form von Beratungs-, Informations- und IT-Dienstleistungen benötigen. Damit diese Dienstleistungen erfolgreich sein können, ist es erforderlich, dass der Cyberversicherer möglichst frühzeitig in das Schadensmanagement einbezogen wird.[866] Anderenfalls besteht die Gefahr, dass die Schäden durch ein Fehlverhalten des Versicherten vergrößert oder sogar erst verursacht werden.[867] Es liegt daher sowohl im Interesse der Versicherer als auch der Versicherten, dass der spezialisierte Cyberversicherer schnellstmöglich und noch vor anderen Versicherern in die Schadensregulierung eingebunden wird.[868]

Hierzu stehen Subsidiaritätsklauseln im klaren Widerspruch, da der Versicherer mit einer Subsidiaritätsklausel zum Ausdruck bringt, nur nachrangig haften zu wollen. Nicht zuletzt können Subsidiaritätsklauseln auch zu Rechtstreitigkeiten zwischen den Versicherern führen, insbesondere, wenn mehrere

---

866 Vgl. *Armbrüster*, in: Münchener Handbuch des Gesellschaftsrechts, Band 7, § 108 Rn. 131; *R. Koch*, Prioritätsklauseln in Versicherungsverträgen, S. 3; *Lesser*, Cyber-Risiken, S. 344; *Pache/Graß*, PHi 4/2017, 122 (126); *Salm*, in: Rüffer/Halbach/Schimikowski, HK-VVG, A1-12 AVB Cyber Rn. 3; *Schilbach*, VW 2020, 90 (92) (nicht speziell zur privaten Cyberversicherung).

867 Vgl. *Pache/Graß*, PHi 4/2017, 122 (126); *Lesser*, Cyber-Risiken, S. 344.

868 Vgl. *Pache/Graß*, PHi 4/2017, 122 (126); *Klimke*, in: Prölss/Martin, VVG, A1-12 AVB Cyber Rn. 1; *Malek/Schütz*, PHi 5/2018, 174 (184).

Subsidiaritätsklauseln aufeinandertreffen, was einer schnellen Schadensregulierung im Wege stehen kann.[869] Subsidiaritätsklauseln vermitteln daher das falsche Signal an die Versicherten und sollten im Zusammenhang mit Assistanceleistungen nicht mehr verwendet werden.

Deutlich geeigneter erscheinen für die Versicherungsbedingungen der privaten Cyberversicherung Vorrangigkeitsklauseln.[870] Mit Hilfe einer Vorrangigkeitsklausel (auch Prioritäts- oder Spezialitätsklausel genannt) gibt der Versicherer unmissverständlich zu erkennen, dass er für den Fall, dass Versicherungsschutz auch aus einem anderen Vertrag beansprucht werden kann, primär leisten möchte.[871] Die Vorrangigkeitsklausel sorgt für Klarheit, welcher Versicherungsvertrag bei Eintritt des Versicherungsfalls vorgehen soll und fördert so eine schnelle Schadensregulierung.[872] Aus diesen Gründen sind Vorrangigkeitsklauseln auch Subsidiaritätsklauseln eindeutig vorzuziehen.

2. *Rechtsfolgen der Vorrangigkeitsklausel*

Anders als dies bei Subsidiaritätsklauseln der Fall ist, werden Vorrangigkeitsklauseln erst seit relativ kurzer Zeit in Versicherungsverträgen verwendet. Verbreitet sind Vorrangigkeitsklauseln vor allem in den Versicherungsbedingungen für die Cyberversicherung für Unternehmen. Auch in den AVB Cyber wird in Ziff. A1-12 eine Vorrangigkeitsklausel verwendet. Diese lautet: „Besteht Versicherungsschutz nach den Bedingungen dieses Vertrages auch in einem anderen Versicherungsvertrag, so geht die Cyberrisiko-Versicherung vor."

Zu welchen Rechtsfolgen diese und ähnliche Klauseln führen, ist im Schrifttum noch sehr umstritten.[873] Konkret stellen sich dabei vor allem drei Fragen: Erstens, wie sich die Vorrangigkeitsabrede auf die gesamtschuldnerische Haftung der Versicherer im Sinne des § 78 Abs. 2 VVG auswirkt. Zweitens, ob

869 Vgl. *Klimke*, in: Prölss/Martin, VVG, A1-12 AVB Cyber Rn. 1; *Schilbach*, VW 2020, 90 (92).

870 Eine Vorrangigkeitsklausel findet sich auch in Ziff. A1-12 AVB Cyber.

871 Vgl. *Gebert/Klapper*, in: Veith/Gräfe/Gebert, Versicherungsprozess, § 24 Rn. 104.

872 Vgl. *Achenbach*, VersR 2017, 1493 (1498); *Fortmann*, r+s 2019, 429 (440); *Gebert/Klapper*, in: Veith/Gräfe/Gebert, Versicherungsprozess, § 24 Rn. 104; *Salm*, in: Rüffer/Halbach/Schimikowski, HK-VVG, A1-12 AVB Cyber Rn. 1 (zur Cyberversicherung für Unternehmen).

873 Siehe hierzu insbesondere *R. Koch*, Prioritätsklauseln in Versicherungsverträgen, S. 3 ff.; *Lesser*, Cyber-Risiken, S. 339 ff.; *Fortmann*, r+s 2018, 429 (439 f.); *Schilbach*, VW 2020, 90 (92).

durch die Vorrangigkeitsklausel das Wahlrecht der Versicherten abbedungen wird. Und drittens, welche Rechtsfolgen eintreten, wenn die Vorrangigkeitsklausel mit einer anderen Vorrangigkeitsklausel und/oder Subsidiaritätsklausel kollidiert. Sofern man unterstellt, dass zukünftig auch in den Bedingungswerken der privaten Cyberversicherung Vorrangigkeitsklauseln verwendet werden,[874] werden diese Fragen auch im Rahmen der privaten Cyberversicherung relevant werden.

Die Rechtsfolgen der Vorrangigkeitsklausel sollen nachfolgend beispielhaft am Wortlaut von Ziff. A1-12 AVB Cyber untersucht werden, um daran anschließend alternative Gestaltungsoptionen für die private Cyberversicherung zu diskutieren.

a) Auswirkungen auf die gesamtschuldnerische Haftung

Vorwegzustellen ist zunächst, dass die Vorrangigkeitsklausel in Gestalt von Ziff. A1-12 AVB Cyber zu allen drei aufgeworfenen Rechtsfragen keine explizite Regelung enthält, weshalb sie im Schrifttum bisher auch sehr unterschiedlich ausgelegt wurde.[875] Für die Auslegung kommt es dabei wiederum darauf an, wie die Klausel aus Sicht eines durchschnittlichen Versicherungsnehmers ohne versicherungsrechtliche Spezialkenntnisse zu verstehen ist,[876] da die allgemeinen Auslegungsgrundsätze nach der Rechtsprechung des BGH auch bei der Auslegung von Klauseln maßgeblich sind, die das Verhältnis zweier Versicherer untereinander betreffen.[877] Hinsichtlich der Frage, ob und inwieweit sich die Vorrangigkeitsklausel auf den gesamtschuldnerischen Innenausgleich nach § 78 Abs. 2 S. 1 VVG auswirkt, kommen grundsätzlich zwei Auslegungsergebnisse in Betracht. Einerseits könnte ein durchschnittlicher Versicherter die Vorrangklausel wie eine Art umgekehrte Subsidiaritätsklausel verstehen, was dann zur Folge hätte, dass nur und ausschließlich der Vorrangversicherer eintrittspflichtig wäre und die übrigen Versicherer nur subsidiär haften würden.[878] Nach diesem Auslegungsergebnis wäre dem Cyberversicherer dann ein Regress nach

874 Soweit ersichtlich, verwendet in den gegenwärtigen Versicherungsbedingungen der privaten Cyberversicherung nur ein Versicherer eine Vorrangigkeitsklausel.

875 *Fortmann*, r+s 2019, 429 (439); *Lesser*, Cyber-Risiken, S. 339 ff.; *Malek/Schütz*, PHi 5/2018, 174 (184); *Salm*, in: Rüffer/Halbach/Schimikowski, HK-VVG, A1-12 AVB Cyber Rn. 1.

876 Zur Auslegung von AVB bereits Zweiter Teil, D. II. 1.

877 BGH, Urt. v. 21.04.2004 – IV ZR 113/03, VersR 2004, 994; *Malek/Schütz*, PHi 5/2018, 174 (184); *Schilbach*, VW 2020, 90 (93).

878 *Fortmann*, r+s 2019, 429 (439).

§ 78 Abs. 2 VVG verwehrt, da die Klausel wie ein konkludenter Verzicht auf den gesamtschuldnerischen Ausgleich zu verstehe wäre.[879]

Andererseits könnte die Vorrangigkeitsklausel aber auch so auszulegen sein, dass der Vorrangversicherer bei bestehender Mehrfachversicherung die Regulierung des Schadens zwar vorerst übernehmen, auf die Regressmöglichkeit gegenüber anderen Versicherern aber nicht verzichten will.[880] Nach diesem Auslegungsergebnis bliebe es dann bei den allgemeinen Regelungen, die auch ohne Vorrangigkeitsklausel gelten würden (§§ 78 ff. VVG).[881] Da die Vorrangigkeitsklausel folglich unterschiedlich ausgelegt werden kann und sich aus dem Wortlaut und der Systematik der Klausel nicht eindeutig ergibt, welche Auswirkungen sich für die gesamtschuldnerische Haftung ergeben, ist zur Klärung der aufgeworfenen Frage maßgeblich auf den Sinn und Zweck der Regelung abzustellen.[882]

Wie die vorangegangenen Ausführungen gezeigt haben, soll durch die Vorrangigkeitsklauseln vor allem ein schnelles Eingreifen des Versicherers sichergestellt werden. Zudem sollen sich die Versicherten nach einem Cyberangriff nicht erst mit der Frage auseinandersetzen müssen, welcher Versicherer leistungspflichtig ist.[883] Hierfür spielt es allerdings keine Rolle, ob dem Cyberversicherer eine spätere Regressnahme gewährt wird oder nicht, da die Möglichkeit einer Regressnahme selbst keinerlei Einfluss auf den Schadensregulierungsprozess nimmt.[884] Gegen einen bewussten Verzicht des Versicherers auf den Gesamtschuldnerausgleich spricht weiterhin auch, dass die risikoadäquate Prämienkalkulation Aufgabe der Versicherer ist und ein durchschnittlicher Versicherter nicht davon ausgehen kann, dass der Versicherer mit der Vereinbarung einer Vorrangigkeitsklausel den anderen Versicherer entlasten und im Innenverhältnis allein eintrittspflichtig sein will.[885] Die besseren Argumente sprechen daher für die zweite Auslegungsvariante. Im Ergebnis bleibt somit festzuhalten, dass

879 Dafür *R. Koch*, Prioritätsklauseln in Versicherungsverträgen, S. 21 f.

880 Vgl. *Malek/Schütz*, PHi 5/2018, 174 (184 f.); *Fortmann*, r+s 2019, 429 (439).

881 Dafür *Klimke*, in: Prölss/Martin, VVG, A1-12 AVB Cyber Rn. 2; *Fortmann*, r+s 2019, 429 (439 f.); *Schilbach*, VW 2020, 90 (93).

882 So auch *R. Koch*, Prioritätsklauseln in Versicherungsverträgen, S. 14; *Fortmann*, r+s 2019, 429 (440).

883 *Fortmann*, r+s 2019, 429 (440); *Schilbach*, VW 2020, 90 (92 f.). Kritisch dagegen *Lesser*, Cyber-Risiken, S. 343 f.

884 *Fortmann*, r+s 2019, 429 (440); *Schilbach*, VW 2020, 90 (93).

885 *Schilbach*, VW 2020, 90 (93); *Fortmann*, r+s 2019, 429 (439 f.); *Klimke*, in: Prölss/Martin, VVG, A1-12 AVB Cyber Rn. 2.

die Vorrangigkeitsklausel die gesamtschuldnerische Haftung der Versicherer bei Bestehen einer Mehrfachversicherung (§ 78 Abs. 2 S. 1 VVG) nicht verändert.[886]

b) Auswirkungen auf das Wahlrecht der Versicherten

Weiterhin zu prüfen ist noch, wie sich die Vorrangigkeitsklausel auf das Wahlrecht der Versicherten aus § 78 Abs. 1 VVG auswirkt. Sind die Voraussetzungen einer Mehrfachversicherung gegeben, steht den Versicherten nämlich grundsätzlich frei, welchen Versicherer sie für die Schadensdeckung in Anspruch nehmen wollen.[887] In Betracht kommen dabei wiederum zwei verschiedene Auslegungsergebnisse. Auf der einen Seite könnte die Vorrangklausel von einem durchschnittlichen Versicherten so verstanden werden, dass er bei Eintritt des Versicherungsfalls nur aus der privaten Cyberversicherung und nicht aus einem anderen Versicherungsvertrag einen Anspruch geltend machen kann.[888] Auf der anderen Seite könnte die Vorrangigkeitsklausel aber auch als eine reine Empfehlung ausgelegt werden, mit dem Inhalt, dass der Cyberversicherer zwar vorrangig in Anspruch genommen werden soll, die Versicherten hierzu aber nicht verpflichtet sind.[889] Würde nach dem zweiten Auslegungsergebnis ein Versicherter nicht den Cyberversicherer, sondern einen anderen Versicherer zuerst in Anspruch nehmen, stünde diesem ein Ausgleichsanspruch gegen den Cyberversicherer zu.

Für die erste Auslegungsvariante und folglich für die Abbedingung des Wahlrechts spricht zunächst der Sinn und Zweck der Vorrangregelung. Wie bereits ausgeführt, soll durch die Vorrangregelung vor allem sichergestellt werden, dass die Versicherten den spezialisierten Cyberversicherer und nicht einen anderen Versicherer in Anspruch nehmen.[890] Ein Wahlrecht, das den Versicherten

---

886 So im Ergebnis auch *Fortmann*, r+s 2019, 429 (439 f.); *Schilbach*, VW 2020, 90 (93); *Klimke*, in: Prölss/Martin, VVG, A1-12 AVB Cyber Rn. 2; a. A. *Lesser*, Cyber-Risiken, S. 345 ff., der von einer Abbedingung der gesamtschuldnerischen Haftung ausgeht, da der primäre Zweck der Cyberversicherung ein umfassender Schutz gegen Cyberrisiken ist.

887 Vgl. *Armbrüster*, in: Prölss/Martin, VVG, § 78 Rn. 15; *Halbach*, in: MünchKomm-VVG, § 78 Rn. 12 f.; *R. Koch*, Prioritätsklauseln in Versicherungsverträgen, S. 7; *Lesser*, Cyber-Risiken, S. 347.

888 Vgl. *Malek/Schütz*, PHi 5/2018, 174 (184); *Lesser*, Cyber-Risiken, S. 348.

889 *Klimke*, in: Prölss/Martin, VVG, A1-12 AVB Cyber Rn. 2; *R. Koch*, Prioritätsklauseln in Versicherungsverträgen, S. 17; dazu auch *Malek/Schütz*, PHi 5/2018, 174 (184); *Lesser*, Cyber-Risiken, S. 348.

890 Vgl. *Pache/Graß*, PHi 4/2017, 122 (126); *Klimke*, in: Prölss/Martin, VVG, A1-12 AVB Cyber Rn. 1; *Malek/Schütz*, PHi 5/2018, 174 (184).

gestatten würde, auch einen anderen Versicherer mit der Regulierung des Schadens zu beauftragen, stünde hierzu grundsätzlich im Widerspruch.[891] Insofern könnte die Vorrangregelung auch als vertragliche Obliegenheit im Sinne des § 28 VVG ausgelegt werden, wonach die Versicherten grundsätzlich dazu verpflichtet wären, zuerst und allein den Vorrangversicherer in Anspruch zu nehmen.[892] Gegen ein solches Auslegungsergebnis spricht vorliegend jedoch, dass die Vorrangklausel nach ihrem Wortlaut nur eine Aussage zum Rangverhältnis der Versicherungsverträge trifft und kein konkretes Verhaltensgebot statuiert.[893] Die Einordnung als Obliegenheit ist auch deshalb abzulehnen, weil die Vorrangklausel keine Rechtsfolgen vorsieht, die eintreten würden, sofern sich der Versicherte nicht zuerst an den Vorrangversicherer wenden würde.[894] Das Fehlen einer Rechtsfolge ist ein starkes Indiz gegen die Annahme einer Obliegenheit.[895] Zudem wäre es auch sinnwidrig, die Versicherten zu einem Verhalten zu verpflichten, bei dem ein Verstoß rechtsfolgenlos bliebe.[896] Ein durchschnittlicher Versicherter wird die Vorrangklausel daher als eine bloße Empfehlung verstehen, sich nach einem Cyberangriff zuerst an den spezialisierten Cyberversicherer zu wenden.

Im Ergebnis bleibt daher festzuhalten, dass die Vorrangklausel kein Verhaltensgebot begründet und somit auch keinen Einfluss auf das Wahlrecht der Versicherten aus § 78 Abs. 1 VVG nimmt.[897]

c) Zusammentreffen der Vorrangigkeitsklausel mit anderen Vorrangigkeits- und/oder Subsidiaritätsklauseln

Abschließend ist noch der Frage nachzugehen, welche Rechtsfolgen eintreten, wenn in einem anderen Vertrag, aus dem dem Versicherten ebenfalls ein Anspruch zusteht, auch eine Vorrangigkeits- oder Subsidiaritätsklausel enthalten ist. Da die Vorrangklausel selbst keine Aussagen darüber trifft, welche Rechtsfolgen eintreten, wenn sie mit einer Vorrangigkeits- oder Subsidiaritätsklausel

891 Vgl. *Lesser*, Cyber-Risiken, S. 348 f.

892 Dazu auch *Schilbach*, VW 2020, 90 (92); *Lesser*, Cyber-Risiken, S. 351 f.

893 *Schilbach*, VW 2020, 90 (92).

894 *Lesser*, Cyber-Risiken, S. 352.

895 Vgl. *Wandt*, in: MünchKomm-VVG, § 28 Rn. 30; *Lesser*, Cyber-Risiken, S. 352.

896 Vgl. *Wandt*, in: MünchKomm-VVG, § 28 Rn. 30; *Lesser*, Cyber-Risiken, S. 352.

897 So im Ergebnis auch *Klimke*, in: Prölss/Martin, VVG, A1-12 AVB Cyber Rn. 2; *Lesser*, Cyber-Risiken, S. 352 f.; *Schilbach*, VW 2020, 90 (92); *R. Koch*, Prioritätsklauseln in Versicherungsverträgen, S. 17.

kollidiert, bedarf es zur Klärung dieser Frage einer ergänzenden Vertragsauslegung.[898] Maßgeblich ist dabei auf die die Sicht eines durchschnittlichen Versicherungsnehmers und nicht auf diejenige der betroffenen Versicherer abzustellen.[899]

aa) Zusammentreffen zweier Vorrangigkeitsklauseln

Als Erstes stellt sich die Frage, welche Rechtsfolgen eintreten, wenn zwei Vorrangigkeitsklauseln aufeinandertreffen. Diese Konstellation ist im Privatkundenbereich zwar aktuell noch recht unwahrscheinlich, da Vorrangigkeitsklauseln hier nur selten verwendet werden, jedoch könnte die Wahrscheinlichkeit eines solchen Zusammentreffens in Zukunft steigen. In Erinnerung zu rufen ist hierfür, welche Rechtsfolgen beim Vorliegen einer einzelnen Vorrangigkeitsklausel eintreten (s. o.). Nach der hier vertretenen Auffassung sind Vorrangigkeitsklauseln als unverbindliche Empfehlungen des Versicherers auszulegen, führen jedoch nicht zu einer Veränderung der gesetzlichen Rechtslage bei Vorliegen einer Mehrfachversicherung (§§ 78 ff. VVG).

Daraus folgt, dass für den Fall, dass zwei oder mehrere Vorrangigkeitsklauseln aufeinandertreffen, es ebenfalls zu keiner Veränderung der gesetzlichen Rechtslage kommt. In diesem Fall treffen nämlich nur mehrere unverbindliche Empfehlungen aufeinander, die schon für sich genommen keine Rechtsfolgen nach sich ziehen. Soweit daher neben der privaten Cyberversicherung eine Vorrangigkeitsklausel auch in einem anderen Vertrag enthalten ist, haften die Versicherer bei Vorliegen einer Mehrfachversicherung den Versicherten gegenüber weiterhin als Gesamtschuldner, wobei es den Versicherten freisteht, welchen Versicherer sie in Anspruch nehmen wollen.[900]

bb) Zusammentreffen mit einer einfacher Subsidiaritätsklausel

Relativ unproblematisch ist die Rechtslage auch, wenn es zum Zusammentreffen einer Vorrangigkeitsklausel mit einer einfachen Subsidiaritätsklausel kommt.

---

898 Vgl. *Armbrüster*, in: Prölss/Martin, VVG, § 78 Rn. 33; *Segger/Degen*, r+s 2012, 422 (423 f.) (zur ergänzenden Vertragsauslegung beim Zusammentreffen von mehreren Subsidiaritätsklauseln).

899 BGH, Urt. v. 19.02.2014 – IV ZR 389/12, VersR 2014, 450 (450 f.) Rn. 16; *Armbrüster*, in: Prölss/Martin § 78 Rn. 33.

900 Ähnlich auch *Lesser*, Cyber-Risiken, S. 362, der wie bei der Kollision von zwei einfachen Subsidiaritätsklauseln davon ausgeht, dass sich die Klauseln gegenseitig aufheben.

Nach ganz herrschender Meinung führen einfache Subsidiaritätsklausel nämlich dazu, dass der Verwender der Klausel im Außenverhältnis nur noch nachrangig haftet und im Innenverhältnis nicht mehr zum Ausgleich verpflichtet ist.[901] Die einfache Subsidiaritätsklausel verhindert mit anderen Worten, dass es überhaupt zur Entstehung einer Mehrfachversicherung kommt.[902] Sofern man daher davon ausgeht, dass die Vorrangigkeitsklausel die gesetzlichen Regelungen zur Mehrfachversicherung unberührt lässt (s. o.), folgt daraus für einen Zusammenstoß beider Klauseln, dass der Versicherer der Vorrangigkeitsklausel allein eintrittspflichtig ist und keinen Regress nach § 78 Abs. 2 VVG beim Versicherer der einfachen Subsidiaritätsklausel nehmen kann.[903]

cc) Zusammentreffen mit einer qualifizierten Subsidiaritätsklausel

Die dritte und letzte Kollisionsmöglichkeit bildet das Zusammentreffen von Vorrangigkeits- und qualifizierter Subsidiaritätsklausel.

Bei einer qualifizierten Subsidiaritätsklausel ist im Unterschied zur einfachen Subsidiaritätsklausel die Entschädigung für bestimmte Gefahren, Schäden oder Sachen generell ausgeschlossen, wenn und solange ein konkurrierender Versicherungsvertrag besteht.[904] Der Versicherer ist also bereits dann von seiner Leistungspflicht befreit, wenn ein anderer Versicherungsvertrag über dasselbe Risiko existiert, unabhängig davon, ob aus dem anderen Vertrag eine tatsächliche Entschädigung zu zahlen ist.[905] Wegen der erheblichen negativen Folgen, die für die Versicherten aus der Verwendung qualifizierter Subsidiaritätsklauseln folgen können, ist umstritten, ob qualifizierte Subsidiaritätsklauseln überhaupt wirksam sind. Diese Frage muss daher zunächst beantwortet werden, bevor

901 Zur einfachen Subsidiaritätsklausel BGH, Urt. v. 18.11.2009 – IV ZR 58/06, VersR 2010, 247 (248); *Armbrüster*, Privatversicherungsrecht, Rn. 1397; *Fajen*, VersR 2013, 973; *Fenyves*, Subsidiaritätsklausel, S. 4; *Kohleick*, Doppelversicherung, S. 147 ff.; *Schnepp*, in: Bruck/Möller, VVG, § 78 Rn. 167, 171.

902 So die ganz h. M.: BGH, Urt. v. 18.11.2009 – IV ZR 58/06, r+s 2010, 69 (70) Rn. 10; Urt. v. 04.07.2018 – IV ZR 121/17, NJW 2018, 2958 Rn. 12; *Armbrüster*, in: Beckmann/Matusche-Beckmann, VersR-Hdb, § 6 Rn. 80; *Halbach*, in: MünchKomm-VVG, § 78 Rn. 17; *R. Koch*, Prioritätsklauseln in Versicherungsverträgen, S. 3.

903 So auch *Fortmann*, r+s 2019, 429 (439); *Klimke*, in: Prölss/Martin, VVG, A1-12 AVB Cyber Rn. 3; *Lesser*, Cyber-Risiken, S. 357.

904 *Armbrüster*, in: Prölss/Martin, VVG, § 78 Rn. 31 f.; *Halbach*, in: MünchKomm-VVG, § 78 Rn. 17; *Segger/Degen*, r+s 2012, 422 (423).

905 *Armbrüster*, Privatversicherungsrecht, Rn. 1398.

geklärt werden kann, welche Rechtsfolgen bei einem Zusammentreffen mit einer Vorrangigkeitsklausel eintreten.

Im Schrifttum wird die qualifizierte Subsidiaritätsklausel überwiegend als wirksam befunden, obwohl den Versicherten drohen kann, beim Zusammentreffen zweier qualifizierter Subsidiaritätsabreden keinerlei Leistungen zu erhalten.[906] Dies wird vor allem damit begründet, dass jede Klausel für sich betrachtet werden müsse und qualifizierte Subsidiaritätsklauseln jedenfalls nicht so ungewöhnlich seien, als dass sie als überraschend im Sinne von § 305c Abs. 1 BGB anzusehen wären.[907] Ferner wird angeführt, dass die Gefahr, dass den Versicherten beim Zusammentreffen von zwei qualifizierten Subsidiaritätsklauseln keinerlei Versicherungsschutz zusteht, durch die Beratungspflicht der Versicherer oder Vermittler gemildert werden könne.[908] Schließlich würden qualifizierte Subsidiaritätsklauseln auch eine weniger einschneidende Maßnahme darstellen, als das entsprechende Interesse oder die entsprechende Gefahr gänzlich aus dem Versicherungsschutz auszuschließen.[909]

Dieser Ansicht ist jedoch entgegenzuhalten, dass anders als bei einem Risikoausschluss dem Wortlaut der qualifizierten Subsidiaritätsklausel nicht ohne weiteres entnommen werden kann, dass der Versicherer beim Zusammentreffen von zwei qualifizierten Subsidiaritätsklauseln leistungsfrei sein soll. Die qualifizierte Subsidiaritätsklausel wirft daher erhebliche Zweifel hinsichtlich der Vereinbarkeit mit dem Transparenzgebot des § 307 Abs. 1 S. 2 BGB auf.[910]

Daneben erscheint auch eine Vereinbarkeit der qualifizierten Subsidiaritätsklausel mit § 307 Abs. 2 Nr. 1 BGB („wesentliche Grundgedanken der gesetzlichen Regelung") äußert fraglich. So wird zutreffend von Teilen der Literatur vorgebracht, dass qualifizierte Subsidiaritätsklauseln dem wesentlichen Grundgedanken des § 78 VVG widersprechen, der den Verlust des Versicherungsschutzes nur bei betrügerischer Mehrfachversicherung anordne, was mit dem

---

906 *Armbrüster*, in: Beckmann/Matusche-Beckmann, VersR-Hdb, § 6 Rn. 88; *ders.*, in: Prölss/Martin, VVG, § 78 Rn. 32, 35; *Schnepp*, in: Bruck/Möller, VVG, § 78 Rn. 180; *Lesser*, Cyber-Risiken, S. 358 f.; wohl auch *Halbach*, in: MünchKomm-VVG, § 78 Rn. 23.

907 *Armbrüster*, Privatversicherungsrecht, Rn. 1402: *ders.*, in: Prölss/Martin, VVG, § 78 Rn. 35; *Halbach*, in: MünchKomm-VVG, § 78 Rn. 23.

908 *Armbrüster*, Privatversicherungsrecht, Rn. 1402; *ders.*, in: Prölss/Martin, VVG, § 78 Rn. 35; *Schnepp*, in: Bruck/Möller, VVG, § 78 Rn. 180.

909 *Schnepp*, in: Bruck/Möller, VVG, § 78 Rn. 180; *Lesser*, Cyber-Risiken, S. 358.

910 So auch *Kohleick*, Doppelversicherung, S. 169 f.; *Fajen*, VersR 2013, 973 (974); *Gädtke*, in: Bruck/Möller, VVG, Ziff. 6 AVB-AVG 2011/2013 Rn. 6.

Zusammentreffen zweier qualifizierter Subsidiaritätsklauseln insoweit nicht vergleichbar sei.[911] Zudem wird überzeugend angeführt, dass qualifizierte Subsidiaritätsklauseln generell vereiteln, dass ein versichertes Risiko de facto erneut und damit mehrfach versichert werden kann, da jeder konkurrierende Versicherungsvertrag von vornherein unterbunden wird.[912] Die Möglichkeit, ein Risiko vorsorglich mehrfach zu versichern, wird den Versicherten durch die §§ 77 ff. VVG jedoch ausdrücklich gestattet. Hieran kann auch ein schutzwürdiges Interesse bestehen, etwa, wenn Zweifel an der Solvenz eines Versicherers gegeben sind.[913]

Die Unwirksamkeit der qualifizierten Subsidiaritätsklausel folgt schließlich auch aus § 307 Abs. 2 Nr. 2 BGB („Gefährdung des Vertragszwecks“). Nach ständiger Rechtsprechung des BGH sind nämlich Bestimmungen im Zweifel wegen unangemessener Benachteiligung als unwirksam anzusehen, wenn sie wesentliche Rechte und Pflichten, die sich aus der Natur des Vertrages ergeben, so einschränken, dass die Erreichung des Vertragszwecks gefährdet ist.[914] Für die einfache Subsidiaritätsklausel lehnt der BGH eine Aushöhlung des Versicherungsschutzes ab, da hier die Sicherheit besteht, dass einerseits in jedem Fall ein Versicherer eintritt und andererseits der subsidiäre Versicherer in Vorleistung tritt.[915] Beide Voraussetzungen sind bei der qualifizierten Klausel allerdings nicht gegeben.[916] Vielmehr kann der Abschluss einer zweiten Versicherung bei Bestehen einer qualifizierten Subsidiaritätsklausel zu der paradoxen Konsequenz führen, dass sich der Schutz des Versicherten in Bezug auf bestimmte Risiken verschlechtert, statt sich zu verbessern.[917] Ein überschneidungsfreier und lückenloser Versicherungsschutz kann zudem auch mit Hilfe einer einfachen Subsidiaritätsklausel erzielt werden, weshalb es einer qualifizierten Subsidiaritätsklausel regelmäßig nicht bedarf.[918]

---

911 *Kohleick*, Doppelversicherung, S. 169; *Präve*, AGB-Gesetz, Rn. 525; *Winter*, VersR 1991, 527 (529).

912 *Lange*, in: Veith/Gräfe/Gebert, Versicherungsprozess, § 21 Rn. 183.

913 *Lange*, in: Veith/Gräfe/Gebert, Versicherungsprozess, § 21 Rn. 183.

914 St. Rspr.: BGH, Urt. v. 19.11.1997 – IV ZR 348/96, BGHZ 137, 174 (176) = VersR 1998, 175; Urt. v. 15.02.2006 – IV ZR 305/04, VersR 2006, 643 (unter 4.); Urt. 25.07.2012 – IV ZR 201/10, BGHZ 194, 208 (216) Rn. 18 = VersR 2012, 1149 (1152 f.); Urt. v. 12.03.2014 – IV ZR 295/13, VersR 2014, 567 (569) Rn. 28.

915 Vgl. BGH, Urt. v. 21.04.2004 – IV ZR 113/03, VersR 2004, 994 (995).

916 Kritisch daher auch *Staudinger*, in: Beckmann/Matusche-Beckmann, VersR-Hdb, § 41 Rn. 314 f.

917 *Kohleick*, Doppelversicherung, S. 168 f.; *Fajen*, VersR 2013, 973 (974).

918 *Fajen*, VersR 2013, 973 (974); *Winter*, VersR 1991, 527 (530).

Die qualifizierte Subsidiaritätsklausel verstößt im Ergebnis daher sowohl gegen § 307 Abs. 1 S. 2 BGB als auch gegen §§ 307 Abs. 1 S. 1, Abs. 1 und 2 BGB und ist damit unwirksam. Eine Ruckführung der unwirksamen qualifizierten Subsidiaritätsklausel auf den mit §§ 307 ff. BGB vereinbaren Regelungsgehalt einer einfachen Subsidiaritätsklausel scheidet wegen des Verbots der geltungserhaltenden Reduktion aus.[919] Es würde nämlich dem Schutzzweck des Gesetzes widersprechen, wenn es dem Verwender möglich bliebe, seine Bedingungen einseitig in seinem Sinne auszugestalten, um es dann der Initiative seines Vertragspartners und den Gerichten zu überlassen, dass derartige Klauseln auf das zulässige Maß zurückgeführt werden.[920]

Für einen Zusammenstoß der qualifizierten Subsidiaritätsklausel mit der Vorrangigkeitsklausel folgt daraus, dass an die Stelle der qualifizierten Subsidiaritätsklausel, die gesetzlichen Regelung zur Mehrfachversicherung tritt (vgl. § 306 Abs. 2 BGB).[921] Da die Vorrangigkeitsklausel wiederum die gesetzlichen Regelungen zur Mehrfachversicherung unberührt lässt (s. o.), haften die Versicherer beim Zusammentreffen beider Klauseln nach Maßgabe des § 78 VVG als Gesamtschuldner.[922]

---

919 Ablehnend auch *Fajen*, VersR 2013, 973 (975); *Staudinger*, in: Beckmann/Matusche-Beckmann, VersR-Hdb, § 41 Rn. 315, 319. Allg. zum Verbot der geltungserhaltenden Reduktion BGH, Urt. v. 17.05.1982 – VII ZR 316/81, BGHZ 84, 109 (115 ff.) = NJW 1982, 2309 (2310); Urt. v. 24.09.1985 – VI ZR 4/84, BGHZ 96, 18 (25 f.) = NJW 1986, 1610 (1612); Urt. v. 14.03.2018 – XII ZR 31/17, NJW 2018, 1811 (1812) Rn. 16. Mit einem Überblick zum Streitstand *Lindacher/Hau*, in: Wolf/Lindacher/Pfeiffer, AGB-Recht, § 306 Rn. 27 ff.; siehe auch *Beckmann*, in: Beckmann/Matusche-Beckmann, VersR-Hdb, § 10 Rn. 302 ff.; *Fornasier*, in: MünchKomm-BGB, § 306 Rn. 18 ff.

920 Vgl. BGH, Urt. v. 17.05.1982 – VII ZR 316/81, BGHZ 84, 109 (115 ff.) = NJW 1982, 2309 (2310); Urt. v. 24.09.1985 – VI ZR 4/84, BGHZ 96, 18 (25) = NJW 1986, 1610 (1612); *Lindacher/Hau*, in: Wolf/Lindacher/Pfeiffer, AGB-Recht, § 306 Rn. 28.

921 Zu den Rechtsfolgen der unwirksamen qualifizierten Subsidiaritätsklausel auch *Staudinger*, in: Beckmann/Matusche-Beckmann, VersR-Hdb, § 41 Rn. 320; a. A. *Fajen*, VersR 2013, 973 (975), wonach qualifizierte Subsidiaritätsklauseln durch ergänzende Vertragsauslegung in eine einfache Subsidiaritätsklausel umzudeuten sind.

922 A. A. *Klimke*, in: Prölss/Martin, VVG, A1-12 AVB Cyber Rn. 3; *Lesser*, Cyber-Risiken, S. 358 f., die davon ausgehen, dass die qualifizierte Subsidiaritätsklausel wirksam ist und der Vorrangversicherer bei einem Zusammenstoß beider Klauseln allein eintrittspflichtig ist.

IV. Zusammenfassung und Klauselvorschläge

Die vorangegangenen Ausführungen haben gezeigt, wie bedeutsam eine bedarfsgerechte Regelung ist, die das Verhältnis der privaten Cyberversicherung zu anderen Versicherungen festlegt. Dies folgt insbesondere daraus, dass es zwischen der privaten Cyberversicherung und den konventionellen Versicherungen vielfach zu Deckungsüberschneidungen kommt. Soweit daher in den meisten Versicherungsbedingungen vereinbart wird, dass der Versicherer im Verhältnis zu anderen Versicherern nur subsidiär leistet, führt dies zu einer massiven Entwertung des Versicherungsschutzes.

Um dem entgegenzutreten, sind die im Vermögens- und Haftpflichtbaustein verwendeten Subsidiaritätsklauseln in Zessionsklauseln umzuwandeln. Mit einer Zessionsklausel verpflichtet sich der Cyberversicherer gegenüber den Versicherten, Zug um Zug gegen Abtretung von deren Ansprüchen gegen den primär eintrittspflichtigen Versicherer oder andere zur Leistung verpflichtete Dritte, vorschussweise die Entschädigungsleistung zu zahlen. Auf diesem Weg wird zum einen erreicht, dass der Cyberversicherer weiterhin nur subsidiär leistet und sich auf den Ausbau anderer Leistungsbereiche (insbesondere Assistanceleistungen) konzentrieren kann. Zum anderen wird für die Versicherten sichergestellt, dass sie auch dann eine Leistung aus der privaten Cyberversicherung erhalten, wenn noch nicht hinreichend geklärt ist, ob und in welcher Höhe ihnen anderweitige Ansprüche zustehen. Im Zusammenhang mit Assistanceleistungen sind dagegen Vorrangigkeitsklauseln zu verwenden, da hier eine vorbehaltslose und schnelle Leistung erforderlich ist. Mit einer Vorrangigkeitsklausel gibt der Versicherer zu erkennen, dass er im Verhältnis zu anderen Versicherern primär leisten will.

Eine nähere Untersuchung der Vorrangigkeitsklausel hat dabei gezeigt, dass die Vorrangigkeitsklauseln weder die gesamtschuldnerische Haftung noch das Wahlrecht der Versicherten im Sinne des § 78 VVG abbedingen. Soweit die Vorrangigkeitsklausel mit einer anderen Vorrangigkeitsklausel zusammentrifft, gelten deshalb weiterhin die gesetzlichen Regelungen zur Mehrfachversicherung. Im Fall eines Zusammentreffens mit einer einfachen Subsidiaritätsklausel wäre dagegen der Verwender der Vorrangigkeitsklausel allein eintrittspflichtig und könnte keinen Regress beim anderen Versicherer nehmen. Trifft die Vorrangigkeitsklausel mit einer qualifizierten Subsidiaritätsklausel zusammen, haften die Versicherer nach Maßgabe des § 78 VVG als Gesamtschuldner, da die qualifizierte Subsidiaritätsklausel AGB-rechtlich unwirksam ist und an ihre Stelle die gesetzlichen Regelungen zur Mehrfachversicherung treten.

Dies alles zugrunde gelegt, könnten anstelle von Subsidiaritätsklauseln zukünftig folgende Klauseln verwendet werden:

C1 Rechtsfolgen für den Vermögens- und Drittschadensbaustein

„Soweit bei den nach diesen Bedingungen versicherten Vermögens- oder Haftpflichtschäden eine Entschädigung auch aus einem anderen Vertrag beansprucht werden kann, gehen die anderweitigen Leistungsverpflichtungen diesem Vertrag vor. Der Cyberversicherer wird jedoch in Vorleistung treten, sofern ihm der Versicherungsfall gemeldet wird. In einem solchen Fall gehen Ersatzansprüche gegen Dritte im gesetzlichen Umfang bis zur Höhe der geleisteten Zahlung auf den Cyberversicherer über.“

C2 Rechtsfolgen für den Cyber-Assistancebaustein

„Können die nach diesen Bedingungen gewährten Cyber-Assistanceleistungen ganz oder teilweise auch aus einem anderen Vertrag geltend gemacht werden, geht die private Cyberversicherung vor. Die gesetzlichen Regelungen zur Mehrfachversicherung (insbesondere die gesamtschuldnerische Haftung nach § 78 Abs. 1, 2 VVG sowie das Wahlrecht der Versicherten aus § 78 Abs. 1 VVG) bleiben unberührt.“[923]

923 Beim zweiten Satz dieser Klausel handelt es sich nach der hier vertretenen Auffassung um eine bloße Klarstellung, die jedoch erforderlich ist, da die Klausel unterschiedlich ausgelegt wird und sich so rechtliche Unsicherheiten bei der Schadensregulierung vermeiden lassen, vgl. *Schilbach*, VW 2020, 90 (93). Mit einem eigenen Klauselvorschlag auch *Lesser*, Cyber-Risiken, S. 354.

Schlussbetrachtung und Ausblick

A. Zusammenfassung der wesentlichen Ergebnisse in Thesen

I. Erster Teil: Cyberrisiken und Versicherung

1. Für Verbraucherinnen und Verbraucher geht eine zunehmend hohe Bedrohung von Cyberrisiken aus. Unter Cyberrisiken sind sämtliche Risiken zu verstehen, die im Zusammenhang mit der Nutzung des Internets entstehen. Insbesondere handelt es sich dabei um das Risiko, Opfer von Cyberkriminalität zu werden.

2. Zu den wichtigsten Gefährdungsformen zählen unter anderem Schadprogramme (Viren, Trojaner, Ransomware etc.) und Hackerangriffe, die bei den Betroffenen erhebliche Geräte- und Datenschäden verursachen können. Daneben besteht für Privatpersonen auch die Gefahr, dass sie Opfer eines Identitätsdiebstahls oder Online-Betrugs werden und finanzielle Schäden erleiden. Weiterhin geht eine wachsende Gefahr von Cybermobbing und anderen Formen von digitalen Rufschädigungen aus, die vor allem Reputationsverluste und gesundheitliche Schäden hervorrufen können. Letztlich sind mit Cyberrisiken auch Haftpflichtrisiken verbunden, da insbesondere die Gefahr besteht, dass Schadprogramme unbewusst weitergeleitet und Haftpflichtansprüche ausgelöst werden.

3. Cyberrisiken lassen sich durch Schutzvorkehrungen, wie der Installation eines Virenschutzprogramms oder einer Firewall zwar erheblich reduzieren, jedoch besteht auch bei Befolgung aller Schutzvorkehrungen ein hohes Restrisiko, Opfer von Cyberkriminalität zu werden. Eine Versicherung, die dieses Restrisiko absichert und bei Realisierung eines Cyberschadens bedarfsgerechte Leistungen im vereinbarten Umfang erbringt, stellt grundsätzlich ein sinnvolles und zukunftsfähiges Instrument zum Schutz von Verbraucherinnen und Verbrauchern dar.

4. Die für Privatpersonen bestehenden Cyberrisiken sind sowohl nach wirtschaftlichen als auch nach rechtlichen Kriterien als weitestgehend versicherbar einzustufen. Die aufgezeigten Probleme, die vor allem auf die Neuheit und Komplexität von Cyberrisiken zurückzuführen sind, lassen sich durch eine daran angepasste Gestaltung der

Versicherungsbedingungen größtenteils beheben. Neben dem Ausschluss von Kumulrisiken zählt hierzu vor allem die Vereinbarung technischer Obliegenheiten sowie eine angemessene Begrenzung der Versicherungssummen und eine risikoadäquate Bemessung der Prämie. Lösegeldforderungen nach einem Ransomware-Angriff sind rechtlich versicherbar und können zusammen mit einer Cyberversicherung angeboten werden, sofern gewisse aufsichtsrechtliche Vorgaben eingehalten werden. Hierzu zählt insbesondere, dass nicht für den Lösegeldbaustein geworben werden darf.

5. Privatpersonen haben gegenwärtig zwei Möglichkeiten, sich gegen Cyberrisiken zu versichern. Zum einen können sie zu den konventionellen Versicherungen (insbesondere Hausrat-, Privathaftpflicht- und Rechtsschutzversicherung) Cyber-Bausteine abschließen, die den klassischen Versicherungsschutz um die ausschnittsweise Deckung von Cyberrisiken erweitert. Zum anderen besteht für sie die Möglichkeit, eine eigenständige Versicherung (Stand-Alone) abzuschließen, die allein die Deckung von Cyberrisiken zum Gegenstand hat. Auf den eigenständigen Cyberversicherungen (private Cyberversicherung) liegt der Schwerpunkt dieser Arbeit.

II. Zweiter Teil: Marktanalyse zur privaten Cyberversicherung

6. Eine nähere Betrachtung der derzeit in Deutschland verfügbaren privaten Cyberversicherungen zeigt, dass sich die Produkte nicht nur in ihren Bezeichnungen, sondern auch im Aufbau und der sonstigen Ausgestaltung der Deckung zum Teil erheblich voneinander unterscheiden. Neben der Neuheit dieses Versicherungsprodukts und der fehlenden Erfahrung der Versicherer bei der Produktgestaltung wird dies auch dem Umstand geschuldet sein, dass für die private Cyberversicherung bislang noch keine unverbindlichen Musterbedingungen durch den GDV veröffentlicht wurden.

7. Bei der privaten Cyberversicherung wird Verssicherungsschutz nur für bestimmte, in den Versicherungsbedingungen enumerativ aufgezählte Ereignisse gewährt. Der Versicherungsfall tritt ein, wenn sämtliche Voraussetzungen eines der definierten Ereignisse während der Vertragslaufzeit eingetreten sind. Für den Nachweis des Versicherungsfalls und mithin für das Vorliegen sämtlicher dieser Voraussetzungen trägt nach den allgemeinen Grundsätzen der Versicherte die Beweislast.

8. Die marktüblichen Leistungen einer privaten Cyberversicherung lassen sich weitestgehend in drei Bausteine einteilen. Im ersten Baustein sind Leistungen enthalten, die das Vermögen der versicherten Personen bei Schäden im Rahmen von über das Internet geschlossenen Kaufverträgen und bei Schäden infolge eines Identitätsdiebstahls schützen. Der zweite Baustein setzt sich aus verschiedenen Assistanceleistungen zusammen, die insbesondere bei Cybermobbing, Datenverlusten oder Rufschädigungen gewährt werden. Hier wird zumeist ein Dienstleister vermittelt, der die konkrete Unterstützungs- oder Beratungsleistung gegenüber den Versicherten erbringt. Der dritte Baustein deckt Haftpflichtschäden ab, die im Rahmen eines Datenaustausches entstehen können.

9. Da sich die Versicherungsleistungen einer privaten Cyberversicherung aus Elementen verschiedener Versicherungssparten zusammensetzen, muss für jede Leistung gesondert geprüft werden, ob die jeweils einschlägigen Vorschriften des VVG Anwendung finden. Die allgemeinen Vorschriften zur Schadensversicherung (§§ 74 ff. VVG) sind auf sämtliche Bereiche der privaten Cyberversicherung anwendbar. Im Rahmen des Drittschadensbaustein müssen die Vorschriften zur Haftpflichtversicherung (§§ 100 ff. VVG) beachtet werden. Die Vorschriften zur Rechtsschutzversicherung (§§ 125 ff. VVG), Krankenversicherung (insbesondere § 76 Abs. 1 SGB V) und zur Sachversicherung (§§ 88 ff. VVG) finden keine Anwendung.

10. In Anlage 1 zum VAG, in welchem eine Einteilung der Risiken in Sparten erfolgt, werden Cyberrisiken nicht explizit genannt. Für die aufsichtsrechtliche Einordnung der privaten Cyberversicherung kommt daher sowohl eine Einteilung nach Nr. 13 („Allgemeine Haftpflicht“) als auch nach Nr. 18 lit. b) („Beistandsleistungen“) sowie Nr. 16 lit. k) („Verschiedene finanzielle Verluste“) und Nr. 17 („Rechtsschutz“) in Betracht. Da der Schwerpunkt der aktuellen Policen auf der Deckung von Vermögensschäden liegt, ist die private Cyberversicherung nach Nr. 16 lit. k) der Anlage 1 zum VAG der Sparte der verschiedenen finanziellen Verluste zuzuordnen.

11. Die Auslegung der Versicherungsbedingungen hat im Rahmen der privaten Cyberversicherung im Einklang mit der ständigen Rechtsprechung des BGH stets danach zu erfolgen, wie ein durchschnittlicher Versicherungsnehmer sie bei verständiger Würdigung, aufmerksamer Durchsicht und

Berücksichtigung des erkennbaren Sinnzusammenhangs verstehen kann.[924] Da sich die private Cyberversicherung nicht an einen speziellen Kundenkreis richtet, sondern an Privatpersonen aller Altersgruppen unabhängig ihren technischen Fähigkeiten, können IT-Kenntnisse bei der Lektüre der AVB nicht vorausgesetzt werden.

12. Die derzeit verwendeten AVB sind für einen durchschnittlichen Versicherungsnehmer nicht durchweg verständlich. Dies liegt unter anderem daran, dass technische Fachbegriffe, die in den AVB verwendet werden, nicht immer nachvollziehbar definiert und erklärt werden. Auch enthalten viele AVB keinen Hinweis zum Aufbau und sind umständlich strukturiert. Zudem geht aus vielen der derzeit verwendeten AVB nicht immer eindeutig hervor, für welche Situationen Versicherungsschutz besteht und unter welchen Umständen der Versicherungsschutz ausgeschlossen ist. Um Rechtsunsicherheiten zu vermeiden und der Gefahr von Deckungsstreitigkeiten vorzubeugen, sollten die derzeit verwendeten AVB sprachlich überarbeitet werden.

13. Zu erheblichen Problemen führt auch die in den meisten Versicherungsbedingungen verwendete Versicherungsfalldefinition, wonach die Versicherten sämtliche Voraussetzungen eines versicherten Ereignisses nachweisen müssen. Vielfach sind die Voraussetzungen sowohl an die Schadensursachen als auch an den Schadenseintritt geknüpft (z. B. bei Identitätsdiebstählen oder Datenverlusten). Der Nachweis dieser Voraussetzungen wird in vielen Fällen aber bereits aus technischen Gründen kaum möglich sein, weshalb hier droht, dass der Versicherungsschutz entwertet oder zumindest von einer Kulanzentscheidung der Versicherer abhängig gemacht wird.

14. Trotz der erheblichen Bedenken, die bezüglich der Versicherungsfalldefinition bestehen, verstoßen diese nicht gegen § 307 Abs. 1 S. 1 und S. 2 BGB, da es sich bei der Versicherungsfalldefinition um den Kern des Versicherungsvertrags handelt, der einer AGB-Kontrolle entzogen ist.

15. Um den Versicherten den Nachweis des Versicherungsfalls zu erleichtern, ist den Versicherungsbedingungen eine stillschweigende Abrede zur Senkung des Beweismaßes zu entnehmen. Ähnlich zu den Diebstahlsversicherungen

924 Zu den Auslegungsgrundsätzen Zweiter Teil, D. II. 1.

sind auch Versicherte der privaten Cyberversicherung nur dazu verpflichtet, das äußere Bild und mithin ein Mindestmaß von Tatsachen vorzubringen, die nach der Lebenserfahrung mit hinreichender Wahrscheinlichkeit den Schluss auf ein nach den Versicherungsbedingungen versichertes Cyberereignis zulassen.

16. Eine hohe Bedeutung kommt innerhalb der privaten Cyberversicherung auch den Regelungen zu den technischen Obliegenheiten zu, wobei die AVB hier noch sehr unterschiedlich ausgestaltet sind. Ganz vereinzelt verzichten einige Versicherer auf die Vereinbarung von technischen Obliegenheiten. Wegen der hohen Bedeutung von Schutzmaßnahmen, wie der Installation eines Antivirenprogramms oder regelmäßigen Datensicherungen, empfiehlt sich eine solche Gestaltung der AVB jedoch sowohl aus der Sicht der Versicherer als auch der Versicherten nicht.

17. Als ebenfalls nicht geeignet haben sich Klauseln erwiesen, nach deren Wortlaut die Durchführung von Sicherheitsmaßnahmen eine „Voraussetzung" für den Versicherungsschutz ist. Es handelt sich hierbei um „verhüllte Obliegenheiten", die nach der hier vertretenen Auffassung unwirksam und damit nichtig sind.

18. Unwirksam sind darüber hinaus auch Klauseln, nach denen Versicherte dazu verpflichtet sind, „alle gesetzlichen und behördlichen Sicherheitsvorschriften" sowie den allgemeinen „Stand der Technik" einzuhalten. Diese Klauseln benachteiligen die Versicherten unangemessen im Sinne des § 307 Abs. 1 S. 1 BGB und verstoßen zudem gegen das Transparenzgebot des § 307 Abs. 1 S. 2 BGB.

19. Wirksam sind dagegen Klauseln, die den Versicherten konkrete technische Maßnahmen an die Hand geben und auf möglich Einschränkungen im Versicherungsschutz verweisen (vgl. § 28 VVG). Zu diesen Maßnahmen zählen insbesondere die Nutzung eines aktuellen Antivirenprogramms, die Durchführung regelmäßiger Datensicherungen sowie ein ausreichend komplexer Passwortschutz. Diese Maßnahmen benachteiligen die Versicherten nicht unangemessen, da sie sowohl wirtschaftlich als auch technisch zumutbar sind. Auch verstoßen diese Klauseln nicht gegen das Transparenzgebot, da den Versicherern hier ein gewisser Gestaltungsspielraum zugestanden werden muss.

20. Cyberrisiken werden neben der privaten Cyberversicherung auch in den konventionellen Versicherungen (Privathaftpflicht-, Hausrat,- Rechtsschutz- und Krankenversicherung) sowie in dazugehörigen Cyber-Zusatzbausteinen ausschnittsweise abgedeckt. In vielen Bereichen kommt es daher zu Deckungsüberschneidungen zwischen diesen Versicherungen und der privaten Cyberversicherung. Bei Deckungsüberschneidungen ist grundsätzlich § 78 VVG anwendbar, wonach die Versicherer den Versicherten gegenüber gesamtschuldnerisch haften und diese wählen können, welchen Versicherer sie in Anspruch nehmen.

21. Zu einer Abbedingung der gesamtschuldnerischen Haftung und mithin auch zu einer erheblichen Schwächung des Versicherungsschutzes führen die in der privaten Cyberversicherung vielfach enthaltenen einfachen Subsidiaritätsklauseln. Die Subsidiaritätsklauseln führen dazu, dass der Cyberversicherer im Verhältnis zu anderen Versicherern oder Vertragspartnern des Versicherten nur noch nachrangig haftet, soweit der Versicherte auch aus diesen Verträgen ein Anspruch geltend machen kann.

22. Die private Cyberversicherung kann sich im Vergleich zu den konventionellen Versicherungen nur durch wenige Sonderleistungen auszeichnen. Hierzu sind insbesondere die Assistanceleistungen zu zählen, die allerdings wiederum durch weitreichende Ausschlüsse oder einer niedrig bemessenen Versicherungssumme stark eingeschränkt sind. Viele andere Leistungen, wie etwa die Versicherung von Haftpflichtschäden nach einem Datenaustausch oder die Vermittlung psychologischer Hilfe bei Cybermobbing sind überflüssig, da diese bereits Gegenstand einer Privathaftpflicht- beziehungsweise Krankenversicherung sind.

23. Die private Cyberversicherung kann somit zwar grundsätzlich eine zukunftsfähige und sinnvolle Versicherung darstellen. Die aktuell verfügbaren Versicherungsprodukte können jedoch keinen bedarfsgerechten Versicherungsschutz gegen Cyberrisiken bieten. Der Abschluss einer privaten Cyberversicherung erscheint aus der Sicht eines Versicherten daher aktuell wenig sinnvoll.

III. Dritter Teil: Verbesserungsvorschläge für die private Cyberversicherung

24. Der Versicherungsfall sollte in der privaten Cyberversicherung zukünftig an das Feststellungsprinzip geknüpft werden. Nach dem Feststellungsprinzip

ist für den Eintritt des Versicherungsfalls der Zeitpunkt relevant, in dem das schädigende Ereignis erstmals nachprüfbar festgestellt werden konnte. Das Feststellungsprinzip ist versicherungsnehmerfreundlicher und ermöglicht eine klare zeitliche Zuordnung des Versicherungsfalls.

25. Die Versicherungsbedingungen sollten zudem um vertragliche Beweiserleichterungen zugunsten der Versicherten ergänzt werden. Beweiserleichterungen schaffen Rechtsklarheit und stärken die Versicherten darin, ihre Ansprüche geltend zu machen.

26. Änderungen sollten bei den gegenwärtigen Versicherungsbedingungen auch hinsichtlich der Abgrenzung von versicherten „privaten Cyberrisiken" und nicht versicherten „beruflichen Cyberrisiken" vorgenommen werden. Bei einer sowohl privaten als auch beruflichen Betroffenheit eines Versicherten sowie für den Fall, dass sich ein Sachverhalt nicht mehr aufklären lässt, sollte die Beweislast stets beim Versicherer liegen. Hierfür sollten die Versicherungsbedingungen so gestaltet werden, wie früher die Musterbedingungen für die Privathaftpflichtversicherung formuliert waren.

27. In den Versicherungsbedingungen, in denen derzeit noch keine Serienschadenklausel enthalten ist, sollte diese durch die Versicherer eingeführt werden. Insbesondere bei Identitätsdiebstählen, bei denen persönliche Daten eines Versicherten häufig in kurzer Zeit mehrfach missbraucht werden, muss Klarheit darüber bestehen, wann mehrere Versicherungsfälle als ein Versicherungsfall anzusehen sind.

28. Der Schwerpunkt der privaten Cyberversicherung sollte zukünftig auf Assistanceleistungen liegen. Nach einem Cyberangriff benötigen die Betroffenen vor allem schnelle und praktische Unterstützung, weshalb hier der besondere Wert einer privaten Cyberversicherung liegen kann. Die derzeit gewährten Assistanceleistungen sind dabei an vielen Stellen noch verbesserungswürdig. Neben einer bedarfsgerechten IT-Krisen- und Rechtsberatung sollte den Versicherten bei Abschluss einer privaten Cyberversicherung auch eine Lizenz für ein Antivirenprogramm, ein Passwortmanager, eine Daten-Cloud und ein Darknet-Screening zur Verfügung gestellt werden.

29. Assistanceleistungen sollten nicht durch den Versicherer selbst erbracht werden, sondern durch einen spezialisierten Dienstleister, dessen Kosten der Versicherer im vereinbarten Umfang trägt. Den Versicherten sollte es dabei grundsätzlich freistehen, welchen Dienstleister sie mit der Leistung

beauftragen wollen. Bei Bedarf sollte die Assistanceleistung aber durch den Versicherer organisiert oder den Versicherten ein geeigneter Dienstleister empfohlen werden.

30. Bei fehlerhaften Assistanceleistungen haftet der Versicherer nicht für Fehler des Dienstleisters, wenn er sich nur zur Kostentragung verpflichtet hat. Hat sich der Versicherer gegenüber den Versicherten zusätzlich auch zur Vermittlung eines Dienstleisters verpflichtet, haftet er für Fehler bei der Auswahl und Überwachung des Dienstleisters. Von der Haftung für Vermittlungsfehler kann sich der Versicherer nicht freimachen, da die Vermittlung dann eine vertragliche Hauptleistungspflicht darstellt.

31. Da die private Cyberversicherung viele Ähnlichkeiten zu den konventionellen Versicherungen aufweist, sollte zu diesen eine bessere Abgrenzung hergestellt werden. Unterschieden werden sollte dabei zwischen einer geeigneten Regelung für den Vermögens- und Drittschadensbaustein und einer Regelung für den Assistancebaustein.

32. Im Rahmen des Vermögens- und Drittschadensbausteins sollten die bisher vorhandenen Subsidiaritätsklauseln in Zessionsklauseln umgewandelt werden. Durch Zessionsklauseln wäre sichergestellt, dass der Cyberversicherer vorschussweise die Entschädigungsleistung zu zahlen hat, anderweitige Ansprüche der Versicherten aber Zug um Zug an ihn abgetreten werden müssen. Da der Cyberversicherer weiterhin nur subsidiär haftet, können Ressourcen für den Ausbau anderer Leistungsbereiche (insbesondere Assistanceleistungen) eingesetzt werden, ohne die Versicherten schutzlos zu stellen.

33. Im Zusammenhang mit Assistanceleistungen, bei denen es auf eine schnelle und vorbehaltslose Leistung ankommt, sollte anstelle von Subsidiaritätsklauseln Vorrangigkeitsklauseln verwendet werden. Mit einer Vorrangigkeitsklausel gibt der Versicherer zu erkennen, dass er bei Vorliegen einer Mehrfachversicherung vorrangig in Anspruch genommen werden will.

34. Vorrangigkeitsklauseln führen nicht zu einer Abbedingung der gesamtschuldnerischen Haftung und beeinflussen auch nicht das Wahlrecht der Versicherten aus § 78 Abs. 1, 2 VVG. Dogmatisch handelt es sich bei einer Vorrangigkeitsklausel lediglich um eine an den Versicherten gerichtete unverbindliche Empfehlung, vorrangig den Verwender der Klausel in

Anspruch zu nehmen. Die gesetzlichen Regelungen zur Mehrfachversicherung bleiben hiervon unberührt.

35. Treffen zwei Vorrangigkeitsklauseln aufeinander, gelten die gesetzlichen Regelungen zur Mehrfachversicherung. Im Fall eines Zusammentreffens der Vorrangigkeitsklausel mit einer einfachen Subsidiaritätsklausel ist der Verwender der Vorrangigkeitsklausel allein eintrittspflichtig und kann keinen Regress beim Subsidiärversicherer nehmen. Trifft die Vorrangigkeitsklausel mit einer qualifizierten Subsidiaritätsklausel zusammen, gelten die gesetzlichen Regelungen zur Mehrfachversicherung, da die qualifizierte Subsidiaritätsklausel AGB-rechtlich unwirksam ist und an ihre Stelle die gesetzlichen Regelungen zur Mehrfachversicherung (§§ 78 ff. VVG) treten.

B. Ausblick

Die Digitalisierung wird in den kommenden Jahren weiter voranschreiten und dazu führen, dass noch mehr Bereiche von der physischen in die digitale Welt verlagert werden. Auch die Bedrohungslage durch Cyberrisiken wird weiter steigen und damit auch die Gefahr für Verbraucherinnen und Verbraucher, Opfer eines Cyberangriffs zu werden. Diese Entwicklung wird mit hoher Wahrscheinlichkeit aber auch zur Folge haben, dass der Absatz von Cyber-Policen weiter zunehmen wird. Die wesentliche Frage wird hier allerdings sein, ob sich zukünftig Cyber-Zusatzbausteine in den konventionellen Versicherungen (Hausrat-, Privathaftpflicht- und Rechtsschutzversicherung) oder die private Cyberversicherung als eigenständiges Versicherungsprodukt am Markt durchsetzen wird. Da zu den privaten Cyberpolicen bisher keine öffentlich zugänglichen Statistiken vorliegen, kann hierzu nur schwer eine Prognose getroffen werden.

Die weitere Entwicklung der privaten Cyberversicherung wird in jedem Fall wesentlich davon abhängen, ob die bei den aktuellen Produkten festgestellten Defizite behoben und die Versicherungen stärker an die Bedürfnisse der Versicherten angepasst werden. An welchen Stellen die aktuell am Markt verwendeten Versicherungsbedingungen verbesserungsbedürftig sind und wie Änderungen hier konkret aussehen müssten, war Gegenstand dieser Untersuchung. Vor dem Hintergrund der zunehmenden Bedrohung durch Cyberkriminalität bleibt zu hoffen, dass die Versicherer dem Appell dieser Arbeit folgen und ihre Produkte verbessern werden.

Quellenverzeichnis

A. Literatur

Achenbach, Matthias, Die Cyber-Versicherung – Überblick und Analyse, VersR 2017, 1493-1500

Adam, Manuel, Cyber-Versicherung. Eine Analyse der Chancen und Herausforderungen für die Assekuranz unter Berücksichtigung der aktuellen Marktstruktur, Leipziger Masterarbeiten, Band 32, Karlsruhe 2020 (zitiert: *Adam*, Cyber-Versicherung)

Armbrust, Dieter, Subsidiaritätsabreden in Versicherungsverträgen (zugl. Diss. Hamburg 1991) Frankfurt am Main u. a. 1991 (zitiert: *Armbrust*, Subsidiaritätsabreden)

Armbrüster, Christian, Assistance ist auch ein Thema für Juristen, VW 2012, 990-991

Ders., Freie Anwaltswahl und Rechtsschutzversicherung, VuR 2012, 167-171

Ders., Anmerkung zur Entscheidung des BGH – Urteil vom 04.12.2013 (IV ZR 215/12) – Zur Frage der Rechtmäßigkeit der Anwaltsempfehlung seitens von Versicherern, JZ 2014, 577-581

Ders., Buchbesprechung: Wolf/Lindacher/Pfeiffer: AGB-Recht. Kommentar, 6. Aufl., ZversWiss 2014, 91-94

Ders., Garantieversprechen für Gebrauchsgüter als erlaubnispflichtige Versicherungsgeschäfte, VersR 2015, 1453-1460

Ders., Privatversicherungsrecht, 2. Aufl., Tübingen 2018 (zitiert: *Armbrüster*, Privatversicherungsrecht)

Armbrüster, Christian/Schilbach, Dan, Nichtigkeit von VersVerträgen wegen Verbots- oder Sittenverstoßes, r+s 2016, 109-117

Armbrüster, Christian/Böffel, Lukas, "Naming and shaming" als Instrument zur Ahnung von Rechtsverstößen, ZIP 2019, 1885-1895

Armbrüster, Christian/Kosich, Maximilian, Schlüssellose Schließsysteme in der Sachversicherung, r+s 2020, 384-391

Auer-Reinsdorff, Astrid/Conrad, Isabell (Hrsg.), Handbuch IT- und Datenschutzrecht, 3. Aufl., München 2019 (zitiert: *Bearbeiter*, in: Auer-Reinsdorff/Conrad, Handbuch IT- und Datenschutzrecht)

Baban, Constance/Barker, Tyson/Gruchmann, Yvonne/Paun, Christopher/Peters, Anna/Stuchtey, Tim, Cyberversicherungen als Beitrag zum IT-Risikomanagement. Eine Analyse der Märkte für Cyberversicherungen in

Deutschland, der Schweiz, den USA und Großbritannien, Brandenburgisches Institut für Gesellschaft und Sicherheit (BIGS) Standpunkt Nr. 8, Potsdam 2017, abrufbar unter: https://www.bigs-potsdam.org/app/uploads/2020/02/Standpunkt_ 8_2017-Online_120218.pdf (zitiert: BIGS, Cyberversicherungen als Beitrag zum IT-Risikomanagement)

Bähr, Gunne W. (Hrsg.), Handbuch des Versicherungsaufsichtsrechts, München 2011 (zitiert: *Bearbeiter*, in: Bähr, VAG-Hdb)

Bartz, Stefan, Identitätsdiebstahl. Zur Frage der Strafbarkeit des Identitätsdiebstahls und der Notwendigkeit eines eigenen Straftatbestandes im deutschen Recht (zugl. Diss. Hamburg 2016) Frankfurt am Main 2017 (zitiert: *Bartz*, Identitätsdiebstahl)

Baumann, Horst, AGB-rechtliche Inhaltskontrollfreiheit des Claims-made-Prinzips? – zugleich Grundsatzbetrachtung zum Versicherungsfall in der Haftpflichtversicherung – VersR 2012, 1461-1467

Baumhöfener, Jesko, Versuchtes Cybergrooming. Grenzbereich des polizeilichen Gefahrenabwehrrechts und Legitimation des „Präventionsstrafrechts", MMR 2021, 30-34

Beck'sche Onlinegroßkommentar zum BGB, hrsg. v. Beate Gsell et. al., Stand: 01.03.2022, München 2022 (zitiert: *Bearbeiter*, in: BeckOGK-BGB)

Beckmann, Martin/Durner, Wolfgang/Mann, Thomas/Röckinghausen, Marc (Hrsg.), Umweltrecht, Band 1, 96. Ergänzungslieferung, München 2021 (zitiert: *Bearbeiter*, in: Landmann/Rohmer, Umweltrecht)

Beckmann, Roland Michael/Matusche-Beckmann, Annemarie (Hrsg.), Versicherungsrechts-Handbuch, 3. Aufl., München 2015 (zitiert: *Bearbeiter*, in: Beckmann/Matusche-Beckmann, VersR-Hdb)

Berliner, Baruch, Limits of Insurability of Risks, Zürich 1982 (zitiert: *Berliner*, Limits of Insurability of Risks)

Bertsch, Sascha, Silent Cyber – Darstellung und Bewältigung einer neuen Herausforderung, Schriftenreihe des Instituts für Versicherungswesen der TH Köln e. V., Band 29, Karlsruhe 2021 (zitiert: *Bertsch*, Silent Cyber)

Bertsch, Sascha/Fortmann, Michael, Silent-Cyber-Risiken in konventionellen Unternehmensversicherungen (Teil 1), r+s 2021, 485-489

Dies., Silent-Cyber-Risiken in konventionellen Unternehmensversicherungen (Teil 2), r+s 2021, 549-556

Beucher, Klaus/Utzerath, Julia, Cybersicherheit – Nationale und internationale Regulierungsinitiativen. Folgen für die IT-Compliance und die Haftungsmaßstäbe, MMR 2013, 362-367

Beukelmann, Stephan, Cyber-Attacken – Erscheinungsformen, Strafbarkeit und Prävention, NJW Spezial 2017, 376-377

Biallas, Caroline, Streit um private Cyberversicherungen, in: Versicherungsmonitor Dossier Nr. 7, Milliardenmarkt Cyberversicherung, hrsg. v. Herbert Fromme, Köln 2017, 24-25 (zitiert: *Biallas*, Versicherungsdossier 2017)

Biener, Christian/Eling, Martin/Matt, Andreas/Wirfs, Jan Hendrik, Cyber Risk. Risikomanagement und Versicherbarkeit, Institut für Versicherungswirtschaft der Universität St. Gallen, I VW HSG Schriftenreihe, Band 54, St. Gallen 2015 (zitiert: *Biener/Eling/Matt/Wirfs*, Cyber Risk)

Bieszk, Dorothea/Sadtler, Susanne, Mobbing und Stalking: Phänomene der modernen (Arbeits-)Welt und ihre Gegenüberstellung, NJW 2007, 3382-3387

Biller-Bomhardt, Nikklas-Jens, Auch bei „besonderer" Beweisnot muss VN Nachweis des „äußeren Bildes" eines Fahrzeugdiebstahls erbringen (mit Anmerkung von Nikklas-Jens Biller-Bomhardt), VersR 2020, 1571-1574

Blankenburg, Jürgen/Farny, Dieter (Hrsg.), Der Umgang mit den Risiken im Grenzbereich der Versicherbarkeit. Dokumentation über ein Symposium am 18.-20. Oktober 2001 im Schloß Marbach, Öhnigen, Hamburg 2002 (zitiert: *Bearbeiter*, in: Blankenburg/Farny)

Böhm, Domenic C./Fries, Martin, Streitbeilegungstarife in der Rechtsschutzversicherung – Zugleich Anmerkung zum Urteil des OLG Frankfurt/M. vom 9.4.2015 (6 U 110/14) VersR 2016, 188 und zum Beschluss des BGH vom 14.1.2016 (I ZR 98/15) VersR 2016, 1113, VersR 2016, 1092-1095

Borges, Georg, Rechtsfragen des Phishing. Ein Überblick, NJW 2005, 3313-3317

Born, Manfred/Ghassemi-Tabar, Nima/Gehle, Burkhard, Münchener Handbuch des Gesellschaftsrechts, Band 7, Gesellschaftsrechtliche Streitigkeiten (Corporate Litigation), 6. Aufl., München 2020 (zitiert: *Bearbeiter*, in: Münchener Handbuch des Gesellschaftsrechts)

Brand, Oliver, Beweiserleichterungen im Versicherungsvertragsrecht – Zum zehnten Todestag von Helmut Kollhosser, VersR 2015, 10-17

Bräutigam, Peter/Klindt, Thomas, Industrie 4.0, das Internet der Dinge und das Recht, NJW 2015, 1137-1142

Breuer, Rüdiger, Gerichtliche Kontrolle der Technik. Gegenpol zu privater Option und administrativer Standardisierung, NVwZ 1988, 104-115

Bruck, Ernst/Möller, Hans (Begr.), Großkommentar zum Versicherungsvertragsgesetz, Band 1: Einführung (§§ 1-32), 9. Aufl., Berlin 2009, Band 3: (§§ 74-99 VVG), 9. Aufl., Berlin 2010, Band 4: Haftpflichtversicherung, 9. Aufl., Berlin 2013 (zitiert: *Bearbeiter*, in: Bruck/Möller, VVG)

Bruns, Alexander, Privatversicherungsrecht, München 2015 (zitiert: *Bruns*, Privatversicherungsrecht)

Buchner, Frank, Die IT-Versicherung. Eine rechtliche Untersuchung der Versicherung von Risiken der Informationstechnologie unter Berücksichtigung bisher angebotener Versicherungskonzepte und deren versicherungsrechtlichen Problemen (zugl. Diss. Freiburg 2007) Frankfurt am Main 2007 (zitiert: *Buchner*, Die IT-Versicherung)

Bührer, Andrea Rebeca/Nigl, Bernhard, Die D&O und Cyberversicherung. Ein praxisorientierter Grundriss, Schriftenreihe zum Versicherungsrecht – Band 6, Wien 2020 (zitiert: *Bührer/Nigl*, Die D&O- und Cyberversicherung)

Ceffinato, Tobias, Vermögensstraftaten im und über das Internet, NZWiSt 2016, 464-467

Choudhry, Umar, Der Cyber-Versicherungsmarkt in Deutschland. Eine Einführung, Wiesbaden 2014 (zitiert: *Choudhry*, Der Cyberversicherungsmarkt in Deutschland)

Cornelius-Winkler, Joachim, Schadenfreiheitsrabatte und „aktives Schadenmanagement“ – Paradigmenwechsel in der Rechtsschutzversicherung? NJW 2014, 588-591

Cornelius, Kai, Plädoyer für einen Cybermobbing-Straftatbestand, ZRP 2014, 164-167

Dickmann, Roman, Angriffspfad Drucker und Schäden durch Datenabfluss – Aspekte von Deckung und Haftung unter der Cyber-Versicherung, r+s 2020, 131-139

Doerbeck, Caprice, Cybermobbing. Phänomenologische Betrachtung und strafrechtliche Analyse, Strafrechtliche Abhandlungen, Band 290 (zugl. Diss. Tübingen 2018) Berlin 2019 (zitiert: *Doerbeck*, Cybermobbing)

Dowlen, Hamish/Becker, Jonas, Cyber-Risiken: Die neuen (Natur-) Katastrophen? ZfV 2019, 637-640

Dreher, Meinrad (Hrsg.), Versicherungsaufsichtsgesetz mit Nebengesetzen, 13. Aufl., München 2018 (zitiert: *Bearbeiter*, in: Prölss/Dreher, VAG)

Ders., Die Versicherung als Rechtsprodukt. Die Privatversicherung und ihre rechtliche Gestaltung (zugl. Habil. Freiburg 1991), Tübingen 1991 (zitiert: *Dreher*, Die Versicherung als Rechtsprodukt)

Ders., Versicherungsaufsichtsrechtliche Fragen bei Assistance-Leistungen in der D&O- und Cyber-Versicherung, VersR 2020, 129-136

Eberhardt, Ulrich, Rechtsschutzversicherung im Wandel – Mit der Anwaltschaft gemeinsam in schwierigem Gelände – VersR 2013, 802-815

Eckert, Claudia, IT-Sicherheit – Konzepte – Verfahren – Protokolle, 10. Aufl., Berlin 2018 (zitiert: *Eckert*, IT-Sicherheit)

Eisele, Jörg, Payment Card Crime. Skimming, CR 2011, 131-136

Eling, Martin, Risikomanagement und Versicherbarkeit von Cyber Risiken, ZfV 2015, 552-555

Eling, Martin/Wirfs, Jan Hendrik, Cyber Risk: Too Big to Insure? Risk Transfer Options for a Mercurial Risk Class, St. Gallen. 2016, abrufbar unter: https://www.ivw.unisg.ch/~/media/internet/content/dateien/instituteundcenters/ivw/studien/cyberrisk2016.pdf (zitiert: *Eling/Wirfs*, Cyber Risk)

Erichsen, Sven, Cyber-Risiken und Cyber-Versicherung. Abgrenzung und/oder Ergänzung zu anderen Versicherungssparten, CCZ 2015, 247-250

Ernst, Stefan (Hrsg.), Hacker, Cracker & Computerviren – Recht und Praxis der Informationssicherheit, Köln 2004 (zitiert: *Bearbeiter*, in: Ernst, Hacker, Cracker & Computerviren)

Esser, Martina/Helmberger, Norbert/Hertel, Achim, Assistance: Neue Serviceleistung der Assekuranz, München 1999 (zitiert: *Esser/Helmberger/Hertel*, Assistance)

Eszler, Erwin, Versicherbarkeit und ihre Grenzen. Logik – Realität – Konstruktion, ZversWiss 2000, 285-299

Fajen, Katharina Maria, Die Subsidiaritätsklauseln im Versicherungsrecht unter besonderer Berücksichtigung der qualifizierten Subsidiaritätsklausel, VersR 2013, 973-975

Felsch, Joachim, Verhüllte Obliegenheiten – ein Nachruf, r+s 2015, 53-59

Fenyves, Attila, Aktuelle Probleme der Subsidiaritätsklausel, Mannheimer Vorträge zur Versicherungswissenschaft, Band 46, hrsg. v. Egon Lorenz, Karlsruhe 1989 (zitiert: *Fenyves*, Subsidiaritätsklausel)

Fortmann, Michael, Cyberversicherung. Ein gutes Produkt mit noch einigen offenen Fragen, r+s 2019, 429-444

Ders., Cyber-/Datenrisiken. Erhebliche Gefahr für Geschäftsleiter und D&O-Versicherer? r+s 2019, 688-694

Ders., Verbraucher-Cyberversicherung, München 2022 (zitiert: *Fortmann*, Verbraucher-CyberVers)

Fricke, Martin, Rechtliche Probleme des Ausschlusses von Kriegsrisiken in AVB, VersR 1991, 1098-1103

Ders., Rechtliche Probleme des Ausschlusses von Kriegsrisiken in AVB, VersR 2002, 6-11

Fromme, Herbert/Hagen, Patrick, Warten auf den Cyber-Boom, in: Versicherungsmonitor Dossier Nr. 7, Milliardenmarkt Cyberversicherung, hrsg. v. Herbert Fromme, Köln 2017, 6-8 (zitiert: *Fromme/Hagen*, Versicherungsdossier 2017)

Gabel, Detlev/Heinrich, Tobias/Kiefner, Alexander (Hrsg.), Rechtshandbuch Cyber-Security. IT-Sicherheit, Datenschutz, Gesellschaftsrecht, Compliance, M&A, Versicherungen, Aufsichtsrecht, Arbeitsrecht, Litigation, Frankfurt am

Main 2019 (zitiert: *Bearbeiter*, in: Gabel/Heinrich/Kiefner, Rechtshandbuch Cyber-Security)

Gajek, Sebastian/Schwenk, Jörg/Wegener, Christoph, Identitätsmissbrauch im Onlinebanking, DuD 2005, 639-642

Gercke, Marco, Die Entwicklung des Internetstrafrechts 2020/2021, ZUM 2021, 921-933

Giebel, Christoph M, Zivilrechtlicher Rechtsschutz gegen Cybermobbing in sozialen Netzwerken, NJW 2017, 977-983

Gierga, Lara, Internet of Things im Privatkundengeschäft von Versicherungsunternehmen: Treiber, Chancen und Herausforderungen, Leipziger Masterarbeiten, Band 34, Karlsruhe 2020 (zitiert: *Gierga*, Internet of Things)

Greis, Felix, Auswirkungen der Digitalisierung auf Abschluss und Gestaltung privater Versicherungsverträge. Moderne Informationstechnologie als Gefahr für die Erreichung des versicherungsvertraglichen Plansicherungsziels (zugl. Diss. Berlin 2019), Berlin 2020 (zitiert: *Greis*, Auswirkungen der Digitalisierung auf Versicherungsverträge)

Grzebiela, Torsten, Internet-Risiken. Versicherbarkeit und Alternativer Risikotransfer (zugl. Diss. Freiburg 2002), Wiesbaden 2002 (zitiert: *Grzebiela*, Internet-Risiken)

Günther, Dirk-Carsten, Datenträgerklauseln und Sachschaden, VersR 2018, 205-207

Ders., „Cyberwar" und Kriegsausschluss, r+s 2019, 188-190

Günther, Dirk-Carsten/Ider, Nazan, Auf dem Stand der Technik, VW 2018, 50-52

Günther, Dirk-Carsten/Piontek, Sascha, Die Auswirkungen der „Corona-Krise" auf das Versicherungsrecht – Eine erste Bestandsaufnahme, r+s 2020, 242-249

Haas, Andreas, Management von Cyber-Risiken und Möglichkeiten des Risikotransfers – eine ökonomische und versicherungstechnische Analyse (zugl. Diss. Hohenheim 2016), abrufbar unter: https://opus.uni-hohenheim.de/volltexte/2016/1192/ pdf/Diss_Haas_Buchdruck_Final.pdf (zitiert: *Haas*, Management von Cyber-Risiken)

Haase, Adrian, Computerkriminalität im Europäischen Strafrecht (zugl. Diss. Berlin 2016), Tübingen 2017 (zitiert: *Haase*, Computerkriminalität)

Hähnchen, Susanne, Obliegenheiten und Nebenpflichten. Eine Untersuchung dieser besonderen Verhaltensanforderungen im Privatversicherungsrecht und im allgemeinen Zivilrecht unter besonderer Berücksichtigung der Dogmengeschichte (zugl. Habil. FU Berlin 2007), Tübingen 2010 (zitiert: *Hähnchen*, Obliegenheiten und Nebenpflichten)

Hansen, Udo, Die Beweismaßänderung beim Nachweis des Versicherungsfalls in der Diebstahlversicherung als ein Beispiel richterlicher Rechtsfortbildung, ZversWiss 1991, 355-371

Harbauer, Walter (Begr.), Rechtsschutzversicherung, Kommentar zu den ARB sowie zu weiteren Gesetzes- und Regelwerken in der Rechtsschutzversicherung, 9. Aufl., München 2018 (zitiert: *Bearbeiter*, in: Harbauer, Rechtsschutzversicherung)

Hauschka, Christoph E./Moosmayer, Klaus/Lösler, Thomas (Hrsg.), Corporate Compliance. Handbuch der Haftungsvermeidung im Unternehmen, 3. Aufl., München 2016 (zitiert: *Bearbeiter*, in: Hauschka/Moosmayer/Lösler, Corporate Compliance)

Heckmann, Dirk, Rechtspflichten zur Gewährleistung von IT-Sicherheit im Unternehmen. Maßstäbe für ein IT-Sicherheitsrecht, MMR 2006, 280-285

Heidemann, Jörg/Flagmeier, Wilfried, Cyber-Risiken und Versicherungsschutz. Grundlagen, Entwicklungen, Deckungskonzepte, Versicherunghandbuch, Betriebliche Versicherungen, Sonderheft: Cyber-Versicherungen, 5. Aufl., Hüth 2020 (zitiert: *Heidemann/Flagmeier*, Versicherungshandbuch Cyber-Versicherungen)

Hoeren, Thomas/Sieber, Ulrich/Holznagel, Bernd (Hrsg.), Handbuch Multimedia-Recht, Rechtsfragen des elektronischen Rechtsverkehrs, 56. Ausg., München 2021 (zitiert: *Bearbeiter*, in: Hoeren/Sieber/Holznagel, MultimediaR-Hdb)

Hofmann, Edgar, Schutzbriefversicherung (Assistance), Kommentar zu den Allgemeinen Bedingungen für die Verkehrs-Service-Versicherung (AVSB 87), den Allgemeinen Bedingungen für die Schutzbriefversicherung (ab Schutzbrief 93) und den Allgemeinen Bedingungen für die Versicherung von Beistandsleistungen auf Reisen und Rücktransporten (ABBR 89), München 1996 (zitiert, *Hofmann*, Schutzbriefversicherung)

Hohlbein, Bernhard, Ein Plädoyer für erweiterten Haftpflichtversicherungsschutz, VersR 2021, 682-686

Höhr, Gerd Dieter, Der Versicherungsbedarf und die Methoden seiner Untersuchung im Rahmen der Marktforschung (zugl. Diss. Köln 1969), Köln 1969 (zitiert: *Höhr*, Der Versicherungsbedarf und die Methoden seiner Untersuchung)

Honsell, Heinrich (Hrsg.), Berliner Kommentar zum Versicherungsvertragsgesetz, Kommentar zum deutschen und österreichischen VVG, Berlin und Heidelberg 1999 (zitiert: *Bearbeiter*, in: BK-VVG)

Hoppe, Felicitas, Essays on Market Segments, Cyber Risks and Insurance Demand in Commercial Insurance (zugl. Diss. Erlangen-Nürnberg 2020), Aachen 2020 (zitiert: *Hoppe*, Cyber Risks and Insurance Demand)

Hornung, Gerrit, Das IT-Sicherheitsgesetz 2.0: Kompetenzaufwuchs des BSI und neue Pflichten für Unternehmen, NJW 2021, 1985-1990

Jansen, Günther/Seibel, Mark (Hrsg.), VOB Teil B – Vergabe und Vertragsordnung für Bauleistungen, 5. Aufl., München 2019 (zitiert: *Bearbeiter*, in: Nicklisch/Weick/Jansen/Seibel, VOB/B)

Jülicher, Tim, Cybermobbing in der Schule, NJW 2019, 2801-2805

Karten, Walter, Zum Problem der Versicherbarkeit und zur Risikopolitik des Versicherungsunternehmens – betriebswirtschaftliche Aspekte, ZversWiss 1972, 279-299

Ders., Risikopolitik der Versicherer. Grundlagen der Risikopolitik – Überblick, ZversWiss 1983, 213-229

Kaulbach, Detlef/Bähr, Gunne W./Pohlmann, Petra (Hrsg.), Kommentar zum Versicherungsaufsichtsgesetz mit Finanzdienstleistungsaufsichtsgesetz, Verordnung (EU) Nr. 1094/2010 (EIOPA-Verordnung) und Versicherungs-Vergütungsverordnung, 6. Aufl., München 2019 (zitiert: *Bearbeiter*, in: Kaulbach/Bähr/Pohlmann, VAG)

Kettler, Christian/Waldner, Uwe, Die Struktur der Erprobungsklausel im Produkthaftpflichtmodell – Anwendungsbereich und Wirksamkeit – VersR 2004, 413-425

Kind, Michael/Werner, Dennis, Rechte und Pflichten im Umgang mit PIN und TAN, CR 2005, 353-360

Kipker, Dennis-Kenji (Hrsg.), Cybersecurity, München 2020 (zitiert: *Bearbeiter*, in: Kipker, Cybersecurity)

Kirchner, Hildebert (Begr.), Abkürzungsverzeichnis der Rechtssprache, 10. Aufl., Berlin 2021

Klinkhammer, Georg, Reputationsverlust und die Folgen – Aktuelle Versicherungsmöglichkeiten für Unternehmen, VP 3/2016, 3-7

Koch, Frank A., Updating von Sicherheitssoftware – Haftung und Beweislast. Eine Problemskizze zur Verkehrssicherungspflicht zum Einsatz von Antivirenprogrammen, CR 2009, 485-491

Koch, Robert, Haftung für die Weiterverbreitung von Viren durch E-Mails, NJW 2004, 801-807

Ders., Nullstellung und Wiedereinschluss von IT-Risiken in der Betriebshaftpflichtversicherung (AHB 2004/BHV-IT), r+s 2005, 181-187

Ders., Versicherbarkeit von IT-Risiken: in der Sach-, Vertrauensschaden- und Haftpflichtversicherung, Berlin 2005 (zitiert: *R. Koch*, Versicherbarkeit von IT-Risiken)

Ders., Versicherung im IT-Bereich, Karlsruher Forum 2010: Haftung und Versicherung im IT-Bereich, Schriftenreihe der Zeitschrift Versicherungsrecht, Band 44, hrsg. v. Egon Lorenz, Karlsruhe 2011, S. 113-152 (zitiert: *R. Koch*, in: Karlsruher Forum 2010)

Ders., Das Claims-made-Prinzip in der D&O-Versicherung auf dem Prüfstand der AGB-Inhaltskontrolle, VersR 2011, 295-302

Ders., Abschied von der Rechtsfigur der verhüllten Obliegenheit, VersR 2014, 283-291

Ders., Die Auslegung von AVB, VersR 2015, 133-145

Ders., Haftung des Versicherers für fehlerhafte Assistanceleistungen, VersR 2019, 449-456

Ders., Prioritätsklauseln in Versicherungsverträgen, Diskussionsbeitrag der Hamburger Gesellschaft zur Förderung des Versicherungswesens, Hamburg 2020 (zitiert: *R. Koch*, Prioritätsklauseln in Versicherungsverträgen)

Kochheim, Dieter, Cybercrime und Strafrecht in der Informations- und Kommunikationstechnik, 2. Aufl., München 2018 (zitiert: *Kochheim*, Cybercrime und Strafrecht)

Kohleick, Dorothee, Die Doppelversicherung im deutschen Versicherungsvertragsrecht – Gesetzliche und vertragliche Regelungen (zugl. Diss. Münster), Karlsruhe 1999 (zitiert: *Kohleick*, Doppelversicherung)

Köhler, Sebastian, Die Haftung privater Internetanschlussinhaber (zugl. Diss. Bayreuth 2017), Tübingen 2018 (zitiert: *Köhler*, Die Haftung privater Internetanschlussinhaber)

Kolhagen, Julia, Erste Hilfe für das Zuhause. Assistance rund ums Haus gehört zu den beliebtesten Zusatzbausteinen, VW 2016, 35

König, Michael, Die Qualifizierung von Computerprogrammen als Sachen i. S. des § 90 BGB, NJW 1989, 2604-2605

Ders., Software (Computerprogramme) als Sache und deren Erwerb als Sachkauf, NJW 1993, 3121-3124

Kubiak, Simon, Zur AGB-Kontrolle der Versicherungsfalldefinition und zu den Auswirkungen auf das Claims-made-Prinzip in der D&O-Versicherung – Zugleich Besprechung des BGH-Urteils vom 26.03.2014 (IV ZR 422/12) VersR 2014, 625 – VersR 2014, 932-934

Lange, Oliver, D&O-Versicherung und Managerhaftung, Handbuch, München 2014 (zitiert: *Lange*, D&O-Versicherung und Managerhaftung)

Langheid, Theo/Rixecker, Roland (Hrsg.), Kommentar zum Versicherungsvertragsgesetz mit Einführungsgesetz und VVG-Informationspflichtenverordnung, 7. Aufl., München 2022 (zitiert: *Bearbeiter*, in: Langheid/Rixecker, VVG)

Langheid, Theo/Wandt, Manfred (Hrsg.), Münchner Kommentar zum Versicherungsvertragsgesetz, Band 1: §§ 1-99, 3. Aufl., München 2022; Band 2: §§ 100-216, 2. Aufl. München 2017; Band 3: Nebengesetze und systematische Darstellungen, 2. Aufl., München 2017 (zitiert: *Bearbeiter*, in: MünchKomm-VVG)

Lensing, Burkhard, Schadenfreiheitsrabatt in der Rechtsschutzversicherung bei Verzicht auf die freie Anwaltswahl, VuR 2012, 97-103

Ders., Wahlrecht des Rechtsschutzversicherers zwischen Freistellung und Anspruchsabwehr, Anm. zum BGH Urteil vom 21.10.2015 – IV ZR 266/14, NJW 2016, 61-65

Lesch, Torsten, Risk-Management von Risiken aus Nutzung des Internets. Eine ökonomische Analyse unter besonderer Berücksichtigung versicherungstechnischer Aspekte (zugl. Diss. Hamburg 2002), Karlsruhe 2002 (zitiert: *Lesch*, Risk-Management)

Lesser, Julian, Haftungsprobleme und Versicherungslösungen bei Cyber-Risiken (zugl. Diss. Berlin 2020) Berlin 2021 (zitiert: *Lesser*, Cyber-Risiken)

Leupold, Andreas/Wiebe, Andreas/Glossner, Silke (Hrsg.), IT-Recht – Recht, Wirtschaft und Technik der digitalen Transformation, 4. Aufl., München 2021 (zitiert: *Bearbeiter*, in: Leupold/Wiebe/Glossner, IT-Recht)

Libertus, Michael, Zivilrechtliche Haftung und strafrechtliche Verantwortlichkeit bei unbeabsichtigter Verbreitung von Computerviren, MMR 2005, 507-512

Lindacher, Walter F./Pfeiffer, Thomas (Hrsg.), AGB-Recht, Kommentar, 7. Aufl., München 2020 (zitiert: *Bearbeiter*, in: Wolf/Lindacher/Pfeiffer, AGB-Recht)

Looschelders, Dirk, Bewältigung des Zufalls durch Versicherung? VersR 1996, 529-540

Looschelders, Dirk/Paffenholz, Christina (Hrsg.), Kommentar zu den Allgemeinen Bedingungen für die Rechtsschutzversicherung, 2. Aufl., Köln 2019 (zitiert: *Bearbeiter*, in: Looschelders/Paffenholz, ARB)

Looschelders, Dirk/Pohlmann, Petra (Hrsg.), Kommentar zum Versicherungsvertragsgesetz, 3. Aufl., Köln 2016 (zitiert: *Bearbeiter*, in: Looschelders/Pohlmann, VVG)

Lorenz, Egon, Der subjektive Risikoausschluss durch § 61 VVG und die Sonderregelung in § 152 VVG (§§ 61, 152 VVG), VersR 2000, 2-11

Lücke, Werner, Aktuelle Rechtsprechungsübersicht zur Beweisproblematik in der Sachversicherung, VersR 1994, 128-134

Lüttringhaus, Jan, Privatversicherungsrecht in und für Krisenzeiten Risikoausschlüsse für „Cyber-Krieg“ und Krisenresilienz im Versicherungsverhältnis, VersR 2022, 1553-1563

Malek, Paul/Schilbach, Dan, Versichertes Risiko in der Cyber-Versicherung – Umfang und Grenzen des Versicherungsschutzes, VersR 2019, 1321-1330

Malek, Paul/Schütz, Camilla, Cyberversicherung – Überblick und aktuelle Probleme, PHi 5/2018, 174-185

Dies., Camilla, Cyberversicherung – Rechtliche und praktische Herausforderungen, r+s 2019, 421-429

Marberth-Kubicki, Annette, Computer- und Internetstrafrecht, 2. Aufl., München 2010 (zitiert: *Marbeth-Kubicki,* Computer- und Internetstrafrecht)

Marlow, Sven, Wohngebäudeversicherung: Intransparente Obliegenheit in der Wohngebäudeversicherung (mit Anm. von Dr. Sven Marlow), VersR 2019, 1557-1559

Martin, Anton (Begr.), Sachversicherung, Kommentar, AVB für die Hausrat-, Wohngebäude-, Feuer-, Einbruchdiebstahl-, Raub-, Leitungswasser-, Glas-, Sturm, erweiterte Elementarschaden- und Allgefahrenversicherung, 4. Aufl., München 2022 (zitiert: *Bearbeiter,* in: Martin/Reusch/Schimikowski/Wandt)

Martin, Anton, Sachversicherungsrecht – Kommentar zu den allgemeinen Versicherungsbedingungen für Hausrat, Wohngebäude, Feuer, Einbruchdiebstahl und Raub, Leitungswasser, Sturm einschließlich Sonderbedingungen und Klauseln, 3. Aufl., München 1992 (zitiert: *Martin,* Sachversicherungsrecht)

Ders., Zusammentreffen zweier Subsidiaritätsabreden, VersR 1973, 691-699

Meven, Golo, Die Warranty & Indemnity Versicherung (zugl. Diss. Berlin 2021), Karlsruhe 2021 (zitiert: *Meven,* Die Warranty & Indemnity Versicherung)

Meyer, Eric/Biermann, Sina, Ransomware-Angriff – Strafrechtliche Einordnung von Lösegeldzahlungen und Aufzeigen notwendiger Compliance-Maßnahmen für die Cybersicherheit, MMR 2022, 940-946

Mitterlechner, Herrmann/Wax, Thomas/Witsch, Hendrik, D&O-Versicherung: mit internationalen Bezügen, 2. Aufl., München 2019 (zitiert: *Mitterlechner/Wax/Witsch,* D&O-Versicherung)

Moritz, Hans-Werner/Dreier, Thomas (Hrsg.), Rechts-Handbuch zum E-Commerce, 2. Aufl., Köln 2005 (zitiert: *Bearbeiter,* in: Moritz/Dreier, Rechts-Hdb. E-Commerce)

Notthoff, Martin, Die Cyberversicherung und die Gefahr durch das Home-Office, r+s 2022, 61-65

Pache, Thomas/Graß, Peter, Cyberversicherungen in Deutschland, PHi 4/2017, 122-126

Pilz, Knut, Missverständliche AGB. Ein Beitrag zum Verhältnis von Auslegung und Transparenzkontrolle untersucht am Beispiel Allgemeiner

Versicherungsbedingungen (zugl. Diss. Berlin 2009), Berlin 2010 (zitiert: *Pilz*, Missverständliche AGB)

Podszun, Rupprecht/Busch, Christoph/Henning-Bodewig, Frauke, Die Durchsetzung des Verbraucherrechts: Das BkartA als UWG-Behörde? GRUR 2018, 1004-1011

Popp, Andreas, Von „Datendieben" und „Betrügern". Zur Strafbarkeit des so genannten „phishing", NJW 2004, 3517-3518

Ders., „Phishing", „Pharming" und das Strafrecht, MMR 2006, 84-86

Poschen, Alfons, Das Deckungskonzept für die Versicherung der Haftpflicht wegen Schäden durch Umwelteinwirkung (Umwelthaftpflichtmodell), VersR 1993, 653-659

Präve, Peter, Versicherungsbedingungen und AGB-Gesetz, München 1998 (zitiert: *Präve*, AGB-Gesetz)

Prölss, Erich R. (Begr.), Versicherungsvertragsgesetz mit Nebengesetzen, Vermittlerrecht und Allgemeinen Versicherungsbedingungen, 31. Aufl., München 2021 (zitiert: *Bearbeiter*, in: Prölss/Martin, VVG)

Rattay, Pierre, Die verhüllte Obliegenheit – das Ende der akzeptierten Verhüllung, VersR 2015, 1075-1084

Raue, Benjamin, Haftung für unsichere Software, NJW 2017, 1841-1846

Redeker, Helmut, Software – ein besonderes Gut, NJOZ 2008, 2917-2926

Reusch, Peter, Der Verhaltenskodex des GDV für den Vertrieb von Versicherungsprodukten, VersR 2015, 1197-1209

Rockmann, Thomas, Mit Sensoren zum smarten Fort Knox. Effektives Risikomanagement mit Smart-Home-Systemen, VW 2016, 34

Rockstroh, Sebastian/Kunkel, Hanno, IT-Sicherheit in Produktionsumgebungen. Verantwortlichkeit von Herstellern für Schwachstellen in ihren Industriekomponenten, MMR 2017, 77-82

Röhrer, Klaus, Marktforschung und Versicherungsbedarf. Die Bedarfsforschung auf dem Absatzmarkt der Versicherungswirtschaft, Karlsruhe 1967 (zitiert: *Röhrer*, Marktforschung und Versicherungsbedarf)

Römer, Wolfgang, Der Kraftfahrzeugdiebstahl als Versicherungsfall. Voraussetzung und Beweis eines Anspruchs aus der Kaskoversicherung, NJW 1996, 2329-2335

Ders., Gerichtliche Kontrolle Allgemeiner Versicherungsbedingungen nach den §§ 8, 9 AGBG, NVersZ 1999, 97-104

Ders., Zur Beweislastverteilung bei Ansprüchen aus dem Versicherungsvertrag, r+s 2001, 45-50

Roos, Philipp, Das IT-Sicherheitsgesetz. Wegbereiter oder Tropfen auf den heißen Stein? MMR 2015, 636-645

Roos, Philipp/Schumacher, Philipp, Botnetze als Herausforderung für Recht und Gesellschaft – Zombies außer Kontrolle? MMR 2014, 377-383

Rudkowski, Lena, Versicherungsrechtliche Probleme des vernetzten Zuhauses („Smart Home"), VersR 2017, 1-9

Dies., Von Cyberkrieg bis zum Ausfall von Infrastrukturen – Die Risikoausschlüsse nach den AVB Cyber, VersR 2023, 416-424

Rüffer, Wilfried/Halbach, Dirk/Schimikowski, Peter (Hrsg.), Handkommentar zum Versicherungsvertragsgesetz – VVG, EGVVG, VVG-InfoV, AltZertG, PflVG, KfzPflVV, allgemeine Versicherungsbedingungen, 4. Aufl., Baden-Baden 2021 (zitiert: *Bearbeiter*, in: Rüffer/Halbach/Schimikowski, HK-VVG)

Ruttmann, Peter, Die Versicherbarkeit von Geldstrafen, Geldbußen, Strafschadensersatz und Regressansprüchen in der D&O-Versicherung – unter vergleichender Betrachtung der Rechtslage in den Vereinigten Staaten (zugl. Diss. Hamburg 2014), Karlsruhe 2014 (zitiert: *Ruttmann*, Versicherbarkeit von Geldbußen)

Säcker, Franz Jürgen/Rixecker, Roland/Oetker, Hartmut/Limperg, Bettina (Hrsg.), Münchener Kommentar zum Bürgerlichen Gesetzbuch, Band 1: Allgemeiner Teil (§§ 1-240), 9. Aufl., München 2021; Band 2: Schuldrecht – Allgemeiner Teil I (§§ 241-310), 9. Aufl., München 2022 (zitiert: *Bearbeiter*, in: MünchKomm-BGB)

Salomon, Tim R., Cybercrime und Lösegeld – Strafbarkeit der Zahlung von Lösegeld als Reaktion auf Erpressungstrojaner, MMR 2016, 575-579

Saria, Gerhard, Versicherung durch „Rückübertragung" von versicherten Risiken auf den VN? VersR 2019, 519-527

Schaaf, Martin, Aktuelle Rechtsfragen zur Feststellung erlaubnispflichtigen Versicherungsgeschäfts und zur Spartenabgrenzung, VersR 2015, 17-26

Schilbach, Dan, Die Musterbedingungen des GDV für die Cyberrisiko-Versicherung, SpV 2018, 2-4

Ders., Versicherungsschutz für Cyber-Risiken im Home-Office in Corona-Zeiten, VP 5/2020, 25-27

Ders., Von Fall zu Fall verschieden. Der Verzicht auf technische Obliegenheiten in der Cyberversicherung und seine Folgen, VW 2020, 92-93

Ders., Vorrangigkeitsklauseln in der Cyberversicherung, VW 2020, 90-92

Schmidt-Salzer, Joachim, Transformation der EG-Richtlinie über mißbräuchliche Klauseln in Verbraucherverträgen in deutsches Recht und AGB-Gesetz, BB 1995, 733-740

Schimansky, Herbert/Bunte, Herrmann-Josef/Lwowski, Hans-Jürgen (Hrsg.), Bankrechts-Handbuch, Band 1 und Band 2, 5. Aufl., München 2017 (zitiert: *Bearbeiter*, in: Schimansky/Bunte/Lwowski, Bankrechts-Hdb)

Schimikowski, Peter, Versicherungsvertragsrecht, 6. Aufl., München 2017 (zitiert: *Schimikowski*, Versicherungsvertragsrecht)

Ders., Die Erprobungsklausel in der Kfz-Rückrufkosten-Haftpflichtversicherung, r+s 2019, 301-307

Schirmer, Helmut, Die Kontrolle Allgemeiner Versicherungsbedingungen durch die Rechtsprechung, in: Assekuranz im Wandel: Eine Festschrift aus Anlaß des 125jährigen Bestehens der Concordia-Versicherungs-Gesellschaft auf Gegenseitigkeit Hannover, hrsg. v. Peter Koch, Karlsruhe 1989, S. 35-56 (zitiert: *Schirmer*, in: FS Concordia)

Schmidl, Michael, Aspekte des Rechts der IT-Sicherheit, NJW 2010, 476-481

Ders., IT-Recht von A-Z, 2. Aufl., München 2014 (zitiert: *Schmidl*, IT-Recht)

Schmidt-Versteyl, Sarah, Cyber-Risks – neuer Brennpunkt Managerhaftung? NJW 2019, 1637-1642

Schneider, Winfried-Thomas, Wie „privat" muss es sein? Zum Nachweis der Eintrittspflicht des Privathaftpflichtversicherers, VersR 2020, 667-673

Schramm, Tanja, Das Anspruchserhebungsprinzip – Ein Deckungskonzept in der Haftpflichtversicherung zur zeitlichen Abgrenzung des Versicherungsschutzes (zugl. Diss. Berlin 2009), Karlsruhe 2009 (zitiert: *Schramm*, Anspruchserhebungsprinzip)

Schreier, Vincent, Tarife mit Werkstattbindung in der Kfz-Kaskoversicherung, VersR 2016, 1347-1351

Ders., Das Verhältnis zwischen Schadensrecht und Schadensversicherung (zugl. Diss. Berlin 2017), Berlin 2017 (zitiert: *Schreier*, Das Verhältnis zwischen Schadensrecht und Schadensversicherung)

Schubert, Madeline/Gatzert, Nadine, A Comparison of Cyber Insurance Products for Private Clients. Insights from Selected Insurance Markets, Working Paper, Friedrich-Alexander-Universität Erlangen-Nürnberg (Stand: September 2019) (zitiert: *Schubert/Gatzert*, A Comparison of Cyber Insurance Products for Private Clients)

Schweitzer, Ursula, Das versicherte Interesse (im Binnenversicherungsrecht), Karlsruhe 1990 (zitiert: *U. Schweitzer*, Das versicherte Interesse)

Schwintowski, Hans-Peter/Brömmelmeyer, Christoph (Hrsg.), Praxiskommentar zum Versicherungsvertragsrecht, 3. Aufl., Bonn 2017 (zitiert: *Bearbeiter*, in: Schwintowski/Brömmelmeyer, PK-VersR)

Segger, Stefan/Degen, Julia K., Die Konditionendifferenz- und Schutzversicherung als subsidiärer Versicherungsschutz in der technischen Versicherung, r+s 2012, 422-426

Seibel, Mark, Abgrenzung der „allgemein anerkannten Regeln der Technik" vom „Stand der Technik", NJW 2013, 3000-3004

Seitz, Björn/Finkel, Bastian/Klimke, Dominik, D&O-Versicherung – Kommentar zu den AVB-AVG, München 2016 (zitiert: *Bearbeiter*, in: Seitz/Finkel/Klimke, D&O)

Siebert, Reiner, Die Versicherung von Cyberrisiken – Zeit für einen marktweiten Dialog! VP 6/2019, 17-18

Späte, Bernd/Schimikowski, Peter (Hrsg.), Haftpflichtversicherung, Kommentar zu den AHB und weiteren Haftpflichtversicherungsbedingungen, 2. Aufl., München 2015 (zitiert: *Bearbeiter*, in: Späte/Schimikowski, Haftpflichtversicherung)

Spindler, Gerald, Haftung im IT-Bereich, Karlsruher Forum 2010: Haftung und Versicherung im IT-Bereich, Schriftenreihe der Zeitschrift Versicherungsrecht, Band 44, hrsg. v. Egon Lorenz, Karlsruhe 2011, S. 3-111 (zitiert: *Spindler*, in: Karlsruher Forum 2010)

Ders., IT-Sicherheitsgesetz und zivilrechtliche Haftung. Auswirkungen des IT-Sicherheitsgesetzes im Zusammenspiel mit der endgültigen EU-NIS-Richtlinie auf die zivilrechtliche Haftung, CR 2016, 297-312

Ders., Verantwortlichkeiten von IT-Herstellern, Nutzern und Intermediären. Studie im Auftrag des Bundesamtes für Sicherheit in der Informationstechnik, Universität Göttingen, Bonn 2007, aktualisiert 2020, abrufbar unter: https://www.bsi.bund.de/SharedDocs/Downloads/DE/BSI/Publikationen/Studien/ITSicherheitUndRecht/Gutachten_pdf.pdf?__blob=publicationFile&v=2 (zitiert: *Spindler*, BSI-Studie)

Staudinger, Ansgar/Aslan, Ciya, Aufwendungsersatzanspruch bei der Cyber-Versicherung, r+s 2021, 489-493

Staudinger, Ansgar/Halm, Wolfgang/Wendt, Henning (Hrsg.), Versicherungsrecht Kommentar, 2. Aufl., München 2017 (zitiert: *Bearbeiter*, in: Staudinger/Halm/Wendt, Versicherungsrecht)

Steiner, Michael, Der GDV-Vertriebskodex 2013: Zahnloser Tiger oder Wolf im Schafspelz? CCZ 2014, 50-62

Stockmeier, Hermann, Die Haftpflichtversicherung des Internet-Nutzers, Schriftenreihe der Zeitschrift Versicherungsrecht, Heft 28, hrsg. v. Egon Lorenz, Karlsruhe 2005 (zitiert: *Stockmeier*, Die Haftpflichtversicherung des Internet-Nutzers)

Ders., Privathaftpflichtversicherung, Kommentar zu den AVB PHV, München 2019 (zitiert: *Stockmeier*, Privathaftpflichtversicherung)

Tolle, Michael/Greiner, Wolfgang, Assistance-Leistungen als Instrument zur Differenzierung im Wettbewerb, Schriftenreihe des Instituts für Versicherungsbetriebslehre der Universität Hannover, hrsg. v. J.-M. Graf v. d. Schulenburg, Band 1, Hannover 1999 (zitiert: *Tolle/Greiner*, Assistance-Leistungen)

Trappehl, Bernhard/Schmidl, Michael, Arbeitsrechtliche Konsequenzen von IT-Sicherheitsverstößen, NZA 2009, 985-990

Ulbrich, Christian/Frey Bruno S., Mediale und gesellschaftliche Vorverurteilungen. Ein neuer Ansatz zum Umgang mit einem alten Phänomen, ZUM 2017, 31-44

Ullenboom, David, Neuere Erscheinungen der Betrugskriminalität im Internet aus strafrechtlicher Perspektive – das sog. Carding, NZWiSt 2018, 26-28

Ulmer, Peter/Brandner, Hans Erich/Hensen, Horst-Diether (Begr.), AGB-Recht. Kommentar zu den §§ 305-310 BGB und zum UklaG, 12. Aufl., Köln 2016 (zitiert: *Bearbeiter*, in: Ulmer/Brandner/Hensen, AGB-Recht)

v. Holleben, Kevin Max/Menz, Monika, IT-Risikomanagement – Pflichten der Geschäftsleitung, CR 2010, 63-68

van Bühren, Hubert W., Die ARB 2012 – Ein Danaer-Geschenk? BRAK-Mitt. 6/2013, 255-258

Ders., Rechtsanwälte – Partner der Rechtsschutzversicherer? r+s 2016, 53-60

van Endern, Christian, Sexueller Missbrauch von Kindern ohne Einwirken auf ein Kind. Zur Versuchsstrafbarkeit des Cybergroomings, NJW 2020, 1033-1035

Veith, Jürgen/Gräfe, Jürgen/Gebert, Yvonne (Hrsg.), Der Versicherungsprozess, Ansprüche und Verfahren, Praxishandbuch, 4. Aufl., Baden-Baden 2020 (zitiert: *Bearbeiter*, in: Veith/Gräfe/Gebert, Versicherungsprozess)

Vogelgesang, Stephanie/Möllers, Frederik, Ransomware als moderne Piraterie – Erpressung in Zeiten digitaler Kriminalität, jM 2016, 381-387

von Manstein, Gero: IT-Risiken – Haftung und Versicherung, PHi 4/2002, 122-132

Wandt, Manfred, Zur dogmatisch gebotenen Enthüllung von „verhüllten" Obliegenheiten – Zugleich Anmerkung zum Urteil des OLG Naumburg vom 28. 3. 2014 (10 U 5/13 [Hs]) VersR 2015, 102 –, VersR 2015 265-269

Ders., Versicherungsrecht, 6. Aufl., München 2016 (zitiert: *Wandt*, Versicherungsrecht)

Wendenburg, Albrecht, Europarechtskonforme Begrenzung der Übernahme von Kosten auswärtiger Anwälte durch Rechtsschutzversicherer, NJW 2011, 3064-3066

Wicker, Magda, Haftungsbegrenzung des Cloud-Anbieters trotz AGB-Recht? – Relevante Haftungsfragen in der Cloud, MMR 2014, 787-790

Winter, Gerrit, Subsidiaritätsklauseln und AGBG, VersR 1991, 527-532

Wirth, Christian, Versicherung von Cyber-Risiken – eine Bestandsaufnahme unter besonderer Berücksichtigung von M&A-Transaktionen, BB 2018, 200-208

Wojciechowski, Nicolai, Cyberversicherung: Vorvertragliche Anzeigepflicht und Gefahrerhöhung, VersR 2022, 341-348

Wrede, Dirk/Freers, Thorben/Schulenburg, Johann-Matthias Graf von der, Herausforderungen und Implikationen für das Cyber-Risikomanagement sowie die Versicherung von Cyberrisiken – Eine empirische Analyse, ZversWiss 2018, 405-434

Wunderlich, Wolfgang, Steuerliche Behandlung von Lösegeldzahlungen und Prämien zu einer Einführungsrisikoversicherung, DStR 1996, 2003-2006

Zenger, Ralph, Bereitstellung von Fakeshop-Domains. Strafbarkeit des Host-Providers und des Registerbetreibers bei unterlassener Löschung und Dekonnektierung, MMR 2020, 806-810

B. Versicherungsbedingungen

Barmenia Allgemeine Versicherungs-AG, Bedingungen für den Barmenia-Internet-Schutzbrief (ergänzender Leistungsbaustein zur Barmenia-Hausratversicherung), (Stand: 01.06.2020), abrufbar unter: https://media.barmenia.de/media/global_media/dokumente/dokumentencenter/ba/bedingungen/A3430.pdf?2020-07-03T08:06:43Z (zitiert: Barmenia, Internet-Schutzbrief)

BD24 Berlin Direkt Versicherung AG, Cyberversicherung, Infoblatt und wichtige Informationen (VB-BD24-CV2019), (Stand: 2019), abrufbar unter: https://secure.berlin-direktversicherung.de/rda-web/servlet/DokumentAdapter?dokumentTyp=AVB&uuid=d1c6264e-c960-a287-97c9-6ce66811eafb&groupId=31253 (zitiert: Berlin Direkt, Cyberversicherung)

BGV-Versicherung AG, Verbraucherinformation zum Onlineschutz (AVB Onlineschutz), (Stand: Januar 2017), abrufbar unter: https://media.bgv.de/cmsmedia/cmsmedia-www21/verbraucherinfos/privat/f9639-verbraucherinfo-onlineschutz.pdf (zitiert: BGV, Onlineschutz-Versicherung)

Cosmos Versicherung AG, Allgemeine Versicherungsbedingungen für die FinanzSchutz-Versicherung (AFSB), (Stand: Juni 2020) (zitiert: CosmosDirekt, FinanzSchutz)

Ergo Direkt Versicherung AG, Bedingungen und Kundeninformationen für Ihren Internet-Schutzbrief nach Tarif ISB, (Stand: April 2022), abrufbar unter: https://www.ergo.de/bin/ergo/public/dam.download.inline.2021-12-10T15-01-56-015/content/dam/ergo/pdf/sach/isb/200_Bed_KIB_ISB.pdf (zitiert: ERGO, Internet-Schutzbrief)

Europ Assistance SA, Versicherungsbedingungen für die Cyber Versicherung Premium (VB EA Cyber Premium 2020), (Stand: 01.12.2020), abrufbar unter: https://www.europ-assistance.de/x/c9fda10f37/bedingungen_cyber_versicherung_premium.pdf (zitiert: Europ Assistance, Cyber Versicherung Premium)

GDV, Allgemeine Bedingungen für die Rechtsschutzversicherung (ARB 2021), Musterbedingungen des GDV, (Stand: April 2021), abrufbar unter: https://www.gdv.de/resource/blob/6114/2d6b8855f1102c0006655438aa0f3a5d/01-allgemeine-hausrat-versicherungsbedingungen-vhb-2016-quadratmetermodell--data.pdf (zitiert: ARB 2021)

Ders., Allgemeine Hausrat-Versicherungsbedingungen (VHB 2022 – Quadratmetermodell), Musterbedingungen des GDV, (Stand: Mai 2022), abrufbar unter: https://www.gdv.de/resource/blob/6114/eb4c1889a1ba02154e97e0f2dd51e229/01-allgemeine-hausrat-versicherungsbedingungen-vhb-2022-quadratmetermodell--data.pdf (zitiert: VHB 2022)

Ders., Allgemeine Versicherungsbedingungen für die Cyberrisiko-Versicherung (AVB Cyber), Musterbedingungen des GDV, (Stand: April 2017), abrufbar unter: https://www.gdv.de/resource/blob/6100/d4c013232e8b0a5722b7655b8c0cc207/01-allgemeine-versicherungsbedingungen-fuer-die-cyberrisiko-versicherung-avb-cyber--data.pdf (zitiert: AVB Cyber)

Ders., Allgemeine Versicherungsbedingungen für die Haftpflichtversicherung (AHB), Musterbedingungen des GDV, (Stand: Februar 2016), abrufbar unter: https://www.gdv.de/resource/blob/6132/6a2283f21432edcdf9291a53e9967fd0/01-allgemeine-versicherungsbedingungen-fuer-die-haftpflichtversicherung-ahb--data.pdf (zitiert: AHB)

Ders., Allgemeine Versicherungsbedingungen für die Privathaftpflichtversicherung (AVB PHV), Musterbedingungen des GDV, (Stand: Mai 2020), abrufbar unter: https://www.gdv.de/resource/blob/6242/7eafbb431499ac246bfdfd5feadc2aaa/09-avb-fuer-dieprivathaftpflichtversicherung-avb-phv-gdv-2020-data.pdf (zitiert: AVB PHV)

Ders., Allgemeine Versicherungsbedingungen für die Vermögensschaden-Haftpflichtversicherung von Aufsichtsräten, Vorständen und Geschäftsführern (AVB D&O), Musterbedingungen des GDV, (Stand: Mai 2020), abrufbar unter: https://www.gdv.de/resource/blob/6044/aff62dda6ec6fb4e1b9998b765de435d/05-allgemeine-versicherungsbedingungen-fuer-die-vermoegens schaden-haftpflichtversicherung-von-aufsichtsraeten-vorstaenden-und-geschaeftsfuehrern-avb-d-o--data.pdf (zitiert: AVB D&O)

Ders., Allgemeiner Teil der Versicherungsbedingungen für die Reiseversicherung 2008/2021, Musterbedingungen des GDV, (Stand: August 2021), abrufbar unter: https://www.gdv.de/resource/blob/6156/3a3aa579d1d3b9184add3a6f02167bc3/01-allgemeiner-teil-der-versicherungsbedingungen-fuer-die-reiseversicherung-2008-at-reise-2008--data.pdf (zitiert: AT-Reise)

Ders., Cyber-Assistanceleistungen, Musterbausteine des GDV, (Stand: Dezember 2019), abrufbar unter: https://www.gdv.de/resource/blob/57092/426bba33acfff09bc47a3e7dcdf4b e05/03-unverbindliche-musterbausteine-cyber-assistanceleistungen-data.pdf (zitiert: Musterbausteine Cyber-Assistanceleistungen)

Ders., Umwelthaftpflichtversicherung (A2-1), Musterbedingungen des GDV, (Stand: Februar 2016), abrufbar unter: https://www.gdv.de/resource/blob/5984/8deb747752b1ac7b096771c60ba58fa4/11-umwelthaftpflichtversicherung-feb2016-data.pdf (zitiert: UHV)

Ders., Unverbindlicher Muster-Fragebogen zur Risikoerfassung im Rahmen von Cyber-Versicherungen für kleine und mittelständische Unternehmen, (Stand: Dezember 2019), abrufbar unter: https://www.gdv.de/resource/blob/6102/aa4b9afe6fa3e23c51c598bd 23194ba1/02-risikofragebogen-cyber-data.pdf (zitiert: Cyber-Risikofragebogen)

Ders., Was kann zusätzlich zu den Allgemeinen Hausrat Versicherungsbedingungen (VHB 2022 – Quadratmetermodell) vereinbart werden? Musterbedingungen des GDV (Stand: Mai 2022), abrufbar unter: https://www.gdv.de/resource/blob/6116/686e545dc93abf5f8db43a964785ad68/02-was-kann-zusaetzlich-zu-den-allgemeinen-hausrat-versicherungsbedingungen-vhb-2022-quadratmetermodell-vereinbart-werden-data.pdf (zitiert: Was kann zusätzlich zu den VHB 2022 vereinbart werden?)

INTER Versicherungsgruppe, INTER CyberGuard. Versicherungsschutz gegen Online-Kriminalität, (Stand: 01.03.2020), abrufbar unter: https://www.intercyberguard.de/doc/Allgemeine_Versicherungsbedingungen.pdf (zitiert: INTER, CyberGuard)

Öffentliche Versicherung Braunschweig, Cyber-Versicherungsbedingungen für Privatkunden (CBP 2018), (Stand: Dezember 2018), abrufbar unter: https://www.oeffentliche.de/export/sites/oevbs/_resources/downloads/pdf/produkte/DigitalSchutz_Vertragsunterlagen.pdf (zitiert: ÖVB, Cyber-Versicherung)

PKV, Allgemeine Versicherungsbedingungen für den Standardtarif, Muster- und Tarifbedingungen für den Standardtarif der PKV, (Stand: Januar 2022), abrufbar unter: https://www.pkv.de/fileadmin/user_upload/PKV/b_Wissen/PDF/2019-06_avb-st-2009.pdf (zitiert: PKV, MB/ST 2009)

Provinzial Rheinland Versicherung AG, Kundeninformation zum Provinzial InternetSchutz, (Stand: 12.01.2021), abrufbar unter: https://www.provinzial.de/suedwest/internetschutz (zitiert: Provinzial, InternetSchutz)

C. Sonstige Quellen

Bundesanstalt für Finanzdienstleistungsaufsicht (BaFin), BaFin-Umfrage zu Cyber-Versicherung, BaFin Journal 9/2021, S. 5-6, abrufbar unter: https://www.bafin.de/SharedDocs/Downloads/DE/BaFinJournal/2021/bj_2109.pdf?__blob=publicationFile&v=3 (zitiert: BaFin, Journal 9/2021)

Dies., Cyberversicherung, Verbraucherschutz, geändert am 06.05.2022, abrufbar unter: https://www.bafin.de/DE/Verbraucher/Versicherung/Produkte/Cyber/cyberversicherung_node.html (zitiert: BaFin, Cyberversicherung vom 06.05.2022)

Dies., Lösegeldversicherung. BaFin erlaubt Bündelung mit Versicherung gegen Cyberrisiken, BaFin Journal 9/2017, S. 4-5, abrufbar unter: https://www.bafin.de/ SharedDocs/Downloads/DE/BaFinJournal/2017/bj_1709.html (zitiert: BaFin, Journal 9/2017)

Bundesaufsichtsamt für das Versicherungswesen (BAV), Hinweise des BAV zum Betrieb von Lösegeldversicherungen vom 21.07.1998, abrufbar unter: https://beck-online.beck.de/? vpath=bibdata%2Fges%2FR%5F3%5F1998%2Fcont%2FR%5F3%5F1998%2Eamtabschnitt%5F1%2Ehtm (zitiert: BAV, Hinweise zum Betrieb von Lösegeldversicherungen vom 21.07.1998)

Dass., Rundschreiben vom 31.07.1990 (R 3/90), abrufbar unter: https://www.bafin.de/ SharedDocs/Downloads/DE/Rundschreiben/dl_rs_9003_va_waren_dienstleist ung.pdf;jsessionid=8776FBF6331F841A118BBE-9ED145D26B.2_cid500?__blob=publicationFile&v=5 (zitiert: BAV, Rundschreiben vom 31.07.1990)

Bitkom e. V., Wirtschaftsschutz 2023, Stand: 01.09.2023, abrufbar unter: https://www.bitkom.org/sites/main/files/2023-09/Bitkom-Charts-Wirtschaftsschutz-Cybercrime.pdf (zitiert: Bitkom, Wirtschaftsschutz 2023)

BR24, Private Versicherung gegen Hackerangriffe – lohnt sich das? vom 04.08.2021, abrufbar unter: https://www.br.de/nachrichten/wirtschaft/private-versicherung-gegen-hackerangriffe-lohnt-sich-das,Sf25wR6

Bund der Versicherten (BdV), Stellungnahme zur Veranstaltung des BMJV „Cyber-Risiken erkennen – Verbraucher versichern!" vom 15.03.2019, abrufbar unter: https://www.bundderversicherten.de/fbfiles/pdf/BdV-Stellungnahme-Cyber-Risiken-erkennen-Verbraucher-versichern.pdf (zitiert: BdV, Cyber-Risiken erkennen – Verbraucher versichern)

Bundesamt für Sicherheit in der Informationstechnik (BSI), Bericht zum Digitalen Verbraucherschutz 2021 (Stand: März 2022), abrufbar unter: https://www.bsi.bund.de/SharedDocs/Downloads/DE/BSI/Publikationen/DVS-Berichte/dvs-bericht_2021.pdf?__blob=publicationFile&v=4 (zitiert: BSI, Bericht zum digitalen Verbraucherschutz 2021)

Dass., Die Lage der IT-Sicherheit in Deutschland 2022 (Stand: Oktober 2022); 2021 (Stand: September 2021); 2020 (Stand: September 2020); 2019 (Stand: Oktober 2019); 2018 (Stand: September 2018), 2017 (August 2017) abrufbar unter: https://www.bsi.bund.de/DE/Service Navi/Publikationen/Lagebericht/ lagebericht_node.html (zitiert: BSI, Die Lage der IT-Sicherheit in Deutschland)

Dass., Digitalbarometer 2020: Bürgerbefragung zur Cyber-Sicherheit, Kurzbericht zu den Umfrageergebnissen der Polizeilichen Kriminalprävention der Länder und des Bundes (ProPK) und des Bundesamts für Sicherheit in der Informationstechnik (BSI), abrufbar unter: https://www.bsi.bund.de/SharedDocs/Downloads/ DE/BSI/Digitalbarometer/ Digitalbarometer-ProPKBSI_2020.pdf; jsessionid= AFDF1347ED86C225CB50EDB3A107D3FD.internet082?__blob=publicationFile&v=1 (zitiert: BSI, Digitalbarometer 2020)

Dass., Digitalbarometer 2021: Bürgerbefragung zur Cyber-Sicherheit, (Stand: 28.09.2021), abrufbar unter: https://www.bsi.bund.de/SharedDocs/Downloads/DE/BSI/ Digitalbarometer/Digitalbarometer-ProPK-BSI_2021.pdf? __blob=publicationFile&v=2 (zitiert: BSI, Digitalbarometer 2021)

Dass., Digitalbarometer 2022: Bürgerbefragung zur Cyber-Sicherheit (Stand: November 2022), abrufbar unter: https://www.bsi.bund.de/SharedDocs/Downloads/DE/BSI/Digitalbarometer/Digitalbarometer-ProPK-BSI_2022.pdf?__blob=publicationFile&v=3 (zitiert: BSI, Digitalbarometer 2022)

Dass., IT-Grundschutz-Kompendium, (Stand: Februar 2022), abrufbar unter: https://www.bsi.bund.de/SharedDocs/Downloads/DE/BSI/Grundschutz/Kompendium/IT_Grundschutz_Kompendium_Edition2022.pdf?__blob=publicationFile &v=3#download=1 (zitiert: BSI, IT-Grundschutz-Kompendium 2022)

Dass., Ransomware, Bedrohungslage, Prävention & Reaktion 2021, abrufbar unter: https://www.bsi.bund.de/SharedDocs/Downloads/DE/BSI/Cyber-Sicherheit/ Themen/Ransomware.pdf;jsessionid=EE70F9BD9F5CD8AFBF0E7C0561 EBC531.internet082?__blob=publicationFile&v=2 (zitiert: BSI, Ransomware 2021)

Dass., Register aktueller Cyber-Gefährdungen und -Angriffsformen, BSI-CS 026, Version 2.0 vom 11.07.2018, abrufbar unter: https://www.allianz-fuer-cybersicherheit.de/ SharedDocs/Downloads/Webs/ACS/DE/BSI-CS/BSI-CS_

026.pdf?__blob= publicationFile&v=1 (zitiert: BSI, Register aktueller Cyber-Gefährdungen und Angriffsformen)

Bundeskriminalamt (BKA), Bundeslagebild Cybercrime 2022 (Stand: Mai 2023); 2020 (Stand: 10.05.2021); 2019 (Stand: 30.10.2020) und 2018 (Stand: 11.11.2019) abrufbar unter: https://www.bka.de/DE/AktuelleInformationen/StatistikenLagebilder/Lagebilder/Cybercrime/cybercrime_node.html;jsessionid=4012551F703BAF6CF5275C80E4A04D96. live601 (zitiert: BKA, Bundeslagebild Cybercrime)

Dass., Sonderauswertung Cybercrime in Zeiten der Corona-Pandemie (Stand: 30.10.2020), abrufbar unter: https://www.bka.de/SharedDocs/Downloads/DE/ Publikationen/JahresberichteUndLagebilder/Cybercrime/cybercrimeSonder auswertungCorona2019.html?nn= 28110 (zitiert: BKA, Cybercrime in Zeiten der Corona-Pandemie 2020)

Dass., Veröffentlichung Bundeslagebild: über 130.000 Fälle von Cybercrime in 2022, Pressemitteilung vom 16.08.2023, abrufbar unter: https://www.bka.de/DE/Presse/Listenseite_Pressemitteilungen/2023/Presse2023/230816_PM_BLB_Cybercrime.html (zitiert: BKA, Pressemitteilung vom 16.08.2023)

Bundesministerium des Innern und für Heimat (BMI), Kriminalstatistik 2021: Erneut weniger Straftaten und eine höhere Aufklärungsquote in Deutschland. Besorgniserregende Anstiege dagegen bei der Verbreitung von Missbrauchsdarstellungen und bei Cyberkriminalität, Pressemitteilung vom 05.04.2022, abrufbar unter: https://www.bmi.bund.de/SharedDocs/pressemitteilungen/DE/2022/04/pks2021.html (zitiert: BMI, Pressemitteilung vom 05.04.2022)

Bundesministerium der Justiz und für Verbraucherschutz (BMJV), Pressemitteilung zum Gespräch zum Thema: „Cyberrisiken erkennen – Verbraucher versichern!“ vom 18.03.2019

Bündnis gegen Cybermobbing e. V., Cyberlife III, Spannungsfeld zwischen Faszination und Gefahr, Cybermobbing bei Schülerinnen und Schülern, Dritte empirische Bestandsaufnahme bei Eltern, Lehrkräften und Schüler/ -innen in Deutschland, Karlsruhe 2020, abrufbar unter: https://www.buendnis-gegen-cybermobbing.de/fileadmin/pdf/studien/ Cyberlife_Studie_2020_END1__1_.pdf (zitiert: Bündnis gegen Cybermobbing, Studie Cyberlife III)

Ders., Mobbing und Cybermobbing bei Erwachsenen, (Stand: November 2021), abrufbar unter: https://www.buendnis-gegen-cybermobbing.de/fileadmin/pdf/studien/ Mobbingstudie_Erwachsene_end_2021 _ fin.pdf (zitiert: Bündnis gegen Cybermobbing, Studie Mobbing und Cybermobbing bei Erwachsenen)

Deutsche Aktuar Vereinigung (DAV), Versicherbarkeit von Risiken in der Schadenversicherung, Ergebnisbericht des Ausschusses Schadenversicherung,

Köln 18.09.2017, abrufbar unter: https://aktuar.de/unsere-themen/fachgrundsaetze-oeffentlich/2017-09-18_DAV-Ergebnisbericht-Versicherbarkeit-von-Risiken.pdf (zitiert: DAV, Versicherbarkeit von Risiken in der Schadenversicherung)

GDV, Pressemitteilung vom 19.04.2017, GDV stellt Musterbedingungen für Cyberversicherung vor, abrufbar unter: https://www.gdv.de/resource/blob/8266/ 11a7ff0aec8a988e58d87792bb2c79ff/gdv-stellt-musterbedingungen-f-r-cyberversicherung-vor--194087128-data.pdf (zitiert: GDV, Pressemitteilung vom 19.04.2017)

Ders., So sind die Deutschen versichert, vom 16.08.2019, abrufbar unter: https://www.gdv.de/gdv/themen/gesellschaft/versicherungsschutz-versicherungsdichte-ueberversicherung-49418#:~:text=Als%20eine%20der%20wichtigsten%20Versicherungen,mit%2017%20Prozent%20die%20niedrigste (zitiert: GDV, So sind die Deutschen versichert)

Ders., Verhaltenskodex des Gesamtverbandes der Deutschen Versicherungswirtschaft für den Vertrieb von Versicherungsprodukten, Beschlossen durch die Mitgliederversammlung am 25.09.2018 in Berlin, abrufbar unter: https://www.gdv.de/ resource/blob/10302/551f3e81d903f48d890800037fd22251/verhaltenskodex-fuer-den-vertrieb-vom-25-09-2018-data.pdf (zitiert: GDV, Verhaltenskodex)

Ders., Versicherungsschutz der Deutschen: Potenziale nicht ausgeschöpft, vom 07.07.2020, abrufbar unter: https://www.gdv.de/resource/blob/61410/09bbfc5b 16adbc5177be17 a0f7056937/themen-analysen-10-data.pdf (zitiert: GDV, Versicherungsschutz der Deutschen)

Ders., Versicherer sehen weiterhin massive Sicherheitslücken beim mobilen Arbeiten, Pressemitteilung des GDV vom 31.08.2021, abrufbar unter: https://www.gdv.de/de/ medien/aktuell/versicherer-sehen-weiterhin-massive-sicherheitsluecken-beim-mobilen-arbeiten--69888 (zitiert: GDV, Sicherheitslücken beim mobilen Arbeiten)

Ders., Was leistet eine private Cyberversicherung? vom 02.07.2019, abrufbar unter: https://www.dieversicherer.de/versicherer/beruf-freizeit/news/private-cyberversicherung-49402 (zitiert: GDV, Was leistet eine private Cyberversicherung?)

GDV/YouGov, Vier von zehn Deutschen schon von Cyberattacken betroffen, Repräsentative You-Gov-Studie unter 2079 Befragten, Stand: 09.04.2020, abrufbar unter: https://www.gdv.de/de/themen/news/vier-von-zehn-deutschen-schon-von-cyberattacken-betroffen-58642 (zitiert: GDV/YouGov, Cyber-Studie)

Handelsblatt, Welche Versicherungspolicen bei Cyberattacken Schutz bieten vom 04.06.2020, abrufbar unter: https://www.handelsblatt.com/technik/sic

herheit-im-netz/versicherungen-welche-versicherungspolicen-bei-cyberattacken-schutz-bieten/25868898.html

Hasso-Plattner-Institut (HPI), Die beliebtesten deutschen Passwörter 2021, Pressemitteilung vom 16.12.2021, abrufbar unter: https://hpi.de/pressemitteilungen/2021/ die-beliebtesten-deutschen-passwoerter-2021.html

Medienpädagogischer Forschungsverbund Südwest, JIM-Studie 2020: Jugend, Information und Medien, Basisuntersuchung zum Medienumgang 12- bis 19-Jähriger, Stand: Dezember 2020, abrufbar unter: https://www.mpfs.de/fileadmin/files/ Studien/JIM/2020/JIM-Studie-2020_Web_final.pdf (zitiert: mpfs, JIM-Studie 2020)

Ders., JIM-Studie 2021: Jugend, Information und Medien, Basisuntersuchung zum Medienumgang 12- bis 19-Jähriger, Stand: November 2021, abrufbar unter: https://www.mpfs.de/fileadmin/files/ Studien/JIM/2021/JIM-Studie_2021_ barrierefrei.pdf (zitiert: mpfs, JIM-Studie 2021)

Merkur, Welchen Schutz bietet eine private Cyberpolice? aktualisiert am 21.01.2022, abrufbar unter: https://www.merkur.de/leben/welchen-schutz-bietet-eine-private-cyberpolice-zr-91137922.html

Stiftung Warentest, Beim Surfen versichert, Finanztest 6/2020, S. 26-31

Süddeutsche Zeitung, So versichern Sie sich gegen kriminelle Hacker vom 30.05.2017, abrufbar unter: https://www.sueddeutsche.de/digital/it-sicherheit-so-versichern-sie-sich-gegen-kriminelle-hacker-1.3524231?print=true

Tagesschau, 206 Milliarden Euro Schaden durch Cyberkriminalität vom 01.09.2023, abrufbar unter: https://www.tagesschau.de/wirtschaft/cybercrime-deutschland-100.html

Verbraucherzentrale NRW, Cyberversicherung – ist sie sinnvoll? vom 20.04.2022, abrufbar unter: https://www.verbraucherzentrale.nrw/wissen/geld-versicherungen/weitere-versicherungen/cyberversicherung-ist-sie-sinnvoll-35611 (zitiert: Verbraucherzentrale NRW, Cyberversicherung – ist sie sinnvoll?)

Welt, Telekom-Router sollten Teil von weltweitem Botnetz werden vom 28.11.2016, abrufbar unter: https://www.welt.de/wirtschaft/article159824524/Telekom-Router-sollten-Teil-von-weltweitem-Botnetz-werden.html

Wissenschaftliche Dienste des Deutschen Bundestages, Dokumentation Mobbing an Schulen, WD 9 – 3000 – 056/18, Stand: 02.10.2018, abrufbar unter: https://www.bundestag.de/ resource/blob/592494/4ee825520cb3b-29d7a6c0b65 55f01657/WD-9-056-18-pdf-data.pdf (zitiert: Wissenschaftliche Dienste des Bundestags, Mobbing an Schulen)

www.ingramcontent.com/pod-product-compliance
Ingram Content Group UK Ltd.
Pitfield, Milton Keynes, MK11 3LW, UK
UKHW021932290926
8980IPUK00016B/1590

9 783631 914700